Donna Haraway

Monströse Versprechen

Die Gender- und Technologie-Essays

Mit einem Vorwort von Frigga Haug

Argument Verlag

Übersetzungen von Michael Haupt, Ursula Frübis, Frigga Haug, Jana Korb, Thomas Laugstien, Gabi Mischkowski, Diete Oudesluijs, Nora Räthzel, Tina Reis

Die Deutsche Nationalbibliothek verzeichnet diese Publikation in der Deutschen Nationalbibliografie; detaillierte bibliografische Daten sind im Internet über http://dnb.d-nb.de abrufbar.

Deutsche Erstausgabe unter Verwendung des Buches *Monströse Versprechen* (1995) sowie weiterer Texte von Donna Haraway

Glashüttenstraße 28 · 20357 Hamburg
Telefon 040/4018000 · Fax 040/40180020
verlag@argument.de · www.argument.de
Umschlaggestaltung: Martin Grundmann, Hamburg
Lektorat und Satz: Iris Konopik
Druck: CPI books GmbH, Leck
Gedruckt auf säure- und chlorfreiem Papier
ISBN 978-3-86754-504-4
Vierte Auflage 2026

Inhalt

Inhalt

Frigga Haug

Riskante Verbindungen

Donna Haraways Dynamisierung der Standpunkte

Haraways »Cyborg-Manifest« beginnt mit der Losung »Lieber Cyborg als Göttin!«, eine Aufforderung, die ganz offensichtlich ans Denken gerichtet ist, nicht ans Tun; gut 30 Jahre später folgt »Make kin, not babies!«, eine Losung, die zum Handeln auffordert bzw. zum Unterlassen, jedenfalls an Menschen gerichtet ist, angesichts die Erde zerstörender Entwicklungen Verantwortung zu übernehmen und entsprechend zu handeln. Haraway hat Barad gelesen, deren Studien aus der Kernphysik sie für so bahnbrechend hält, dass wir die Folgen noch keineswegs absehen könnten, und macht ihr begriffliche Vorschläge für die Zusammenfügung von Sozialtheorie und Naturphilosophie. Wo Barad von Reflexion (Widerspiegelung) spricht, sei Diffraktion (Beugung) passender, weil anders immer noch die Auffassung transportiert werde, es sei dort etwas Festes, das nur widergespiegelt werde, während die Prozesse weit gemäßer als Beugung/Ablenkung zu fassen seien. Barad nimmt den Vorschlag auf: »Donna Haraway proposes diffraction as an alternative to the well-worn metaphor of reflection. As Haraway suggests, diffraction can serve as a useful counterpoint to reflection: both are optical phenomena, but whereas reflection is about mirroring and sameness, diffraction attends to patterns of difference. One of her concerns is the way reflexivity has played itself out as a methodology, especially as it has been taken up and discussed by mainstream scholars in science studies. Haraway notes that ›reflexity or reflection invites the illusion of essential, fixed position, while diffraction trains us to more subtle vision‹ (1992). Diffraction entails ›the processing of small but consequential differences, and the processing of differences [...] is about ways of life‹« (Barad 2007, 29f.). Lesen wir die Vorschläge immer auch als Aufforderung, Verantwortung für unsere Taten, auch als Gattung in der Welt zu übernehmen, bleibt die Frage, von welchem Standpunkt und in welcher Perspektive wir uns eingreifend bewegen wollen und können, wenn wir mit dialektischem Vergnügen erkannt haben, dass ein Standpunkt ja selbst als Metapher etwas Stillstehendes bedeutet, wir aber zugleich alles in Bewegung wissen.

Auch Züge, die in die richtige Richtung fahren, können entgleisen. Einer solchen Entgleisung entgegenzuwirken, soll meine folgende Relektüre Haraways dienen. Sie geht historisch vor und beginnt mit der ersten Begegnung 1981 beim Kongress »Socialism in the World« im damals noch jugoslawischen Cavtat, wo Sozialisten und Kommunisten aus aller Welt sich über Theorie und Politik austauschten: fast nur Männer – einige von ihren Frauen begleitet, für die es ein Extraprogramm mit Ausflügen, Modeschauen, Kaffee und Kuchen gab. Wir aber wollten über den Hauptweg mitbefinden. Wir erkannten einander sogleich und steckten unsere Köpfe zusammen, um die Möglichkeiten eines feministischen Einspruchs in den offiziellen Marxismus zu beraten. Donna stellte Thesen zu Klasse, Rasse und Geschlecht vor (die ich alsbald für unsere Berliner sozialistische Frauengruppe übersetzte) und begann, den Boden zu bereiten für die später weit verbreitete Vorstellung, dass Geschlecht selbst eine Konstruktion sei. Ich legte zum Entsetzen der wohlwollenden Kongressleitung erste Thesen zu *Marxismus-Feminismus* vor, die auch gedruckt wurden, nachdem ich versichert hatte, dass es nicht um Sexualität ging. Aber in diesem Forum konnte es keine wirkliche Diskussion geben. Wir trafen uns noch zwei Mal, einmal in Hamburg, einmal in Santa Cruz in Kalifornien, und vereinbarten andere Arten intensiver Kooperation. Donna schickte uns ihr Cyborg-Manifest (1984), das wir in unserer sozialistischen Frauengruppe in Berlin übersetzten[1]; später brachten wir (Frauen um die Zeitschrift *Das Argument*) unter dem Titel *Monströse Verspechen* eine Sammlung ihrer Aufsätze zu Technowissenschaft heraus (sie enthält auch jenen Aufsatz zu Klasse, Rasse, Geschlecht und die erste Fassung des Cyborg-Manifests erneut; wiederabgedruckt in diesem Buch) und eröffneten in den 90er Jahren, als gesellschaftskritischer Feminismus schon nicht mehr en vogue war,

1 Zuerst erschienen auf Deutsch in *Gulliver, Deutsch-englische Jahrbücher*, Berlin 1984. – Das Manifest gewann jüngst erneut Aktualität, als 2015 zwei Bücher erschienen: Armen Avanessian u. Helen Hester: *dea ex machina*, unter Bezug auf Haraways Manifest und mit Beiträgen aus 50 Jahren technofeministischer Diskussion und einem eigenen neuen Manifest, sowie Melinda Cooper, Catherine Waldby, Felicita Reuschling u. Susanne Schultz: *Sie nennen es Leben, wir nennen es Arbeit*, hg. v. Kitchen Politics, Münster.

eine Schriftenreihe mit marxistisch-feministischen Texten aus den Anfängen der zweiten Frauenbewegung und neueren Arbeiten, die wir auf Donnas Rat *Coyote, Feminismus als Gesellschaftskritik* nannten[2]. Sie besorgte eine Sammlung von Coyote-Fabeln, von denen wir den Büchern jeweils eine beigaben. Dies um zu signalisieren, dass wir aus der Position der historisch Unterlegenen List und Tricks, Ironie und Satire brauchten, um unsere Vorhaben von Gesellschaftsveränderung unter die Leute zu bringen.[3]

Wir haben das Cyborg-Manifest in sozialistischen Frauengruppen in Berlin und Hamburg wieder und wieder gelesen und über die Zumutung, auch unsere Vorstellung von uns und unserer Natur zu hinterfragen, so gestritten, dass es fast zur Spaltung gekommen wäre. Aber schließlich waren wir entschlossen, den im Cyborg-Manifest gegebenen Auftrag der Aneignung der nötigen Kompetenz in Naturwissenschaften und Politik, die Technik nicht zu vergessen, mit dem Mut seiner Umsetzung in gesellschaftsveränderndes Handeln anzunehmen. Wir begannen die Arbeit an vielen Enden. Sie dauert an.[4] Aber mit der Selbstaufgabe des staatssozialistischen Projekts und dem Abflauen der Frauenbewegungen in der Welt verlief sich irgendwann auch der Grundimpuls wie bei aller sozialen Bewegung, was noch kein Beweis seines Erlöschens ist.

Nachdem Donna Haraway im Jahr 2000 für ihr Lebenswerk der J.D. Bernal-Preis[5] verliehen wurde und nachdem diese Marxistin-

---

2 Wir veröffentlichten Cynthia Cockburn, *Blockierte Frauenwege*; Raya Dunayevskaya, *Rosa Luxemburg, Frauenbefreiung und Marx' Theorie der Revolution*; Donna Haraway, *Monströse Versprechen. Coyote-Geschichten zu Feminismus und Technowissenschaft*; Kornelia Hauser, *Patriarchat als Sozialismus*; Mary Mellor, *Für einen ökosozialistischen Feminismus*; Rossana Rossanda, *Auch für mich. Aufsätze zu Politik und Kultur;* Sheila Rowbotham, *Nach dem Scherbengericht. Über das Verhältnis von Sozialismus und Feminismus*; Dorothy Smith, *Der aktive Text. Eine Soziologie für Frauen.*

3 1987 schrieb sie einen Beitrag zur Konstruktion von Geschlecht in der Festschrift zu meinem 50. Geburtstag *Viele Orte überall*, hg. v. Kornelia Hauser; 1988 »Von Affen und Müttern. Allegorie für das Atomzeitalter«, in *Das Argument* 172; sie schrieb zum Genfetischismus in *Das Argument* 242, 2001, und das Stichwort »Geschlecht« im *Historisch-kritischen Wörterbuch des Marxismus*, Band 5, 2001.

4 Vgl. dazu meinen Rechenschaftsbericht 2015 in: *Der im Gehen erkundete Weg. Marxismus-Feminismus*, Hamburg.

5 John Desmond Bernal (1901–1971), kämpferischer politischer Aktivist für Frie-

Feministin vielfach aufgenommen wird, aber zumeist als Zeugin für Postmarxismus, gar für Posthumanismus, jedenfalls für das Ende sozialistischen Denkens und Wollens herhalten muss, ist es an der Zeit, ihr Manifest noch einmal zu lesen und seine Herausforderungen neu zu prüfen.

Das Cyborg-Manifest

1984, im Entstehungsjahr des Cyborg-Manifests, ging es darum, Bilanz zu ziehen und einzugreifen. In schwarzer Utopie fochten die einen *gegen* die Entwicklung der Hochtechnologie, welche die Herrschaft des Menschen über die Natur bis zum bitteren Ende angetreten zu haben schien; utopistisch frohlockend fochten derweil die anderen *dafür*, da sie glaubten, dass sich die Menschen der Natur in einem Ausmaß bemeistert hätten, dass die Utopie langen Lebens in Gesundheit Wirklichkeit werden könne. Zwischen diesen Positionen lavierte die Frauenbewegung: die technologische Bemeisterung als männlich verdammend die einen, die zugleich zunehmend esoterisch eine vom technologischen Fortschritt ganz unberührte, reine Weiblichkeit bis hin zur Besetzung des Göttlichen für sich reklamierten; von der Technologie eine Befreiung durch Entkopplung der Frauen von der biologischen Fortpflanzung erwartend die anderen. Shulamith Firestone (1975) etwa hielt Retortengeburten für eine unerlässliche Revolution, da sie Frauenunterdrückung als biologisch determiniert begriff, worunter sie die funktionelle Unterwerfung unter die Fortpflanzung verstand. In dieses Szenario also griff Donna Haraway mit ihrem Manifest »Lieber Cyborg als Göttin« (1984) ein. Sie zeigt die Politik der Grenzziehung in der Konstruktion der Biologie und schlägt vor, die »Gentechnologie sozialistisch-feministisch zu unterwandern«. Sie plädiert dafür, sich in die Grenzziehungen einzumischen, zumal in den »Grenzkrieg« um das Verhältnis von Organismus und Maschine. »Dem Neuentwurf von Cyborgs, d.h. der Gentechnologie [...] müssen sozialistische Feministinnen besondere Aufmerksamkeit

---

den, Naturwissenschaftler, Schwerpunkt Molekularbiologie und Geschichte der Wissenschaften, engagierter Marxist und Kommunist, u.a. Träger des Stalinpreises. In den staatssozialistischen Ländern vielfach veröffentlicht, u.a. mit einer Schrift zu »Marx' Bedeutung für die Wissenschaft«, neuerlich nachgedruckt in *Streitbarer Materialismus*, München 2009.

widmen.« (in diesem Buch, 281) Da Frauen in den bisherigen Grenzbefestigungen mehr verloren als gewannen, rät sie, sich nicht auf die Fähigkeit zur Mutterschaft und ähnlich »unschuldige« Positionen zurückzuziehen, sondern nach vorn in die Aneignung von Maschine-Organismus-Beziehungen zu schreiten, sich einzumischen in die »Informatik der Herrschaft« – so nennt sie die »Übersetzung der Welt in ein Codierungsproblem, in einer Suche nach einer gemeinsamen Sprache, einem Universalschlüssel, der alles einer instrumentellen Kontrolle unterwirft« (ebd., 283). Sie ruft dazu auf, das der kapitalistischen Inbetriebnahme geschuldete Ausmaß an Herrschaft und die darin steckende Gewalt gegen Frauen offensiv zu beantworten. Sie nimmt den feministischen Zorn gegen männliche Herrschaft auf: »›Genetic engineering‹ [...] ist ein Science-Fiction-Ausdruck, der den Triumph phallozentrischer Begierde suggeriert, den Triumph, die Welt neu zu erschaffen ohne die Vermittlung fleischlicher Frauenkörper. Er deutet auf das Ende zwischenmenschlicher Sexualität, auf die Herrschaft masturbatorischer Rationalität in ihrer entwurzelten, permanent pornografischen Form.« (ebd., 284) Sie lenkt solchen Zorn in die notwendige Energie zur eigenen Qualifizierung sozialistischer Feministinnen. Gegen die Experten in Naturwissenschaft und Ärztestand ruft sie zum Erwerb von Kompetenzen auf, um überhaupt in den »gesellschaftliche[n] Wissenschafts- und Technologieverhältnisse[n]« (ebd., 284) sich bewegen zu können, und dazu, eine »eigene biotechnologische Politik zu entwickeln« (ebd., 286). Dafür ermutigt sie dazu, neue Wissensarten in Arbeit, Sexualität und Reproduktion als Herausforderung anzunehmen und das Einreißen der Grenzen zwischen Natürlichem und Technisch/Künstlichem als Erleichterung zu leben, eben weil in den alten Grenzen Herrschaft befestigt sei. Dabei geht es ihr nicht darum, alle Grenzen zwischen Mensch-Maschine, Natur und Kultur, Geist und Körper und viele andere, die als gewohnte Gegensätze Tradition haben in der westlichen Kultur, einzureißen und dies als Politik zu empfehlen. Sie beobachtet vielmehr, dass in der Entwicklung der Bio- und Technowissenschaften diese Grenzen mehr und mehr verschwimmen, und schlägt den sozialistischen Feministinnen vor, mit Vergnügen die zum Herrschaftsgebäude kapitalistischer Gesellschaften und ihrer Reproduktion gebrauchten Dimensionen anzugreifen, die für Frauen zum Gefängnis wurden, und vor allem, sich an der neuen Grenzziehung zu beteiligen (ebd., 285f.). So würde sie am Robotereinsatz in der Pflege vermutlich der Zusammenbruch der Vorstellung von der liebevollen, umsonst arbeitenden mütterlichen Schwesterfigur als Naturgabe vergnüglich stimmen; und bei den Diskussionen um die In-vitro-Fertilisation würde sie die Beunruhigung des Jungfrauenkultes freuen, mit dem Frauen in vielen Kulturen gefesselt sind.

Der Impuls, Grenzen zwischen Mensch-Maschine, Natur und Kultur einzureißen, wird 30 Jahre später (von Latour, von Barad u.a.) aufgenommen ohne den politisch-eingreifenden Stachel, die Bewegung feministisch-sozialistisch zu fassen. Haraway plädiert dafür, in den Umbrüchen die Restaurierung von Herrschaft zu unterbrechen und daher nicht von fertigen Einheiten auszugehen (wie Klasse, Rasse, Geschlecht), sondern diese selbst als Praxen zu fassen, als »bodies in the making and contingent spaciotemporalities« (1997, 294). Dabei geht ihre Bejahung der Fortschritte in der Gentechnologie mit den Möglichkeiten genetisch beförderter Heilungsprozesse einher mit einer Kritik etwa an der Nutzung von Unterschichtsfrauen in Puerto Rico als Experimentierfelder für neue Medikamente. Sie fordert dazu auf, kapitalistische Politik offenzulegen. Zu dieser gehören in diesem Kontext die Extraprofite der Pharma-Konzerne und die staatlichen Institutionen, die diese absichern. Feministinnen sollten Listen erstellen, auf denen ihre Probleme mit der Gentechnologie aufgeführt und öffentlich diskutiert werden, etwa Arbeits- und Ernährungsprobleme, Armut, Gesundheit, wirtschaftliche Macht.

Politisch geht es auch darum, die stützenden Strukturen anzugreifen: das trotz aller Künstlichkeit gefestigte heterosexuelle Schema und die Indienstnahme von Träumen vom Ende aller »Ursprungsmängel«, fehlerlose Kinder »als Spezialanfertigung« (in diesem Buch, 285). »Medizin, Geschlecht und multinationales Kapital verschmelzen zu einem einzigen Albtraum« (ebd.). Die Gegenwehr habe zugleich den Kampf um Bedeutungen und Metaphern zu führen, in denen das Biologische gedacht wird, wie den um Forschungsstrukturen, die auch ein Puffer gegen die Marktanforderungen sein können. Auch hier plädiert Haraway für Einmischung, ermutigt zu »feministischen Ethnografien wissenschaftlicher Praxis, eine[r] Kulturtheorie entwickelter Technologien, Entwürfe[n] möglicher feministischer Wissenschaft, kulturelle[n] Produktionen wie Science-Fiction und feministische[r] Filmerkundung über Hightech-Phantasien« (ebd., 296). Als Akteure werden aufgerufen:

»Gewerkschaften, Wissenschaftsläden, Arbeitsschutzaktivist*innen, Lehrer*innen, Forschungsgruppen zum Antimilitarismus, Umweltinitiativen« (ebd., 288). Sie schlägt Bündnisse vor mit Kräften, die bereits in »Kämpfe um die Wissenschafts- und Technologieverhältnisse verwickelt sind, [...] Weltkirchenrat, Konversionsprojekte, [...] Hightech-Benutzergruppen, einschließlich diverser Gruppen technologisch versierter Frauen, [...] mit denen wir Bündnismöglichkeiten erkunden sollten und von denen wir einiges lernen können« (ebd., 296.). Bündnisse sozialistischer Feministinnen mit allen fortschrittlichen Organisationen und Gruppen seien notwendig. Schließlich fordert sie dazu auf, die »Grenzlinien des Alltags neu zu ziehen« und dabei die Verantwortung für die Wissenschafts- und Technologieverhältnisse zu übernehmen, was jegliche Metaphysik und so auch eine Dämonisierung der Technik zurückweise (ebd., 301).

Haraway zeichnet ihre Skizze mit Ironie. Sie bedient sich dieser, um die Standpunkte in Bewegung zu bringen. Der Cyborg ist »eine ironische Utopie politischer Identität« (ebd., 295), ein Projekt, in dem probeweise mit Menschen und Maschinen kommuniziert und so ein Ausgangspunkt dafür gewonnen wird, die in den bisherigen Trennungen verschanzte Herrschaft bloßzulegen: »In der westlichen Tradition haben sich bestimmte Dualismen hartnäckig gehalten; sie stehen alle in einem systematischen Zusammenhang zur Logik und Praxis der Herrschaft über Frauen, Farbige, Natur, Arbeiter, Tiere, kurz: der Herrschaft über alles Andere.« (ebd., 298) Als Dualismen besonderer Tragweite für Unterordnung und Herrschaftssicherung, die von der Hightech-Kultur herausgefordert würden, nennt sie »selbst/andere, Geist/Körper, Kultur/Natur, männlich/weiblich, zivilisiert/primitiv, Wesen/Erscheinung, Ganzes/Teil, Schöpfer/Rohstoff, Macher/Gemachtes, aktiv/passiv, richtig/falsch, Wahrheit/Illusion, Totalität/Partialität, Gott/Mensch« (ebd.). Hier finden sich alle möglichen polaren Unterscheidungen, die der Handlungsorientierung dienen, neben solchen, die im Laufe der Geschichte aufgeladen sind zu herrschaftssichernden Ordnungen. Ihre Nennung belässt es bei bloßer Andeutung, ohne jede dieser Oppositionen auf Spuren von Unterwerfung und Hierarchisierung zu untersuchen, so dass die freie Luft spürbar wird, die eine andere Geschichtsschreibung ermöglicht. In der vorliegenden Form ist dies als Aufforderung zum Verzicht auf binäre Codes als politisch korrektes Denken in den Universitäten angekommen. Es bleibt bloße Beschwörung, die wiederum zur Sprachlosigkeit verdammt und als solche in Erzählungen von anderer Herrschaft eingebaut werden kann, solange die Geschichte dieser Gegensätze und deren Kontext nicht genau erforscht wird. Die Historisierung macht klar, warum es Feministinnen sein müssen, die gegen die herrschenden Diskurse einschreiten müssen, weil Frauen in den Traditionen von Wissenschaften tatsächlich nur unwesentlich repräsentiert sind, also die strategische Stelle von Akteurinnen besetzen, die die Welt erst noch aneignen müssen; auch warum es Sozialistinnen sein müssen, weil zugleich gegen Kapitalherrschaft gestritten werden muss; und schließlich wie »illusionär« die Herrschaft des *Einen* ist, das schließlich nicht wirklich autonom, sondern mit dem *Anderen* in »dialektische[r] Apokalypse« (ebd.) verwickelt ist. Darunter versteht sie, dass das *Eine* mächtig ist und darum weiß, weil das Andere ihm dient. Die Zukunft aber gehöre dem Anderen mit der langen Erfahrung der Unterdrückung, »die die Autonomie des Selbst Lügen straft« (ebd.). Für die Analyse der Unterdrückungserfahrungen schlägt Haraway den Begriff »situated knowledges« vor, ein Begriff, der zumeist als Aufforderung, milieutheoretisch die soziale Herkunft einzubeziehen, verflacht wird.

Die Unbestimmtheit, die Lust am Spiel, mit der die Veränderbarkeit als Resultat und Voraussetzung allen Erkennens gesprochen wird, macht Haraway nicht nur anschlussfähig für die Postmoderne und für Postmarxismus, sondern sie wird geradezu in Besitz genommen als Ahnfrau für Denkrichtungen, die das »Post« als ihr Markenzeichen ausgeben. Wo nichts mehr feststeht, kann bedenkenlos auf Bestimmtes verzichtet werden. Zudem schreibt Haraway selbst die verschiedenen Ebenen des komplizierten Theoriegebäudes zumeist jeweils getrennt, so dass es im Anschluss möglich wird, auch nur eine Wohnung des Gebäudes zu beziehen. Ihr Projekt, in dem sie das Zusammenwirken von Bedeutungsproduktion als eigene Macht, von Wissenschaften, von ökonomischen Strukturen, in denen kapitalistische Gewinnmaximierung regelndes Prinzip ist, von Verwandlungen und von Geschlecht zu entziffern sucht, wird von ihr in der Darstellung selbst in Teilprojekte zerlegt, so dass es also möglich wird, sich auf sie berufend, jeweils ausschließlich das Symbolische, Sprache, Wissenschaft, Grenzdurchquerungen, Geschlecht usw. zum Gegenstand zu machen und damit die kulturrevolutionäre Dynamik zu verpassen. Zudem hält Haraway viele Gedanken im Unbestimmten bloßer Andeutung, so dass man sich die Freiheit nehmen kann, die Sätze in eigener Entscheidung zu vervollständigen. Beides hat dazu geführt, ihr den Platz einer auch rätselhaften, für gegensätzliche Positionen vereinnahmbaren Künderin zuzuweisen. Sie selbst schreibt dazu: »Verspieltheit, Beweglichkeit, mehr zu sein, als wir zu sein glauben, diskursive Konstitutionen, die Unerwartetheit von Sprache und Körper, das sind Dinge, [...] um die es mir in meiner Arbeit geht. Aber ich will nicht, dass die Aneignung meiner Arbeit in verantwortungsloses Freispiel, in Postmodernismus im groben und vulgären Sinn abdriftet. Da sind mir die kontaminierten ethischen Kategorien weitaus lieber als diese Rezeption.« (1995, 115)

Geschlechterverhältnisse

Die Entwicklung der Gentechnologie trifft dort, wo sie in die menschliche Reproduktion eingreift, die Geschlechterverhältnisse so entscheidend, dass der Zusammenhang der Produktionsverhältnisse neu gedacht werden muss. Konnte bislang davon ausgegangen werden, dass Kapitalismus sich zu seiner Verbreitung andere Produktionsweisen einverleibt und dass die nicht nach kapitalistischen Profitgesichtspunkten organisierte Herstellung und Erziehung von Kindern dazugehört, tauchte Frauenschutz und -unterdrückung als zwieschlächtige Dimension in den gesellschaftlichen Regelungsverhältnissen auf, notwendig fürs Überleben und zugleich ein Hindernis für jeden weiblichen Berufsweg und vor allem für die Einnahme von Leitungspositionen in Politik und Wirtschaft. Der Frauenkörper wurde kontrolliert, war aber zunächst nicht selbst Rohstoff in der Produktionsweise. Um Haraways Herangehensweise besser zu verstehen, empfiehlt es sich (etwa als Lockerungsübung in den festgefahrenen Debatten für und gegen die Stammzellforschung), die Science-Fiction-Romane u.a. von Ursula K. LeGuin, Joanna Russ oder Marge Piercy zu lesen, die in der Richtung von Haraway von Welten erzählen, in denen Gentechnologie schon vervollkommnet ist und eingesetzt wird, um das Leben zu erleichtern und zu bereichern.

Seit Donna Haraway ihr Manifest schrieb, wurde die Gentechnologie rasant vorangetrieben. Weiter werden die wesentlichen Fragen auf Expertenebene diskutiert, wobei die Öffentlichkeit zum Schein dabei ist und sich vertreten fühlen darf durch eine Ethikkommission. Ab und an treten Frauenteile in die Debatte, als Uterus, als Eizelle, dazu Männerteile in Gestalt von Spermien, und trotz solcher Zerlegung bleibt in verschiedenen Ländern staatlicher Anspruch, den Frauenkörper unter Kontrolle zu behalten: z.B. ein Gesetz gegen Leihmutterschaft in Deutschland, die Beschränkung der Technologie auf heterosexuelle Paare in Australien, umfassende Kontrolle bei gleichzeitiger Freigabe der Leihmutterschaft als eigene »Berufstätigkeit« in Indien.

»Frauen« als anrufbares kollektives Subjekt scheinen selbst eine »Grenze« zu sein, die gentechnologisch zerstört wird; aber feministische Einmischung kann weder der Bewahrung des Alten gelten, noch sich auf Ethikdebatten von Experten beschränken oder jedem eine Meinung zugestehen, während über die tatsächliche Politik im Dienste der Bereicherung der Mantel des Schweigens geworfen wird.

Die Reaktion von Feministinnen blieb zunächst peripher. So führt etwa Verena Stolcke (2001) vor, dass Frauen aus der Gentechnologie nichts gewinnen können, dass vielmehr die Kontrolle über ihre Körper noch zunimmt und männliche Geldbesitzer in der Hoffnung auf ewiges Leben oder darauf, sich wenigstens zu kopieren, die eigentlichen Nutznießer seien. Barbara Duden entziffert das ins Alltagsbewusstsein eingedrungene Gen bzw. den Diskurs darüber als Verhaltensanweisung an das Selbstbewusstsein: »jede Frau [...] ist in Gefahr, statistische Konzepte in ihrem Fleisch zu verankern und ihnen dadurch Wirklichkeit zu verleihen. Sie hält sich – buchstäblich – für eine Expression eines genetischen Programms« (2001, 635). In Geschlechterverhältnissen, in denen Frauen mit der Fähigkeit zur Mutterschaft und den entsprechenden Schutz- und Blockierungsstrategien die gesellschaftliche Einmischung im Großen abgemarktet war, scheint die Bedrohung durch die Gentechnologie ebendiese Mutterschaft zu treffen, statt wahrzunehmen, dass es um weitere Ausdehnung des Kapitalismus geht. Die in Geschlechterverhältnissen eingefangenen Spannungsknoten von Ungelebtem, noch nicht Verabschiedetem, von Hoffnung und von Unpassendem können nicht in Gänze ins Profitbringende eingeholt werden. Da bleibt ein Rest, der immer größer wird. Eine Welt, in der alles dem Profitprinzip unterworfen wird, lässt sich nicht lange aufrechterhalten. Schließlich ist mit der technologisch gelösten, als Ware kaufbaren Schaffung von Leben dieses noch keineswegs humanspezifisch angeeignet. So bleibt unerledigt, was vielleicht als ›Würde‹ zu diskutieren wäre, auch die

Aneignung des menschlich-gesellschaftlichen Lebens je individuell und gesellschaftlich, kurz, auch das Aufziehen der Kinder auf eine Weise, die Herrschaft zurückdrängt und Möglichkeiten entfaltet. Vorläufig geht es auch darum, Forschung und Entwicklung aus privaten Händen, aus Patenten, aus privater Bereicherung ins Gesellschaftliche zu überführen. Solange das nicht gelingt, ist die Ebene der Ethikkommissionen und sind Verbote eine transitorische Lösung, die im Übrigen weltweit längst unterlaufen ist. In Wahrheit muss es um die Grundlagen kapitalistischer Bereicherung gehen und wie ihre Grenzen gestaltet werden müssen.

Stefanie Schäfer-Bossert (2005) hat das Schicksal der Cyborg-Metapher in der Kulturindustrie und ihre neuerliche Verwandlung in einen Teil des Stützwerks der alten Geschlechterordnung und seiner Integrationsfähigkeit nachgezeichnet. Sie zeigt, dass es im Manifest wesentlich um die Durchquerung der Grenze Mensch-Maschine ging und erst 20 Jahre später die Implosion der Grenze Mensch-Tier erfolgte. Haraway kündigte damals an: »Ich riskiere die Entfremdung von meiner alten Doppelgängerin, der Cyborg, mit der Absicht [...], Leserinnen davon zu überzeugen, dass Hunde die besseren Führer durch die Dickichte der Technobiopolitik im Dritten Millennium der derzeitigen Ära sein könnten« (2003, 9f.). Zum Cyborg-Konzept schreibt sie darin abschließend: »Ich habe versucht, mich mit den Cyborgs kritisch zu identifizieren, d.h. sie weder zu verherrlichen noch zu verdammen, sondern im Geist einer ironischen Aneignung von Zielen, die von den Sternenkriegern nie ins Auge gefasst worden waren.« (4) »Cyborgs können Figuren für das Leben in Widersprüchen sein.« (11)

Und die Hunde? Donna hatte uns das Manuskript zur Übersetzung und Veröffentlichung geschickt. Ich habe es sogleich voller Vorfreude gelesen; später ein zweites Mal mit schlechtem Gewissen. Es gelingt mir nicht, den Erkenntnisschub, den das Schreiben ihr brachte, für mich zu gewinnen. So harrt es noch in der Schublade. – Ich lud sie 2014 zum Marxismus-Feminismus-Kongress (2015) ein, den sie als dringlich begrüßte. Beim Schreiben des vorliegenden Textes stellte ich ihr die Frage nach ihrem Verhältnis als Feministin zum Marxismus und zum Sozialistischen, weil mich die Berufung auf sie in den vielen Absagen an beides verwirrte. Ihre Antwort lautet klipp und klar: » I am a thinker in the socialist and Marxist tradition, and happy to be named in that proud lineage!« (18.7.2015)[6] Auf die Frage nach der Aktualität des Cyborg-Manifests schrieb sie, dass es (zusammen mit dem »Companion Species Manifesto« und einer Diskussion mit Cary Wolfe) 2016 in einem Buch *Manifestly Haraway* neu aufgelegt werde, und schickte ihren Beitrag »Anthropozän, Kapitalozän, Plantagozän, Chthuluzän: Making kin, sich Verwandte machen« (2015, in diesem Buch) als ihre jüngste Intervention.

Der kurze Text ist zugleich melancholisch und aufmunternd. Mit ihren Mitteln der gelassenen Ironie reiht sie die Effekte menschlichen Handelns auf die Erde sogleich ein in die viel älteren und umwälzenden Formierungen durch Bakterien und dergleichen; sie erinnert an die Ausbreitung von Pflanzen durch Samen Millionen Jahre vor menschlicher Agrikultur und an viele andere revolutionäre und evolutionäre ökologische Entwicklungen als ernüchternder Ausgangspunkt für die neuen Umbrüche. Die entscheidende Frage sei die nach den Wechselwirkungen mit anderen biotischen Gattungen und abiotischen Formen. Denn unsere arrogante Gattung handle nicht allein; auch andere Arten (*assemblages*) machten Geschichte. Sie fragt: Gibt es einen Wendepunkt, der das Leben auf der Erde für alle und alles ändert? Wir haben Klimawandel, toxische Chemie, Bergbau, Austrocknung von Seen und Flüssen, Verarmung von Ökosystemen, Genozid ganzer Völker und Aussterben von Tierarten – größere Systemzusammenbrüche einer nach dem anderen. Sie schlägt vor, das Anthropozän nicht als Epoche zu denken, sondern als Grenzereignis. Was danach komme, werde anders sein. Als Begriff schlägt sie Chthuluzän[7] vor – um Vergangenheit, Gegenwart und das Kommende zu umgreifen. Mit Begeisterung liest sie Barad, deren inter/intra-agenzieller Realismus von den Effek-

6 In der ausführlichen Wiedergabe von Theorien und Phantasien zur Verbindung von Menschen und Maschinen aus drei Jahrhunderten referiert Bianca Westermann (2012) auch ausführlich zum Cyborg. Haraway wird zusammenfassend mit vielen Zitaten wiedergegeben. Dabei wird zustimmend Karin Harrasser (2006, 553) zitiert mit folgender Behauptung: »Das Manifest ist eine Kritik an totalisierenden feministischen und marxistischen Narrativen und gleichzeitig der Versuch, feministische Theorie mit postmodernen Verhältnissen abzugleichen.«

7 Abgeleitet aus dem Namen eines Ungeheuers aus H.P. Lovecrafts Erzählung *The Call of Cthulhu* von 1926. August Derleth hat diese Gestalt zum Zentrum seines apokalyptischen »*Cthulhu*-Mythos« gemacht, dem zufolge *Cthulhu* eines Tages auferstehen wird, um erneut seine Schreckensherrschaft über die Erde auszuüben und allem Leben den Tod zu bringen.

ten her denke und also auch die herkömmlichen Grenzen der Wissenschaften nicht mehr einhalte. Der Beitrag liest sich zugleich nüchtern klar und träumend andeutend, schwankend zwischen den Fragen: Wie kann man erkennen? Und was kann man tun? Eine Bestandsaufnahme macht klar, dass der Wendepunkt, besser der Bruch schon geschehen, der Planet Erde für alle Lebewesen verbraucht ist. Die Rückzugsgebiete, in denen Wiederherstellung möglich war, gibt es nicht mehr. Die »Flüchtlinge« können nicht mehr aufgenommen werden. Es könne nur mehr darum gehen, eine teilweise biologisch-kulturell-politisch-technologische Rückgewinnung zu erlangen, die die Trauer um das unwiederholbar Verlorene einschließt. In den empfohlenen Losungen für sozialistische Aktivistinnen im Erkennen und Handeln nimmt sie die Fäden wieder auf. In *Lieber Cyborg als Göttin* war es nicht nur um das Einreißen der Grenzen zwischen Mensch und Maschine gegangen, sondern vor allem auch darum, die Fortschritte in den Naturwissenschaften für eine Stärkung der feministisch-sozialistischen Kämpfe als antikapitalistische und als solche um Frauenbefreiung zu nutzen. Die neue Losung »Make kin, not babies« nimmt aus ihren vorhergehenden Arbeiten die Kritik an einer Sichtweise auf, welche die Fruchtbarkeit als bestimmendes Kriterium ausgibt. Sie bezeichnet sich als »promisküöse Spekulantin«, der das Einreißen von Grenzen um Heterosexualität und entsprechender Normen Vergnügen bereite. Spielerisch prüft sie, was aus der Geschichte von Sprachen, Symbolen, Literatur aufzunehmen wäre. *Kin* und *gens* kämen in indogermanischen Sprachen aus dem gleichen Wurf; *kin* und *kind* sei bei Shakespeare verwandt. Es ließe sich als Losung für das zukünftige Verhalten lesen. Aber sie prüft nicht, ob die Vorschläge, jeweils in ihren Konsequenzen weitergedacht, ein für alle Mögliches und Befreiendes ergeben könnten. Insofern liest sich das Zusammengestellte auch wie ein Angebot friedlicher Koexistenz in Zeiten der Ruhe nach dem Sturm. Aber die Indienstnahme des Tatbestandes von zu großem Bevölkerungswachstum für rechtsradikale Positionen fordert sie heraus zu dem Vorschlag, bei der katastrophalen Übervölkerung des Planeten Erde mit Menschen sei nicht auf die Fruchtbarkeit der Gattung Mensch zu setzen, sondern auf die Fähigkeit, auch andere Ziele setzen zu können, eben nicht auf eignen Kindern zu bestehen, sondern andere an Kindes statt anzunehmen. Es braucht sehr niedrige Geburtenraten. Rückblickend erkennt sie, dass der frühe feministische Versuch, nicht in Blutsverwandtschaft und entsprechenden Genealogien zu denken, genau richtig war. Neben »Run Fast, Bite Hard«, »Shut up and Train« (in diesem Buch, 29) schlägt sie »Kin-making« als praktisches Handeln vor: Sich-Verwandte-Machen, die nicht zum gleichen Blut gehören, jenseits der alten Familienbande und -geschichten in Mehrgenerationenfamilien, mit mehr als nur zwei »Eltern« als Verantwortlichen. Die Entscheidung gegen eigene Kinder sei zu feiern. Auch die Losung »Make kin, not babies« bleibt ironisch. Letztere wären die Ausnahme, kostbar zwar und zu pflegen, aber *kin* gibt es in Überfülle und kostbar auch diese.

Sie schreibt gegen die »vermeintlichen Marxist*innen [would-be Marxists] oder andere Theoretiker*innen [...], die sich gegen den Feminismus sträuben und sich daher nicht mit der Heterogenität realer Lebenswelten auseinandersetzen, sondern innerhalb von Kategorien wie Märkte, Ökonomie und Finanzialisierung verbleiben (oder, wie ich ergänzen würde, Reproduktion, Produktion und Population – kurz, den vermutlich angemessenen Kategorien für die standardmäßige liberale und nicht-feministische sozialistische politische Ökonomie)« (ebd., 32, Fn. 18). Die Weltproblematik verlange, dass auch die Linke sich nicht wie eine Sekte verhalte und den Klimawandel leugne oder einfach dem »Kapitalismus, Imperialismus, Neoliberalismus, der Modernisierung oder einem anderen ›Nicht-Wir‹ die Schuld an der fortschreitenden, mit der schieren Anzahl an Menschen verwobenen Zerstörung« gebe (ebd., 33, Fn. 19). Für die Linke sei eine Politik nötig, die die Gefühle ebenso wie das Verhalten und Denken in Bezug auf »eigene Kinder« umstürze, »kinnovating without making more babies«. Heiterkeit, Spiel und Verantwortlichkeit auch für die Neuankömmlinge, die »Anderen«, die fliehen mussten aus dem Elend.[8]

* * *

8 Felicita Reuschling (2015) diagnostiziert in ihrer Rückschau auf Haraways Cyborg-Denken ein Scheitern der Hoffnung auf die antiideologischen Möglichkeiten an der Realentwicklung, die zur Festigung der Normalfamilie geführt habe. »Leider müssen wir heute feststellen, dass reproduktionstechnologische Prozesse im Gegensatz zu Haraways Spekulationen die Bedeutung einer biologischen ›echten‹ Nachkommenschaft gegenüber früher zunehmend verwissenschaftlicht haben. Die Bedeutsamkeit der ›Blutsbande‹ als Ausdruck dafür, ein ›eigenes Kind‹ in die Welt zu setzen, hat sich durch die Objektivität der Reproduktionstechnologien eher noch verstärkt als relativiert.« (135)

Nachdenkend darüber, wie die sozialistisch-feministische Radikalität ihren gesellschaftlichen Stachel ins heiter-melancholische Intellektuellendasein überführt, komme ich zu dem Schluss, dass Haraways Projekt von Anfang an eine Anknüpfung und Weiterarbeit mit Marx fehlt, wie sie von Rosa Luxemburg aufgenommen, aber besonders von Antonio Gramsci und von Brecht literarisch vorgeschlagen wird und die es erlaubt, die historisch gewordenen Subjekte in den gesellschaftlichen Verhältnissen so zu fassen, dass sie selber sich aus Subalternität herausarbeiten können. Kurz, zuweilen lassen die methodischen Ratschläge den Abschied aus der Metaphysik und seinen praktischen Folgen vermissen. So verzichtet doch der Vorschlag, etwa Kategorien wie »Produktion, Reproduktion, Ökonomie« zu meiden, auf das Ringen um die in den Begriffen fixierten und in bestimmten Gegensätzen gefesselten Dimensionen. Wenn Marx in den Feuerbachthesen schreibt, dass das »menschliche Wesen kein dem Einzelnen innewohnendes Abstraktum ist«, es sei in »seiner Wirklichkeit das Ensemble der gesellschaftlichen Verhältnisse«, so ist in dieser Bestimmung nicht gefordert, die Kategorie menschliches Wesen aufzugeben, sondern er nimmt eine Problemverschiebung vor, die eine andere Forschungs- und Politikpraxis und eine andere Perspektive verlangt, in der die Menschen in ihrer sinnlich-praktischen Tätigkeit in bestimmten Verhältnissen aufgerufen sind. Auch fehlt Rosa Luxemburgs Auftrag, den Stand der Kräfteverhältnisse unabdingbar in die Kunst der Transformation einzubeziehen und darin revolutionäre Realpolitik zu entwickeln. Haraway setzt Bewegung voraus, aber sie kämpft nicht um Hegemonie, nicht *in* Bewegung, sondern schreibt über sie und gibt Ratschläge *an* sie. Diese aber bleiben als Erbe, für das die Zeit heute reifer ist als vor 30 Jahren.[9]

---

9 Einige Ratschläge aus dem Cyborg-Manifest seien in dieser Fußnote vorgeführt, um ihre Aktualität, die investierte Phantasie und auch die Verlorenheit zu dokumentieren, wie es ist, in den Wald hineinzurufen, wenn dort nur wenige sind oder nur Ohnmächtige oder gar keiner.
Sozialistische Feministinnen sollten alternative staatliche Haushaltspläne formulieren, nationale und internationale Analysen zur gesellschaftlichen Bedeutungen von Biotechnologie und Kommunikationswissenschaften erstellen, die wissenschaftlich-technologischen Implikationen in verschiedenen Wahlprogrammen und Gesetzesdebatten herausarbeiten; für die Arbeit der Friedensbewegung ein sorgsam formuliertes Forschungs- und Technologieprogramm erstellen; zusammen mit anderen Organisationen wissenschaftlich-technologische Themen auf Fragen der Arbeit und Ernährung, Feminisierung der Armut,

Literatur

Barad, Karen, 2007: *Meeting the Universe Halfway*. Durham

Duden, Barbara, 2001: »Mein Genom und ich«, in: *Das Argument* 242, 634–639

Firestone, Shulamith, 1975: *Frauenbefreiung und sexuelle Revolution*. Frankfurt/Main

Haraway, Donna, 1984: »Lieber Kyborg als Göttin! Für eine sozialistisch-feministische Unterwanderung der Gentechnologie«, in: *»1984«*, hg. v. B.-P. Lange u. A.M. Stuby, Berlin (in diesem Buch S. 281–301)

Haraway, Donna, 1988: »Situated knowledges: The science question in feminism as a site of discourse on the privilege of partial perspective«, in: *Feminist Studies*, 14, S. 575–599

Haraway, Donna, 1991: *Simians, Cyborgs and Women: The Reinvention of Nature*. New York (deutsche Ausgabe: Haraway 1995)

Haraway, Donna, 1992: »The promises of monsters: A regenerative politics for inappropriate/d others«, in: *Cultural Studies*, hg. v. Lawrence Grossberg, Cary Nelson u. Paula Treichler. New York, S. 295–337 (dt. in diesem Buch S. 35–123)

Haraway, Donna, 1995: *Die Neuerfindung der Natur. Primaten, Cyborgs und Frauen*. Frankfurt/Main

Haraway, Donna, 1997: *Modest_Witness@Second_Millennium. FemaleMan Meets_OncoMouse. Feminism and Technoscience*. New York

Haraway, Donna, 2003: *The Companion Species Manifesto. Dogs, People, and Significant Otherness*. Chicago

Haraway, Donna, 2015: »Anthropocene, Capitolocene, Plantationocene, Chthulucene: Making Kin«, in: *Environmental Humanities*, 6, S. 159–165 (dt. in diesem Buch S. 24–34)

Haug, Frigga, 2015: *Der im Gehen erkundete Weg. Marxismus-Feminismus*. Hamburg

Reuschling, Felicita, 2015: »Kapitalistischer Realismus, Postutopie und die heilige Familie«, in: M. Cooper, C. Waldby, F. Reuschling u. S. Schultz: *Sie nennen es Leben, wir nennen es Arbeit. Biotechnologie, Reproduktion und Familie im 21. Jahrhundert*. Münster

Schäfer-Bossert, Stefanie, 2005: »Haraways Cyborgs: Figuren für das Leben in Widersprüchen«, in: *Das Argument*, 259, S. 69–82

Stolcke, Verena, 2001: »Das Geschlecht der Biotechnologie«, in: *Das Argument*, 242, S. 645–655

Westermann, Bianca, 2012: *Anthropomorphe Maschinen. Grenzgänge zwischen Biologie und Technik seit dem 18. Jahrhundert*. München

Gesundheit, Nachbarschaftsstrukturen, Bildung wirtschaftlicher Macht und Rassenhierarchien beziehen; einige unserer Fragen in die nationale Diskussion über Wissenschaftspolitik einbringen (in diesem Buch, 297).

Leben in der Technowissenschaft nach der Implosion

Vorwort zur deutschen Erstausgabe

Gewollt oder ungewollt leben ich und viele Millionen (wenn nicht gar Milliarden) andere menschliche und nichtmenschliche Wesen auf diesem der Sonne drittnächsten Planeten in den zugleich materiellen und imaginären Zonen, die seit dem Ende des Zweiten Weltkriegs in der Technowissenschaft eruptiv entstanden sind. Ich bin jenen fabrizierten natürlich-technischen Wesenheiten – wie Plutonium und transgene Organismen – verwandt, die mit dem Verlangen nach und der Angst vor einer Trennung zwischen Natur und Kultur gleichermaßen ihren Spott treiben. Meine Familie, meine Herkunft, mein Körper werden von den materiell-semiotischen Praxen gebildet, die zeugungsfähige Atome zu einem transnationalen Molekül zusammenfügen. Diese Atome haben einfache Namen: Fötus, Gen, Chip, Samen, Datenbank, Gehirn, Bombe. Diese elementaren Bausteine, diese Cyborg-Atome der technowissenschaftlichen Welt sind wie Plutonium – d.h. sie erlangen ihre Lebens- oder Halbwertzeit durch die technowissenschaftliche Praxis, die menschliche und nichtmenschliche Wesen aller Arten zusammenbindet. Und genau in diesen Praxen – in der Cyborg-Chemie dieser Verbindungen – liegt, so denke ich, meine größte Verantwortung. Meine Ursprungsgeschichte erzählt nicht von Ödipus' Schwester oder von der Tochter der Erde, sondern von der fortzeugenden, weltweiten Laichspur der elterlichen, nuklearen Bombe namens *Little Boy.*

Ich lebe in den Verwerfungsfeldern, die die implodierenden Massen der Technowissenschaft hervorgebracht haben, und teile mit Frigga Haug ein Projekt und ein Dilemma: Wie können wir in diesen, in unseren Zeiten mit unserer Arbeit dazu beitragen, politische Hoffnung – nicht Optimismus, sondern praktische und lebendige Hoffnung – materiell und perspektivisch am Leben zu halten? Diese Hoffnung und Genossinnenschaft suche ich in Trickstergestalten und Fadenfiguren, in Hybriden und all den anderen unmöglichen Bündnissen, die im Bauch des Ungeheuers, das manche die *Neue Weltordnung AG* nennen, geschmiedet werden müssen. Überall um mich her und in jeder Faser meines Körpers spüre ich die Implosion analytischer Kategorien und ganzer Welten. In den lebenden und virtuellen Körpern, die in den vereinigten Netzwerken von Informatik und Biologie bezeichnet und materialisiert sind, erfahre ich die schmelzenden Kollisionen technischer, textueller, politischer, organischer, traumähnlicher, psychologischer, formaler, ökonomischer und mythischer Dimensionen von Wesenheiten und Ideen. Alle möglichen Grenzen werden aufgelöst und neu gezogen, und die Zwischenzonen, die Zonen von Vermittlungsformen und im Prozess befindlichen Reaktionen, bergen zugleich die größten Gefahren und die größten Versprechen – und es sind ganz sicher jene Orte, wo wir uns im höchsten Maße engagiert und verlässlich zeigen sollten.

In diesen Reaktionszonen zeigen sich Geschlechter, Rassen, Klassen, Nationen und viele andere Kategorien deutlich als das, was sie immer schon gewesen sind – als Sedimentationen von Beziehungen, als Körper, die keine Dinge-an-sich sind, keine bereits festgelegten, im stabilen Raum sich bewegenden Subjekte und Objekte, sondern fortwährend und ihrem Wesen nach im Entstehen begriffen. In Zeiten der Implosion werden Wesenheiten, die einstmals undurchdringlich und gegeneinander abgegrenzt schienen, mit Macht ineinander geworfen. Erstarrte, mutierte Wesen entstehen – als Nationen, Artefakte, Identitäten, Maschinen, Praxen, Krankheiten, Körper sowie Lebens- und Todesarten. Wenn – wie ich annehme – die Technowissenschaft tatsächlich eine konkrete, weltliche Praxis ist, die Implosionen bezeichnet, verkörpert und hervorbringt, in denen Raum und Zeit für uns neu gestaltet werden, dann leben wir nicht in einem Zustand der Fragmentierung, sondern in dem einer intensivierten, gefährlichen und fruchtbaren Fusion. Und wenn – wie ich annehme – die Technowissenschaft ein Gewebe von Praxen ist, nicht aber ein bereits festgelegtes historisches Drehbuch, dann werden wir unser eigenes Handlungsfeld und unsere Hoffnung auf lebenswertere Welten genau darin finden, diese Praxen zu formen, statt uns vor ihnen zu verstecken.

Unsere moralische, emotionale und analytische Aufgabe besteht also weniger darin, Spaltungen und Auflösungen nachzuspüren; vielmehr müssen wir hart daran arbeiten, die Gewebe, Netze, Netzwerke und klebrigen Fasern zu formen, die für uns die Wirklichkeit bilden und mittels deren wir die Wirklichkeit füreinander und miteinander neu gestalten. Wie die natürlich-technischen Akteur*innen in Marge Piercys Roman *Er, Sie und Es* weben wir die Netze von Schmerz, Lebenskraft und Versprechen, die sich der Einschränkung von Freiheit auf Marktfreiheit, von Natur auf Patente und Warenzeichen und von Kultur auf die *Neue Weltordnung AG* widersetzen. Die in diesem Buch versammelten Essays sollen wieder von dem Slogan geleitet sein, den ich für die implodierten Welten, in denen ich geboren wurde, gewählt habe: »Cyborgs für irdisches Überleben«.

August 1995, Donna Haraway

Anthropozän, Kapitalozän, Plantagozän, Chthuluzän: Making kin, sich Verwandte machen

Es steht außer Frage, dass von Menschen verursachte Prozesse planetare Auswirkungen hatten – in Inter/Intra-Aktion mit anderen Prozessen und Spezies –, solange sich unsere Spezies zurückverfolgen lässt (ein paar zehntausend Jahre) und Landwirtschaft in gewaltigem Umfang betrieben wurde (ein paar tausend Jahre). Selbstverständlich waren Bakterien und ihre Verwandten von Anfang an die größten planetarischen Terraformer (und -reformer) von allen und sind es noch immer, auch sie in Inter/Intra-Aktionen unzähliger Art (unter anderem mit Menschen und deren technologischen und sonstigen Praktiken).[1] Die Ausbreitung von selbstaussäenden Pflanzen Millionen Jahre vor dem Beginn menschlicher Landwirtschaft war eine Entwicklung, die den Planeten veränderte, so wie viele andere revolutionäre evolutionäre ökologische entwicklungsorientierte historische Ereignisse.

Menschen stürzten sich früh und dynamisch in dieses wichtigtuerische Getümmel, sogar noch bevor sie/wir jene Kreaturen waren, die später Homo sapiens genannt wurden. Aber ich denke, dass die für die Benennung von Anthropozän, Plantagozän oder Kapitalozän ausschlaggebenden Punkte mit Umfang, Frequenz/Geschwindigkeit, Synchronizität und Komplexität zu tun haben. Beim Nachdenken über systemische Phänomene muss die Frage stets lauten: Wann werden quantitative Veränderungen zu qualitativen Veränderungen, und welche Effekte bewirken biokulturell, biotechnisch, biopolitisch und historisch situierte Menschen (nicht *der* Mensch) im Verhältnis zu und in Kombination mit den Effekten anderer Spezies-Assemblagen und anderer biotischer/abiotischer Kräfte? Keine Spezies agiert allein, nicht einmal unsere arrogante eigene, die vorgibt, gute

---

1 Intra-Aktion ist ein Konzept von Karen Barad (2007). Daneben verwende ich weiterhin Inter-Aktion, um für Leser*innen verständlich zu bleiben, die den radikalen Umbruch noch nicht verstehen, nach dem Barads Analyse verlangt; aber wahrscheinlich auch aus eigener linguistisch-promiskuitiver Gewohnheit.

Individuen im Sinne sogenannter moderner westlicher Handlungsschemata zu sein. Assemblagen aus organischen Spezies und abiotischen Akteuren machen Geschichte, die Evolutionsgeschichte ebenso wie alle anderen.

Gibt es jedoch einen bedeutsamen Wendepunkt, dessen Konsequenzen das Wesen des »Spiels« des Lebens auf der Erde für alle und alles verändern? Es geht um mehr als Klimawandel; es geht auch um enorme Belastungen durch toxische Chemie, Bergbau, den Schwund von unter- und überirdischen Seen und Flüssen, die Verarmung von Ökosystemen, gewaltige Genozide an Menschen und anderen Kreaturen etc. pp. in systemisch gekoppelten Mustern, die einen großen Systemzusammenbruch nach dem anderen auszulösen drohen. Rekursivität kann lästig sein.

In einem neueren Aufsatz mit dem Titel »Feral Biologies« schlägt Anna Tsing vor, der Wendepunkt vom Holozän zum Anthropozän sei möglicherweise die Zerstörung der meisten Refugialräume, von denen aus sich vielgestaltige Spezies-Assemblagen (mit oder ohne Menschen) nach einschneidenden Ereignissen (wie fortschreitende Wüstenbildung, Kahlschlag oder, oder ...) regenerieren können.[2] Dies ähnelt der Argumentation von Jason Moore, Koordinator des World-Ecology Research Network, wonach es mit der billigen Natur vorbei ist; es kann nicht mehr lange funktionieren, die Natur immer weiter zu verbilligen, um Ausbeutung und Produktion in und von der heutigen Welt aufrechtzuerhalten, weil die meisten Ressourcenvorräte der Erde bereits ausgetrocknet, verbrannt, ausgezehrt, vergiftet, ausgerottet oder anderweitig erschöpft sind.[3] Durch gewaltige Investitionen sowie höchst kreative und destruktive Technologien lässt sich der Tag der Abrechnung lediglich hinausschieben, aber mit der billigen Natur ist es wirklich vorbei. Anna Tsing argumentiert, das Holozän sei die lange Periode gewesen, in der Refugialräume, Orte der Zuflucht, noch existierten, sogar im Überfluss, womit gewährleistet war, dass die Welt in kulturell und biologisch reicher Vielfalt neu entstehen konnte. Vielleicht geht es bei dem Verbrechen, das einen Namen wie Anthropozän verdient, im Kern um die Zerstörung von Orten und Zeiten der Zuflucht für Menschen und

2 Tsing 2015a.

3 Moore 2015. Viele von Moores Essays lassen sich unter https://jasonwmoore.wordpress.com/ abrufen.

andere Kreaturen. Ich denke, und damit stehe ich nicht allein, dass das Anthropozän viel eher ein Grenzereignis ist als eine Epoche, so wie die K-Pg-Grenze zwischen der Kreidezeit und dem Paläogen.[4] Das Anthropozän markiert einschneidende Diskontinuitäten; das, was danach kommt, wird nicht dem gleichen, was davor war. Ich halte es für unsere Aufgabe, das Anthropozän so kurz/gering wie irgend möglich zu halten und gemeinsam auf jede erdenkliche Weise zukünftige Epochen zu entwickeln, die die Zufluchtsräume wieder aufstocken können.

Im Augenblick ist die Welt voller Flüchtender, menschlich und nicht, ohne jede Zuflucht.

Ich denke also, ein neuer großer Name ist angesagt, eigentlich mehr als ein einziger Name. Daher Anthropozän, Plantagozän[5] und

---

4 Die Erkenntnis, dass das Anthropozän (genauso wie das Plantagozän) als ein Grenzereignis, nicht als eine Epoche angesehen werden sollte, verdanke ich Scott Gilbert, der darauf während des *Ethnos*-Gesprächs und anderen Interaktionen an der Universität Aarhus im Oktober 2014 hinwies. Vgl. Fußnote 5.

5 Während eines aufgezeichneten Gesprächs für *Ethnos* an der Universität Aarhus im Oktober 2014 entwickelten die Teilnehmer*innen kollektiv den Begriff Plantagozän als Bezeichnung für die verheerende Transformation unterschiedlicher Arten von Menschen bestellter Höfe, Weiden und Wälder zu ausbeuterischen und umzäunten Plantagen, die auf Sklavenarbeit und anderen Formen ausgebeuteter, entfremdeter und üblicherweise räumlich verschleppter Arbeitskraft basieren. *Ethnos* veröffentlichte das Transkript des Gesprächs als »Anthropologists Are Talking – About the Anthropocene« (*Ethnos* 81(3), 2016, 535–564). Vgl. die Website von AURA, http://anthropocene.au.dk/. Wissenschaftler*innen haben längst begriffen, dass das Sklavenplantagensystem Modell und Motor war für das kohleverschlingende, maschinenbasierte Fabriksystem, das oft als Wendepunkt im Übergang zum Anthropozän angeführt wird. Sklavengärten, die selbst unter den rauesten Bedingungen gehegt wurden, lieferten nicht nur lebenswichtige Nahrung für Menschen, sondern auch Zufluchtsräume für einen Artenreichtum an Pflanzen, Tieren, Pilzen und Böden. Sklavengärten sind, vor allem verglichen mit imperialen botanischen Gärten, eine wenig erforschte Welt, in der sich unzählige Kreaturen bewegen und vermehren können. Der Transport materieller semiotischer Fortpflanzungskraft um die Welt zum Zweck der Kapital- und Profitakkumulation – das rasante Verschleppen und Neuzusammensetzen von Keimplasma, Genomen, Ablegern und allen anderen Bezeichnungen und Formen von Teilorganismen sowie entwurzelten Pflanzen, Tieren und Menschen – ist ein Vorgang, der Plantagozän, Kapitalozän und Anthropozän insgesamt definiert. Das Plantagozän setzt sich mit wachsender Grausamkeit in der globalisierten industriellen Fleischproduktion fort, in der monokulturellen Agrarwirtschaft und in der massenweisen Ersetzung artenreicher Wälder und ihrer Produkte, die

Kapitalozän (dieser Begriff wurde von Andreas Malm und Jason Moore geprägt, bevor ich ihn mir zu eigen machte).[6] Ich beharre zudem darauf, dass wir einen Namen für die dynamischen fortwährenden syn-chthonischen Energien und Kräfte brauchen, von denen Menschen ein Teil sind und innerhalb deren jegliches Fortwähren bedroht ist. Vielleicht, aber nur vielleicht, und nur bei nachdrücklichem Einsatz sowie gemeinschaftlicher Arbeit und gemeinsamem Spiel mit anderen Erdbewohnenden wird für Multispezies-Assemblagen, die auch Menschen umfassen, ein Gedeihen möglich sein. Ich nenne all dies Chthuluzän und umgreife damit Vergangenes, Gegenwärtiges und Kommendes.[7] Diese realen und möglichen Zeit-Räume verdanken ihren Namen nicht dem misogynen rassistischen Albtraum-Monster Cthulhu (beachte die unterschiedliche Schreibung!) des Science-Fiction-Autors H. P. Lovecraft, sondern vielmehr den mannigfaltigen erdumspannenden, tentakelartigen Kräften und Energien und Konglomeraten mit Namen wie Naga, Gaia, Tangaroa (geboren durch das Bersten des wassergefüllten Körpers von Papa), Terra, Haniyasu-hime, Spider Woman, Pacha-

---

menschliche und nichtmenschliche Kreaturen gleichermaßen versorgen, durch Anbaupflanzen wie die Ölpalme. An dem Gespräch für *Ethnos* nahmen u.a. teil: Noboru Ishikawa, Anthropologie, Zentrum für Südostasienstudien, Universität Kyoto; Anna Tsing, Anthropologie, University of California Santa Cruz; Donna Haraway, History of Consciousness, University of California Santa Cruz; Scott F. Gilbert, Biologie, Swarthmore; Nils Bubandt, Institut für Kultur und Gesellschaft, Universität Aarhus; und Kenneth Olwig, Landschaftsarchitektur, Schwedische Universität für Agrarwissenschaften. Gilbert übernahm den Begriff Plantagozän für zentrale Argumente in seiner Koda zur zweiten Auflage des breit genutzten Lehrbuchs *Ecological Developmental Biology* (Gilbert/Epel 2015).

6 Persönlichen Mail-Wechseln von Jason Moore wie auch Alf Hornborg von Ende 2014 konnte ich entnehmen, dass Andreas Malm den Begriff Kapitalozän zum ersten Mal 2009 im Rahmen eines Seminars im schwedischen Lund vorschlug, als er noch Masterstudent war. Ich habe unabhängig davon 2012 begonnen, den Begriff in öffentlichen Vorlesungen zu verwenden. Moore ist Herausgeber eines Sammelbands mit dem Titel *Anthropocene or Capitalocene? Nature, History, and the Crisis of Capitalism* (2016), das u.a. Essays von Moore, mir selbst und Elmar Altvater enthält. Unsere kollaborativen Netze verdichten sich.

7 Das Suffix »-zän« (»-cene«) vermehrt sich reichlich! Ich riskiere diese Überfülle, weil ich im Bann der Ursprungsbedeutung von -zän/kainos stehe, nämlich der Temporalität des dichten, feinfaserigen und klumpigen »Jetzt«, das althergebracht ist und auch wieder nicht.

mama, Oya, Gorgo, Raven, A'akuluujjusi und vielen, vielen anderen. »Mein« Chthuluzän umschlingt, obgleich belastet durch seine problematischen griechisch angehauchten Ranken, unzählige Zeit- und Räumlichkeiten und unzählige intra-aktive Entitäten-in-Assemblagen – einschließlich aller mehr-als-menschlichen, etwas-anderes-als-menschlichen und unmenschlichen sowie Menschen-als-Humus. Selbst im Rahmen eines amerikanisch-englischen Textes wie diesem sind Naga, Gaia, Tangaroa, Medusa, Spider Woman und all ihre Verwandten einige der vielen tausend Namen, die einer Sorte Science-Fiction entstammen, die sich Lovecraft nicht hätte vorstellen oder zu eigen machen können – nämlich dem Gewebe aus spekulativem Fabulieren, spekulativem Feminismus, Science-Fiction und wissenschaftlichen Fakten.[8] Es macht einen Unterschied, welche Geschichten Geschichten erzählen und welche Konzepte Konzepte erdenken. Mathematisch, visuell und narrativ macht es einen Unterschied, welche Zahlen Zahlen errechnen, welche Systeme Systeme systematisieren.

All die tausend Namen sind zu groß und zu klein; alle Geschichten sind zu groß und zu klein. Jim Clifford lehrte mich, dass wir Geschichten (und Theorien) brauchen, die gerade groß genug sind, um Komplexität zu erfassen und die Ränder offen zu halten, begierig nach überraschenden neuen und alten Verbindungen.[9]

Eine Möglichkeit, als sterbliche Kreaturen im Chthuluzän gut zu leben und zu sterben, ist es, die Kräfte zu bündeln, um Zufluchtsräume wiederherzustellen, um eine partielle und stabile biologisch-kulturell-politisch-technologische Genesung und Neugestaltung zu ermöglichen, was auch das Trauern um irreversible Verluste einschließen muss. Thom van Dooren und Vinciane Despret lehrten mich das.[10] Schon jetzt gibt es so viele Verluste, und es wird noch

8 Os Mil Nomes de Gaia/Die Tausend Namen von Gaia war eine fruchtbare internationale Konferenz im September 2014 in Rio de Janeiro, organisiert von Eduardo Viveiros de Castro, Déborah Danowski und ihren Mitarbeiter*innen. Viele der Vorträge, manche auf Portugiesisch und manche auf Englisch, stehen unter www.youtube.com/c/osmilnomesdegaia/videos zum Anschauen bereit. Mein eigener Beitrag zum Anthropozän und Chthuluzän fand über Skype statt und ist verfügbar unter www.youtube.com/watch?v=1x0oxUHOlA8.

9 Clifford 2013.

10 Van Dooren 2014. Despret 2013. Für eine Fülle an wichtigen Essays von Vinciane Despret, übersetzt ins Englische, vgl. *Angelaki*, 20(2), 2015: *Philoso-*

viele mehr geben. Neuerliches fruchtbares Gedeihen kann nicht aus Unsterblichkeitsmythen erwachsen, oder aus dem Unvermögen, mit den Toten und Ausgestorbenen gemein-zu-werden (become-with[11]). Es gibt eine Menge Arbeit für Orson Scott Cards *Speaker for the Dead.*[12] Und noch viel mehr für Ursula LeGuins Praxis des Welterschaffens in *Always Coming Home*.

Ich bin Kompost-istin, nicht Posthuman-istin: Wir sind alle Kompost, nicht posthuman. Die Grenze, die das Anthropozän/Kapitalozän darstellt, bedeutet vieles, auch dass wahrhaftig eine ungeheure und unumkehrbare Zerstörung im Gange ist, die nicht nur die etwa 11 Milliarden Menschen betrifft, die gegen Ende des 21. Jahrhunderts auf der Erde sein werden, sondern auch eine Vielzahl anderer Kreaturen. (Die unbegreifliche, aber nüchterne Zahl von um die 11 Milliarden wird nur zutreffen, sofern die Geburtenraten menschlicher Babys weltweit niedrig bleiben; wenn sie wieder steigen, ist alles möglich.) Der Rand der Vernichtung ist nicht nur eine Metapher; der Systemzusammenbruch ist kein Thriller. Frag jedes beliebige Wesen, das auf der Flucht ist, egal welcher Spezies.

Das Chthuluzän braucht mindestens einen Slogan (mit Sicherheit mehr als einen); weiterhin »Cyborgs for Earthly Survival«, »Run Fast, Bite Hard« und »Shut Up and Train« skandierend, schlage ich vor: »Make Kin Not Babies!«. Making kin, Sich-Verwandte-Machen, ist vielleicht der schwierigste und dringlichste Teil von beiden. Feminist*innen unserer Zeit sind stets vorangegangen bei der Auftrennung der vermeintlich naturnotwendigen Verbindungen zwischen *sex* und Gender, *race* und *sex*, *race* und Nation, Klasse und *race*, Gender und Morphologie, *sex* und Reproduktion sowie zwischen Reproduktion und dem Prozess, durch den Menschen zu Personen gemacht werden (unser Dank gilt hier besonders den Melanesier*innen, im Bündnis mit Marilyn Strathern und ihrer Ethnograf*innen-Sippe).[13]

---

phical Ethology II: Vinciane Despret, hg. von Brett Buchanan, Jeffrey Bussolini und Matthew Chrulew, Vorwort von Donna Haraway, »A Curious Practice«.

11 »become-with« ist meine eigene Wortschöpfung, um dem Gedanken gerecht zu werden, dass die Welt nicht aus Einheiten plus Beziehungen besteht und daher »werden« allein der falsche Begriff ist. Alles in der Entwicklungsgeschichte »becomes-with« in Relationalität, in Beziehungsgefügen.

12 Card 1986.

13 Strathern 1990.

Wenn es eine artübergreifende Ökogerechtigkeit geben soll, die auch verschiedenartige menschliche Personen umfassen kann, dann ist es höchste Zeit, dass Feminist*innen in Sachen Phantasie, Theorie und Handeln die Führung übernehmen, um die Verbindungen zwischen Abstammung und Verwandtschaft wie zwischen Verwandtschaft und Spezies aufzutrennen.

Es wimmelt nur so vor Bakterien und Pilzen, die uns Metaphern an die Hand geben können; aber Metaphern beiseite (viel Glück dabei!): Wir haben eine mammalische Aufgabe zu bewältigen, zusammen mit unseren biotischen und abiotischen sym-poietischen Kollaborateur*innen, unseren Mit-Arbeiter*innen. Wenn wir uns Verwandte machen, müssen wir das auf sym-chthonische, sym-poetische Weise tun. Wer und was immer wir sind, wir müssen uns unbedingt gemein-machen – gemein-werden, gemein-schaffen – mit den Erdgebundenen[14].

Wir, Menschen überall auf der Welt, haben uns mit akuten Dringlichkeiten auf systemischer Ebene zu befassen; doch bis jetzt leben wir im Zeitalter des »Herumeierns« (The Dithering), wie es Kim Stanley Robinson in *2312* formulierte, einem »Zustand unentschlossener Erregung«[15] (der in dieser Science-Fiction-Erzählung von 2005 bis 2060 dauert – womöglich zu optimistisch?). Vielleicht ist »Herumeiern« als Bezeichnung sogar treffender als Anthropozän oder Kapitalozän! Das Herumeiern wird sich in die Gesteinsschichten der Erde einschreiben; tatsächlich hat es sich bereits in die Mineralschichten der Erde eingeschrieben. Sym-chthonische Wesen eiern nicht herum; sie bilden und zersetzen, beides ebenso gefährliche wie vielversprechende Praktiken. Um es milde auszudrücken: Menschliche Hegemonie ist keine sym-chthonische Angelegenheit. Wie die ökosexuellen Künstler*innen Beth Stephens und Annie Sprinkle zu sagen pflegen: Kompostieren ist so heiß!

Ich möchte erreichen, dass Verwandtschaft (»kin«) etwas anderes/mehr bedeutet als durch Genealogie oder Familienstammbaum verbundene Entitäten. Der sanft verfremdende Schritt mag eine Zeitlang wie ein schlichter Irrtum wirken, aber (mit etwas Glück) irgendwann

14 earth-bound; Dank an Bruno-Latour-im-anglophonen-Modus für diesen Begriff. Latour 2013.

15 Robinson 2012. Diese außergewöhnliche Science Fiction-Erzählung gewann den Nebula Award in der Kategorie Bester Roman.

als von jeher richtig erscheinen. Sich Verwandte machen bedeutet, andere zu Personen zu machen, aber nicht unbedingt im Sinne von Individuen oder Menschen. Auf dem College berührte mich Shakespeares Wortspiel mit »kin« und »kind«[16] – die Freundlichsten (the kindest) waren nicht unbedingt Verwandte (kin) im Sinne von Familie; *making kin* und *making kind* (als Kategorie, Fürsorgebeziehungen, Verwandte ohne Geburtsbande, Lateral-Verwandte, also Verwandte in der Seitenlinie, viele andere Echos) regen die Vorstellungskraft an und können die Geschichte verändern. Marilyn Strathern lehrte mich, dass »relatives« im britischen Sprachgebrauch ursprünglich »logische Verbindungen« waren und erst im 17. Jahrhundert zu »Verwandten« wurden – definitiv eins der nebensächlichen Details, wie ich sie liebe.[17] Das wilde Treiben multipliziert sich, wenn man das Englische verlässt.

Ich denke, dass alle Erdlinge im tiefsten Wortsinn verwandt sind und dass diese Tatsache es ermöglicht, Verwandtschaft auszuweiten und neu zu arrangieren. Es ist allerhöchste Zeit, sich besser um Arten-als-Assemblagen zu kümmern (nicht um jeweils eine Spezies für sich). »Kin« ist ein assemblierendes, vereinigendes Wort. Alle Kreaturen teilen ein gemeinsames »Fleisch«, lateral, semiotisch und genealogisch. Vorfahren entpuppen sich als hochinteressante Fremde; *kin* sind uns unvertraut (außerhalb dessen, was wir für Familie oder *gens* hielten), sie sind verblüffend, unheimlich, aktiv.[18]

---

16 *kin*: Familie, Sippe, Verwandtschaft; *kind*: Art, Sorte; freundlich, nett, gütig.

17 Strathern 2013. *Making kin* ist eine Praxis, die momentan stark an Popularität gewinnt und für die es stets neue Namen gibt. Vgl. Lizzie Skurnicks »kinnovator« (Skurnick 2015), d.h. eine Person, die auf unkonventionelle Weise Familie macht, wozu ich »kinnovation« hinzufügen möchte. Skurnick schlägt darüber hinaus »clanarchist« vor. Das sind nicht bloß Wörter; es sind Anhaltspunkte und Anstöße für Erdbeben im Sich-Verwandte-Machen, das über westliche Familienapparate hinausgeht, seien sie heteronormativ oder nicht. Ich denke, Babys sollten rar, wohl versorgt und wertvoll sein; und *kin* reichlich, unerwartet, beständig und ebenso wertvoll.

18 »Gens« ist ein weiteres Wort patriarchalen Ursprungs, mit dem Feminist*innen spielen. Ursprung und Zweck determinieren sich nicht gegenseitig. *Kin* und *gens* sind in der Geschichte der indo-europäischen Sprachen Nachkommen des gleichen Wurfs. In hoffnungsvollen intra-aktiven kommunistischen Momenten werft mal einen Blick auf http://culanth.org/fieldsights/652-gens-a-feminist-manifesto-for-the-study-of-capitalism, von Laura Bear, Karen Ho, Anna Tsing und Sylvia Yanagisako (2015). Der Schreibstil ist möglicherweise

Zu viel für einen winzigen Slogan, ich weiß! Probiert es trotzdem. In ein paar hundert Jahren können die menschlichen Bewohner*innen dieses Planeten vielleicht wieder zwei oder drei Milliarden zählen und dabei zu einem wachsenden Wohlergehen beitragen für unterschiedliche menschliche und andere Kreaturen, die Mittel sind, nicht bloß Zweck.

Also: Make kin, not babies! Es macht einen Unterschied, wie Verwandte Verwandte erzeugen.[19]

Übersetzt von Tina Reis

---

zu trocken (aber die Zusammenfassungen am Ende jedes Abschnitts helfen), und es gibt keine pikanten Beispiele, mit denen dieses Manifest die verwöhnte Leser*innenschaft verführen könnte; aber die Literaturangaben führen massenweise Quellen auf, die genau das tun, in der Mehrheit die Früchte hoch engagierter, theoretisch gut ausgearbeiteter Langzeit-Ethnografien. Vgl. insbesondere Tsing 2015b. Die Präzision der methodologischen Herangehensweise von »Gens: a Feminist Manifesto for the Study of Capitalism« rührt daher, dass es jene vermeintlichen Marxist*innen oder andere Theoretiker*innen adressiert, die sich gegen den Feminismus sträuben und sich daher nicht mit der Heterogenität realer Lebenswelten auseinandersetzen, sondern innerhalb von Kategorien wie Märkte, Ökonomie und Finanzialisierung verbleiben (oder, wie ich ergänzen würde, Reproduktion, Produktion und Population – kurz, den vermutlich angemessenen Kategorien für die standardmäßige liberale und nicht-feministische sozialistische politische Ökonomie). Weiter so, Honolulu Revolution Books und all eure Verwandten!

19 Diejenigen, die ich als »unsere Leute« wertschätze, sei es die Linke oder welchen Namen auch immer wir noch verwenden können, ohne in Rage zu geraten, hören in dem »Not babies«-Teil von »Make kin, not babies« meiner Erfahrung nach Neoimperialismus, Neoliberalismus, Misogynie und Rassismus (wer könnte es ihnen verdenken?). Wir stellen uns vor, dass der »Make kin«-Part einfacher ist und ethisch wie politisch auf stabilerem Boden steht. Das ist nicht wahr! »Make kin« und »Not babies« sind beide schwierig; beide verlangen unsere größte emotionale, intellektuelle, künstlerische und politische Kreativität, individuell wie kollektiv, über ideologische, regionale und andere Unterschiede hinweg. Meiner Wahrnehmung nach sind »unsere Leute« zum Teil mit manchen christlichen Klimawandel-Leugner*innen vergleichbar: Überzeugungen und Pflichtgefühle sitzen zu tief, um ein Umdenken und Umfühlen zu erlauben. Das wieder anzueignen, was von der Rechten und von Entwicklungsexpert*innen als »Bevölkerungsexplosion« vereinnahmt wurde, kann sich für unsere Leute anfühlen, als würden sie sich auf die dunkle Seite schlagen.

Aber das Leugnen wird uns nichts nützen. Ich weiß, dass »Bevölkerung« eine Kategorie ist, die der Konstituierung des Staates dient; sie gehört zu jener Sorte »Abstraktion« und »Diskurs«, die Realität für alle neu schafft, jedoch nicht zum Nutzen aller. Ich denke außerdem, dass wissenschaftliche Belege vielerlei Art, epistemologisch und affektiv vergleichbar mit den diversen Beweisen für einen rasanten Klimawandel, darauf hindeuten, dass sieben bis elf Milliarden Menschen Ansprüche stellen, die nicht befriedigt werden können, ohne dass menschliche und nicht-menschliche Wesen auf der ganzen Erde massiv Schaden nehmen. Das ist keine simple kausale Angelegenheit; Ökogerechtigkeit erlaubt keine monovariable Herangehensweise an die lawinenartigen Vernichtungen, Verelendungen und Ausrottungen, die auf der heutigen Erde stattfinden. Aber es wird ebenso wenig funktionieren, dem Kapitalismus, Imperialismus, Neoliberalismus, der Modernisierung oder einem anderen »Nicht-Wir« die Schuld an der fortschreitenden, mit der schieren Anzahl an Menschen verwobenen Zerstörung zu geben. Diese Themen verlangen mühevolle, unnachgiebige Arbeit; aber sie verlangen auch Freude, Spiel und die Ansprechbarkeit dafür, sich auf unerwartete Andere einzulassen. Jeder Teilabschnitt dieser Themen ist viel zu wichtig für Terra, als dass er der Rechten oder Entwicklungsexpert*innen überantwortet werden kann, oder irgendwem anders im Business-as-usual-Lager. Ein Hoch auf Eigenartige Verwandte (Odd Kin) – nicht-natalistisch und jenseits aller Kategorien!

Wir müssen Wege finden, niedrige Geburtenraten zu feiern wie auch die persönlichen, intimen Entscheidungen, gedeihende und großzügige Leben hervorzubringen (einschließlich der innovativen Neugestaltung dauerhafter Verwandtschaftsbeziehungen – kinnovating), ohne mehr Babys in die Welt zu setzen – vordringlich und insbesondere, aber nicht nur in wohlhabenden, konsumstarken und Elend exportierenden Regionen, Nationen, Gemeinschaften, Familien und sozialen Klassen. Wir müssen Bevölkerungs- und andere Politiken unterstützen, die beängstigende demografische Probleme anpacken, indem sie Verwandtschaftskonzepte jenseits von Fortpflanzung fördern – einschließlich nicht-rassistischer Einwanderungs-, Umwelt- und Sozialpolitiken für Neuangekommene und Einheimische gleichermaßen (Bildung, Wohnen, Gesundheit, Kreativität in Bezug auf Gender und Sexualität, Landwirtschaft, Pädagogiken für die Erziehung nicht-menschlicher Kreaturen, Technologien und soziale Innovationen, um ältere Menschen gesund und produktiv zu erhalten, etc. pp.).

Das unveräußerliche persönliche »Recht« (was für ein Wort für eine solch achtsame körperliche Angelegenheit!), ein neues Baby zu gebären oder nicht zu gebären, steht für mich nicht infrage; Zwang ist in dieser Sache auf jeder denkbaren Ebene falsch und tendiert dazu, ohnehin nach hinten loszugehen, selbst wenn einem Zwangsgesetze oder -bräuche keine Bauchschmerzen bereiten (mir schon). Auf der anderen Seite: Was, wenn das neue Normale die kulturelle Erwartung würde, dass jedes neue Kind mindestens drei Elternteile auf Lebenszeit haben muss (die nicht unbedingt eine Liebesbeziehung haben und die danach keine weiteren Babys gebären, selbst wenn sie womöglich in Mehrkind-, Mehrgenerationen-Haushalten leben)? Was, wenn es ernsthaft üblich würde, dass ältere Leute adoptieren und adoptiert werden können? Was, wenn Nationen, die sich um ihre niedrigen Geburtenraten sorgen (Dänemark, Deutschland, Japan, Russland, das weiße Amerika und andere mehr), eingestehen würden, dass Angst vor Immigrant*innen ein großes Problem darstellt und dass es Projekte und Phantasien völkischer Reinheit sind, die den wiederauflebenden Pronatalismus antreiben? Was, wenn Menschen weltweit nach nicht-natalistischen Kinnovationen für Individuen und Kollektive in queeren, dekolonialen und indigenen Welten suchen würden, statt für reiche, Wohlstand absaugende europäische, euroamerikanische, chinesische oder indische Sektoren?

Zur Erinnerung, dass völkische Reinheitsphantasien und die Weigerung, Immigrant*innen als vollwertige Staatsbürger*innen anzuerkennen, momentan tatsächlich die Politik in der »fortschrittlichen«, »entwickelten« Welt antreiben, vgl. Hakim 2015. Rusten Hogness schrieb am 9. April 2015 in einem Facebook-Post: »Was stimmt eigentlich nicht mit unserer Vorstellungskraft und unserer Fähigkeit, aufeinander Acht zu geben (auf menschliche und nichtmenschliche Wesen gleichermaßen), wenn wir keinen anderen Umgang mit den Konsequenzen sich verändernder Altersstrukturen finden können, als immer mehr menschliche Babys in die Welt zu setzen? Wir müssen Wege finden, junge Menschen, die sich gegen Kinder entscheiden, zu würdigen, und dem ohnehin schon wirkmächtigen pronatalistischen Druck auf sie nicht auch noch Nationalismus hinzufügen.«

Pronatalismus in all seinen machtvollen Erscheinungen sollte fast überall infrage gestellt werden. Ich behalte das Wort »fast« als Erinnerung an die Folgen von Genozid und Vertreibung für so manche Bevölkerungsgruppen – ein fortdauernder Skandal. Das »fast« ist auch ein Anstoß, nicht zu vergessen: heutige Zwangssterilisationen, erschreckend unzweckmäßige und untaugliche Verhütungsmethoden, die Reduzierung von Frauen und Männern auf bloße Zahlen in alten und neuen Politiken der Bevölkerungskontrolle sowie andere misogyne, patriarchale und ethnizistische/rassistische Praktiken – allesamt feste Bestandteile des weltweiten Business-as-usual-Betriebs. Vgl. zum Beispiel Wilson 2015.

In all diesen Fragen brauchen wir unsere gegenseitige risikofreudige volle Unterstützung.

Monströse Versprechen

Eine Erneuerungspolitik für un/an/geeignete Andere

Wenn Primaten Sinn für Humor haben, gibt es keinen Grund, warum Intellektuelle nicht daran teilhaben sollten.

William Plank, »Ape and Écriture*: The Chimpanzee as Post-Structuralist«*

I. Eine Biopolitik der artefaktischen Reproduktion

»Monströse Versprechen« ist Kartenkunde und Reisebericht von Geist-Reichen und Landschaften, die zu dem gehören, was in bestimmten lokalen/globalen Kämpfen als Natur gelten könnte. Diese Kontroversen sind in einer seltsamen, anderwärtigen Zeit angesiedelt – der Zeit meiner Leser*innen und meiner selbst im letzten Jahrzehnt des zweiten christlichen Jahrtausends – und an einem fremden, anderwärtigen Ort – dem Schoß eines schwangeren Monsters, hier, wo wir lesend und schreibend tätig sind. Das Ziel dieser Exkursion besteht darin, Theorie zu schreiben, d.h. eine gestaltete Vision davon zu entwerfen, wie man sich in der Topografie einer unmöglichen, doch nur allzu realen Gegenwart bewegt und was man zu befürchten hat, wenn man eine abwesende, aber vielleicht mögliche andere Gegenwart finden will. Ich suche nicht die Adresse irgendeiner vollen Präsenz; schweren Herzens weiß ich, dass es sie nicht gibt. Wie der Pilger mit Namen Christian in Bunyans Roman *Eines Christen Reise nach der Seeligen Ewigkeit* muss ich den *miry slough*, den Morast der Verzweiflung und die parasitenverseuchten Sumpfgebiete des Nirgendwo umgehen, um Lebensräume zu erreichen, die der Gesundheit zuträglicher sind.[1] Die Theorie dient der Orientierung, zeichnet eine grobe Übersichtskarte für die

1 »They drew near to a very Miry Slough ... The name of this Slow was Dispond.« (John Bunyan, *Pilgrim's Progress*, 1678; zit. nach dem Oxford English Dictionary). Die nicht-standardisierte Schreibweise sollte hier, zu Beginn der »Monströsen Versprechen«, auf die Suggestivkraft der Wörter vor dem Einsatz der regulativen Schreibtechniken verweisen.

Reise, indem sie in einem unnachgiebigen Artefaktizismus und durch diesen hindurch sich bewegt, der keine direkten Ortsbesichtigungen von Natur zulässt, hin zu einem szientifisch-fiktionalen, spekulativ-faktischen Science-Fiction-Ort, der einfach Anderswo genannt wird. Zumindest für diejenigen, an die dieser Essay sich richtet, ist »Natur« außerhalb des Artefaktizismus eher nirgend- als anderswo zu finden und überhaupt ein ganz anderes Ding. Tatsächlich weckt ein reflexiver Artefaktizismus in politischer wie analytischer Hinsicht ernstzunehmende Hoffnungen. Die in diesem Essay vertretene Theorie ist bescheiden. Sie bietet keinen systematischen Überblick, sondern ist ein kleiner Verortungsplan (*siting device*) in einer langen Tradition solcher Handwerkszeuge. Solche Sehhilfen (*sighting devices*) haben bekanntlich für ihre Anhänger*innen ganze Welten neu positioniert – und ebenso für ihre Gegner*innen. Optische Instrumente verschieben die Gegenstände. Die aber sind – als Themen wie als Subjekte – im späten 20. Jahrhundert fortwährend gewechselt worden.

Ich habe die Optik meiner Verkleinerungstheorie so eingestellt, dass keine Distanzeffekte produziert werden. Mir geht es um Verbindung und Verkörperung und um die Verantwortung für ein in der Phantasie vorgestelltes Anderswo, das wir hier zu sehen und zu erbauen erst noch lernen müssen. Ich bin sehr daran interessiert, das Sehen und die Vision von den Technopornografen zurückzufordern – also von jenen Theoretikern des Geistes, des Körpers und der Planeten, die höchst wirkungsvoll – das heißt in der Praxis – darauf bestehen, dass der Sehsinn dazu dient, die Phantasien der Phallokraten wahrzunehmen.[2] Ich denke, der Sehsinn kann neu gestaltet und von denen in Dienst genommen werden, die (sich für) politische Filter einsetzen, mit deren

2 In einem kurz vor ihrem Tod geschriebenen Beitrag (»The Eye of the Beholder: An essay on technology and eroticism«, Ms., 1989) schlug Sally Hacker den Ausdruck »Pornotechnik« vor, um auf die Verkörperung von perversen Machtbeziehungen im artefaktischen Körper zu verweisen. Für Hacker bildet den innersten Kern der Pornotechnik das Militär als Institution, das mit seinen Wurzeln tief in Wissenschaft, Technologie und Erotik hineinreicht. »Technische Begeisterung« ist zutiefst erotisch; die souveräne Hand des Designers verbindet Sex und Macht. Technik und Macht sind die Kreuzfäden in der Suchlinse, die die Felder des Könnens und des Begehrens abtastet. Vgl. auch Hacker 1989. Hackers Argumente vermittelten mir die Überzeugung, dass die Kontrolle über die Technik die Vorherrschaft auf den Feldern von Klasse, Geschlecht und Rasse ermöglicht. Die Verbindung von Technik und Erotik neu zu ziehen muss den Kern der antirassistischen feministischen Praxis ausmachen (vgl. Haraway 1989b; Cohn 1987).

Hilfe die Welt in den Schattierungen von Rot, Grün und Ultraviolett wahrgenommen werden kann – also aus der Perspektive einer immer noch möglichen sozialistischen, feministischen und antirassistischen Umweltbewegung und einer Wissenschaft für die Menschen. Für mich stellt die Behauptung »Wissenschaft ist Kultur« eine selbstverständliche Prämisse dar.[3] Aus dieser Prämisse erwächst der Essay als Beitrag zu dem vielstimmigen und äußerst lebhaften zeitgenössischen Diskurs, für den »Science Studies« »Cultural Studies« *sind.* Was aber unter Wissenschaft, Kultur oder Natur und ihren jeweiligen »studies« zu verstehen sei, ist weitaus weniger offenkundig.

»Natur« ist für mich – und ich wage zu sagen, für viele von uns planetarischen Föten, die in den abgasgesättigten Fruchtwassern des endzeitlichen Industrialismus[4] heranreifen – eines jener unmöglichen Dinge, die wir – Gayatri Spivak zufolge – nicht nicht begehren können. Zwar sind wir uns qualvoll bewusst, dass die Natur in den Geschichten des Kolonialismus, Rassismus, Sexismus und der vielgestaltigen Klassenherrschaft diskursiv konstituiert wurde als »das Andere«. Dennoch finden wir in diesem problematischen, ethnospezifischen, langlebigen und beweglichen Begriff etwas, das wir zwar nicht »haben«, ohne das wir aber auch nicht auskommen können. Jenseits von Verdinglichung und Besitzergreifung müssen wir zur Natur ein anderes Verhältnis finden. Vielleicht um das Vertrauen in ihre wesenhafte Wirklichkeit zu stärken, hat man gewaltige Summen ausgegeben, um die Natur zu stabilisieren und sinnlich wahrnehmbar zu machen, um ihre Grenzen polizeilicher Aufsicht zu unterwerfen. Derlei Aufwendungen zeitigten zumeist enttäuschende Ergebnisse. Reisen in die »Natur« werden zu touristischen Ausflügen, die die Reisenden an den Preis solcher Ortswechsel erinnern – man zahlt für Zerrspiegelbilder des eigenen Selbst. Anstrengungen, die »Natur« in Parks oder Schutzgebieten zu bewahren, werden nachhaltig und auf fatale Weise gestört durch das unauslöschliche Zeichen der ursprüng-

3 Vgl. die provokative Publikation, die an die Stelle des *Radical Science Journal* trat: *Science as Culture*, Free Association Books, London.

4 Unsere Inkubation als planetarische Föten ist noch etwas anderes als Schwangerschaft und Reproduktionspolitik in postindustriellen, postmodernen oder anders postierten Regionen, doch werden die Ähnlichkeiten im Laufe dieses Essays deutlicher werden. Die Kämpfe um die Resultate stehen miteinander in Verbindung.

lichen Vertreibung jener Menschen, die dort lebten – nicht als unschuldige Bewohner*innen eines Gartens, sondern als Menschen, für die die Kategorien »Natur« und »Kultur« nicht die entscheidenden waren. Kostenträchtige Projekte, die Vielfalt der »Natur« zu sammeln und gleichsam auf Bankkonten zu horten, scheinen minderwertige Münzen, schlechtes Saatgut und verstaubte Altertümer hervorzubringen. In dem Maße, wie die Konten wuchern, »verschwindet« die Natur, die die Warenhäuser versorgt. In dieser Hinsicht ist der Bericht der Weltbank über die Umweltzerstörung beispielhaft. Und schließlich sind die Projekte, mit deren Hilfe die menschliche »Natur« dargestellt und durchgesetzt werden soll, berühmt für ihre imperialisierenden Eigenschaften, die jüngst im *Humane Genome Project* Gestalt gewonnen haben.

Mithin ist Natur kein physikalischer Ort, den man besuchen kann, ebenso kein Schatz, der sich einzäunen oder horten lässt, auch keine Wesenheit, die man retten oder der man Gewalt antun kann. Die Natur ist nicht verborgen und muss mithin nicht entschleiert werden. Die Natur ist kein Text, der mit Hilfe mathematischer oder biomedizinischer Codes lesbar ist. Sie ist nicht das »Andere«, das Ursprung, Ergänzung und Dienstleistung verspricht. Die Natur ist weder Mutter noch Amme oder Sklavin und insofern weder Matrix noch Ressource oder Werkzeug für die Reproduktion des Menschen/Mannes.

Jedoch ist Natur ein *topos*, ein Ort in dem Sinne, wie der Rhetor für die Erörterung allgemeiner Themen einen Ort, eine Topik benötigt; im strengen Sinn ist die Natur ein Gemeinplatz, dem wir uns (als Thema oder Topik) zuwenden, um unseren Diskurs zu ordnen, unser Gedächtnis zu sortieren. Wenn wir Natur in diesem Sinn als Topik verstehen, erinnern wir uns auch daran, dass die englische Sprache im 17. Jahrhundert als *topick gods* die lokalen Hausgötter bezeichnete. Wir brauchen diese Geister, zumindest rhetorisch, wenn sie anders nicht zu haben sind. Wir brauchen sie, gerade um *Gemein*-Plätze – also Orte, die vielen zugänglich, unvermeidlich lokal, weltlich, be-geistert, mit einem Wort: topisch sind – wieder bewohnbar zu machen. In diesem Sinne ist die Natur der Ort, wo die öffentliche Kultur neu zu errichten ist.[5]

---

5 Hier borge ich mir etwas von dem schönen Projekt der Zeitschrift *Public Culture*, Bulletin of the Center for Transnational Cultural Studies, The University Museum, University of Pennsylvania, Philadelphia, PA 19104. Meiner Ansicht nach verkörpert diese Zeitschrift die besten Impulse der Cultural Studies.

Die Natur ist auch ein *trópos*, eine Trope. Sie ist Figur, Konstruktion, Artefakt, Bewegung, Verschiebung. Die Natur kann nicht vor ihrer Konstruktion existieren. Diese Konstruktion beruht auf einer bestimmten Art von Bewegung – auf einem *trópos*, einer Wendung. Getreu dem griechischen Wortsinn geht es bei der als *trópos* verstandenen Natur um Wendungen und Windungen. Die Trope vollziehend, wenden wir uns der Natur zu, als wäre es die Erde, der Urstoff. Wir sind geotrop, physiotrop. Topisch reisen wir der Erde, einem Gemeinplatz, entgegen. Indem wir den Diskurs über die Natur führen, wenden wir uns von Plato und dem Blendstern seines heliotropen Sohnes ab, um etwas anderes zu sehen, eine andere Gestalt. Ich wende mich nicht vom Sehen, der Vision ab, aber ich suche in diesem Sichten der »Science Studies« als »Cultural Studies« etwas anderes als Aufklärung. Die Natur ist ein Thema des öffentlichen Diskurses, um das vieles sich dreht, sogar die Erde.

Ich habe versprochen, in dieser Essay-Reise nach Anderswo die Natur durch einen unnachgiebigen Artefaktizismus hindurchzuwinden, aber was heißt hier Artefaktizismus? Eine erste Bedeutung liegt darin, dass für uns Natur, als Faktum wie als Fiktion, *gemacht* ist. Wenn Organismen natürliche Gegenstände sind, dann müssen wir uns bewusst sein, dass Organismen nicht geboren werden; vielmehr werden sie in weltverändernden technowissenschaftlichen Praktiken durch bestimmte kollektive Akteur*innen zu bestimmten Zeiten an bestimmten Orten hergestellt. Im Bauch des lokalen/globalen Monsters namens postmoderne Welt[6], in dem ich heranreife, scheint die

6 Ich zögere, hier das Etikett »postmodern« zu verwenden, denn Bruno Latour hat mich davon überzeugt, dass in den historischen Bereichen, in denen Wissenschaft konstruiert wurde, das »Moderne« niemals existiert hat – jedenfalls nicht, wenn wir darunter die rationale, aufgeklärte Mentalität (Subjekt, Geist usw.) verstehen, die mit einer objektiven Methode adäquate (wenn möglich in mathematischen Gleichungen ausdrückbare) Darstellungen der objektiven – d.h. »natürlichen« – Welt anstrebt. Latour vertritt die Auffassung, dass Kants *Kritik der reinen Vernunft*, die das Ding-an-sich scharf abgrenzte vom transzendentalen Ich, uns zum Glauben veranlasste, wir seien »modern«. Das war für die westlichen Gelehrten mit eskalierenden und schwerwiegenden Folgen im Hinblick auf das Spektrum explanatorischer Möglichkeiten von »Natur« und »Gesellschaft« verbunden. Die Trennung der beiden Transzendentalien, des Objektpols und des Subjektpols, strukturiert »›die politische Konstitution der Wahrheit‹. Ich nenne sie

globale Technologie alles zu denaturieren, aus allem eine gefügige Materie strategischer Entscheidungen und beweglicher Produktions- und Reproduktionsprozesse zu machen (Hayles 1990). Technologische Dekontextualisierung ist für Hunderte von Millionen, wenn nicht für Milliarden von Menschen wie für andere Organismen eine alltägliche Erfahrung. Meines Erachtens handelt es sich dabei nicht so sehr um eine Denaturierung als vielmehr um eine bestimmte Produktion von Natur. Die Konzentration auf das Produktionsparadigma, die so viele beschränkte westliche Diskurse und Praktiken auszeich-

---

›modern‹, indem ich Moderne als die vollkommene Trennung definiere, bei der die Repräsentation von Dingen – Wissenschaft und Technologie – nichts zu tun hat mit der Repräsentation von Menschen – Politik und Rechtsprechung« (Latour 1992a).

Ein solches Bild von wissenschaftlicher Aktivität mag entkräftend wirken, hat aber die Forschung in den Fächern Geschichte, Philosophie, Soziologie, Anthropologie geleitet, hat dazu geführt, dass Wissenschaft mit pädagogischer und prophylaktischer Rachsucht studiert und Kultur als das Andere der Wissenschaft begriffen wurde; nur Letztere konnte der Natur durch die Entschleierung und Beaufsichtigung ihrer ungezähmten Verkörperungen habhaft werden. Dergestalt schienen die Science Studies in ihrer Konzentration auf das erbauliche Objekt der »modernen« Wissenschaftspraxis gegen die verunreinigenden Infektionen der Cultural Studies immun zu sein – aber das ist jetzt mit Sicherheit anders geworden. Gegen Rationalismus und Aufklärung zu rebellieren oder den Glauben an sie zu verlieren, was die Abtrünnigkeit von Vertretern der Moderne respektive Postmoderne ausmacht, ist etwas anderes als zu zeigen, dass der Rationalismus der kleiderlose Kaiser war, der niemals sein Anderes gewesen ist, so dass es dies Andere auch niemals gegeben hat. (Es gibt eine nahezu unauflösbare terminologische Verwirrung zwischen Modernität, Moderne und Modernismus. Letzteren Begriff benutze ich, um eine kulturelle Bewegung zu bezeichnen, die gegen die Voraussetzungen der Modernität rebellierte, während der Postmodernismus sich weniger auf die Rebellion als vielmehr auf den Verlust des Glaubens bezieht, der nichts übriglässt, wogegen zu rebellieren wäre.) Latour bezeichnet seine Position als amodern und geht davon aus, dass die wissenschaftliche Praxis immer schon amodern gewesen ist; eine Sichtweise, die die Trennlinie zwischen wirklicher (westlicher) Wissenschaft sowie der Ethnowissenschaft und anderen kulturellen Ausdrucksformen (alles, was übrigbleibt) zum Verschwinden bringt. Der Unterschied taucht wieder auf, aber mit einer signifikant anderen Geometrie – der von Skalen und Rauminhalten, d.h. den Größendifferenzen zwischen »kollektiven«, aus nicht/menschlichen Wesen bestehenden Entitäten und nicht aus einer Trennlinie zwischen rationaler und Ethnowissenschaft. – Diese bescheidene Wendung oder tropische Wandlung macht das Studium der wissenschaftlichen Praxis seitens der Cultural Studies und der politischen Intervention nicht überflüs-

nete, scheint sich zu etwas ganz Wundersamem ausgewachsen zu haben: Die ganze Welt wird nach dem Bild der Warenproduktion geformt.[7]

Wie kann ich angesichts dieses Wunders weiterhin steif und fest behaupten, dass es eine *oppositionelle* oder besser: eine *differenzielle* Verortung ist, die Natur als artefaktisch zu betrachten?[8] Ist das Behar-

---

sig, ganz im Gegenteil. Zudem steht erfreulicherweise die Ungleichheit im Zentrum der Aufmerksamkeit, da, wo sie in den Science Studies hingehört. Zudem lässt die Ergänzung der Cultural Studies durch Science Studies die Begriffe von Kultur, Gesellschaft und Politik keineswegs unberührt. Vor allem können wir die Wissenschaft und ihre Konstruktionen der Natur nicht kritisieren, wenn wir weiterhin an Kultur oder Gesellschaft glauben. Dieser Glaube hat in seiner Form als sozialer Konstruktivismus die Hauptstrategie der radikalen Wissenschaftskritiker*innen feministischer, linker und antirassistischer Provenienz gebildet. Doch bei dieser Strategie bleiben heißt, von der Ideologie der Aufklärung geblendet zu sein. Es reicht nicht aus, die Wissenschaft als kulturelle oder soziale Konstruktion zu entlarven und dabei so zu tun, als wären Kultur und Wissenschaft transzendentale Kategorien. Sie sind es ebenso wenig wie die Begriffe »Natur« oder »Objekt«. Außerhalb der Prämissen der Aufklärung – d.h. der Moderne – verlieren all die binären Oppositionen wie Kultur/Natur, Wissenschaft/Gesellschaft, das Technische/das Soziale ihre gemeinsame konstituierende oppositionelle Qualität. Keine Kategorie kann die andere erklären. »Aber anstatt die Erklärung zu liefern, gelten Natur und Gesellschaft nun als die historischen Folgen der Bewegung kollektiver Dinge. All die interessanten Realitäten werden nicht mehr durch die beiden Extreme eingefangen, sondern können in der Substitution, in der Überkreuzung, in den Übersetzungen gefunden werden, mittels deren die Aktanten ihre Kompetenzen verlagern.« (Latour 1990, 170) Wenn die Frömmigkeit des Glaubens an die Moderne verabschiedet wird, stürzen beide Glieder des jeweiligen binären Paars ineinander wie in ein Schwarzes Loch. Was aber dort mit ihnen geschieht, ist von dem Terrain aus, das Moderne, Modernismus oder Postmodernismus miteinander teilen, per definitionem nicht sichtbar. Es wird einer Science-Fiction-Lichtreise der besonderen Art bedürfen, die interessanten neuen Aussichtspunkte zu finden. Latour und ich stimmen grundlegend darin überein, dass in jenem Schwerkrafttrichter, in den Natur und Gesellschaft als Transzendentalien verschwunden sind, Akteur*innen/Aktanten vieler und wunderbarer Arten gefunden werden können. Ihre Beziehungen bilden den Artefaktizismus, den ich zu skizzieren suche.

7 Eine im Gegensatz zu vielen politischen, ökonomischen und feministischen Theorien des Westens ganz andere Sicht auf »Produktion« und »Reproduktion« bietet Marilyn Strathern (1988, 290–308).

8 In ihrer Dissertation (University of California at Santa Cruz) entwickelt Chela Sandoval die Unterscheidungen zwischen oppositionellem und differenziellem Bewusstsein. Vgl. auch Sandoval 1990.

ren auf der Artefaktizität von Natur nicht ein weiterer Beweis dafür, wie schwer eine Natur verletzt wurde, die nichts mit den hochmütigen Verwüstungen unserer technophilen Zivilisation verbindet, einer Zivilisation, die (so haben wir es zumindest gelernt) mit den heliotrop inspirierten Projekten der Aufklärung begann, in denen die Natur mit blendendem, durch optische Technologien fokussiertem Licht beherrscht werden sollte?[9] Haben nicht Ökofeministinnen sowie

---

9 Außerordentlich viel verdanken diese Absätze Luce Irigarays wunderbarer Kritik am Höhlengleichnis (Irigaray 1974). Unglücklicherweise glaubt sie mit fast allen weißen Europäer*innen und Amerikaner*innen an den (seit der Mitte des 19. Jahrhunderts zur Faktizität geronnenen) Mythos, der »Westen« sei einem klassischen, von semitischen und afrikanischen Wurzeln, Verpflanzungen, Kolonisierungen und Entleihungen unbefleckten Griechenland entsprungen. So hinterfragt sie auch nicht den »originären« Status Platos als Vater der Philosophie, der Aufklärung, der Rationalität. Wenn Europa jedoch ursprünglich von Afrikanern kolonisiert worden ist, würde dieses historisch-narrative Element die Erzählung von der Geburt der westlichen Philosophie und Wissenschaft verändern. Martin Bernals (1987) außerordentlich wichtiges Buch *Black Athena* (Bd. 1: *The Fabrication of Ancient Greece, 1785–1985*) initiiert eine grundlegende Neubewertung der Prämissen, aus denen der Mythos der Einzigartigkeit und Selbsterzeugung der westlichen Kultur entsprang, der auf jeden Fall auch jene Gipfelpunkte männlich/menschlicher Selbstgeburt, Wissenschaft und Philosophie enthielt. Bernals Buch handelt von der entscheidenden Rolle, die Rassismus und Romantizismus bei der Konstruktion der Geschichte westlicher Rationalität gespielt haben. – Im Übrigen – und darin mag Ironie liegen – ist Martin Bernal der Sohn von J.D. Bernal, dem bedeutenden britischen Biochemiker und Marxisten, dessen vierbändiges Werk *Science in History* auf bewegende Weise die überlegene Rationalität einer von den Ketten des Kapitalismus befreiten Wissenschaft behauptete. Wissenschaft, Freiheit und Sozialismus sollten letztlich das Vermächtnis des Westens darstellen. Und das wäre, ungeachtet aller Schwächen, besser gewesen als die von Reagan und Thatcher bevorzugte Version! (Vgl. dazu Gary Wersky, *The Invisible College: The Collective Biography of British Socialist Scientists in the 1930s* [1978].) – J.D. Bernal – zu seiner Zeit (zwischen den Kriegen) berühmt für seine leidenschaftlichen Liebesaffären mit Frauen – schilderte, das Bild einer von Irigaray so sarkastisch angeprangerten zweiten Geburt der Aufklärung vor Augen, seine eigene Vision der Zukunft in *The Word, the Flesh, and the Devil.* Das war eine auf Wissenschaft beruhende Spekulation, bei der menschliche Wesen sich zu entkörperten Intelligenzen entwickelten. In ihrem Manuskript (Mai 1990) »Talking about Science in Three Colors: Bernal and Gender Politics in the Social Studies of Science« diskutiert Hilary Rose diese Phantasien und ihre Bedeutung für »Wissenschaft, Politik und Schweigen«. J.D. Bernal unterstützte auch unabhängige Wissenschaftlerinnen. Rosalind Franklin wechselte zu seinem Laboratorium, nachdem ihre Arbeit über die

andere multi- und interkulturelle Radikale uns allmählich davon überzeugt, dass die Natur gerade nicht in den Verkleidungen des eurozentrischen Anthropozentrismus und Produktionsparadigmas erblickt werden sollte, von denen die Drohung ausging, buchstäblich die ganze Welt nach dem todbringenden Bild des Immer-Selben, dem Eben-Bild, zu reproduzieren?

Die Antwort auf diese ernsten politischen und analytischen Fragen liegt, so denke ich, in zwei miteinander verbundenen Wendungen: Erstens müssen wir unsere geblendeten Augen von den sonnenanbeterischen Erzählungen über die Geschichte von Wissenschaft und Technologie als Paradigmen des Rationalismus abwenden; und zweitens müssen wir die Akteur*innen in der Konstruktion der ethnospezifischen Kategorien von Natur und Kultur neu bestimmen. Die Akteur*innen, das sind nicht nur »wir«. Wenn die Welt für uns als »Natur« existiert, dann bezeichnet dies eine Art von Beziehung, eine Leistung, an der viele Akteur*innen beteiligt sind. Nicht alle von ihnen sind menschlicher, nicht alle organischer, nicht alle technologischer Provenienz.[10] In ihren wissenschaftlichen Verkörperungen wie auch in anderen Formen ist die Natur etwas – jedoch nicht ausschließlich von Menschen – Gemachtes: Sie ist eine gemeinsame Konstruktion von menschlichen und nichtmenschlichen Wesen.

Diese Sichtweise unterscheidet sich beträchtlich von der postmodernen Beobachtung, die ganze Welt sei denaturiert und werde in Bildern reproduziert oder in Kopien verdoppelt. Diese besondere Art eines gewaltsamen und reduktiven Artefaktizismus, wie er in Form eines Hyper-Produktionismus bereits überall auf dem Planeten praktiziert wird, kann in der Theorie und in anderen Praxisformen angefochten werden, ohne dass man auf einen wieder-

---

Kristallografie von Nukleinsäuren von dem extravagant sexistischen und heroischen James Watson gestohlen worden war. Der befand sich gerade auf dem Weg zum Unsterblichkeit verheißenden gleißenden Ruhm der *Doppelhelix* der 1950er und 60er Jahre und ihrem Replikanten der 80er und 90er, dem Humane Genome Project. Die Story der DNA war eine archetypische Erzählung von blendender moderner Aufklärung und von enthemmten, entkörperlichten, autochthonen Ursprüngen. Vgl. Ann Sayre (1975); Mary Jacobus (1982); Evelyn Fox Keller (1990).

10 Ein Argument dafür, dass die Natur ein sozialer Akteur ist, findet sich in Elizabeth Bird (1987).

erwachenden transzendentalen Naturalismus zurückgreifen müsste. Der Hyper-Produktionismus lehnt die geistreiche Täterschaft aller Akteur*innen mit Ausnahme des Einen ab – das ist für jede*n eine gefährliche Strategie. Aber der transzendentale Naturalismus lehnt ebenfalls eine von babylonischen Täterschaften bestimmte Welt ab und setzt auf eine spiegelförmige Gleichheit des Selben, die Unterschiede nur vortäuscht. Die Gemeinplatz-Natur, die ich suche, eine öffentliche Kultur, hat viele Häuser mit vielen Bewohner*innen, die die Erde neu gestalten können. Vielleicht sind jene anderen – nichtmenschlichen – Akteure/Aktanten unsere organischen und anorganischen Hausgötter.[11]

Diese fast unzulässige Anerkennung der merkwürdigen Agenten und Akteure, die wir in die Narration des kollektiven Lebens (unter Einschluss der Natur) eintreten lassen müssen, hat Konsequenzen: Erstens führt sie uns ganz entschieden von den modernen und postmodernen Prämissen ab, deren Aussagen über Natur und Kultur, über das Soziale und das Technische, über Wissenschaft und Gesellschaft aus der Aufklärung stammen; und zugleich rettet sie uns damit zweitens vor der tödlichen Perspektive des Produktionsparadigmas. Dieses Paradigma und seine logische Folge, der Humanismus, lassen sich in einem Satz zusammenfassen: »Der Mensch schafft alles, einschließlich seiner selbst, aus der Welt heraus, die lediglich Ressource und Potenzial für sein Projekt und sein aktives Handeln

11 Aktanten sind etwas anderes als Akteure. Terence Hawkes (1977, 89) wies in seiner Einführung zu Greimas darauf hin, dass Aktanten auf der Ebene der Funktion arbeiten, nicht auf der von Charakteren. Verschiedene Charaktere in einer Narration können einen einzigen Aktanten bilden. Die Aktanten werden von der Struktur der Narration hervorgebracht. Indem ich darüber nachdenke, um was für eine Entität es sich bei der »Natur« handeln könnte, halte ich Ausschau nach einer coyotischen und historischen Grammatik der Welt, deren Tiefenstruktur eine große Überraschung darstellen kann; vielleicht handelt es sich gar um einen veritablen Trickster. Nichtmenschliche Wesen sind nicht notwendigerweise »Akteure« im menschlichen Sinn, aber sie sind Teil des funktionalen Kollektivs, das einen Aktanten bildet. Handeln (*action*) ist weniger ein ontologisches als ein semiotisches Problem. Dies gilt vielleicht für menschliche ebenso wie für nichtmenschliche Wesen und ist eine Art, die Dinge zu betrachten, die vielleicht Auswege aus einem methodologischen Individualismus bietet, der sich fortwährend auf die Frage konzentriert, wer – im Sinne liberaler Handlungstheorien – die Agenten und Akteure sind.

sein kann.«[12] Dieses Produktionsparadigma handelt vom Menschen als Werkzeugmacher und -benutzer, dessen höchste technische Produktion er selbst darstellt; kurz, es ist die Geschichte, wie sie der Phallogozentrismus erzählt. Zugang zu dieser wundersamen Technologie verschafft sich der Mensch, indem er in die Sprache, das Licht, das Gesetz eingeht und dabei das Subjekt konstituiert, das Selbst aufschiebt und spaltet. Von der Sonne geblendet, im Bann des Vaters, nach dem heiligen Ebenbild gemodelt, liegt seine Belohnung darin, dass er aus sich selbst sich gebar; darin, eine Kopie zu sein, die ihren Zweck in sich selbst trägt. Das ist der Mythos der aufklärerischen Transzendenz.

Kehren wir kurz zu meiner Bemerkung zurück, Organismen würden nicht geboren, sondern gemacht. Das ist natürlich eine Ver/wendung von Simone de Beauvoirs Satz, dass wir nicht als Frauen geboren werden – aber was für eine Arbeit verrichtet diese Behauptung darüber hinaus in diesem Essay, der darauf zielt, einem unnachgiebigen differenziellen/oppositionellen Artefaktizismus Ausdruck zu verleihen?

Organismen, so schrieb ich, würden als Erkenntnisobjekte in weltverändernden Praktiken des wissenschaftlichen Diskurses von besonderen und immer kollektiven Akteuren zu bestimmten Zeiten und an bestimmten Orten gemacht. Sehen wir uns diese Behauptung näher an, indem wir den Begriff des Apparats körperlicher Produktion zu Hilfe nehmen.[13] Organismen sind *biologische* Verkörperungen; als natürlich-technische Wesen sind es keine je schon existierenden Pflanzen, Tiere, Einzeller usw., deren Grenzen bereits

12 In dieser produktivistischen Geschichte bringen Frauen Babys hervor, doch ist dies ein zwar notwendiger, aber armseliger Ersatz für das wirkliche Handeln in der Reproduktion – die zweite Geburt durch die Selbstgeburt, welche die Entbindungstechnologie der Optik erfordert. Das jeweilige Verhältnis zum Phallus entscheidet darüber, ob man, zu einem nicht geringen Preis, sich selbst gebiert oder, zu einem noch höheren Preis, den Durchgang oder die Röhre für jene abgibt, die in das Licht der Selbstgeburt eintreten. Auf erfrischende Weise zeigt Marilyn Strathern (1988, 314–318), dass Frauen nicht überall Babys hervorbringen.

13 Ich beziehe mich hier leihweise auf Katie Kings Auffassung vom Apparat literarischer Produktion, in dem das Gedicht am Schnittpunkt von Business, Kunst und Technologie gefriert. Vgl. King (1990a). Vgl. auch Haraway (1991), Kap. 8–10.

festgelegt sind und die nur auf die richtigen Instrumente zur korrekten Kategorisierung warten. Organismen gehen aus einem diskursiven Prozess hervor. Die Biologie ist ein Diskurs, nicht aber die lebendige Welt selbst. Aber menschliche Wesen sind nicht die einzigen Akteur*innen, die an der Konstruktion von Wesenheiten irgendeines wissenschaftlichen Diskurses beteiligt sind; Maschinen (Delegierte, die Überraschungen produzieren können) und andere Partner (keine »prä- oder außerdiskursiven Objekte«, sondern Partner) sind an der Konstruktion naturwissenschaftlicher Objekte beteiligt. Wie andere wissenschaftliche Körper sind Organismen keine *ideologischen* Konstruktionen. Der Kernpunkt der diskursiven Konstruktion ist immer gewesen, dass es in ihr *nicht* um Ideologie geht. Körper sind radikal geschichtsspezifisch und lebendig und besitzen so eine andere Art von Bestimmtheit und Wirksamkeit. Dergestalt fordern sie ein anderes Engagement, eine andere Intervention.

Andernorts habe ich den Ausdruck »materiell-semiotischer Akteur« benutzt, um ein Licht auf das Erkenntnisobjekt als aktiven Bestandteil des Apparats körperlicher Produktion zu werfen. Dabei wollte ich keinesfalls die unmittelbare Präsenz solcher Objekte behaupten oder (was dasselbe ist) dass sie ein für alle Mal festgelegt sind hinsichtlich dessen, was als objektive Erkenntnis eines biologischen Körpers in einem bestimmten historischen Augenblick zählt. Wie Katie Kings »Gedichte« genannte Objekte – Orte literarischer Produktion, wo auch die Sprache als Akteurin beteiligt ist – sind Körper als Erkenntnisobjekte materiell-semiotische generative Knotenpunkte. Ihre Grenzen bilden sich in der sozialen Interaktion zwischen menschlichen und nichtmenschlichen Wesen, inklusive der Maschinen und anderer Instrumente, die an wichtigen Schnittstellen Austauschvorgänge vermitteln und als Delegierte für die Funktionen und Zwecke anderer Akteure fungieren. »Objekte«, wie Körper es sind, präexistieren nicht als solche. Dies gilt gleichermaßen für die »Natur«, doch ist ihre Existenz auch nicht ideologisch. Natur ist ein Gemeinplatz und eine machtvolle diskursive Konstruktion, die aus den Interaktionen zwischen (menschlichen und nichtmenschlichen) materiell-semiotischen Akteur*innen entsteht. Bei der Sichtung/Verortung solcher Wesenheiten geht es nicht um uneigennütziges Entdecken, sondern um wechselseitige und normalerweise ungleiche

Strukturierungen, um das Eingehen von Risiken, um das Delegieren von Kompetenzen.[14]

---

14 Latour hat den Begriff des Delegierens entwickelt, um die Übertragungen und den Austausch zwischen und unter mit Wissenschaft befassten Leuten und ihren Maschinen zu bezeichnen, die auf vielerlei Weise als »Delegierte« agieren. Marx setzte die Maschine in Beziehung zur »toten Arbeit« [vgl. MEW 23, 197f.; d.Ü.], doch ist dieser Begriff zwar für einige wichtige Aspekte erzwungenen und verdinglichten Delegierens von Nutzen, aber zu unlebendig, um erfassen zu können, auf welch vielfältige Weise Maschinen Bestandteile von gesellschaftlichen Beziehungen sind, »mittels deren Aktanten Kompetenzen verschieben« (Latour 1990, 170; vgl. auch Latour 1992b). Jedoch geht es Latour wie den meisten etablierten Gelehrten in den Social Studies of Science: Er bleibt bei einem zu engen Begriff des »Kollektivs« stehen, das sich nur aus Maschinen und Wissenschaftler*innen zusammensetzt, die in einem sehr engen zeitlichen und räumlichen Rahmen betrachtet werden. Aber die Zirkulation von Fähigkeiten unterliegt noch eigenartigeren Wendungen. – Zum einen widmet Latour – ausgenommen allerdings in der Zusammenarbeit mit der Primatenforscherin Shirley Strum, die in ihrem Beruf hart dafür gekämpft hat, dass Primaten als gewitzte soziale Akteure anerkannt werden – der Nicht-Maschine, *anderen* nichtmenschlichen Wesen in der Interaktion, zu wenig Aufmerksamkeit (vgl. Strum 1987.) Das »Kollektiv«, wovon m.E. »Natur« in jeglicher Form ein Beispiel darstellt, ist immer ein Artefakt, immer sozial, nicht aufgrund irgendeines transzendentalen Sozialen, das Wissenschaft erklärt (oder umgekehrt), sondern aufgrund seiner heterogenen Aktanten/Akteur*innen. Nicht nur sind nicht alle jene Aktanten/Akteur*innen Menschen; es gibt eine Soziologie der Maschinen. Aber mehr noch: Nicht alle dieser anderen Akteure/Aktanten wurden von Menschen gebaut. Zum artefaktischen »Kollektiv« gehört auch ein gewitzter Akteur, den ich bisweilen »Coyote« genannt habe. Die Schnittstellen, aus denen das »Kollektiv« sich konstituiert, müssen diejenigen zwischen Menschen und Artefakten in Form von Instrumenten und Maschinen mit beinhalten, das ergibt eine wahrhaft soziale Landschaft. Aber die Schnittstelle zwischen Maschinen und anderen nichtmenschlichen Wesen wie auch die Schnittstelle zwischen Menschen und nicht-maschinellen nichtmenschlichen Wesen gehört ebenfalls dazu. Tiere sind ziemlich offensichtlich Akteure, und ihre Schnittstellen mit Menschen und Maschinen sind der theoretischen Bearbeitung leichter zugänglich (vgl. Haraway 1989a; Noske 1989). Aus der Perspektive des Artefaktizismus, den ich hier zu skizzieren suche, verlieren Tiere paradoxerweise ihren *Objekt*status, der sie in der westlichen Philosophie und Praxis oftmals auf Gegenstände reduzierte. Sie bewohnen weder die Natur (als Objekt) noch die Kultur (als Ersatzmenschen), sondern einen Ort namens Anderswo. In Noskes (1989, XI) Worten sind es andere »Welten, deren Anderweltlichkeit nicht entzaubert und auf unsere Größe zurechtgestutzt werden muss, sondern die um ihrer selbst willen respektiert werden sollen«. Doch gibt es in der Coyote-Welt von nicht-maschinellen nichtmenschlichen Wesen mehr als nur Tiere. Der Bereich von maschinellen und nicht-maschinellen nichtmenschlichen Wesen (in meiner Terminologie: das

Die verschiedenen miteinander wetteifernden biologischen Körper tauchen dort auf, wo verschiedene Sektoren sich überschneiden: biologische Forschungen und Veröffentlichungen, medizinische und andere Geschäftspraktiken, kulturelle Produktionen aller Art (inklusive gängiger Metaphern und Narrationen); außerdem Technologien, wie z.B. Visualisierungstechnologien, die farbig dargestellte Killer-T-Zellen und intime Fotografien vom Wachstum des Fötus in Hochglanz-Kunstbände bringen, sowie Wissenschaftsreports. Hierzu

---

Un-Menschliche) schließt sich den Menschen beim Erbauen des artefaktischen Kollektivs namens Natur an. Keiner dieser Aktanten kann einfach als Ressource/Grund/Matrix/Objekt/Material/Instrument/gefrorene Arbeit betrachtet werden, sie sind beunruhigender als das. Vielleicht laufen meine Vorschläge hier auf die Neuerfindung einer alten Option hinaus, die, in einer nicht-eurozentrischen westlichen Tradition stehend, dem ägyptischen Hermetismus verbunden war. Diese Denkweise geht von der aktiven Qualität der Welt und von »beseelter« Materie aus (vgl. Bernal 1987, 121–160; Yates 1964). Weltlich und be-geistert, ist die Coyote-Natur ein kollektives, kosmopolitisches Artefakt, das in Geschichten mit heterogenen Aktanten gefertigt wird. – Doch Latour und andere bedeutende Gelehrte der Science Studies arbeiten mit einem zu armen Begriff von »Kollektiv«. Zwar widerstreben sie richtigerweise einer »sozialen« Erklärung »technischer« Praxis, indem sie die binäre Beziehung aufsprengen, hinterrücks aber führen sie sie wieder ein, indem sie nur einen der beiden Terme – das »Technische« – anbeten. Vor allem unterbleibt jegliche Erwägung von Themen wie männliche Vorherrschaft, Rassismus, Imperialismus oder Klassenstrukturen: Das nämlich sind die alten »sozialen« Gespenster, die die wirkliche Erklärung wissenschaftlicher Praxis verhindert haben (vgl. Latour 1987). Wie Latour bemerkte, ist Michael Lynch der radikalste Verfechter der Prämisse, dass es außerhalb des technischen Inhalts selbst keine soziale Erklärung von Wissenschaft gibt. Der technische Inhalt schließt nun zwar die Interaktionen ein, die zwischen Menschen sowie Menschen und ihren Maschinen im Labor stattfinden, grenzt aber vieles aus, was ich zum »technischen« Gehalt von Wissenschaft rechnen würde, wenn man nicht einer binären Struktur dadurch entgehen will, dass man einen ihrer Pole anbetet (vgl. Lynch 1985; Latour 1990, 169 Fn.). Ich stimme mit Latour und Lynch darin überein, dass die Praxis ihr eigenes Umfeld schafft, aber sie ziehen um das, was als »Praxis« gelten soll, eine Linie des Misstrauens. Sie fragen *niemals*, wie die Praktiken männlicher Vorherrschaft oder vieler anderer Systeme struktureller Ungleichheit in Arbeitsmaschinen ein- und aus ihnen *ausgebaut* werden. Wie und in welche Richtungen diese »Kompetenzen«-Transfers arbeiten, sollte Gegenstand verschärfter Aufmerksamkeit sein. Ausbeutungssysteme könnten wichtige Bestandteile des »technischen Gehalts« von Wissenschaft sein. Aber die Gelehrten der Social Studies of Science neigen dazu, solche Fragen mit der Versicherung abzutun, sie würden in die schlechten alten Zeiten zurückführen, in denen Radikale behaupteten, die Wissenschaft würde gesellschaftliche Bezie-

geladen ist aber auch das Analogon jener lebendigen Sprachen, die sich in der literarisch wertvollen Produktion ineinander verschränken: die coyotisch-proteischen Verkörperungen einer Welt als schlauer Agent und Akteur. Vielleicht führen unsere Hoffnungen, die wir in die Verantwortlichkeit der Techno-Biopolitik setzen, zu einer neuen Sicht, zu einer Revision der Welt, die dann ein verschlüsselt redender Trickster ist, mit dem wir erst ins Gespräch zu kommen lernen müssen. Während also z.B. das Immunsystem des späten 20. Jahrhunderts die Konstruktion eines ausgefeilten Apparats der körperlichen Produktion ist, stellt weder das Immunsystem noch irgendein anderer weltverändernder Körper der Biologie – wie etwa ein Virus oder ein Ökosystem – eine Gespensterphantasie dar. Coyote ist kein Gespenst, sondern nur ein Trickster, der seine Gestalt fortwährend wandelt.

---

hungen/soziale Verhältnisse einfach »widerspiegeln«. Meines Erachtens jedoch haben solche Kompetenzen-Transfers oder Delegierungen nichts zu tun mit der Widerspiegelung oder dem Einklang von gesellschaftlicher Organisation und Kosmologien, wie die »moderne Wissenschaft« sie darstellt. Ihr unhinterfragtes, konsistentes und defensives Vorurteil scheint zu Latours (1990, 164–169) erstaunlicher Fehldeutung einiger Äußerungen in Sharon Traweeks *Beamtimes and Lifetimes: The World of High Energy Physics* (1988) beizutragen (vgl. auch das in Fn. 9 erwähnte Ms. von Hilary Rose [1990]). – Derselbe blinde Fleck, eine Läsion der Netzhaut, verursacht durch den alten phallogozentrischen Heliotropismus, den Latour in anderen Zusammenhängen, z.B. in seiner schneidenden Kritik an Moderne und Postmoderne durchaus vermieden *hat*, scheint dafür verantwortlich zu sein, dass es die Social Studies of Science als organisierter Diskurs nicht für nötig befunden haben, die letzten zwei Jahrzehnte feministischer Forschung zur Kenntnis zu nehmen. Was als »technisch« und was als »Praxis« gilt, sollte in der Wissenschaftspraxis alles andere als selbstverständlich sein. Ungeachtet ihrer außergewöhnlichen Schaffensfreude haben die Vermessungen der meisten Gelehrten der Social Studies of Science sich nicht auf die furchtbaren Meeresregionen erstreckt, wo die weltlichen Praktiken der Ungleichheit ans Ufer branden, in die Buchten eindringen und die Maßstäbe der Reproduktion wissenschaftlicher Praxis, Artefakte und Erkenntnis setzen. Wenn es nur eine Frage der Widerspiegelungen zwischen gesellschaftlichen Verhältnissen und wissenschaftlichen Konstruktionen wäre, so ließe sich »politische« Forschung leicht in die Wissenschaft einführen! Vielleicht ist das hartnäckige Vorurteil der Gelehrten in den Social Studies of Science die Strafe für die Transzendentalie der Aufklärung, das Soziale, das den Rationalismus früherer Generationen radikaler Wissenschaftskritik beeinflusste und immer noch allzu häufig anzutreffen ist. Mögen die Hausgötter uns sowohl vor dem verdinglichten Technischen wie auch dem transzendentalen Gesellschaftlichen bewahren!

Diese Skizze der Artefaktizität von Natur und des Apparats der körperlichen Produktion verweist uns auf einen anderen wichtigen Punkt: auf die Körperlichkeit der Theorie. Sie ist – auf überwältigende Weise – körperlich und buchstäblich. Sie handelt nicht von Dingen, die dem gelebten Körper fernstehen, ganz im Gegenteil. Die Theorie ist alles andere als entkörperlicht. Die modischsten Verlautbarungen über die radikale Dekontextualisierung als historische Form der Natur im Spätkapitalismus sind Tropen für die Verkörperung, die Produktion, die Verbuchstäblichung der Erfahrung in diesem besonderen Modus. Das ist keine Frage der Reflexion oder der Korrespondenzen, sondern der Technologie, in der das Soziale und das Technische ineinander implodieren. Erfahrung ist ein semiotischer Prozess – eine Semiose (De Lauretis 1984). Leben werden gebaut, mithin sollten wir am besten – zusammen mit den anderen weltlichen Aktanten in der Geschichte – gute Handwerksleute werden. Vieles muss neu gebaut werden. Beginnen wir dies, indem wir uns einen etwas besseren Überblick verschaffen. Und dazu bedienen wir uns optischer Hilfsmittel, die mit roten, grünen und ultravioletten Filtern versehen sind.

Immer wieder geht es in diesem Essay um Bilder von Schwangerschaft und Reifung. Zoë Sofia (1984) hat mir beigebracht, dass jede Technologie Reproduktionstechnologie ist. Sie und ich haben das buchstäblich so gemeint; in der Wissenschaftskultur geht es um Lebensweisen. Ich möchte jedoch die Terminologie der Reproduktion ersetzen durch die der Generierung (*generation*). Nur sehr selten wird etwas tatsächlich reproduziert; was da vor sich geht, ist überaus vielgestaltiger. Ganz gewiss reproduzieren sich die Menschen nicht, außer wenn sie selbst geklont werden; das aber ist immer sehr riskant und teuer, um nicht zu sagen langweilig. Selbst die Technowissenschaft muss nach dem paradigmatischen Modell der offenen Diskussion, nicht der geschlossenen Veranstaltung gestaltet werden. Dazu gehört die Erkenntnis, wie die Agenten und Aktanten der Welt arbeiten; wie sie/wir/es auf die Welt gelangen und wie sie/wir/es umgeformt werden. Wissenschaft wird nicht zum Mythos dessen, was vor dem Handeln und der Verantwortung in die jeglichem Streit enthobenen Bezirke entflieht. Sie wird eher zum Mythos von Rechenschaftslegung und Verantwortlichkeit von und für Übersetzungen und Solidaritäten, in denen sich die Kakophonie der Sichtweisen und visionären Stimmen vereint, die das Kennzeichen der markierten Körper der Geschichte sind. Akteure wie Aktanten treten in vielen und wunderbaren Formen auf. Das Beste aber ist, dass wir uns »Reproduktion« oder – weniger ungenau – die Generierung neuer Formen nicht in der langweilen bipolaren Begrifflichkeit der Hominiden vorstellen müssen.[15]

Die mit der Aufklärung und dem Paradigma der Hyperproduktion zusammenhängenden Geschichten drehten sich um die Reproduktion des heiligen Ebenbildes, der *einen* wahren Kopie, vermittelt durch die strahlenden Technologien der Zwangsheterosexualität und der männlichen Selbstgeburt. Dagegen könnte der differenzielle Artefaktizismus, den ich ins Auge zu fassen suche, auf etwas anderes hinauslaufen. Der Artefaktizismus steht schräg zum Produktionsparadigma; die Strahlen meiner Sehhilfe werden eher gebeugt als gebrochen. Diese gebeugten Strahlen nun formen *Interferenz*muster, keine reflektierten/gebrochenen Bilder. Das »Resultat« dieser generativen Technologie, Ergebnis einer monströsen[16] Schwangerschaft, könnte mit den von der vietnamesisch-amerikanischen Filmemacherin und feministischen Theoretikerin Trinh Minh-ha so genannten »un/an/geeigneten Anderen« verwandt sein.[17] Dieser Ausdruck bezeichnet die Netzwerke der multikulturellen, ethnischen, rassischen, natio-

15 Vgl. Lynn Margulis und Dorion Sagan (1986). Dies wunderbare Buch enthält die Zellbiologie und Evolution für einen ganzen Schwarm von un/an/geeigneten Anderen. In seiner Widmung verweist der Text nachdrücklich auf die »sexuellen und parasexuellen Kombinationen, die uns aus uns selbst herausbringen und aus uns mehr machen, als wenn wir allein wären« (ebd., V). Genau das sollten Science Studies als Cultural Studies tun, indem sie zeigen, wie die merkwürdigen, aus nicht/menschlichen Wesen bestehenden Kollektive, die das natürlichsoziale (ein Wort!) Leben ausmachen, bildlich darstellbar sind. Hervorzuheben wäre, dass alle Akteure in diesen generativen, verstreuten und geschichteten Kollektiven keinerlei menschliche Form und Funktion besitzen und nicht anthropomorphisiert werden sollten. Erinnern wir uns daran, dass die Gaia-Hypothese, mit der Margulis verbunden ist, von dem Gewebe des Planeten als einer lebenden Entität erzählt, deren Metabolismus und genetischer Austausch durch Prokaryonten-Gewebe bewirkt wird. Gaia ist eine Gesellschaft; Gaia ist Natur; Gaia hat Kants *Kritik der reinen Vernunft* nicht gelesen. Und John Varley wahrscheinlich auch nicht. Vgl. seine Gaea-Hypothese in dem Science-Fiction-Buch *Titan*. Titan ist ein Alien, das eine Welt ist.

16 Erinnern wir uns daran, dass *Monster* die gleiche sprachliche Wurzel haben wie *demonstrieren* (qua zeigen, beweisen). Monster bedeuten (etwas).

17 Minh-ha 1986/87, »She, the Inappropriate/d Other«. Vgl. auch ihr Buch *Woman, Native, Other: Writing Postcoloniality and Feminism* (1989).

nalen und sexuellen Akteur*innen, die seit dem Zweiten Weltkrieg entstanden sind; er bezieht sich damit auf die geschichtliche Verortung derer, die sich nicht die Masken des »Selbst« oder des »Anderen« überstreifen konnten, die von den damals vorherrschenden modernen westlichen Narrationen von Identität und Politik angeboten wurden. »Un/an/geeignet« zu sein heißt keineswegs, »nicht in Beziehung zu ...« zu stehen, d.h. in einem besonderen Reservat, mit dem Status des Authentischen, Unberührten, im Stande der allochronischen und allotopischen Unschuld zu sein. Eine un/an/geeignete Andere, ein un/an/geeigneter Anderer zu sein heißt vielmehr, in einer kritischen, dekonstruktiven Beziehungsweise, in einer auf Beugung, nicht auf Brechung abzielenden Rationalität zu stehen – als Mittel zur Herstellung wirkungsmächtiger Verbindungen, die Herrschaft übersteigen. Un/an/geeignet zu sein heißt, nicht in die Systematik (*taxon*) zu passen; entfernt zu sein aus den verfügbaren Karten, die die verschiedenen Arten von Akteur*innen und Narrationen verzeichnen; nicht von vornherein durch die Differenz festgelegt zu sein. Un/an/geeignet zu sein heißt, weder zur Moderne noch zur Postmoderne zu gehören, sondern auf dem A-Modernen zu bestehen. Trinh suchte eine Möglichkeit, »Differenz« als »kritische Differenz innerhalb« zu gestalten, nicht als besonderes taxonomisches Zeichen, das Differenz als Apartheid begründet. Sie schrieb über Völker; ich würde gern wissen, ob die gleichen Beobachtungen auch auf menschliche sowie auf organische und technologische nichtmenschliche Wesen zutreffen.

Der Ausdruck »un/an/geeignete Andere« kann dazu führen, das soziale Beziehungsgeflecht neu zu denken innerhalb der artefaktischen Natur – was die globale Natur in den 1990er Jahren treffend bezeichnen dürfte. Trinh Minh-has Metaphern schlagen eine andere Geometrie und Optik vor, um die Differenzbeziehungen zwischen Völkern und zwischen menschlichen Wesen, anderen Organismen und Maschinen neu fassen zu können; nicht als hierarchische Herrschaft, Einverleibung von Teilen in Ganzheiten, paternalistische und kolonialistische Protektion, symbiotische Verschmelzung, antagonistische Opposition oder instrumentelle Produktion aus der Ressource. Aus ihren Metaphern spricht auch die harte intellektuelle, kulturelle und politische Arbeit, die diese neuen Geometrien erforderlich machen. Die patriarchalen Narrationen des Westens erzählten, dass der physikalische Körper Ergebnis der ersten Geburt sei, während der Mensch/

Mann das Produkt der heliotropen zweiten Geburt wäre. Demgegenüber könnte eine differenzielle, gebeugte feministische Allegorie die »un/an/geeigneten Anderen« aus einer dritten Geburt in eine Science-Fiction-Welt mit Namen Anderswo entlassen. Das wäre ein Ort, der sich aus Überlagerungsmustern zusammensetzte. Die Beugung bringt nicht – wenngleich verschoben – »das Selbe« hervor, wie Spiegelung und Brechung es tun. Die Beugung bildet die Überlagerung ab, nicht die Replikation, Spiegelung oder Reproduktion. Ein Beugungsmuster verzeichnet nicht den Ort, wo Differenzen auftreten, sondern den Ort, wo die Wirkungen der Differenz erscheinen. In tropischer Hinsicht, für die monströsen Versprechen, verleitet Ersteres zur Illusion einer wesenhaften, festgelegten Position, während Letzteres uns dazu erzieht, genauer zu beobachten. Die Science-Fiction beschäftigt sich im Allgemeinen mit der wechselseitigen Durchdringung von Grenzen zwischen problematischen Selbstheiten und unerwarteten Anderen sowie mit der Erforschung möglicher Welten in einem durch transnationale Technowissenschaft strukturierten Kontext. Solche Welten werden von den sich herausbildenden sozialen Subjekten namens »un/an/geeignete Andere« bewohnt. SF – Science-Fiction, spekulatives Futurum, szientifische Phantasie, spekulative Fiktion – ist ein besonders geeignetes Zeichen, unter dem sich das Artefaktische als reproduktive Technologie erforschen lässt. Diese Forschung könnte andere Ergebnisse zeitigen als das heilige Ebenbild; Ergebnisse, die ungeeignet, unpassend und mithin eben unangeeignet erscheinen könnten.

Im Bauch des Ungeheuers scheinen sogar »un/an/geeignete Andere« angerufen zu werden, um einen bestimmten Standort zugewiesen zu bekommen, den ich mittlerweile als Cyborg-Subjektposition bezeichne.[18] Ich möchte diesen Reisebericht, diese Forschungs-

---

18 Interpellieren: Anrufen/Verhaften. Eine Anspielung auf Althussers Untersuchung des Rufes/der Anrufung, wodurch die Produktion des Subjekts in der Ideologie sich vollzieht. Althusser seinerseits spielt natürlich auf Lacan an, ganz zu schweigen von Gottes Zwischenruf, der den Menschen, seinen Diener, ins Sein ruft. Sind wir dazu berufen, Cyborgs zu sein? – *Interpellatus* ist das part. perf. von *interpellare* und wäre mit »im Sprechen unterbrochen« zu übersetzen; eine Handlung, durch die etwa ein Saulus sich in einen Paulus verwandelt. Diese Anrufung ist, um das Mindeste zu sagen, eine besondere Art der Unterbrechung. Ihre Grundbedeutung bezeichnet eine parlamentarische Verfahrensweise, bei der ein Regierungsmitglied zu einer Stellungnahme über eine bestimmte Politik oder einen politischen Akt aufgefordert wird, was üblicherweise zu einem Vertrauensvotum führt. Die folgenden Werbeanzeigen unterbrechen uns. Sie beste-

fahrt in den Artefaktizismus mit einer illustrierten Vorlesung über das Wesen von Cyborgs anhand ihres jüngsten Auftretens in Anzeigen der Zeitschrift *Science* fortsetzen. (*Science* ist die Zeitschrift der »American Association for the Advancement of Science«.) Die Gestaltung dieser Anzeigen erinnert uns an die Körperlichkeit, die weltliche Materialität und Buchstäblichkeit von Theorie. Diese kommerziellen Cyborg-Figuren erzählen uns, was in den Welten der Technowissenschaft als Natur gilt. Überdies zeigen sie uns die Implosion des Technischen, Textuellen, Organischen, Mythischen und Politischen in den Gravitationstrichtern der Wissenschaftspraxis. Diese Gestalten sind unsere Begleitmonster im Bericht über *Eines Christen Reise nach der Seeligen Ewigkeit.*

Betrachten wir Abbildung 1. »Einige Worte über Reproduktion von einem auf diesem Gebiet führenden Unternehmen«, so lautet der Anzeigenslogan für das Software-Vervielfältigungssystem der Firma Logic General Corporation. Der unmittelbare visuelle und verbale Eindruck vermittelt, dass es absurd wäre, die technischen, organischen, mythischen, textuellen und politischen Fäden im semiotischen Gewebe der Anzeige und in der Welt, in der diese Anzeige als sinnvoll erscheint, zu entwirren. Unter den unlebendigen, orangefarbenen bis gelben Regenbogenfarben des Erde-Sonnen-Logos von Logic General wendet uns das weiße Kaninchen seinen (ihren? – allerdings sind *sex* und *gender* in diesem Reproduktionssystem nicht so festgelegt) Rücken zu. Die Pfoten hält es auf einer Tastatur, dem beharrungskräftigen, altmodischen Überbleibsel der Schreibmaschine, wodurch unsere Computer uns so natürlich, gewissermaßen benutzerfreundlich vorkommen.[19] Aber die Tastatur ist irreführend; keine Briefe werden durch die Tastenmechanik auf eine wartende feste

---

hen auf einer Erklärung bei einer Hochstapelei; sie erzwingen die Erkenntnis darüber, wie Kompetenzen-Transfers bewerkstelligt werden. Eine Cyborg-Subjektposition resultiert aus und führt zu Unterbrechung, Lichtbeugung, Neuerfindung. Sie ist gefährlich und voller monströser Versprechen.

19 In seinem Buch *Der Ring des Königs Salomo* hat Konrad Lorenz darauf hingewiesen, dass die ersten Kraftwagen die äußere Erscheinung der von Pferden gezogenen Kutsche beibehielten, ohne Rücksicht auf die unterschiedlichen funktionalen Erfordernisse und Möglichkeiten der neuen Technologie. Er wollte damit unterstreichen, dass die biologische Evolution gleichermaßen konservativ ist und auf fast nostalgische Weise nach den alten, vertrauten

Oberfläche übertragen. Die Computer/Benutzer*innen-Schnittstelle arbeitet anders. Selbst wenn das weiße Kaninchen die Implikationen seiner liegenden/lügenden Tastatur nicht begreift, ist es (oder sie) in seiner natürlichen Heimat: Es ist ganz und gar artefaktisch im buchstäblichsten Sinn des Wortes. Wie Fruchtfliegen, Hefepilze, transgene Mäuse und der bescheidene Fadenwurm. *Caenorhabditis elegans*[20] heißt das Kaninchen, dessen Evolutionsgeschichte im Laboratorium stattfindet. Das Laboratorium ist *seine* Nische, seine wahre Wohnwelt. Dies Kaninchen – materielles System und zugleich Symbol für messbare Fruchtbarkeit – taucht in keiner anderen Natur als dem Laboratorium auf, dem herausragenden Ort von Replikationspraktiken.

Formen verlangt, die für neue Zwecke überarbeitet werden. Gaia war die erste ernsthafte Bastlerin.

20 Einen Blick auf die Herstellung bestimmter Organismen als flexible Modellsysteme für ein ganzes Universum an Forschungspraxis werfen: Barbara R. Jasny und Daniel Koshland Jr. (Hg.) 1990. Die Werbung für das Buch behauptet, es sei »von großem Nutzen für graduierte Studenten und für alle Forschenden, deren Interesse sich darauf richtet, die Grenzen und Vorzüge der biologischen Systeme kennenzulernen, die seit jüngster Zeit in Gebrauch sind« (*Science* 248, 1990, 1024). Wie alle protoplasmatischen Formen, die in der Welt außerhalb des Laboratoriums gesammelt und in eine technowissenschaftliche Nische gebracht worden sind, hat das organische Kaninchen (ganz zu schweigen vom simulierten) mitsamt seinen Gewebekulturen eine mögliche Zukunft besonderer Art: als Ware. Wer darf solche evolutionären Produkte »besitzen«? Wenn auf den Feldern peruanischer Bauern Samenprotoplasma gesammelt und in einem Labor der »Ersten Welt« zu wertvollem Handelsgut herangezüchtet wird, hat dann eine Kooperative oder der peruanische Staat einen Anspruch auf die Gewinne? Ein vergleichbares Problem in Bezug auf Besitzinteressen an der »Natur« betrifft die biotechnologische Industrie bei der Entwicklung von Zelllinien und anderen Produkten, die von abgetrenntem menschlichem Gewebe stammen, z.B. als Ergebnis einer Krebsoperation. Der Oberste Gerichtshof in Kalifornien versicherte vor kurzem der biotechnologischen Industrie, dass ein Patient, dessen krebsbefallene Milz die Quelle eines Produkts namens *Colony Stimulating Factor* wurde, kein Recht darauf habe, an dem Geldsegen beteiligt zu werden, der aus dem Patent entsprang, das dem Wissenschaftler Firmenanteile im Wert von drei Millionen Dollar bescherte. Eigentum am Selbst, dieser Dreh- und Angelpunkt der liberalen Existenz, scheint etwas anderes zu sein als Besitzrechte am Körper oder seinen Produkten – wie Föten oder andere Zelllinien, an denen der Gerichtshof regelmäßiges Interesse bekundet. Vgl. dazu Marcia Barinaga (1990, 239).

Abbildung 1

We don't believe the facts about diskette reproduction should be left to rumor and streetcorner conversation. So here's the straight talk about software duplication from the experts at Logic General.
Logic General can satisfy software duplication orders of literally any size and complexity at a most competitive cost. Our years of experience as a leading distributor and duplicator of magnetic media, combined with the latest automated high-speed production equipment, give us the edge.
Our synergistic approach to software duplication, a real partnership with each client, helps us tailor each order to cost, performance and system parameters with unique flexibility and precision.
And the accuracy, reliability and quality of each Logic General-duplicated diskette is guaranteed. 100%.
Of course, this isn't the whole story. To learn more, call Logic General. Where all software is re-created equal.
LOGIC GENERAL CORPORATION
31999 Aurora Road
Cleveland, OH 44139
A FEW WORDS ABOUT REPRODUCTION FROM AN ACKNOWLEDGED LEADER IN THE FIELD.
Call toll-free: (800) 321-8908. In Ohio, (216) 349-2800.
CIRCLE 106

Bei Logic General sind wir offenkundig nicht in einem biologischen Laboratorium. Das organische Kaninchen beäugt sein Bild, bei dem es sich aber gerade *nicht* um sein Spiegelbild handelt. Dies ist nicht die Spiegelwelt des Jacques Lacan; hier wird die primäre Identifikation und die zur Reife benötigte metaphorische Substitution durch andere Techniken, andere Schreibtechnologien erreicht.[21] Das weiße Kaninchen wird übersetzt, seine Potenzen und Kompetenzen werden radikal neu verortet. Die Eingeweide des Computers produzieren eine andere Art von visuellem Produkt als verzerrte, sich selbst gebärende Spiegelungen. Das simulierte Kaninchen beäugt uns mit vorgestrecktem Kopf, sieht uns in die Augen. Auch es (oder sie) hat die Pfoten auf einem Gitternetz, das allerdings nur noch von ferne an eine Schreibmaschine, dafür aber an ein sehr viel älteres Zeichen der Technowissenschaft erinnert: nämlich an das cartesianische Koordinatensystem, das die Welt in den imaginären Räumen der rationalen Moderne verortet. In seiner natürlichen Wohnwelt befindet sich das virtuelle Kaninchen auf einem Gitternetz, das die Welt als schachähnliches Spiel darstellt. Dies Kaninchen behauptet, dass die wirklich rationalen Akteure sich in einer virtuellen Welt vervielfältigen werden, in der die besten Spieler nicht mehr der Gattung Mensch/Mann angehören, obgleich er vielleicht fortexistiert wie der Pferdewagen, der seine Gestalt dem Kraftfahrzeug verlieh, oder die Schreibmaschine, die ihre illusionäre Form dem PC vermachte. In diesem System wird der funktional privilegierte Signifikant nicht so leicht mit dem Urinier- und Kopulierorgan eines männlichen Primaten verwechselt werden können. Metaphorische Substitution und andere Zirkulationen, die im materiell-symbolischen Bereich stattfinden, werden nunmehr von einer kompetenten Maus bewirkt. Natürlich bietet die angedeutete Weiblichkeit der beiden Kaninchen keinen Grund zu der Annahme, dass die neuen, gattungsfremden Spieler Frauen sein werden. Wahrscheinlicher ist, dass das in diesem Nicht-Spiegelstadium, in diesem der Beugung unterworfenen Moment der

21 Hier wie überall im Essay spiele ich mit Katie Kings Anspielungen auf Jacques Derridas Buch *Grammatologie* (1974). Vgl. King 1990a und King 1994, wo sie ihre Beschreibung (die zugleich eine Konstruktion mit vielen sich eröffnenden Möglichkeiten darstellt) eines Diskursfeldes namens »Feminismus und Schreibtechnologien« entwickelt.

Subjektkonstitution zur Welt (an)gerufene Kaninchen in einer ganz anderen Geschlechtergrammatik lesen und schreiben können wird. *Beide* Kaninchen in der Anzeige sind Cyborgs – Zusammensetzungen aus dem Organischen, Technischen, Mythischen, Textuellen und Politischen –, und sie rufen uns in eine Welt, in der wir vielleicht keine Form annehmen wollen, deren »schlammigen Sumpf« wir aber durchqueren müssen, um nach Anderswo zu gelangen. Logic General ist mit einer ganz besonderen Art von *écriture* befasst. Die reproduktiven Einsätze in diesem Text sind zukünftige Lebensformen und Lebensweisen für menschliche und un-menschliche Wesen. »Rufen Sie gebührenfrei an«, um »einige Worte über Reproduktion von einem auf diesem Gebiet führenden Unternehmen« zu hören.

Die monoklonen Antikörper *Ortho-Mune**™ erweitern unser Verständnis von der Beziehung eines Cyborg-Subjekts zur Einschreibungstechnologie, die das Laboratorium darstellt (Abb. 2). In nur zwei Jahren haben diese hervorragenden Monoklone mehr als 100 Publikationen erzeugt – mehr als ich oder irgendeine*r meiner Kolleg*innen in den Humanwissenschaften an literarischer Produktion zustande bringen könnten. Doch datiert diese alarmierende Publikationsrate aus dem Jahr 1982 und dürfte von neuen Generationen biotechnischer Vermittler/Ambozeptoren literarischer Replikation bestimmt längst überholt sein. Nie zuvor ist die Theorie buchstäblicher, körperlicher, technisch geschickter gewesen. Nie zuvor hat sich der Zusammenbruch der von der »Moderne« getroffenen Unterscheidungen zwischen dem Mythischen, dem Organischen, dem Technischen, dem Politischen und Textuellen offensichtlicher vollzogen. Diese Unterscheidungen sind, zusammen mit den unbetrauerten Transzendentalien der Aufklärung – Natur und Gesellschaft –, im Trichter der Gravitation verschwunden.

Abbildung 2

Ortho-mune* monoclonal antibodies in only two years generated more than 100 published papers

In a way, this is a tribute to Köhler and Milstein. Because they're the ones who gave us the idea. But the scientists and engineers at Ortho deserve credit, too, for making it happen.

It started, of course, with monoclonal antibodies. Six years ago, when George Köhler and Cesar Milstein showed the world how hybridomas could be made to produce antibodies against specific immunogens, there was no way to predict exactly which questions the new technology would answer.

OKT*: WELL-CHARACTERIZED MONOCLONAL ANTIBODIES[†]

The questions we had at Ortho were immunological ones. Our researchers were particularly interested in human lymphocytes. We developed a series of monoclonal antibodies directed against purified human T cells and called them the OKT panel.

Then the real work began. Because clear-cut results can come only from well-characterized reagents, scientists at Ortho put a lot of emphasis on defining the specificity of each clone. Input also came from scientists outside Ortho who worked with the OKT reagents. And as more has been published about the reagents, they've become more and more useful.

New potential applications came to mind. It began to look like the OKT reagents could standardize T lymphocyte subset analysis. Some immune deficiency disease states turned out to be associated with abnormal ratios of T cell subsets. Research oncologists have now begun using the OKT reagents to characterize proliferative lymphocytic disease states, and they have been used to study immune responses to renal transplantation.

MONOCYTES AND Ia-POSITIVE CELLS

We continued to develop more monoclonal antibodies. The new ones could differentiate monocytes and Ia-positive cell subsets. More applications were developed—sorting human peripheral blood cells, elimination of cell populations by complement lysis, studies on cytotoxicity and histochemical staining of tissue sections.

*Trademark

[†]For research use only
Not to be used for diagnostic procedures

342F SCIENCE, VOL. 215

Abbildung 3

LKB Electrophoresis Division hat eine evolutionäre Geschichte zu erzählen, die besser und vollständiger ist als alles, was bisher von biologischen Anthropolog*innen, Paläontolog*innen oder Zoolog*innen über die Wesenheiten/Akteur*innen/Aktanten, die die Lebensnischen in einer Welt außerhalb des Laboratoriums bevölkern, berichtet worden ist: »In einer *MacroGene Workstation* gibt es keine Missing Links« (Abb. 3). Voller Versprechen, die erste der sich ständig vervielfachenden letzten Grenzen überschreitend, kriecht das prähistorische Monster *Ichthyostega* aus dem Fruchtwassermeer in die Zukunft, auf das gefährliche, aber lockende trockene Land. Unser Nicht-mehr-Fisch-noch-nicht-Salamander wird – vollständig identifiziert und abgetrennt – als Mensch-im-Raum enden, zu guter Letzt entkörperlicht, wie der Held von J.D. Bernals Phantasievorstellung in *The World, the Flesh and the Devil.* Einstweilen jedoch besetzt *Ichthyostega* den Bereich zwischen Fischen und Amphibien und ruht damit fest auf den Rändern, jenen schöpferischen Orten, wo die Theorie am besten gedeiht. Es ist mithin unsere Pflicht, uns mit LKB dieser heldenhaft rekonstruierten Bestie anzuschließen, um der Übertragung von Kompetenzen – der metaphorisch-materiellen Substitutionskette – in diesem ganz und gar buchstäblichen Apparat der körperlichen Produktion nachzuspüren. Wir treffen auf eine Reisegeschichte, *Eines Christen Reise nach der Seeligen Ewigkeit*, die keine Lücken, keine »Missing Links« aufweist. Vom ersten nicht-originären Akteur – dem rekonstruierten *Ichthyostega* – bis zum (von LKBs Software vermittelten) Ausdruck der Resultate der Suche nach DNA-Homologien und den vielen Trenn- und Schreib-Maschinen, die auf der rechten Seite der Anzeige abgebildet sind, verspricht der Text, das grundlegende Begehren des Phallogozentrismus nach Vollständigkeit und Präsenz zu erfüllen. Vom kriechenden Körper im »schlammigen Sumpf« der Narration bis zum gedruckten Code ist der volle Erfolg garantiert – die Zeit wird komprimiert in den augenblicklichen und vollständigen Zugang »zur kompletten Gen-Bank [...] auf einer Laser-CD«. Wie Bunyans Christ(ian) haben wir Zeit und Raum bezwungen, uns von der Körperfalle zur geistigen Erfüllung bewegt, und all dies mit den alltäglichen Arbeitsplatzrechnern der LKB Electrophoresis Division, deren Telefonnummern in Hongkong, Moskau, Antwerpen und Washington allesamt aufgeführt sind. Electrophoresis: *pherein* – unermüdlich werden wir weitergetragen.

Abbildung 4

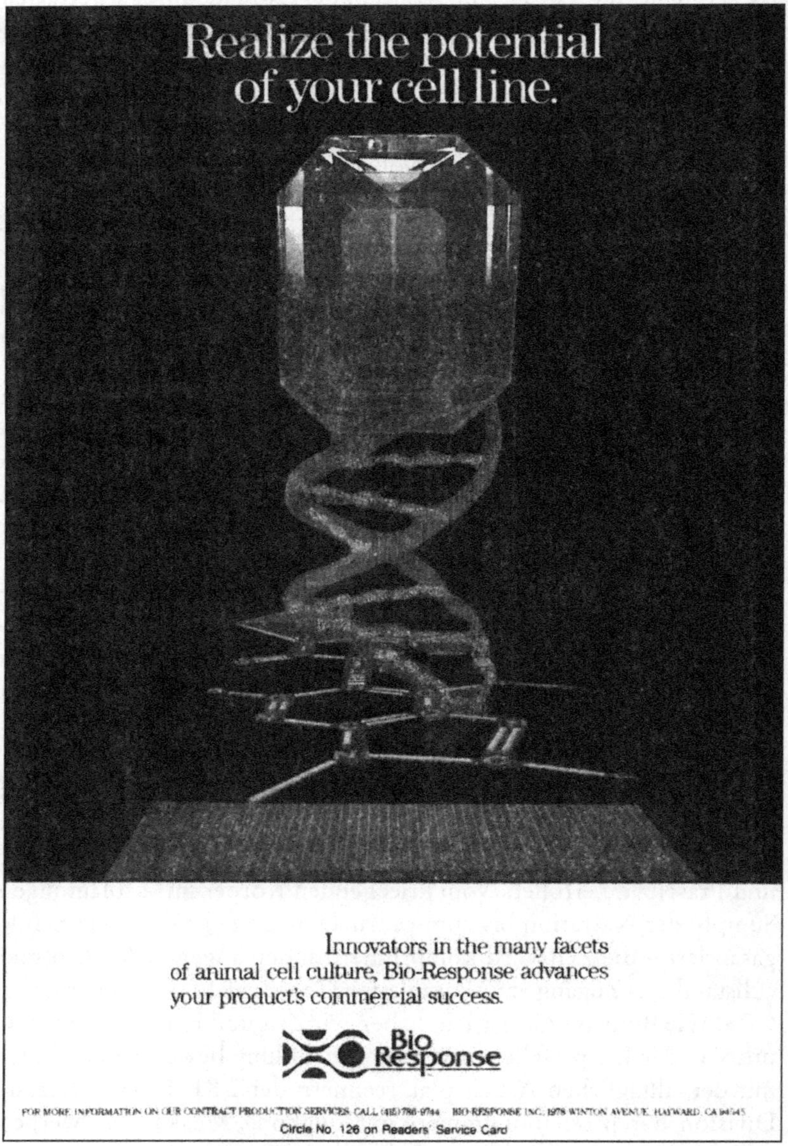

Realize the potential
of your cell line.

Innovators in the many facets
of animal cell culture, Bio-Response advances
your product's commercial success.

FOR MORE INFORMATION ON OUR CONTRACT PRODUCTION SERVICES, CALL (415) 786-9744 BIO-RESPONSE INC., 1978 WINTON AVENUE, HAYWARD, CA 94545

Circle No. 126 on Readers' Service Card

Bio-Response, innovativ in vielen Facetten des kulturellen Lebens tätig, ruft das Cyborg-Subjekt in die noch kaum säkularisierte, evangelische, protestantische Christenheit, die die amerikanische Techno-Kultur beherrscht. »Verwirklichen Sie das Potenzial Ihrer Zelllinie« (Abb. 4). Diese Anzeige spricht uns direkt an. Wir werden in eine Heilsgeschichte hineingerufen, in die Geschichte, in die Biotechnologie, in unser wahres Wesen: unsere Zelllinie, uns selbst, unser erfolgreiches Produkt. Wir werden die Wirksamkeit dieses Kultursystems bezeugen. Eingetaucht in das Blau, Purpur und Ultraviolett des keimtötenden Regenbogens der Werbung – in dem Kunst, Wissenschaft und Geschäft sich zu gewinnträchtiger Grazie wölben –, spiegeln sich in der Virus-ähnlichen kristallinen Form die leuchtenden Kristalle der Versprechen des *New Age*. Leicht vereinen sich Religion, Wissenschaft und Mystik in den Facetten der modernen und postmodernen Bio-Reaktion. Der zugleich vielversprechend und bedrohlich wirkende Kristall/Virus entrollt seinen Schwanz, um das einer Sprache ähnliche Zeichen des Zentralen Dogmas zu enthüllen: die Codestrukturen der DNA, die jeder möglichen körperlichen Reaktion, jeder Semiose, jeder Kultur zugrunde liegen. Einem Edelstein ähnlich versprechen die gefrorenen, spiralförmigen Kristalle von Bio-Response das Leben selbst. Dies ist ein äußerst kostbares Juwel – erhältlich beim Produktvertriebsbüro in Hayward, California. Schichtenweise übereinandergelagert sind die Signifikanten und Signifikate. Sie bilden wasserfallartige Zeichenhierarchien und geleiten uns durch dies mythische, organische, textuelle, technische, politische Ikon.[22]

Und schließlich zeigt uns die Anzeige von Vega Biotechnologies in einer Grafik das endgültige Versprechen: »das Bindeglied zwischen Wissenschaft und morgen: Garantiert. Rein.« (Abb. 5) Die Grafik wiederholt das omnipräsente Rastersystem, die Signatur und Matrix, Vater und Mutter der modernen Welt. Der steile Gipfel ist der Höhepunkt der Suche nach Gewissheit und äußerster Wahrheit. Aber vielleicht kann der die Strahlen beugende Apparat eines monströsen Artefaktizismus in dieses kleine Familiendrama eingreifen und uns daran erinnern, dass die moderne Welt niemals existiert hat und dass ihre phantastischen Garantien leer sind.

---

22 Ich folge hier wie überall im Essay Roland Barthes' *Mythen des Alltags* (1964).

Abbildung 5

Guaranteed. Pure.

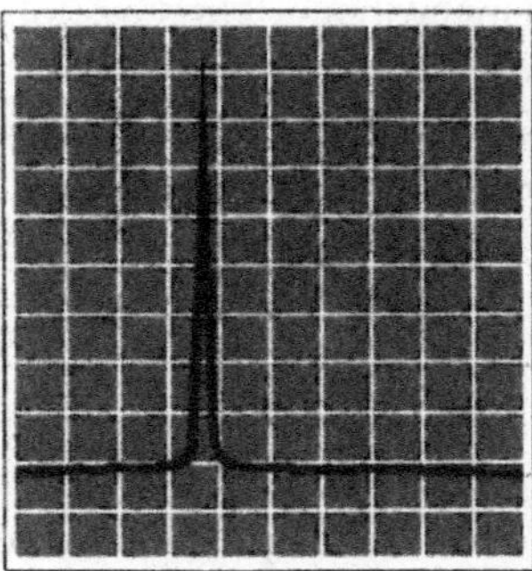

Vega nucleotide synthesis reagents. Their purity is guaranteed. A certificate of analysis including HPLC is available with each lot we produce, for positive proof of purity.

And Vega's guarantee goes even further. If you're not completely satisfied with our biochemicals, we'll replace your order or refund your money in full.

Vega offers a comprehensive selection of nucleotide synthesis reagents including DMT nucleosides, fully protected phosphotriester reagents, diisopropyl phosphoramidites, resin supports, and DMT chloride. All manufactured to Vega's strict quality standards and covered by Vega's guarantee.

Whether you're synthesizing oligonucleotides yourself or using DNA fragments in your research, Vega can provide you with the service and product purity you demand. And Vega processes your order quickly. In 24 hours or less. Even bulk orders.

Vega's extensive selection of reagents and other research biochemicals are right at your fingertips—in Vega's 1983/84 Biochemical Catalog. Vega can also provide custom synthesis of specialized biochemicals not listed.

Call toll free, 1-800-528-4882, for your free copy of Vega's catalog.

Vega biochemicals.

They're guaranteed. They're pure.

Vega Biotechnologies, Inc.
P.O. Box 11648, Tucson, AZ 85734
(602) 746-1401 (800) 528-4882 Outside AZ
TELEX. 165572 (VEGA BIO TUC)

The link between science and tomorrow.

© 1983 by Vega Biotechnologies, Inc. All rights reserved.
Circle No. 280 on Readers' Service Card

18 NOVEMBER 1983 697

Die Kaninchen von Logic General, das organische wie auch das computerisierte, könnten an diesem Punkt wieder auftauchen, um all die passiven Stimmen des Produktionsparadigmas in Frage zu stellen. Die so merkwürdig verdoppelten Kaninchen könnten ihrer logischen Anrufung widerstehen und stattdessen auf eine neue Geburtslehre von un/an/geeigneten Anderen verweisen, in der das Kind nicht das heilige Ebenbild sein wird. Indem sie die Form verschieben, könnten diese Cyborgs eingreifend-störend eine der Strahlenbeugung gehorchende Logik von Gleichheit (*sameness*) und Differenz entwerfen und ein paar anderslautende Worte zur Reproduktion, zum Bindeglied zwischen Wissenschaft und morgen äußern, Worte von kollektiven Akteuren im Forschungsfeld.

II. Das quadratische Cyborg: Durch den Artefaktizismus nach Anderswo

Mithin ist es an der Zeit, mit einer besonderen Untergruppierung verschobener Subjekte, den »Cyborgs für irdisches Überleben«[23], die Geist-Reiche und Landschaften zu bereisen, auf die ich zu Beginn dieses Essays verwiesen habe. Um vom Artefaktischen nach Anderswo zu gelangen, könnte eine kleine Reisemaschine von Nutzen sein, die zugleich als Landkarte dient. Folgerichtig wird der Rest der »Monströsen Versprechen« sich einer kunstreichen Vorrichtung bedienen, die Bedeutungen auf sehr lautstarke Weise erzeugt: des allbekannten semiotischen Vierecks von A.J. Greimas. Die von dieser klappernden, strukturalistischen bedeutungserzeugenden Maschine kartografierten Regionen können in keiner Weise mit den transzendentalen Bereichen von Natur oder Gesellschaft verwechselt werden. Verbündet mit Bruno Latour werde ich meinen strukturalistischen Motor für amoderne Zwecke anwerfen: Dies wird keine Erzählung über den rationalen Fortschritt der Wissenschaft, die in möglichem Gleichschritt mit fortschrittlicher Politik marschiert und dabei geduldig eine allem zugrunde liegende Natur enthüllt. Es wird auch keine Beweisführung über die soziale Konstruktion von Natur und Wissenschaft, die alles Handeln der Menschheit zuschreibt. Ebenso wenig wird die Moderne

23 Elizabeth Bird, Friedensaktivistin und Gelehrte der Science Studies, brachte den Slogan auf und verzierte 1986 in Santa Cruz, Kalifornien einen politischen Button damit.

von der Postmoderne überwältigt oder infiltriert, weil der Glaube an etwas wie die Moderne sich selbst als Fehler erwiesen hat. Stattdessen bevorzugt das (oder die) Amoderne eine Sichtweise der Geschichte der Wissenschaft als Kultur, die darauf beharrt, dass es weder Anfänge noch Aufklärungen oder Endpunkte gibt. Die Welt war immer mitten in den Dingen, in ungestümer und praktischer Konversation, handlungsgesättigt und durch eine erstaunliche Schar von Aktanten sowie von sich vernetzenden und ungleichen Kollektiven strukturiert. Die viel kritisierte Unfähigkeit strukturalistischer Projekte, die Narration der diachronen Geschichte, des Fortschritts durch die Zeit vorzulegen, ist für mich die größte Tugend meines semiotischen Quadrats. Die Gestalt meiner amodernen Geschichte wird eine andere Geometrie besitzen, nicht die des Fortschritts, sondern der dauernden und in vielen Mustern sich vollziehenden Interaktion, durch die Leben und Welten menschlicher und un-menschlicher Provenienz erbaut werden. Diese *Eines Christen Reise* nimmt eine monströse Wendung.

Ich mag meine analytischen Technologien, lautstarke Partner in einer diskursiven Konstruktion, Delegierte, die mittlerweile die Dinge auf ihre eigene Art betreiben. Sie machen viel Lärm, damit ich nicht all die Kreisläufe der Kompetenzen, ererbten Konversationen und Koalitionen von nicht/menschlichen Akteur*innen vergesse, die an jedem semiotischen Forschungsausflug beteiligt sind.

Das von Jameson so subtil gehandhabte semiotische Viereck wird hier starrer und buchstäblicher sein (Greimas 1966; Jameson 1972). Ich will dadurch lediglich vier Räumlichkeiten in differenzieller, relationaler Trennung halten, während ich erforsche, auf welche Weise sich bestimmte lokale/globale Kämpfe um Bedeutungen und Verkörperungen der Natur in ihnen abspielen. Zwar ist dieses semiotische Viereck fast ein Scherz über die »elementaren Strukturen der Bezeichnung« (»Garantiert. Rein.«), doch können wir mit seiner Hilfe aus den Strukturen der Differenz eine anfechtbare kollektive Welt Gestalt annehmen lassen. Die vier Regionen, durch die wir uns bewegen werden, sind: A, der wirkliche Raum oder die Erde; B, der Weltraum oder das Außerirdische; Nicht-B, der Binnenraum oder der Körper; und schließlich Nicht-A, der virtuelle Raum oder die Science-Fiction-Welt, die schiefwinklig zu den Bereichen des Imaginären, des Symbolischen und des Realen angeordnet ist (Abb. 6).

Abbildung 6

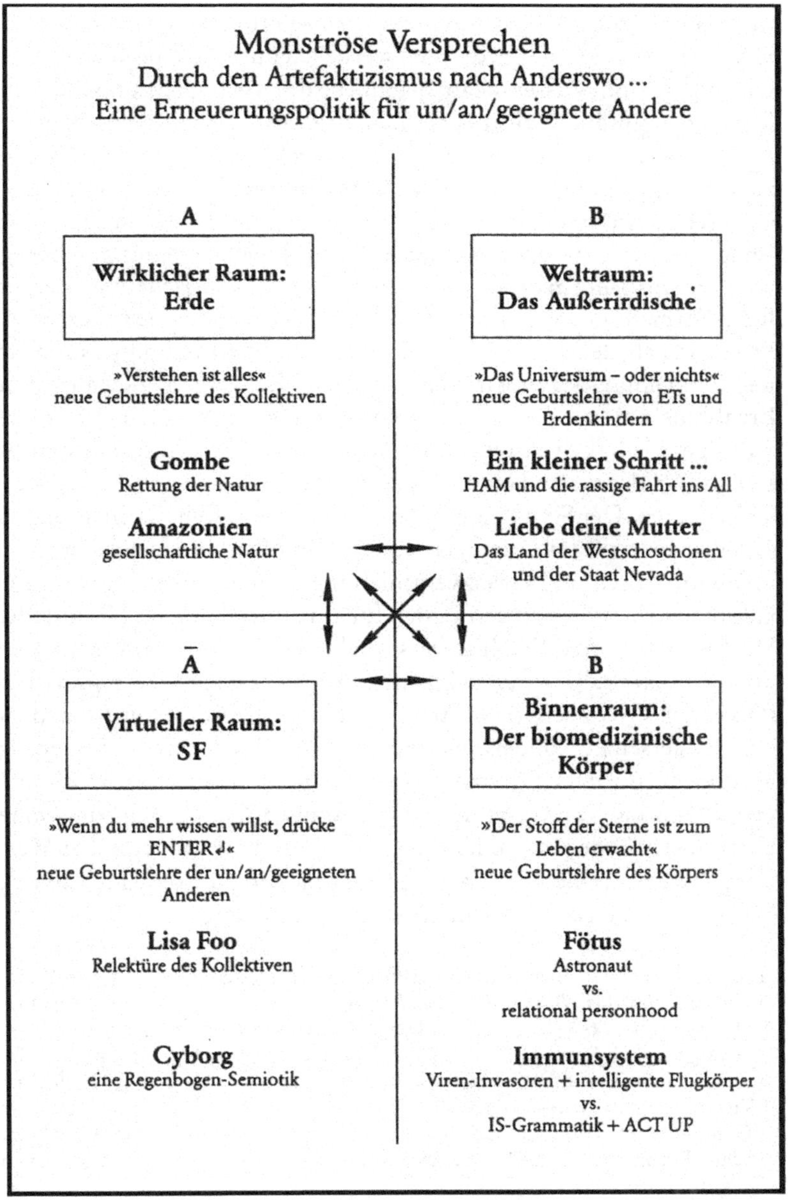

Monströse Versprechen

Durch den Artefaktizismus nach Anderswo ...
Eine Erneuerungspolitik für un/an/geeignete Andere

A

Wirklicher Raum: Erde

»Verstehen ist alles«
neue Geburtslehre des Kollektiven

Gombe
Rettung der Natur

Amazonien
gesellschaftliche Natur

B

Weltraum: Das Außerirdische

»Das Universum – oder nichts«
neue Geburtslehre von ETs und Erdenkindern

Ein kleiner Schritt ...
HAM und die rassige Fahrt ins All

Liebe deine Mutter
Das Land der Westschoschonen und der Staat Nevada

$\bar{A}$

Virtueller Raum: SF

»Wenn du mehr wissen willst, drücke ENTER↵«
neue Geburtslehre der un/an/geeigneten Anderen

Lisa Foo
Relektüre des Kollektiven

Cyborg
eine Regenbogen-Semiotik

$\bar{B}$

Binnenraum: Der biomedizinische Körper

»Der Stoff der Sterne ist zum Leben erwacht«
neue Geburtslehre des Körpers

Fötus
Astronaut
vs.
relational personhood

Immunsystem
Viren-Invasoren + intelligente Flugkörper
vs.
IS-Grammatik + ACT UP

Wir werden uns auf etwas unkonventionelle Weise im Uhrzeigersinn durch das Viereck bewegen, um zu sehen, auf welche Gestalten wir in dieser Übung zu »science studies« als »cultural studies« treffen. In jedem der ersten drei Quadranten werde ich mit einem populären Bild von Natur und Wissenschaft beginnen, das anfänglich unwiderstehlich und freundlich wirkt, sich aber bald als Zeichen herrschaftsförmiger Tiefenstrukturen erweist. Dann wechsle ich zu einer differenziellen/oppositionellen Bildvorstellung und Praxis, die etwas anderes versprechen könnte. Im letzten Quadranten, im virtuellen Raum am Ende der Reise, werden wir einer beunruhigenden Leitfigur begegnen, die uns Informationen über psychische, historische und körperliche Formationen verspricht, die vielleicht aus anderen semiotischen Prozessen als denen der Psychoanalyse in moderner und postmoderner Verkleidung stammen. Geleitet von John Varleys gleichnamiger Erzählung müssen wir, um der beunruhigenden, amodernen Beatrice zu folgen, lediglich »Press Enter« ausführen. Ihre Aufgabe wird es sein, uns in der neuen Geburtslehre der un/an/geeigneten Anderen zu unterrichten. Der Sinn und Zweck dieser Reise besteht darin, in jedem Quadranten und im Durchgang durch die Maschine, die sie erzeugt, Metamorphosen und Grenzverschiebungen aufzuzeigen, die in wahrhaft monströsen Zeiten den Boden für eine Forschung und Politik der Hoffnung bereiten. Die hier versprochenen Freuden sind nicht jene libertären maskulinistischen Phantasmasien der unendlich-regressiven Praxis der Grenzverletzung und des damit verbundenen Schauders der Brüderschaft, sondern vielleicht nur die Freude der Erneuerung in weniger tödlichen Grenzbezirken von genetischer und rhetorischer Verschränkung, von Chiasma und Chiasmus.[24] Wie können wir – ohne Ursprungsgründe und ohne die erhellenden und progressiven Wendungen der Geschichte – einige semiotische Möglichkeiten für andere Hausgötter und (All)Gemeinplätze kartografieren?

---

24 Ich schulde noch einer anderen Leitfigur, die durch diesen Essay führt, Dank: Gloria Anzaldúa, *Borderlands/La Frontera: The New Mestiza* (1987). Das gilt auch für mindestens zwei andere, die in verkörperten virtuellen Räumen reisen, nämlich Ramona Fernandez, »Trickster Literacy: Multiculturalism and the (Re)Invention of Learning«, 1990, sowie Allucquére R. Stone, »Following Virtual Communities«, 1990. Die sich verzweigende »virtuelle konsensuelle Gemeinschaft« (Sandy Stones Ausdruck in einem anderen Kontext) feministischer Theorie, die in der UCSC ihre Inkubationszeit erlebt, durchdringt mein gesamtes Schreiben.

A. *Wirklicher Raum: Erde*

Im Jahre 1984 wies die Gulf Oil Corporation darauf hin, dass sie seit nunmehr neun Jahren die TV-Sondersendungen der *National Geographic Society* unterstützt. Zu diesem Zweck schaltete sie eine Anzeige mit dem Titel »Einander verstehen ist alles« (Abb. 7). Die Anzeige bezog sich auf einige Sendungen, die die höchsten Einschaltquoten in der Geschichte des Fernsehens verzeichnen konnten – die Naturfilme über Jane Goodall und die wilden Schimpansen im Gombe Nationalpark von Tansania. Zunächst scheinen die zart ineinandergeschlungenen Hände des Affen und der jungen weißen Frau das hervorzuholen, was der Text verkündet – Kommunikation, Vertrauen, Verantwortung und Verstehen über die Abgründe hinweg, die in den »modernen« westlichen Narrationen die menschliche Existenz in Natur und Gesellschaft definiert haben. Vorbereitet durch eine in dem Ausdruck »Jahre geduldigen Wartens« zusammengefasste wissenschaftliche Praxis, verwandelt sich Goodall in der Anzeige durch eine *vom Tier ausgehende* »spontane Geste des Vertrauens« von »Jane Goodall« in »Dr. Goodall«. Hier haben wir eine unmissverständlich weiblich codierte Naturwissenschaft, die den instrumentalistischen Exzessen eines militärisch-industriell-technowissenschaftlichen Komplexes, in dem der Wissenschaftscode stereotypisch männlich und anthropozentrisch ist, etwas entgegensetzt. Die Anzeige soll vergessen machen, dass Gulf Oil zu den Sieben Schwestern, den Riesen im Ölgeschäft gehört und 1980 unter den vom Wirtschaftsmagazin *Forbes* aufgelisteten 500 Konzernen an achter Stelle lag. (Allerdings wurde Gulf Oil am Ende dieses Jahrzehnts der transnationalen Neustrukturierung des Kapitalismus von Chevron übernommen.) Als Reaktion auf die finanziellen und politischen Herausforderungen, die Anfang der 1970er Jahre von den OPEC-Staaten und der weltweit operierenden Ökologiebewegung ausgingen, hatten die von Skandalen verfolgten großen Ölgesellschaften Anzeigenstrategien entwickelt, mittels deren sie sich als weltweit führende Umweltexperten, ja praktisch als Mütter des Ökofeminismus darstellten. Es konnte keine bessere Geschichte geben als die von Jane Goodall und den Schimpansen, um von der heilenden Berührung zwischen Natur und Gesellschaft zu erzählen. Die Mittlerrolle fällt dabei einer Wissenschaft zu, die in einer unschuldig »von Neugier zur Beobachtung, zum Lernen, zum

Verstehen« führenden Kette vollständige Kommunikation hervorbringt.[25] Das ist die Geschichte einer segensreichen Fusion.

In der Anzeige findet sich noch eine weitere unterdrückte Codereihe. Sie handelt – vermittelt über die Dramen von Geschlecht und Art, Wissenschaft und Natur – von Rasse und Imperialismus. In der Narration von *National Geographic* betrat »Jane« den Garten 1960 »allein«, um nach den engsten Verwandten des »Menschen« (*man*) zu suchen, um, über die Abgründe der Zeit hinweg, den verständnisinnigen Kontakt herzustellen. Es geht um eine natürliche Familie; die Sendungen des öffentlichen Fernsehens zeigen so etwas wie eine zwischen den Arten waltende Familientherapie. »Jane« überbrückte die Distanz zwischen den Arten durch geduldige Disziplin: Zuerst konnten die Tiere nur an ihren Fährten und Rufen erkannt werden, dann durch flüchtige Sichtung, schließlich durch die direkte, einladende Geste des Tiers. Danach konnte »Jane« den Tieren Namen geben und war dergestalt als Delegierte der »Menschheit« wieder im Garten Eden akkreditiert. Gesellschaft und Natur hatten miteinander Frieden geschlossen; »moderne Wissenschaft« und »Natur« konnten ko-existieren. Jane/Dr. Goodall wurde beinahe als neuer Adam dargestellt, dem nicht Gott die Autorität der Namengebung verliehen hatte, sondern die verwandelnde Berührung durch das Tier. Die Akteur*innen dieser Geschichte sind Menschenaffen und eine junge Weiße aus Großbritannien. Sie spielen die Hauptrollen in einem durch und durch modernen, säkularisierten Heiligendrama, in dem das Volk von Tansania einfach verschwindet. Goodall und die Schimpansen sind in Geschichten von Gefährdung und Rettung verstrickt. In unserer Epoche – der Nachkriegszeit – sind die Affen vom Aussterben bedroht, der Planet steht vor der nuklearen und ökologischen

---

25 Eine ausführlichere Geschichte der Storys von *National Geographic* über Jane Goodall, die *immer im Spannungsverhältnis zu anderen Versionen von Goodall und den Schimpansen in Gombe gesehen werden muss*, findet sich in: Haraway, »Apes in Eden, Apes in Space«, in *Primate Visions* (1989a, 133–195, gekürzt in diesem Buch, 124–146). Meine Analyse sollte an keinem Punkt zum Anlass genommen werden, der Bewahrung von Primaten entgegenzutreten oder Behauptungen über die anderen Jane Goodalls aufzustellen. Das sind vielschichtige Themen, die ihre eigene sorgfältige, materialspezifische Erwägung brauchen. Mir geht es um den semiotischen und politischen Rahmen, innerhalb dessen Überlebensarbeit von geopolitisch ausdifferenzierten Akteuren betrachtet werden kann.

Abbildung 7

Vernichtung und der Westen wird aus seinen ehemaligen Kolonialbesitzungen vertrieben. Doch könnte die Zerstörung abgewendet werden, wenn Kommunikation sich herstellen ließe. So sagt Gulf

Oil. »Wir wollen neugierig machen auf die Welt und die empfindliche Komplexität ihrer natürlichen Ordnung; wir wollen diese Neugier durch Beobachtung und Lernen befriedigen; wir wollen dazu beitragen, dass der Ort des Menschen in der ökologischen Struktur und seine Verantwortung für sie begreifbar wird – auf Grundlage der einfachen Theorie, dass kein denkendes Wesen sich an der Zerstörung von etwas beteiligen kann, dessen Wert es begreift.« Fortschritt, Rationalität und Natur vereinigen sich im großen Mythos der Moderne, die durch einige Dutzend auf der Lauer liegende Apokalypsen in ihren Grundfesten bedroht ist. Eine die Arten übergreifende Familienromanze verspricht, die drohende Zerstörung abzuwenden.

Allerdings entstehen – und das bleibt in der Version von Gulf Oil und *National Geographic* unhörbar – Kommunikation und Verstehen in der heiligen Gemeinschaft zwischen Jane/Dr. Goodall und dem spontan vertrauenden Schimpansen gerade in dem Moment, als Dutzende von afrikanischen Nationen ihre Unabhängigkeit erlangen; fünfzehn waren es allein im Jahre 1960, als Goodall nach Gombe aufbrach. Wer bei der Familienromanze fehlt, das sind die Bewohner*innen von Tansania. Die afrikanischen Völker erstreben die Hegemonie über die von ihnen bewohnten Länder, und zu diesem Zweck müssen die Geschichten über die natürliche Anwesenheit weißer Kolonialisten ersetzt werden – normalerweise treten äußerst komplexe und gefährliche nationalistische Geschichten an ihre Stelle. Aber in »Einander verstehen ist alles« löscht die bedeutungsverdrehende »spontane Geste des Vertrauens« zwischen Tierhand und weißer Hand erneut die unsichtbaren Körper der farbigen Menschen aus, die in der westlichen Ikonografie niemals für wert erachtet wurden, die Menschheit zu repräsentieren. Die weiße Hand wird das Instrument sein, das die Natur errettet – und dabei wird sie vor einem Bruch mit der Natur bewahrt werden. Abgründe schließen sich, da hier Natur und Gesellschaft als Transzendentalien in der metonymischen Gestalt sanft einander umfassender Hände aus zwei Welten sich treffen, deren unschuldige Berührung abhängt von der Abwesenheit jener »anderen«, »dritten Welt«, in der das Drama tatsächlich sich abspielt.

In der Geschichte der Wissenschaften vom Lebendigen hat die große Kette der Wesen, die von »niedrigen« zu »höheren« Lebensformen führt, eine entscheidende Rolle bei der diskursiven Konstruktion von »Rasse« als einem Erkenntnisgegenstand und von Rassismus als einer lebendigen Gewalt gespielt. Nach dem Zweiten Weltkrieg wurden Evolutionsbiologie und biologische Anthropologie von gewissen Bestandteilen eines expliziten Rassismus gesäubert, doch ein Gutteil des rassistischen und kolonialistischen Diskurses wurde weiterhin auf »die nächsten Verwandten des Menschen«, die Menschenaffen, projiziert.[26] Die Darstellung der ineinander verschlungenen Hände einer weißen Frau und eines afrikanischen Affen evoziert zwangsläufig die Geschichte der rassistischen Ikonografie, wie sie aus der Biologie und der euroamerikanischen Popularkultur bekannt ist. Die Hand des Tiers repräsentiert metonymisch den individuellen Schimpansen, alle bedrohten Arten, die dritte Welt, Farbige, Afrika, die ökologisch gefährdete Erde. Sie alle ruhen fest im Bereich

26 Meine Akten sind voll mit Bildern einer artenüberschreitenden Familienromanze zwischen Mensch und Affe, wobei die rassistische Ikonografie an allen Ecken und Enden durchscheint. Das in dieser Hinsicht Bösartigste zeigte mir Paula Treichler: eine Anzeige, die sich an bei der HMO beschäftigte Ärzte, Medizinische Vorsorge, in Minneapolis richtet [HMO = Health Maintenance Organization; eine Art Krankenkasse für ärmere Bevölkerungsschichten; d.Ü.]. Sie stammt aus den *American Medical News* (7.8.1987). Ein Mann in weißem Kittel mit umgehängtem Stethoskop streift einer hässlichen, sehr schwarzen Frau in Gorillakostüm und weißem Hochzeitskleid einen Ehering über. Weiße Kleidung bedeutet Unterschiedliches für verschiedene Rassen, Arten und Geschlechter! Die Anzeige verkündet: »Wenn Sie eine unheilige Allianz mit der HMO eingegangen sind, können wir vielleicht helfen.« Der weiße Arzt (Mensch), durch die gesundheits- und sozialpolitisch bestimmten Marketingpraktiken der HMO an die schwarze Patientin gebunden, muss befreit werden. In dieser Anzeige gibt es keine Frau, sondern nur eine versteckte Drohung, die als weiblicher Affe verkleidet ist, drapiert wie die blutsaugerische Braut der wissenschaftlichen Medizin (ein einzelner weißer Zahn funkelt bedrohlich zwischen den schwarzen Lippen der hässlichen Braut). Das ist ein weiterer Beweis dafür (wenn es eines solchen bedurft hätte), dass schwarze Frauen in der weißen Kultur nicht den *diskursiven* Status einer Frau/eines Menschen besitzen. »Überall im Land haben Ärzte, die einst von einer glücklichen Ehe mit der HMO träumten, entdeckt, dass die Flitterwochen vorüber sind. Statt auf einer finanziell gesicherten Patientenbasis gute Betreuung zu leisten, landen sie schließlich bei eingeschränkten Honoraren und gewachsenen Risiken.« Die Codes sind durchsichtig. Die wissenschaftliche Medizin ist in eine Verbindung mit blutsaugerischen armen schwarzen Patientinnen hineingelockt worden. Wer dabei welche Risiken trägt, bleibt ununtersucht. Die ineinander verschränkten Hände in dieser Anzeige vermitteln auf der Oberfläche eine andere Botschaft als die Hände der *Gulf*-Anzeige, doch die tieferliegenden semiotischen Strukturen, die sie ermöglichen, ähneln sich allzu sehr.

der Natur, werden alle von der ledrigen Hand repräsentiert, die sich um die der weißen Mädchen-Frau faltet – und dies alles unter dem Sonnenlogo von Gulf Oil, das das Engagement der »Sieben Schwestern« für Natur und Wissenschaft bescheint. Die spontane Geste der Berührung in der Wildnis von Tansania wird maßgebend für eine ganze Lehre der Repräsentation. Jane ist, als Dr. Goodall, ermächtigt, für die Schimpansen zu sprechen. Die Wissenschaft spricht für die Natur. Autorisiert von der nicht durch Gewalt erzwungenen Berührung, gewinnt die Dynamik der Repräsentation die Oberhand und öffnet dem Reich von Freiheit und Kommunikation die Pforten. Solcherart ist die Struktur des entpolitisierenden Expertendiskurses, der für die mythischen politischen Strukturen der »modernen« Welt und für die mythische politische Verzweiflung vieler »Postmoderner« so unverzichtbar ist und der durch die Angst vor dem Zusammenbruch der Repräsentation immer stärker unterminiert wird.[27] Unglücklicherweise ist die Repräsentation, sei sie nun betrügerisch oder nicht, eine sehr elastische Praxis. Die einander ergreifenden Hände der Gulf Oil-Anzeige sind semiotisch verwandt mit dem Elutions-Peak in der Vega-Anzeige von Abbildung 5: »Garantiert. Rein.«; »Einander verstehen ist alles.« In diesen Geschichten über Kommunikation, Fortschritt und Errettung durch Wissenschaft und Technologie gibt es keine störenden Unterbrechungen. Die Ermöglichungsbedingungen der Geschichte von Jane Goodall jedoch können offengelegt werden: Sogar in den Szenen der *National Geographic*-Filme sehen wir die junge Frau, wie sie nachts auf einem Berggipfel Schweinefleisch mit Bohnen aus der Dose isst; und während dieses für die afrikanische Kolonialgeschichte so wichtige Zeichen der industriellen Zivilisation

27 Beim mündlichen Vortrag dieses Essays auf der Konferenz über »Cultural Studies now and in the Future« wies Gloria Watkins/bell hooks auf den peinlichen Diskurs hin, der gegenwärtig in den USA über afroamerikanische Männer als »gefährdete Art« geführt wird. Diese grauenhafte Metapher enthält die unbarmherzige Geschichte der Animalisierung und politischen Infantilisierung. Wie andere »gefährdete Arten« können diese Menschen nicht für sich sprechen, sondern müssen für sich sprechen lassen, müssen repräsentiert werden. Wer spricht für den afroamerikanischen Mann als »gefährdete Art«? Hingewiesen sei auch darauf, dass die auf schwarze Männer bezogene Metapher eine antifeministische und frauenfeindliche, gegen schwarze Frauen gerichtete Rhetorik und Politik rechtfertigt. Diese Frauen werden letztlich zur hauptsächlichen Bedrohung für die afroamerikanischen Männer.

über die Mattscheibe flimmert, hören wir Orson Welles' Stimme aus dem Off über die einsame Suche nach dem Kontakt mit der Natur sprechen! In einem von Goodalls veröffentlichten Berichten über die Anfangszeit in Gombe lesen wir, dass sie und ihre Mutter auf dem Weg zum Schimpansenreservat in Kigoma am Tanganjikasee gegenüber dem nicht mehr belgischen Kongo aufgehalten wurden. Damals klang *uhuru*, Freiheit, durch ganz Afrika. Goodall und ihre Mutter machten für die fliehenden Belgier 2000 Sandwiches mit Dosenfleisch zurecht, ehe sie sich einschifften, um in die »Wildnis von Tansania« zu gelangen (Goodall 1971, 27). Gleichfalls lässt sich die Geschichte von Gombe als Forschungsgebiet in den 1970er Jahren rekonstruieren. Einer der herausragenden Punkte in dieser Rekonstruktion verweist darauf, dass in den Jahren der intensivsten Forschungsarbeit die Zahl der Menschen – afrikanische, europäische, nordamerikanische Forschungsgruppen und ihre Familien – beträchtlich höher war als die der Schimpansen. In einer Geschichte treffen Natur und Gesellschaft zusammen, in einer anderen Geschichte ist die Struktur der Handlung und der Handlungsträger*innen (Aktanten) von ganz anderer Art.

Es ist jedoch nicht leicht, die Geschichte von Jane Goodall und den wilden Schimpansen ihrer »modernen« Botschaft über die »Rettung der Natur« (im doppelten Sinne als rettende und als von der Wissenschaft in einem Drama der Repräsentation gerettete Natur) zu entkleiden. Wir werden also diese Narration verlassen und uns einem anderen kolonisierten Tropenort im ersten Quadranten des semiotischen Vierecks zuwenden: Amazonien. In dem Bewusstsein, dass alle kolonisierten Gegenden (euphemistisch gesprochen) eine besondere Beziehung zur Natur unterhalten, wollen wir anhand dieser Geschichte etwas Amodernes über Natur und Gesellschaft erzählen – und vielleicht etwas, das mit dem Überleben all der vernetzten (menschlichen und un-menschlichen) Aktanten in größerem Einklang steht. Um diese Geschichte erzählen zu können, müssen wir dem Glauben an Natur und Gesellschaft abschwören und ihren vereinten Forderungen danach, zu repräsentieren, zu reflektieren, das Echo, der Bauchredner für »den Anderen« zu sein, widerstehen. Der Hauptpunkt ist der: Es gibt keinen Adam – und keine Jane –, der/die es schafft, alle Dinge im Garten Eden zu benennen. Der Grund ist einfach: Es gibt keinen solchen Garten und hat ihn nie gegeben. Kein Name und keine Berührung ist originär. Die Frage, die diese im gebeugten Lichtstrahl aufscheinende Narration, diese auf kleinen Differenzen beruhende Geschichte belebt, ist ebenfalls einfach: Gibt es einen Unterschied zwischen einer politischen Semiotik der Artikulation und einer politischen Semiotik der Repräsentation, der Folgen zeitigt?

In der August-Ausgabe des Magazins *Discover* von 1990 fand sich eine Geschichte mit dem Titel »Technik im Dschungel«. Die einleitenden Abschnitte werden dramatisch unterfüttert von einem eineinhalb Seiten einnehmenden Farbfoto eines Kayapó-Indianers in Eingeborenentracht, der eine Videokamera benutzt. Die Bildunterschrift erzählt uns, dass der Mann gerade »seine Stammesangehörigen filmt, die sich in der zentralbrasilianischen Stadt Altamira versammelt hatten, um gegen Pläne zum Bau eines hydroelektrischen Staudamms auf ihrem Gebiet zu protestieren« (Zimmer 1990, 42–45). Alle Hinweise in dem Artikel laden uns ein, dieses Foto als Drama der Begegnung zwischen »Tradition« und »Moderne« zu lesen, das in dieser weit verbreiteten nordamerikanischen Wissenschaftszeitschrift für ein Lesepublikum inszeniert wird, dem daran liegt, den Glauben an solche Kategorien aufrechtzuerhalten. Wir jedoch, ungläubige Mitglieder jenes Lesepublikums, haben eine andere politische, semiotische Verantwortung, die durch eine andere Veröffentlichung einfacher gemacht wird. Und das ist *The Fate of the Forest* von Susanna Hecht und Alexander Cockburn (1989, vgl. auch T. Turner 1990), ein Buch, über das ich Verknüpfungen und Solidarität mit der *Filmpraxis* des Kayapó herzustellen gedenke, statt die *von seiner Person gemachte Fotografie* zu lesen, die in diesem Essay nicht abgedruckt wird.[28]

In ihrem Buch, das – auch in Form und Ausstattung – ganz bewusst in der Vorweihnachtszeit des Jahres 1989 veröffentlicht und vermarktet wurde (eine bescheidene und nicht zu verachtende Maßnahme in Sachen kultureller Politik), vertreten Hecht und Cockburn ein

28 In dieser Fußnote begehe ich die (lässliche) neoimperialistische Sünde, meiner voyeuristischen Versuchung ein wenig nachzugeben: In *Discover* ist Beziehung zwischen Videokamera und dem »Eingeborenen« symmetrisch zur Beziehung zwischen Goodalls Hand und der des Schimpansen. Jedes der beiden Fotos stellt eine Zeit und Raum, Politik und Geschichte übergreifende Berührung dar, um die Geschichte einer Erlösung, der Errettung von Mensch und Natur zu erzählen. In dieser Version einer Cyborg-Narration findet die Berührung zwischen tragbarer Hochtechnologie und dem »primitiven« Menschen ihre Parallele in der Berührung zwischen Tier und »zivilisiertem« Menschen.

zentrales Anliegen. Sie wollen das Bild des tropischen Regenwaldes, besonders des amazonischen, als »Paradies im Glashaus« dekonstruieren. Sie wollen damit Verantwortung und Ermächtigung in den derzeit stattfindenden Kämpfen um die Bewahrung des Regenwaldes dingfest machen, hängt doch vom Ausgang dieser Kämpfe Leben und Lebensweise der Menschen und vieler anderer Arten ab. Insbesondere unterstützen sie eine Politik, die nicht auf »Rettung der Natur«, sondern auf »gesellschaftliche Natur« zielt, eine Politik, die nicht auf Nationalparks und abgeschirmte Reservate setzt und jeder unausweichlichen Überlebensgefahr mit dem Raster der Technik begegnet, sondern die eine andere Organisation von Land und Leuten anstrebt, bei der die Praxis der Gerechtigkeit den Begriff der Natur neu strukturiert.

Immer wieder erzählen Hecht und Cockburn ihre Geschichte von einer »gesellschaftlichen Natur«, die es seit Hunderten von Jahren gibt und die durch alle Wendungen hindurch von Menschen, Land und anderen Organismen mitbewohnt und mitbegründet wurde und wird. So kann zum Beispiel die Vielfalt und Verteilung der Baumarten im Wald nicht erklärt werden ohne die bewussten, seit langem angewandten Praktiken der Kayapó und anderer Gruppen, die Hecht und Cockburn, jeden Anflug von Romantik vermeidend, als »erfolgreiche Umweltwissenschaftler*innen« beschreiben. Die beiden vermeiden jegliches Romantisieren, weil sie nicht die Kategorie der Moderne als Spezialbereich der Wissenschaft bemühen. So umschiffen sie die Untiefen, die allen Vergleichen zwischen (je nach Geschmack) der wunderbaren oder simplen »Ethnowissenschaft« und der widerlichen oder realitätsnahen »modernen Wissenschaft« drohen. Hecht und Cockburn legen Nachdruck darauf, den Wald als dynamisches Ergebnis der menschlichen wie auch der biologischen Geschichte zu sehen. Erst nachdem die eingeborene Bevölkerung, die eine hohe Dichte aufwies – 1492 waren es zwischen sechs und zwölf Millionen –, krank gemacht, versklavt, getötet und auf andere Weise aus dem Flussgebiet entfernt worden war, konnten Europäer das Amazonasgebiet als in kultureller Hinsicht »leer«, als »Natur« oder, im späteren Sprachgebrauch, als rein »biologische« Formation darstellen.

Aber natürlich war Amazonien niemals »leer«, obwohl »Natur« (wie »Mensch«) eine jener diskursiven Konstruktionen ist, die als Technologie funktioniert, um die Welt nach ihrem Bild zu modeln.

Zunächst einmal leben Eingeborene im Wald, von denen sich viele in den letzten Jahren zu einem regional fundierten welthistorischen Subjekt zusammengeschlossen haben, das auf lokale/globale Interaktionen vorbereitet ist, anders gesagt, auf das Erbauen neuer und starker Kollektive, die aus menschlichen und un-menschlichen Wesen technologischer und organischer Provenienz bestehen. Mit der ganzen Macht, das in der diskursiven Konstruktion enthaltene Reale wiederherzustellen, sind die eingeborenen Völker Amazoniens zum neuen diskursiven Subjekt/Objekt geworden. Zusammengefunden haben sich nationale und Stammesgruppen aus Kolumbien, Ecuador, Brasilien und Peru, insgesamt etwa eine Million Menschen, die sich selbst wiederum mit anderen organisierten Eingeborenengruppen des amerikanischen Kontinents vereinigen. Zudem leben im Wald noch etwa 200 000 Menschen gemischter Abstammung, wobei es zum Teil Überschneidungen mit den Eingeborenen gibt. Sie leben schon seit vielen Generationen im Amazonasgebiet und verdienen ihr Geld zumeist (mehr schlecht als recht) damit, dass sie Gold schürfen, Nüsse ernten oder Kautschuk zapfen. Es ist eine komplexe Geschichte unbarmherziger Ausbeutung. Diese Menschen sind auch durch die jüngsten Pläne der Weltbank oder der Hauptstädte und ihrer Kapitalinteressen von Brasilia bis Washington bedroht.[29] Jahrzehntelang ist es zwischen ihnen und den Eingeborenen zu Konflikten in Bezug auf Ressourcen und Lebensformen gekommen. Ihre Anwesenheit im Wald mag sich

29 Es ist jedoch wichtig, darauf hinzuweisen, dass der Umweltbeauftragte der brasilianischen Regierung strenge und fortschrittliche Standpunkte in Bezug auf Konservierung, Menschenrechte, Zerstörung der im Urwald lebenden Völker sowie die Verbindungen zwischen Ökologie und Gerechtigkeit eingenommen hat. Darüber hinaus haben die Vorschläge und politischen Maßnahmen, wie zum Beispiel das Regierungsprojekt *Nossa Natureza*, sowie die Aktivitäten internationaler Hilfsorganisationen und Ökolog*innen viel für sich. Zudem wäre es grenzenloseste Anmaßung, wenn ich behaupten wollte, bei einer derart komplexen Materie eine Entscheidung treffen zu können. Meine Argumentation geht nicht dahin, dass alles, was aus Washington oder Brasilia kommt, schlecht ist, gut dagegen alles, was die Bewohner des Regenwaldes vorschlagen. Das wäre eine offenkundig unwahrhaftige Position. Ebenso wenig geht es darum, dass jemand, um in den für das Überleben der Regenwaldregionen entscheidenden »nicht/menschlichen Kollektiven« einen Platz zu finden, aus einer Familie stammen muss, die seit mindestens vier Generationen im Regenwald gelebt hat. Es geht um die Selbstkonstitution der eingeborenen Völker als hauptsächliche Akteure und Agenten, mit denen andere – bündnis- oder konfliktbereit – in Interaktion treten müssen, nicht umgekehrt.

den kolonialen Phantasien von *bandeirantes*, Romantikern, Kuratoren, Politikern oder Spekulanten verdanken, aber ihr Schicksal ist aufs Engste mit dem der anderen geschichtlichen Bewohner dieser so erbittert umkämpften Welt verbunden. Chico Mendes, der am 22. Dezember 1988 ermordete, weltverändernde Aktivist, kam aus dem Kreis dieser so entsetzlich armen Leute; er gehörte der Gewerkschaft der Kautschukzapfer an.[30]

Eines von Mendes' vordringlichsten Zielen, um dessentwillen er getötet wurde, war das Bündnis der Kautschukzapfer mit den Eingeborenen. Beide gehörten, so Hecht und Cockburn, zu den »wahren Verteidigern des Regenwaldes«, eine Position, die jedoch nicht der Vorstellung einer »bedrohten Natur« entsprang, sondern aus einer *Beziehung* zum »Wald als der Schutzhülle für ihren elementaren Überlebenskampf« (1989, 196).[31] Anders gesagt, leitet sich ihre Autorität *weder* von der Macht zur distanzierten Repräsentation her *noch* von einem ontologischen Naturstatus, sondern von einer konstitutiven sozialen Beziehungshaftigkeit, bei der der Wald integraler Partner, Bestandteil der natürlichen/sozialen Verkörperung ist. Indem sie ihren Anspruch anmelden, über das Schicksal des Waldes zu bestimmen, bilden die dort lebenden Menschen ein sozialkollektives Gebilde, das aus menschlichen Wesen, anderen Organismen und weiteren Arten nichtmenschlicher Akteure besteht.

Die Eingeborenen leisten Widerstand gegen eine lange Geschichte erzwungener »Bevormundung«, um sich gegen die mächtigen Repräsentationen inter/nationaler Umweltschützer, Bankmanager, Entwicklungshelfer und Technokraten zu wehren. So vertreten z.B. auch die Kautschukzapfer ihre gemeinsame Haltung unabhängig von den anderen. Keine Gruppe ist gewillt, den Amazonas durch ihre Ausschließung und dauernde Unterwerfung unter historisch dominierende politische und ökonomische Kräfte »gerettet« zu sehen. »Die Kautschukzapfer«, so Hecht und Cockburn, »haben nicht ihr Leben riskiert, um von den gewonnenen Stoffen als verschuldete Tagelöhner leben zu müssen« (202). »Jedes Programm für Amazonien muss mit den grundlegenden Menschenrechten beginnen: Schluss mit der Schuldenknechtschaft, der Gewalt, der Versklavung, dem Morden,

30 Mendes' Lebensgeschichte und seine Ermordung durch Gegner der Einrichtung eines Waldschutzgebietes schildert Andrew Revkin (1990).

31 Weitere Verweise im Text in Klammern.

mit allem, was jene praktizieren, die den Waldbewohnern das seit Generationen besiedelte Land entreißen wollen. Die Waldbewohner wollen rechtmäßig anerkannt wissen, dass die Ländereien und Naturressourcen dem Grundsatz des Gemeineigentums gehorchen und als individuelle Holdings mit individuellen Vergütungen bearbeitet werden« (207).

Als das Bündnis der Regenwaldbewohner*innen (*Forest People's Alliance*) sein zweites nationales Treffen (1989 in Rio Branco) abhielt – kurz nachdem Chico Mendes' Ermordung die Einsätze erhöht und die ganze Sache in die internationalen Medien katapultiert hatte –, wurde ein Programm formuliert, das andere Ziele vertrat als die jüngste brasilianische Regierungspolitik, die die Probleme unter dem Namen *Nossa Natureza* (Unsere Natur) angehen wollte. Dagegen fordert das Programm der *Forest People's Alliance*, in dem sich ein ganz anderes Wir-Verhältnis zur Natur oder natürlichen Umgebung artikuliert, die Kontrolle durch und für die Bewohner des Waldes. Dabei geht es vor allem um die direkte Kontrolle der Ländereien durch die Eingeborenen, eine an ein Umweltprogramm gekoppelte Bodenreform, ökonomische und technische Entwicklung, Krankenstationen, höhere Löhne, örtlich kontrollierte Vermarktungssysteme, Streichung der Steuererleichterungen für Viehzüchter, Agrobusiness und unverträgliche Abholzungsaktionen, die Beendigung der auf Schulden beruhenden Tagelöhnerei sowie um rechtlichen und polizeilichen Schutz. Hecht und Cockburn nennen dies eine »Ökologie der Gerechtigkeit«, die technizistische Lösungen für die Umweltzerstörung – seien sie gut- oder bösartig – ablehnt. Dabei geht es den Regenwaldbewohner*innen nicht darum, wissenschaftliches oder technisches Know-how (komme dies von ihnen selbst oder von anderer Seite) zu verwerfen, vielmehr lehnen sie die »moderne« politische Epistemologie ab, die die Rechtsprechung auf der Grundlage eines technowissenschaftlichen Diskurses etabliert. Der zentrale Punkt ist, dass die Biosphäre des Amazonasgebietes unwiderruflich eine aus menschlichen und nichtmenschlichen Wesen bestehende kollektive Einheit darstellt.[32] Ohne Gerechtigkeit

32 Mit ähnlichen Problemen sind die Bewohner des Amazonasgebietes außerhalb von Brasilien konfrontiert. In Kolumbien etwa gibt es Nationalparks, aus denen die Eingeborenen vertrieben wurden, obwohl es ihr historisches Territorium darstellt, während Holzfäller und Ölgesellschaften aufgrund einer Politik der Mehrfachnutzung Zutritt haben. Das sollte in Nordamerika vertraut klingen.

wird es keine Natur *geben*. Natur und Gerechtigkeit, umkämpfte diskursive Objekte, die in der materiellen Welt verkörpert sind, werden *zusammen* aussterben oder überleben.

Hier ist die Theorie aufs Äußerste verleiblicht, und der Körper ist ein Kollektiv, ein geschichtliches Artefakt, gebildet aus menschlichen sowie organischen und technologischen un-menschlichen Akteuren. Akteur*innen sind Wesen, die Dinge tun, Folgen zeitigen, Welten bauen, in Verknüpfung mit anderen *unähnlichen* Akteuren.[33] Einige Akteur*innen, zum Beispiel spezifisch menschliche, können versuchen, andere Akteur*innen auf reine Ressourcen zu reduzieren – sie zum Boden und zur Matrix ihrer Handlungen zu machen. Doch ist ein solches Vorgehen angreifbar und stellt nicht die notwendige Beziehung der »menschlichen Natur« zur übrigen Welt dar. Andere – menschliche wie un-menschliche – Akteur*innen leisten dem Reduktionismus für gewöhnlich Widerstand. Bisweilen schlagen die Versuche der herrschenden Mächte, andere Akteur*innen »festzunageln«, fehl; Leute können daran arbeiten, die relevanten Fehlschlagsraten zu erhöhen. Soziale Natur ist das Geflecht, das ich artefaktische Natur genannt habe. Die menschlichen »Verteidiger des Waldes« haben nie in einem Garten gelebt; sie formulieren ihre Ansprüche aus einem Knotenpunkt in dem immer schon geschichtlichen und heterogenen Geflecht der sozialen Natur. Oder vielleicht erzählen Leute wie ich innerhalb eines solchen Geflechts von der Möglichkeit einer Politik der Verknüpfung statt der Repräsentation. Es steht in unserer Verantwortung, herauszufinden, ob sich die Amazonier*innen im Interesse eines Bündnisses zur Verteidigung des Regenwaldes und seiner nicht/menschlichen Lebensformen mit einer solchen Fiktion einverstanden erklären könnten, denn selbstverständlich können wir – ob in Nord-

33 Indem ich seine Aussagen revidiere und verschiebe, bin ich hier wieder im Gespräch mit Bruno Latour, der auf dem sozialen Status von menschlichen wie nichtmenschlichen Akteur*innen beharrt. »›Akteur‹ bedeutet bei uns alles, was von einem anderen Akteur zur Quelle einer Handlung gemacht worden ist. Das ist in keiner Weise auf Menschen begrenzt. Wille, Stimme, Selbstbewusstsein oder Begehren sind damit nicht impliziert.« Latour weist auf den wichtigen Umstand hin, dass das (mittels Worten oder anderer Materie geschehende) figurale Anthropomorphisieren von nichtmenschlichen Akteuren eine semiotische Operation ist; nicht-figurale Darstellungen sind durchaus möglich. Die Ähnlichkeit oder Unähnlichkeit von Akteuren ist ein interessantes Problem, das sich eröffnet, wenn sie in den Bereich der sozialen Interaktion eingebunden werden (vgl. Latour, 1992b.)

amerika, Europa oder Japan – nicht einfach aus der Ferne zuschauen, als wären wir am Kampf auf Leben und Tod im Amazonasgebiet nicht nolens oder volens als Akteur*innen beteiligt.

In einer Rezension von Hecht und Cockburn wies Joe Kane, Autor eines weiteren (auch im Hinblick auf das Weihnachtsgeschäft 1989 veröffentlichten) Buches über den Regenwald, der Abenteuerreise *Running the Amazon*[34], auf diesen letzten Gesichtspunkt in einer Weise hin, die meine Argumente gegen eine Politik der Repräsentation im Allgemeinen sowie in Bezug auf Probleme von Umweltschutz und -bewahrung im Besonderen schärfen und klären kann. Kane äußerte sich besorgt darüber, dass »soziale Natur« oder »sozialistische Ökologie« zu sehr nach der in den US-amerikanischen Staatsforsten üblichen Nutzungspolitik klinge, die zu räuberischer Ausbeutung des Bodens und anderer Organismen geführt hat. In diesem Zusammenhang stellte er die einfache Frage: »Wer spricht für den Jaguar?« Nun liegt mir das Überleben des Jaguars ganz sicher am Herzen, wie auch das des Schimpansen, der hawaiianischen Landschnecken, der Waldohreule und einer Menge anderer Erdbewohner*innen – und ich denke, dass wir (meine gesellschaftlichen Gruppen und ich) ganz besonders, wenn auch nicht als Einzige, für das Überleben der Jaguare und vieler anderer nicht/menschlicher Lebensformen *verantwortlich* sind. Aber Kanes Frage schien mir auf einer grundsätzlichen Ebene falsch zu sein. Endlich begriff ich, warum. Er stellte seine Frage genau so wie manche *Pro life*-Gruppen in der Abtreibungsdebatte: »Wer spricht für den Fötus?«

Was ist falsch an diesen beiden Fragen? Und was hat das mit »Science Studies« als »Cultural Studies« zu tun?

Wer spricht für den Jaguar? Wer spricht für den Fötus? Beide Fragen beruhen auf einer politischen Semiotik der Repräsentation.[35] Ob es auf Dauer sprachlos ist oder immer der Dienste eines Bauch-

34 Kanes Rezension erschien im *Voice Literary Supplement*, Februar 1990. Im März antworteten dort Hecht und Cockburn unter dem Titel: »Getting Historical«.

35 Meine Diskussion der Politik einer Repräsentation des Fötus beruht auf zwanzig Jahren feministischen Diskurses über Verantwortung während der Schwangerschaft sowie über die mit der Reproduktion verbundenen Freiheiten und Zwänge im Allgemeinen. Zu Argumenten, die für diesen Essay besonders wichtig sind, vgl. Jennifer Terry (1989); Valerie Hartouni (1991) sowie Rosalind Pollock Petchesky (1987).

redners bedarf oder niemals eine Neuabstimmung erzwingt: in jedem Fall ist das Objekt der Repräsentation die Verwirklichung der kühnsten Träume des Repräsentanten. Wie Marx in einem etwas anderen Zusammenhang (vgl. *Der achtzehnte Brumaire des Louis Bonaparte*, den Edward Said zitiert) sagte: »Sie können sich nicht vertreten, sie müssen vertreten werden.« (MEW 8, 198)[36] Aber für eine politische Semiotik der Repräsentation sind Natur und Fötus epistemologisch gesehen sogar noch besser als unterdrückte erwachsene Menschen. Die Wirkmächtigkeit einer solchen Repräsentation hängt von Distanzierungsmaßnahmen ab. Das Repräsentierte muss aus den es umgebenden und konstituierenden diskursiven wie nicht-diskursiven Zusammenhängen herausgelöst und in den Herrschaftsbereich des Repräsentanten verbracht werden. Diese magische Operation bewirkt die Entmächtigung gerade derjenigen – in unserem Falle: der schwangeren Frau und der Regenwaldbewohner*innen –, die dem nunmehr repräsentierten »natürlichen« Objekt »nahe« sind. Beide, Jaguar und Fötus, werden aus einer kollektiven Einheit herausoperiert und in eine andere versetzt, wo sie als Objekte einer besonderen Art neu konstituiert werden, nämlich als Fundament einer repräsentationalen Praxis, die den Bauchredner *für immer* zur Autorität erklärt. Die Vormundschaft höret nimmer auf. Das Repräsentierte ist dauerhaft auf den Status dessen reduziert, der Handlungen entgegennimmt, nicht (und niemals) zum Ko-Akteur in einer artikulierten Praxis einander unähnlicher, aber miteinander verbundener sozialer Partner wird.

Alles, was das repräsentierte Objekt umgab und unterstützte (schwangere Frauen oder die Menschen vor Ort), verschwindet einfach oder kehrt als Agonist in die Szene des Dramas zurück. So wird zum Beispiel die Schwangere *juristisch* und *medizinisch* – zwei sehr machtvolle diskursive Bereiche – zur »maternellen Umwelt« (Hubbard 1990). Schwangere und Ortsansässige können am aller*wenigsten* für Objekte wie Jaguare oder Föten »das Wort ergreifen«, weil sie in der diskursiven Neufassung als Wesen mit entgegengesetzten »Interessen« erscheinen. Ob Frau oder Fötus, Jaguar oder Kayapó, keine*r von ihnen ist ein*e Akteur*in im Drama der Repräsentation. Die eine Reihe von Wesenheiten wird zum Repräsentierten; die andere zur – oftmals bedrohlichen – Umwelt des repräsentierten Objekts.

36 Dieses Zitat nimmt Edward Said (1978, XIII) als Eingangsmotto für sein Buch.

Als *einziger* Akteur bleibt der Sprecher übrig, der Repräsentant. Der Wald ist nicht mehr die Schutzhülle für eine gemeinsam gebildete soziale Natur, die Frau ist keine Partnerin in einer intimen und komplizierten Dialektik sozialer Beziehungshaftigkeit, die für ihre eigene Persönlichkeit ebenso entscheidend ist wie für die mögliche Persönlichkeit ihres sozialen – *ihr aber unähnlichen* – inneren Ko-Akteurs.[37] In der liberalen Logik der Repräsentation müssen Fötus und Jaguar gerade vor denen geschützt werden, die ihnen am nächsten sind, vor dem sie »Umgebenden«. Die Macht über Leben und Tod muss an den epistemologisch unparteiischsten Bauchredner delegiert werden, und wir dürfen nicht aus dem Blick verlieren, dass es hier überall um die Macht über Leben und Tod *geht.*

Und wer ist, im Mythos der Moderne, weniger von rivalisierenden Interessen beeinflusst oder von zu großer Nähe angesteckt als der Experte und vor allem der Wissenschaftler? Dieser ist, in höherem Maße als der Anwalt, Richter oder nationale Gesetzgeber, der perfekte Repräsentant der Natur, das heißt, der dauerhaft und konstitutiv sprachlosen objektiven Welt. Sei er männlichen oder weiblichen Geschlechts, seine leidenschaftslose Distanz ist seine größte Tugend, und diese diskursiv konstituierte, strukturell vergeschlechtlichte Distanz legitimiert sein berufliches Privileg, das auch in diesem Fall in der Macht besteht, Zeugnis abzulegen über das Recht auf Leben und Tod. Edward Said zitiert in seinem Buch *Orientalism* nicht nur Marx, sondern auch Benjamin Disraelis *Tancred*: »Der Osten, das ist eine Karriere.« Die abgetrennte, objektive Welt – die nicht-soziale Natur – ist eine Karriere. Die Karriere des Naturwissenschaftlers wird durch die Natur legitimiert, so wie der Orient die repräsentationalen Prakti-

37 Marilyn Strathern beschreibt melanesische Vorstellungen vom Kind als einem »vollendeten Behältnis, in das die Handlungen zahlreicher Anderer eingegangen sind«. Demgegenüber sieht man im Westen das Kind als Ressource, die durch Sozialisation zu einem vollständigen Menschen gemacht werden muss (Strathern o.J.). Westliche Feministinnen haben um die Artikulation einer Phänomenologie der Schwangerschaft gekämpft, in der der herrschende kulturelle Rahmen des Produktions- und Reproduktionsparadigmas mitsamt seiner Logik von passiven Ressourcen und aktiven Technologien verworfen wird. Vielmehr wird die Verbindung Frau-Fötus neu figuriert als Beziehungsknoten in einem umfassenderen Gewebe, wo nicht liberale Individuen, sondern vielschichtige Kollektive inklusive nicht-liberaler sozialer Personen (Singular und Plural) die Akteure sind. Ähnliche Umbildungen finden sich im ökofeministischen Diskurs.

ken des Orientalisten rechtfertigt, während umgekehrt »Natur« und »Orient« ja gerade die *Produkte* der konsumtiven Praxis von Naturwissenschaftlern und Orientalisten sind.

Das sind die Verkehrungen, die in den »science studies« so viel Aufmerksamkeit auf sich gezogen haben. Bruno Latour skizziert die doppelte Struktur der Repräsentation, mittels deren Wissenschaftler*innen den objektiven Status ihrer Erkenntnis festlegen. Zuerst werden über visuelle Displays oder andere Hilfsmittel (die man »Einschreibepläne« [*inscription devices*] nennt) neue Objekte oder Verbündete geformt und registriert. Sodann sprechen die Wissenschaftler*innen – als wären sie das Sprachrohr für die stummen Objekte, die sie gerade als Verbündete in einem Kampffeld namens Wissenschaft geformt und registriert haben. Latour definiert den Aktanten als das Repräsentierte; allein aufgrund der Operationen der Repräsentation *scheint* die objektive Welt der Aktant zu sein (Latour 1987, 70–74, 90). Die Urheberschaft verbleibt auch dann bei dem Repräsentierenden, wenn er für das Repräsentierte einen unabhängigen Objektstatus einfordert. In dieser doppelten Struktur scheint grell die zugleich semiotische und politische Ambivalenz der Repräsentation auf. Zunächst verlagert eine Kette von Substitutionen mittels Einschreibeplänen Macht und Handeln in »Objekte«, die von schädlichen Kontextualisierungen befreit und durch formale Abstraktionen benannt werden (»der Fötus«). Dann spricht der die Einschreibungen Lesende für seine gelehrigen Gebilde, die Objekte. Das ist keine sehr lebendige Welt, die letztlich auch den Jaguaren nicht viel zu bieten hat, in deren Interesse der ganze Apparat doch eigentlich arbeiten soll.

In diesem Aufsatz habe ich dafür plädiert, Akteur*innen und Aktanten anders zu sehen, und folglich eine andere Arbeitsweise vorgeschlagen, um Wissenschaftler*innen und Wissenschaft in den wichtigen Kämpfen dieser Welt zu verorten. Ich habe Aktanten als kollektive Wesenheiten gezeichnet, die in einem strukturierten und strukturierenden Handlungsfeld Dinge tun; ich habe dieses Thema unter dem Gesichtspunkt der Artikulation, nicht der Repräsentation behandelt. Menschliche Wesen benutzen Namen, um auf sich selbst und andere Akteur*innen zu verweisen, und verwechseln leicht die Namen mit den Dingen selbst. Ebendiese menschlichen Wesen denken auch, dass die Spuren von Einschreibeplänen wie Namen sind – auf Dinge hinweisen, so dass die Einschreibungen und die Dinge in einem Drama der Substitution und Verkehrung registriert werden können. Meiner Ansicht nach präexistieren die Dinge jedoch nicht als ewig fliehende, wohl aber vollständig abgepackte Bezugspunkte für die Namen. Andere Akteure sind da eher Trickster. In Artikulationspraxen nehmen Grenzen eine vorläufige, nie beendete Form an. Das Erzeugungspotenzial (das, was an Unerwartetem in unentblößten nicht/menschlichen Aktanten steckt, die in Artikulationen registriert sind) bildet für die Technowissenschaft einen Gegenstand der Sorge und des Machtzuwachses. Die westliche Philosophie legt bisweilen Rechenschaft ab von der Unangemessenheit der Namen, indem sie auf die »Negativität« verweist, die allen Repräsentationen innewohne. Das führt uns zurück zu dem anfänglich zitierten Satz von Spivak über die wichtigen Dinge, die wir nicht nicht begehren und doch niemals besitzen – oder repräsentieren – können, denn die Repräsentation hängt von dem Besitz einer passiven Ressource, vor allem dem stummen Objekt, dem *entblößten* Aktanten ab. Jedoch können wir uns vielleicht mit nicht/menschlichen Wesen in einer sozialen Beziehung »artikulieren«, die für uns immer sprachlich vermittelt ist (neben anderen semiotischen, d.h. »bedeutungstragenden« Vermittlungen). Allerdings ist für die uns unähnlichen Partner die Handlung »anders«, vielleicht von unserem linguistischen Standpunkt gesehen »negativ«, aber entscheidend für die Zeugungsmöglichkeit des Kollektivs. Es ist der leere Raum, die Unentscheidbarkeit, die Gerissenheit anderer Akteure, die »Negativität«, die mich auf die *Wirklichkeit* und damit die letztliche *Nicht-Repräsentierbarkeit* der sozialen Natur vertrauen lässt und mich gegenüber Doktrinen der Repräsentation und Objektivität misstrauisch macht.

Meine sehr grob umrissene Charakterisierung endet nicht bei einer »objektiven Welt« oder »Natur«, besteht aber gleichwohl auf der *Welt*. Diese Welt muss immer aus Sicht der Menschen durch »situiertes Wissen« (Haraway 1988, 1991) artikuliert werden. Dieses Wissen steht der Wissenschaft freundlich gegenüber, gibt aber keinerlei Veranlassung zu geschichtsflüchtigen Verkehrungen und Gedächtnisausfällen hinsichtlich der Art und Weise, wie Artikulationen gemacht werden, hinsichtlich ihrer politischen Semiotik, wenn man so will. Ich denke, die Welt ist genau das, was in Doktrinen von Repräsentation und wissenschaftlicher Objektivität verlorengeht. Gerade *weil* ich um die Jaguare besorgt bin (und auch noch um andere Akteur*innen wie etwa die sich überschneidenden, aber nicht miteinander identischen Gruppen der Regenwaldbewohner*innen und Ökolog*innen), lehne ich Joe Kanes Frage ab. Einige Gelehrte der »science studies« haben vor einer Kritik ihrer konstruktivistischen Formulierungen zurückgeschreckt, weil die einzige Alternative irgendein völlig überholtes »Zurück zur Natur« und zum philosophischen Realismus zu sein scheint.[38] Aber gerade diese Gelehrten sollten wissen, dass »Natur« und »Realismus« genau die Folgen der repräsentationalen Praktiken darstellen. Nicht »zurück« zur Natur müssen wir, sondern nach *Anderswo*, durch eine artefaktische soziale Natur hindurch, der gerade diese Gelehrten in der westlichen Wissenschaftspraxis zum Ausdruck verholfen haben. Diese auf Erkenntnisgewinn zielende Praxis könnte mit anderen Praxen auf eine dem Leben zuträgliche Weise artikuliert werden, die nicht vom Fötus oder vom Jaguar als Naturfetischen und vom Experten als ihrem Bauchredner handelt.

Durch diesen langen Umweg vorbereitet, können wir zu dem Kayapó-Indianer zurückkehren, der seine Stammesangehörigen beim Protest gegen einen neuen Staudamm auf ihrem Territorium filmt.

---

38 Belege für einen »Zurück zur Natur«-Gestus finden sich in der Herbstausgabe 1990 von *Technoscience*, dem Mitteilungsblatt der »Society for the Social Study of Science« (Nr. 3, S. 20 und 22). Eine Sitzung des Oktobertreffens der Gesellschaft trägt den Titel »Zurück zur Natur«. Malcolm Ashmores Abriss »With a Reflexive Sociology of Actants, There Is No Going Back« bietet »eine umfangreiche Versicherung gegen das Zurück«, während andere Wettbewerber weniger gute Wege weisen, »wie man nicht zur Natur (oder zur Gesellschaft oder zum Selbst) zurückkehrt«. All dies vollzieht sich im Zusammenhang mit einer Vertrauenskrise unter vielen Gelehrten dieser Gesellschaft; sie befürchten, dass ihre äußerst fruchtbaren Forschungsprogramme der letzten zehn Jahre in der Sackgasse enden. Das tun sie. Ich will die schreiende Misogynie nicht weiter kommentieren, die im textualisierten Terror eines »Zurück« zu einer phantastischen Natur liegt. (Diese Natur wird von Wissenschaftskritikern als »objektive« Natur entworfen. Für Geisteswissenschaftler gestalten sich ebendiese schrecklichen Gefahren ein bisschen anders; für beide Gruppen ist eine solche Natur entschieden prä-sozial, auf monströse Weise nichtmenschlich und eine Bedrohung für ihre Karriere.) In den Narrationen dieser halbwüchsigen Jungen wartet Mutter Natur nur darauf, den frischgebackenen Helden mit Küssen zu überhäufen. Er vergisst, dass diese unheimliche Mutter seine eigene Schöpfung ist; dies Vergessen, oder seine Umkehrung, ist für Ideologien wissenschaftlicher Objektivität und für die Natur als »Paradies hinter Glas« grundlegend. Es spielt auch eine (noch zu untersuchende) Rolle in einigen der besten (reflexivsten) Untersuchungen der Science Studies. Hier bedarf es dringend einer theoretischen Geschlechteranalyse.

Die *National Geographic Society, Discover* und Gulf Oil – sowie viele Philosophen und Sozialwissenschaftler – möchten, dass wir seine Praxis als doppelte Grenzüberschreitung zwischen Vormoderne und Moderne betrachten. Die Praxis seiner Repräsentation, die sich im Gebrauch neuester Technologie zeigt, weist ihm einen Ort in der Moderne zu. Er steckt somit in einem amüsanten Widerspruch – er möchte eine unmoderne Lebensweise mit Hilfe unpassender moderner Technologie bewahren. Doch aus der Perspektive einer politischen Semiotik der Artikulation könnte der Indianer ebenso gut ein neues Kollektiv aus nicht/menschlichen Wesen formen, das sich in diesem Fall aus den Kayapó, Videokameras, Land, Pflanzen, Tieren, nahem und fernem Publikum und anderen Bestandteilen zusammensetzt, ohne dass eine Grenzüberschreitung stattfinden würde. Die Lebensweise ist nicht unmodern (enger mit der Natur verbunden), die Kamera ist nicht modern oder postmodern (sie gehört zur Gesellschaft). Diese Kategorien sind längst überholt. Wo es weder Natur noch Gesellschaft gibt, verliert auch die Darstellung einer Grenzverletzung ihren Unterhaltungswert. Das ist zwar schlecht für Naturmagazine, aber ein Gewinn für un/an/geeignete Andere.

Dadurch wird die Videopraxis nicht unschuldig oder uninteressant, aber ihre Bedeutung muss auf andere Weise entschlüsselt werden: in Bezug auf die gemeinsame Aktion, die stattfindet, und auf die damit an andere – an Menschen wie uns, die wir nicht im Amazonasgebiet leben – gestellten Forderungen. Wir *alle* bewohnen Grenzbezirke, die im Kreuzungsgebiet von Linien und Kräften liegen, Bereiche, wo neue Formen, neue Arten von Handlungen und Verantwortlichkeiten in der Welt heranreifen. Der die Kamera benutzende Kayapó stellt – in moralischer wie epistemologischer Hinsicht – eine praktische Forderung an uns wie auch an die anderen Regenwaldbewohner*innen, denen er das Video vorführen wird, um die Verteidigung des Waldes zu intensivieren. Seine Praxis lädt zu weiterer Artikulation ein – wobei die Regenwaldbewohner*innen die Bedingungen formulieren. Sie werden fürderhin nicht mehr als Objekte dargestellt – nicht weil sie eine Grenzlinie überschreiten und sich nun »modern« gesprochen als Subjekte darstellen, sondern weil sie mit großer Kraft artikulierte Kollektive bilden.

Im Mai 1990 fand in Iquitos, einer einstmals durch Kautschuk zu jähem Reichtum gelangten Stadt im peruanischen Amazonasgebiet, ein einwöchiges Treffen statt. COICA, die koordinierende Organisation für die Eingeborenen des Amazonasgebietes, hatte Regenwaldbewohner*innen (aus allen Nationen, die das Amazonasgebiet bilden), Umweltverbände aus der ganzen Welt (Greenpeace, Friends of the Earth, das Rain Forest Action Network u.a.) und Medien (*Time*, CNN, NBC usw.) eingeladen, um nach »einem gemeinsamen Weg zu suchen, den wir zur Rettung des Waldes am Amazonas beschreiten können« (Arena-De Rosa 1990, 1–2). Der Schutz des Regenwaldes wurde dabei als Einheit von Menschenrechten und Ökologie betrachtet. Die Eingeborenen erhoben die grundlegende Forderung, an *allen* internationalen Verhandlungen über ihre Territorien beteiligt zu werden. Besonders kontrovers wurden Swapgeschäfte diskutiert, bei denen »Schulden gegen Natur« verrechnet werden sollten; vor allem dort, wo die Eingeborenengruppen dadurch mehr Nachteile erlitten als durch vorangegangene Übereinkommen mit ihren Regierungen, die aus einem Handel zwischen Banken, ortsfremden Naturschutzgruppen und individuellen Staaten resultierten. Aus der Kontroverse erwuchs ein Vorschlag: Statt des Tauschgeschäfts »Schulden gegen Natur« würden die Regenwaldbewohner*innen Schulden gegen von ihnen kontrolliertes Territorium tauschen, in dem die Rolle nichteingeborener Umweltschützer*innen »bei der Entwicklung des Plans für ein besonders auf die Region des Regenwaldes abgestimmtes Umweltmanagement« neu definiert werden würde (Arena-De Rosa 1990). Dabei würden auch eingeborene Umweltschützer*innen berücksichtigt, und zwar aufgrund ihres *Wissens* und nicht, weil sie eine malerische »Ethno-Wissenschaft« vertreten.

Diese Handlungsstruktur schließt überhaupt nicht aus, dass Wissenschaftler*innen oder andere Nordamerikaner*innen, die sich um den Jaguar und andere Akteur*innen Sorgen machen, einbezogen werden könnten; doch haben sich Muster, Strömungen und Intensität der Macht verändert. Dergleichen wird durch Artikulation bewirkt, die immer eine nicht-unschuldige, streitbare Praxis ist, in der die Partner*innen niemals ein für alle Mal feststehen. Hier gibt es keine Bauchrednerei. Artikulation ist Arbeit und kann fehlschlagen. Alle diejenigen, die sich, in kognitiver, emotionaler und politischer Hinsicht, Sorgen machen, müssen ihrer Position in einem Feld Ausdruck verleihen, das durch eine neue, aus Eingeborenen und anderen nicht/menschlichen Akteur*innen bestehende, kollektive Gruppierung begrenzt wird. Verpflichtung und Engagement sollen nicht außer Kraft gesetzt, sondern in einem sich herausbildenden Kollektiv zu Bedingungen der Vereinigung erkenntnisproduzierender und weltschöpferischer Praxen werden. Das ist »situiertes Wissen« in der Neuen Welt; es baut auf Gemein(schafts)plätzen und nimmt unerwartete Wendungen. Bisher ist solche Erkenntnis nicht von den großen Ölkonzernen, Banken und der Holzindustrie gesponsert worden, und genau darin liegt ein Grund, warum es für (unter anderem) Nordamerikaner*innen, Europäer*innen und Japaner*innen hinsichtlich der Artikulation mit jenen nicht/menschlichen Wesen, die im Regenwald und an vielen anderen Orten des »Erde« genannten semiotischen Raums leben, noch so viel zu tun gibt.

B. Weltraum: Das Außerirdische

Weil wir nun – als prophylaktische Übung für Bewohner*innen der extraterrestrischen »Ersten Welt« – so viel Zeit auf Erden verbracht haben, werden wir die anderen drei Quadranten des semiotischen Vierecks sehr schnell durchlaufen. Wir bewegen uns von einem topischen Gemeinplatz zum anderen, von der Erde zum Weltraum, um zu sehen, welche Wendungen unsere Reisen nach Anderswo noch nehmen können.

Ökosysteme sind spezifischer Art: ein klimatisch gemäßigtes Weideland gehört dazu oder ein tropischer Regenwald. In der Ikonografie des Spätkapitalismus suchte Jane Goodall nicht ein solches Ökosystem auf, sondern begab sich in die »Wildnis von Tansania«. Das ist ein mythisches »Ökosystem«, welches an das ursprüngliche Paradies erinnert, aus der ihre Art vertrieben worden war und zu dem sie zurückkehrte, um mit den gegenwärtigen Bewohner*innen der Wildnis die Kommuni(kati)on zu suchen, damit sie von ihnen das Überleben lernen könne. Ähnlich wie der »Weltraum« hatte diese Wildnis etwas Traum-haftes, doch war die afrikanische Wildnis anders codiert: dicht, feucht, körperlich, voller sinnlicher Geschöpfe, die auf intime und intensive Weise berühren. Im Gegensatz dazu ist das Außerirdische als das ganz und gar Allgemeine codiert; hier geht es um die Flucht vom begrenzten Erdball in ein Anti-Ökosystem, das einfach »Weltraum« heißt. Dieser hat nichts mit den Ursprüngen des »Menschen« auf der Erde zu tun, sondern mit »seiner« Zukunft.

Ursprung und Zukunft aber sind die zwei entscheidenden allochronischen Zeiten der Erlösungsgeschichte. Die Tropen und der Weltraum sind zwei u/topische Figuren der westlichen Phantasie, und ihre entgegengesetzten Eigenschaften bezeichnen auf dialektische Weise Ursprung und Ziel des Geschöpfes, dessen alltägliches Leben sich wahrscheinlich weder da (in den Tropen) noch dort (im Weltraum) abspielt: des modernen oder postmodernen Menschen/Mannes.

Die ersten Primaten, die jenen abstrakten Ort namens »Weltraum« erreichten, waren Affen und Menschenaffen. 1949 überlebte ein Rhesusaffe einen Flug von 83 Meilen Höhe. Jane Goodall erreichte 1960 die »Wildnis von Tansania«, um die berühmten Schimpansen vom Gombe-Fluss zu treffen und mit Namen zu versehen. Diese Schimpansen wurden 1965 dem Publikum der Fernsehsendungen von *National Geographic* vorgestellt. Allerdings wetteiferten zu Beginn der 1960er Jahre noch andere Schimpansen um den Glanz des Rampenlichts. Am 31. Januar 1961 wurde der Schimpanse HAM im Rahmen des bemannten Raumfahrtprogramms der USA in die Erdumlaufbahn geschossen (vgl. Abb. 8). HAM war für seine Aufgabe auf der *Holloman Air Force Base* trainiert worden, einem Stützpunkt, der zwanzig Autominuten von Alamogordo (New Mexico) entfernt liegt, unweit des Geländes, auf dem 1945 die erste Atombombenexplosion stattgefunden hatte. HAM lässt unwillkürlich an Noahs jüngsten und einzigen schwarzen Sohn denken, doch stammt der Name des Schimpansen aus einem völlig anderen Kontext: Er ist ein Akronym für die wissenschaftlich-militärische Institution, die ihn in den Raum schoss: *H*olloman *A*ero-*M*edical. Der Bogen, den sein Flug beschrieb, verfolgt die Spur des Entstehungsweges der modernen Wissenschaft: die Parabel, den konischen Schnitt. HAMs parabolischer Weg steckt voller Anspielungen auf die Geschichte der westlichen Wissenschaft. Als Spur eines Projektils, das der Erdanziehungskraft nicht entfliehen kann, ist die Parabel die Form, der Galilei – in jenem mythischen Augenblick des Ursprungs der Moderne, als die wissenschaftliche Erkenntnis bei der Betrachtung von Körpern die nicht-quantifizierbaren sinnlichen von den zählbaren mathematischen Eigenschaften trennte – so viel Aufmerksamkeit widmete. Die Parabel beschreibt die Spur ballistischer Geschosse und ist in den Schriften der Existenzialisten der 1950er Jahre die Trope für die zum Scheitern verurteilten Pläne des »Menschen«. Die Parabel verfolgt die Spur von *Rocket Man*

Abbildung 8

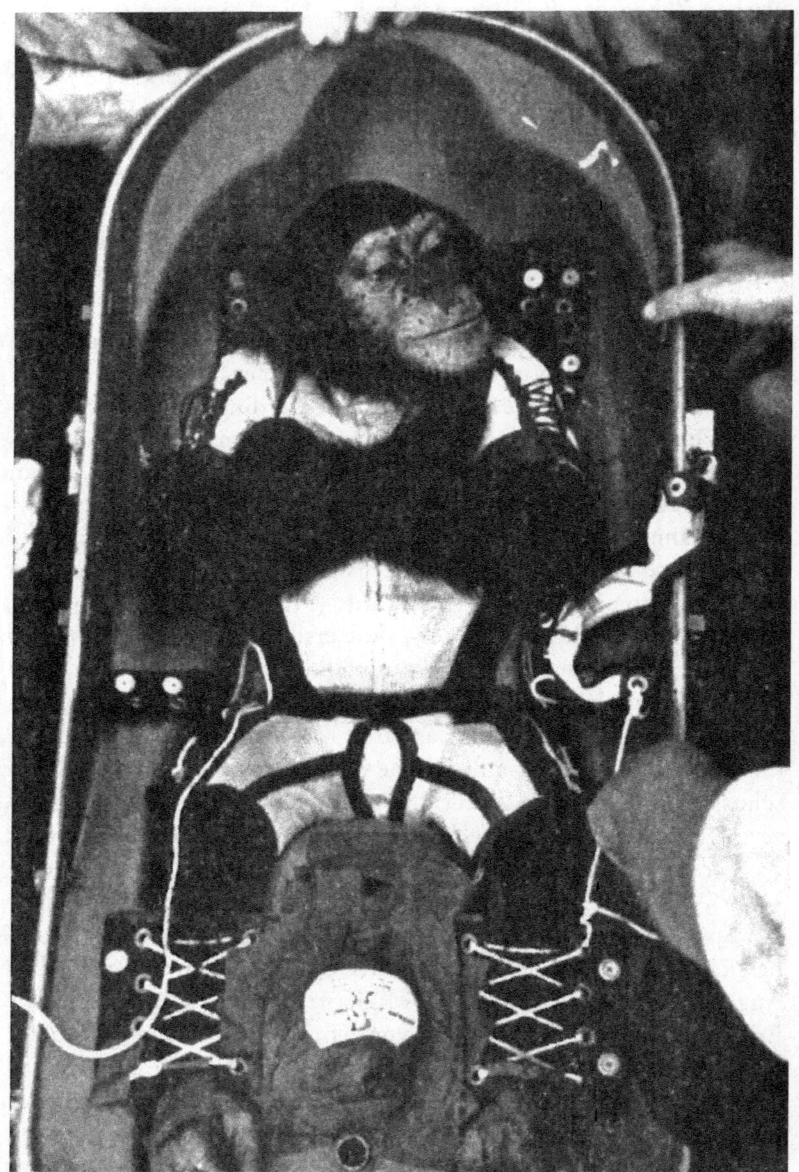

am Ende des Zweiten Weltkriegs in Thomas Pynchons Roman *Die Enden der Parabel* (Gravity's Rainbow, 1973). Als Zweitbesetzung für den Menschen flog HAM nur auf einer suborbitalen Umlaufbahn und gelangte so lediglich an die äußere Grenze des Weltalls. Nach seiner Rückkehr zur Erde erhielt er einen Namen. Vor seinem erfolgreichen Flug war er nur als Nr. 65 bekannt gewesen. Für den Fall, dass die Aktion (wie es in der den Geburtsvorgang parodierenden Sprache des Kalten Krieges hieß) »abgetrieben« werden musste, wollten die Befehlshaber die öffentliche Anteilnahme am Tod eines berühmten und namentlich bekannten, wenn auch nicht völlig menschlichen Astronauten vermeiden. Tatsächlich hatte Nr. 65 vom Personal, das ihn trainierte, bereits einen Namen erhalten. Er hieß Chop Chop Chang, was an jenen rassigen Kampf ums All denken lässt, an dem teilzunehmen die Primaten gezwungen wurden.[39] Das Ersatzkind der Weltraumras(s)e/rei (*space race*) war »ein Stellvertreter des Menschen bei der Eroberung des Weltraums« (Eimerl und DeVore 1965, 173). HAMs hominide Vettern würden die geschlossene parabolische Figur überwinden: zuerst in der Ellipse des Orbitalflugs, dann in den offenen Flug- und Fluchtbahnen, die die Erdanziehungskraft verlassen.

HAM, seine Artgenossen und seine menschlichen Vettern waren mitsamt ihrer weltumspannenden und systemvernetzenden Technologie eingebunden in eine neu sich formierende Männlichkeit, die sich der Sprache des Kalten Krieges und der Weltraumras(s)e/rei bediente. Der 1985 gedrehte Film *The Right Stuff* zeigt den ersten Haufen von Astro-Nieten, die mit ihrem verletzten Stolz kämpfen, als sie sehen, wie kompetent ihre Vettern aus dem Affenreich die ihnen zugedachten Aufgaben bewältigen. Sie und die Schimpansen waren in demselben Drama des Kalten Krieges gefangen, in dem die Heldenbilder des männlichen, todesverachtenden und hervorragend ausgebildeten Bomberpiloten alten Typs überflüssig und allmählich durch die medienträchtige Routine der *Apollo*- und *Mercury*-Projekte und

---

39 *Time*, 10. Februar 1961, S. 58. In der Bildunterschrift von HAMs Fotografie heißt es: »Von Chop Chop Chang zu Nr. 65 zur Pionierrolle«. Zu HAMs Flug und den Holloman-Schimpansen vgl. Weaver (1961) und *Life Magazine*, 10. Februar 1961. *Life* brachte die Überschrift: »Vom Dschungel ins Labor: Die Astroschimpansen«. Alle waren in Afrika gefangen worden; das heißt, dass viele andere Schimpansen bei der Baby-»Ernte« starben. Die Astroschimpansen wurden anderen Schimpansen unter anderem wegen ihres »hohen IQ« vorgezogen. Alles gute Wissenschaftler.

ihrer Nachfolger ersetzt wurden. Nachdem der Schimpanse Enos am 29. November 1961 einen vollautomatisch gesteuerten Orbitalflug absolviert hatte, setzte sich John Glenn, der als erster menschlicher US-Astronaut die Erde umkreisen sollte, zur Wehr und »gab im Blick auf die Zukunft seiner Überzeugung Ausdruck, dass Astronauten den Schimpanauten überlegen sein würden«. *Newsweek* verkündete Glenns Erdumkreisung vom 20. Februar 1962 mit der Schlagzeile: »John Glenn: Eine Maschine, die fehlerlos arbeitete«.[40] Sowjetische Primaten von beiden Seiten der Hominisationslinie flogen mit ihren US-amerikanischen Halbbrüdern um die Wette in die außerirdische Umlaufbahn. Die Raumschiffe, die Aufzeichnungstechnologien, Tiere und Menschen wurden auf einem Schauplatz des Krieges, der Wissenschaft und der Popularkultur zu Cyborgs vereint.

Henry Burroughs' berühmte Fotografie von einem interessierten und intelligenten, aktiv sich beteiligenden HAM, der die Hände eines weißen Menschenmannes im Laborkittel beobachtet, wie sie ihn aus dem Schalensitz befreien, erhellte das Bedeutungssystem, das Menschen und Affen am Ausgang des 20. Jahrhunderts aneinanderbindet (Weaver 1961). HAM ist das perfekte Kind, wiedergeboren in der kalten Matrix des Weltraums. *Time* beschrieb den Schimpanauten Enos in dem an seinen »Körper angepassten Schalensitz, der wie eine mit Elektronik verzierte Wiege aussah«.[41] Enos und HAM waren neugeborene Cyborgs, sie waren der Schnittstelle zwischen den Träumen von einem technischen Automaten/Roboter und männlicher Autonomie entbunden worden. Es hätte wohl kaum ein ikonischeres Cyborg geben können als den mit Elektroden bestückten Schimpansen, der als Stellvertreter des Menschen in den Weltraum geschossen wird, während sein Artgenosse im Dschungel in einer Anzeige von Gulf Oil, die »den Ort des Menschen in der ökologischen Struktur« zeigt, mit »einer spontanen Geste des Vertrauens« die Hand einer Wissenschaftlerin namens Jane umfasste. Am einen Ende von Zeit und Raum wurde der Schimpanse in der Wildnis zum Modell der Kommunikation für das gestresste, ökologisch bedrohte und bedrohliche Menschenwesen. Am anderen Ende wurde der ET-Schimpanse zum Modell für soziale und technische Kommunikationssysteme, die

---

40 *Time*, 8. Dezember 1961, S. 50; *Newsweek*, 5. März 1962, S. 19.

41 *Time*, 8. Dezember 1961, S. 50.

dem Menschen der Postmoderne die Flucht aus dem Dschungel und der Großstadt gestatten – hinein in einen Zukunftsentwurf, der durch die sozial-technischen Systeme des »Informationszeitalters« im globalen Kontext eines angedrohten Nuklearkrieges möglich gemacht wird. Das Bild eines durch den Weltraum wirbelnden Fötus, mit dem Kubricks Film *2007 – Odyssee im Weltraum* (gedreht 1968) schloss, vollendete die Entdeckungsreise, die von den waffenschwingenden Affen in der packenden Anfangssequenz des Films begonnen wurde. Es war das Projekt(il) des *self-made man*, des wieder- und aus sich selbst geborenen Menschen, der im Begriff war, sich verzückt aus der Geschichte herauszukatapultieren. Der Kalte Krieg war ein simulierter ultimativer Krieg; die Medien und die mit Anzeigen werbenden Industrien der Nuklearkultur brachten in den Körpern von Tieren – beispielhaften Einheimischen und Außerirdischen – die beruhigenden Bilder hervor, die diesem Zustand reinen Krieges angemessen waren (Virilio und Lotringer 1983).[42]

Im Gefolge des Kalten Krieges steht uns nicht das Ende des Nuklearzeitalters ins Haus, sondern die Auffächerung nuklearer Strukturen. Auch wenn wir von seinem Schicksal als erwachsener Schimpanse im Käfig nichts wissen, hört die Fotografie von HAM sehr schnell auf, uns zu unterhalten oder gar zu erbauen. Schauen wir uns also ein anderes Cyborg-Bild an, um das mögliche Entstehen un/an/geeigneter Anderer sichtbar zu machen, die unsere verzückten mythischen Brüder, die postmodernen Raumfahrer, in Frage stellen könnten.

Auf den ersten Blick scheint das von Anti-Atom-Demonstrantinnen zur *Mother's and Others' Day Action* am Atomwaffentestgelände in Nevada getragene T-Shirt den einfachen Gegensatz zu HAM in seiner elektronischen Wiege zu bilden (vgl. Abb. 8 und 9). Doch bei genauerem Hinsehen erblicken wir die vielversprechende semiotische und politische Vielschichtigkeit des Bildes und der Aktion selbst. Als das T-Shirt bedruckt werden sollte, hieß das geplante Ereignis immer noch *Mother's Day Action* (Muttertagsaktion), doch bald darauf äußerten einige der Beteiligten erste Einwände. Für viele war der Muttertag ein eher zweideutiger Termin für eine Frauenaktion.

42 Vgl. auch Gray 1988.

Abbildung 9

Die überdeterminierte Geschlechtercodierung der patriarchalen Nuklearkultur macht die Frauen nur allzu umstandslos für den Frieden verantwortlich, während die Männer ohne semiotische Dissonanz mit ihren gefährlichen Kriegsspielzeugen herumfuchteln. Darüber hinaus ist der Muttertag mit seinen kommerziellen Strukturen und der auf vielen Ebenen sich abspielenden Verstärkung der zwangsheterosexuellen Reproduktion nicht jederfraus feministischer Lieblingsfeiertag. Für andere, die dem Feiertag andere Bedeutungen zuschreiben, haben Mütter, wo nicht gar Frauen im Allgemeinen, eine besondere Verpflichtung, Kinder (und damit auch die Erde) vor der militärischen Zerstörung zu bewahren. Für sie ist die Erde in metaphorischer Weise Mutter und Kind zugleich und in beiden Ausformungen ein Subjekt des Ernährens und Gebärens. Allerdings war für den Muttertag keine reine Frauen- (und noch viel weniger Mütter-) Aktion geplant, wenngleich sie von Frauen organisiert und vorbereitet wurde. Aus der Diskussion erwuchs die Bezeichnung *Mother's and Others' Day Action.* Nun dachten einige, damit wären Mütter und Männer gemeint, und es bedurfte einiger Erinnerungsübungen in Sachen feministische Analyse, um das gemeinsame Bewusstsein dessen wiederzubeleben, dass »Mutter« und »Frau« nicht in eins zu setzen sind. Im Sinne dieser Problematiken und zu einer Zeit, als Baby M und seine vielen umstrittenen – und ungleich positionierten – Eltern vor Gericht und im Mittelpunkt des Medieninteresses standen, gab die nur aus Frauen bestehende Sympathisantinnengruppe, der ich mich anschloss, sich den Namen *Surrogate Others.* Diese Surrogate waren keine Ersatzbildungen für den Menschen/Mann, sondern reiften zu einer ganz anderen Erscheinungsform heran.

Von Beginn an wurde das Ereignis als Aktion geplant, in der soziale Gerechtigkeit und Menschenrechte, Umweltschutz, Antimilitarismus und Anti-Atom-Bewegung miteinander verkoppelt werden sollten. Auf dem T-Shirt findet sich tatsächlich das perfekte Bildzeichen für alle unter der Fahne des Umweltschutzes vereinten Bestrebungen: die »ganze Erde«, der schöne, wolkenumhüllte, blaue Planet Erde ist ein in den kosmischen Fruchtwassern schwimmender Fötus und zugleich eine Mutter für all seine Bewohner*innen, Keim des Zukünftigen, Matrix des Vergangenen und des Gegenwärtigen. Ein vollkommener Globus, der in sich die wankelmütige Materie sterblicher Körper und die ideale, ewige Sphäre der Philosophen vereinigt. Dieser Schnappschuss löst das Dilemma der Moderne, die Trennung von Subjekt und Objekt, Geist und Körper. Doch werden selbst die Ergebensten hier noch einen Misston vernehmen. Gerade dieses Bild der Erde, der Natur, verdankt seine Existenz wem – wenn nicht einer Satellitenkamera. Wer spricht für die Erde? Verankert in der gegenständlichen Welt namens Natur ist dieser bürgerliche, familienfreundliche Schnappschuss von Mutter Erde so erbaulich wie eine Glückwunschkarte zum Muttertag. Und doch *ist* er schön und ist unser; er muss in eine andere Perspektive gerückt werden. Das T-Shirt gehört zu einem komplexen, kollektiven Ganzen, das viele Schaltkreise, Delegierungen, Kompetenzverschiebungen umfasst. Nur im Zusammenhang mit in erster Linie der Weltraumras(s)e/rei sowie der Militarisierung und Kommodifizierung der gesamten Erde hat es einen Sinn, das Bild als Kennzeichen einer anti-atomaren, anti-militaristischen, erdbezogenen Politik neu zu verwenden. Diese Verwendung löscht die anderen Neben- und Untertöne nicht aus, sondern bemüht sich darum, sie hörbar zu machen.

Ich lese die »ganze Erde« der *Environmental Action* als Zeichen einer unaufhebbar sozialen Natur, wie die Gaia des Science-Fiction-Autors John Varley und der Biologin Lynn Margulis. Auf dieses T-Shirt gedruckt, provoziert das Satellitenfoto des Planeten Erde eine ironische Version der Frage, wer für die Erde spricht (für den Fötus, die Mutter, den Jaguar, die gegenständliche Welt der Natur, all jene, die der Repräsentation bedürfen). Aufgrund dieser Ironie waren viele von uns überhaupt erst bereit, uns an der Aktion zu beteiligen – als ganz und gar engagierte, wenn auch semiotisch aufsässige Ökofeministinnen. Nicht alle an der Aktion Beteiligten wären mit dieser Aussage einverstanden; für viele meinte das Bild genau das, was es sagte: Liebe deine Mutter, die Erde. Kernkraft ist frauenfeindlich. Dass es divergierende Lesweisen gibt, gehört zur Sache dazu. Ökofeminismus und die Bewegung für gewaltfreies Handeln gründeten auf der Auseinandersetzung über Differenzen, nicht auf Identität. Es bedürfte der Sympathisant*innengruppen und ihrer fortwährenden Arbeit nicht, wenn die Selbigkeit den Sieg davontrüge. Sympathisantentum ist gerade *nicht* Identität; das heilige Ebenbild wird an diesem *Mother's and Others' Day* nicht zur Reifung gelangen. Indem dieses *Liebe deine Mutter*-Bild die Satellitenkamera und die Friedensaktion in Nevada zu einem neuen Kollektiv zusammenbindet, beruht es buchstäblich auf der Beugung des Lichts, auf der Bearbeitung von kleinen, aber folgenreichen Differenzen. Die Bearbeitung von Differenzen, die semiotische Aktion, dreht sich um Lebensformen.

Die *Surrogate Others* planten eine Gebärzeremonie in Nevada. Also bauten sie einen Geburtskanal – einen geblümten, mit Polyester überzogenen Wurm mit hübschen Drachenaugen, fünf Meter lang und ein Meter im Durchmesser. Es war ein erfreulich artefaktisches Tier, bereit, die Verbindung herzustellen. Der Drachenwurm wurde unter die mit Stacheldraht befestigte Grenze geschoben, die das Gebiet, auf dem sie sich legal bewegen konnten, von dem Land trennte, auf dem sie bei Betreten verhaftet werden würden. Einige von den *Surrogate Others* begannen, durch den Wurm hindurch auf die verbotene Seite zu kriechen. Das war ein Akt der Solidarität mit den tunnelbauenden Geschöpfen der Wüste, die ihre unterirdischen Nischen mit den Kammern des Testgeländes teilen müssen. In dieser Ersatzgeburt ging es ganz gewiss nicht um die obligatorische heterosexuelle Kernfamilie, die sich zwanghaft im Schoß des Staates vermehrt – mit den oder ohne die unterbezahlten Dienste der Schöße von »Leihmüttern« (*surrogate mothers*). Der *Mother's and Others' Day* wurde immer besser.

Aber die Demonstrantinnen bezeugten nicht nur den nichtmenschlichen Organismen der Wüste ihre Solidarität, als sie auf dem verbotenen Gelände auftauchten. Von ihrem Gesichtspunkt aus waren sie ganz legal auf dem Testgelände, und zwar nicht aus irgendeinem »abstrakten« Grund, weil das Land dem Volk gehörte und vom Kriegsstaat usurpiert worden war, sondern aus sehr viel »konkreteren« Gründen: Alle Demonstrantinnen besaßen vom Nationalrat der Westlichen Schoschonen ausgestellte Bescheinigungen, die ihnen den Aufenthalt gestatteten. Der 1863 geschlossene Vertrag von Ruby Valley anerkannte den Anspruch der Westlichen Schoschonen auf das Gebiet ihrer Vorfahren, und dazu gehörte auch das von der US-Regierung illegal besetzte Land, auf dem die Testanlage gebaut worden war. Der Vertrag ist niemals abgeändert oder außer Kraft gesetzt worden, und die Bemühungen der Regierung, das Land (für 15 Cents pro Acre) zu kaufen, scheiterten an der einzigen Körperschaft, der die Entscheidungsbefugnis zukommt: dem Nationalrat der Westlichen Schoschonen. Folglich stellten der Sheriff des Landkreises und seine Hilfssheriffs auf »diskursive« und »verkörperte« Weise Eindringlinge dar. 1986 begannen die Westlichen Schoschonen, an die Anti-Atom-Demonstrant*innen Aufenthaltserlaubnisscheine auszugeben. Das war Bestandteil einer Koalition, in der sich der Kampf um das Anrecht auf das Stammesland mit dem Kampf gegen Atomversuche vereinigte. Es ist natürlich schwierig, die Polizei zu verhaften, wenn sie einen in Handschellen abführt und die Gerichte auf ihrer Seite sind. Aber es ist durchaus möglich, sich diesem fortwährenden, durchaus »einheimischen« Kampf anzuschließen und ihn mit der Verteidigung des Amazonas zu verbinden. Diese Verbindung erfordert Kollektive, die aus höchst unterschiedlichen nicht/menschlichen Akteur*innen bestehen.

An jenem Tag im Jahre 1987 fanden noch viele andere »symbolische Aktionen« statt. Die Kostüme der Hilfssheriffs und ihre widerlichen Plastikhandschellen gehörten – als zutiefst verkörperte symbolische Aktion – dazu. Die »symbolische Aktion« der kurzen, ungefährlichen Festnahme unterscheidet sich ebenfalls stark von den »semiotischen« Bedingungen, unter denen die meisten Menschen in den USA, vor allem Farbige und Arme, ins Gefängnis kommen. Der Unterschied besteht nicht in der Anwesenheit oder Abwesenheit von »Symbolismus«, sondern in der Kraft der jeweiligen aus Nicht/Menschen – Leuten, anderen Organismen, Technologien, Institutionen – zusammengesetzten Kollektive. Zwar hat mich die Aufführung der *Surrogate Others* und der anderen Sympathisantengruppen nicht übermäßig beeindruckt, und das gilt leider auch für die ganze Aktion. Aber es ist wichtig, verkörperte Bedeutungen neu zu verorten, der Beugung des Lichts auszusetzen, und diese für das Heranreifen einer neuen Welt so wichtige Arbeit nehme ich sehr ernst.[43] Es ist dies eine Politik des Kulturellen, eine Politik der Technowissenschaft. Die Aufgabe besteht darin, in Zeiten, die gefährlich aussichtslos sind, weitere machtvolle Kollektive zu bilden.

43 Zu unverzichtbaren theoretischen, aus der Beteiligtenperspektive verfassten Schriften über Ökofeminismus, soziale Bewegungen und gewaltfreies Handeln vgl. Barbara Epstein (1991).

Nicht-B. Binnenraum: Der biomedizinische Körper

Die an die nukleare Technowissenschaft des Kalten Krieges und der darauffolgenden Epoche angeschlossenen grenzenlosen Ausdehnungen des Weltraums scheinen weit entfernt zu sein von ihrer Negation, den eingegrenzten und dunklen Bereichen des inneren menschlichen Körpers, dem Herrschaftsgebiet der Apparaturen biomedizinischer Sichtbarmachung. Aber diese beiden Quadranten unseres semiotischen Vierecks sind in den heterogenen Apparaturen körperlicher Produktion, die der Technowissenschaft angehören, vielfach miteinander verknotet. Wie Sarah Franklin bemerkte, »wetteifern die beiden neuen Grenzgebiete des Investmentgeschäfts, Weltraum und Binnenraum, um den Markt der Zukunft«.

Was diesen Zukunftsmarkt betrifft, so sind für meinen Essay zwei Wesenheiten von Interesse: der Fötus und das Immunsystem. Beide sind in Bestimmungen darüber verwickelt, was als Natur und was als Mensch, was als separates natürliches und was als juristisches Objekt gelten soll. Wir haben uns bereits einige Diskursmatrizen über den Fötus in der Diskussion um die Erde (wer spricht für den Fötus?) und den Weltraum (der freischwebende Planet als kosmischer Keim) kurz angeschaut. Hier will ich mich auf die Auseinandersetzungen darüber konzentrieren, was im gegenwärtigen Diskurs über das Immunsystem als Selbst und als Akteur*in zählt.

Die Gleichsetzung von Weltraum und Körperinnenraum und der mit ihnen verbundenen Diskurse über das Außerirdische, endgültige Grenzen und hochtechnologischen Krieg wird in der Festschrift zum einhundertjährigen Bestehen der *National Geographic Society* (Bryan 1987) ausdrücklich vollzogen. Das Kapitel, das von der Berichterstattung der Zeitschrift über die Expeditionen von *Mercury*, *Gemini*, *Apollo* und *Mariner* erzählt, heißt »Weltraum« und steht unter dem Motto: »Das Universum – oder nichts«. Das Schlusskapitel, voller erstaunlicher biomedizinischer Abbildungen, steht unter dem Motto: »Der Stoff der Sterne ist zum Leben erwacht«.[44] Ein Blick auf die Fotografie lässt die brüderliche Beziehung zwischen Binnenraum und Weltraum plausibel erscheinen. Seltsamerweise aber sehen wir im Weltraum Astronauten in ihren Kapseln sitzen oder als individu-

44 Eine umfassendere Erörterung des Immunsystems findet sich in »The Biopolitics of Post-modern Bodies«, in Haraway 1991.

ierte kosmische Föten umherschweben, während wir im vermeintlich irdischen Raum unseres Körperinneren nicht-humanoide fremde Wesen erblicken, mittels deren unsere Körper unsere Integrität und Individualität, ja unser Menschsein angesichts einer Welt von Anderen aufrechterhalten. Wir scheinen nicht nur durch die bedrohlichen »Fremdkörper«, gegen die das Immunsystem uns schützt, vereinnahmt zu werden, sondern viel grundlegender durch unsere eigenen fremden Bestandteile.

Abbildung 10

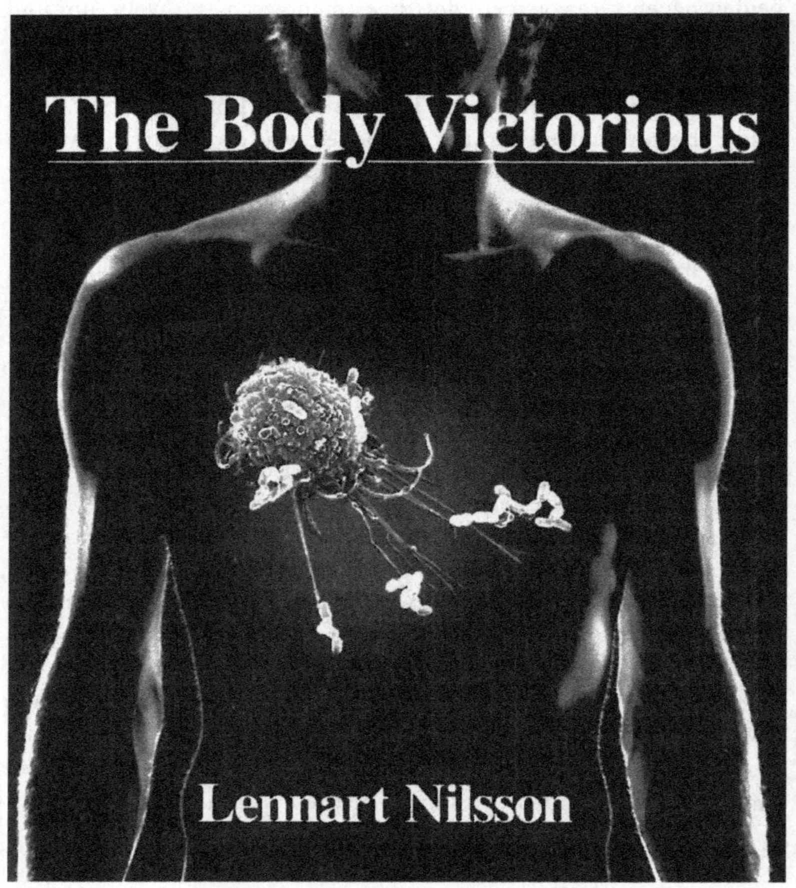

Lennart Nilssons Fotos, die sich in dem großformatigen Bildband *The Body Victorious* (1987, dt.: *Eine Reise in das Innere unseres Körpers*) und in vielen anderen medizinischen Texten finden, sind Meilensteine einer Fotografie, die sich mit den fremden Bewohnern des Körperinnenraums befasst[45] (vgl. Abb. 10). Die explosionsartig aufgefächerten Szenen, die aufwendigen Strukturen, die plastischen Farben und die ET-Ungeheuer der Landschaft des Immunsystems sind einfach *da*, sind in *uns*. Die weiß hervorquellende Ranke einer körpereigenen Fresszelle geht auf Bakterienfang; Chromosomenhügel ziehen sich flach über die blau getönte Mondlandschaft eines fernen Planeten; eine infizierte Zelle verströmt Myriaden tödlicher Virusteilchen in die Bereiche des Körperinnenraums, wo weitere Zellen zu Opfern werden; das von einer Autoimmunkrankheit zerfressene Ende eines Oberschenkelknochens erglüht, während im Hintergrund die Sonne in einer toten Landschaft versinkt; Todesschwadronen von Killer-T-Zellen haben Krebszellen eingekreist und greifen diese Verräter des Selbst mit chemischen Giften an.

Das in einem neueren Lehrbuch der Immunologie abgebildete Diagramm zur »Evolution der Erkennungssysteme« zeigt deutlich, wie sich vier Themen miteinander überschneiden: die buchstäblich »wunderbare« Vielfältigkeit, die von Stufe zu Stufe sich steigernde Komplexität, das Selbst als verteidigte Festung, das Außerirdische des Körperraums (vgl. Abb. 11). Unter dem Diagramm, dessen Höhepunkt die Entwicklung der Säugetiere bildet, die ohne weiteren Kommentar durch eine Maus und einen *Astronauten in voller Montur* dargestellt werden, finden wir folgende Erklärung: »Von der niederen Amöbe, die nach Nahrung sucht (oben links) bis zum Säugetier mit seinen raffinierten humoralen und zellulären Immunsystemen (unten rechts) zeigt der Prozess ›Selbstwahrnehmung vs. Nicht-Selbstwahrnehmung‹ eine fortlaufende Entwicklung, die Schritt hält mit der wachsenden Notwendigkeit für die Tiere, ihre Unversehrtheit in einer feindseligen Umgebung aufrechtzuerhalten. Somit ist die Entscheidung, an welchem Punkt die ›Immunität‹ auftauchte, eine rein semantische« (Playfair 1984).

45 Erinnern wir uns daran, dass Nilsson (1976) die berühmten und diskursverändernden Fotografien von (in Wahrheit abgetriebenen) Föten machte und sie als glühende, von hinten beleuchtete Universen porträtierte, die frei von der »mütterlichen Umgebung« dahinschwebten.

Abbildung 11

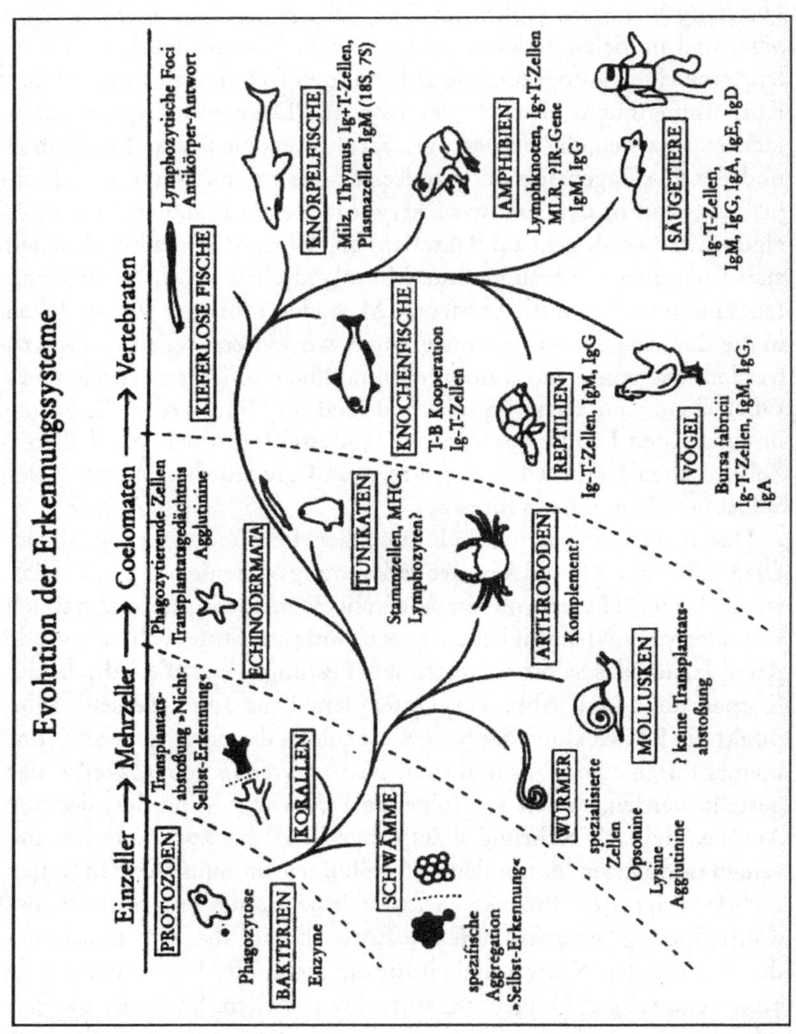

Das ist die »Semantik« von Verteidigung und Invasion. Die Perfektion des ganz und gar verteidigungsbereiten, »siegreichen« Selbst ist eine Phantasie, die erschauern lässt. Denn sie schließt phagozytische Amöben und den raumfahrenden Menschen zusammen; in einer evolutionären Teleologie post-apokalyptischer Außerirdischkeit schlachten beide die Erde aus. Wann ist ein Selbst Selbst genug, damit seine Grenzen für die institutionalisierten Diskurse in Biomedizin, Krieg und Business zentrale Bedeutung erlangen können?

Bilder vom Immunsystem als Schlachtfeld finden sich zuhauf auf den Wissenschaftsseiten der Tageszeitungen und in den auflagenstarken Magazinen. Ein Beispiel dafür ist die Titelgrafik von *Time* (aus dem Jahr 1984), die den AIDS-Virus bei seiner Invasion der Zelle-als-Fabrik darstellte. Der Virus ist ein Panzer, und die zum Abtransport aus den enteigneten Zellen bereiten Viren stehen aufgereiht, um ihren Vormarsch in der Produktivkraft Körper fortzusetzen.

Als die Zeitschrift *National Geographic* eine Grafik mit dem Titel »Krieg der Zellen« versah, war das eine ganz explizite Anspielung auf den Krieg der Sterne (Jaret 1986). Die militarisierte, vollautomatisierte Fabrik ist unter Illustratoren und Fotografen, die sich mit der Darstellung von Immunsystemen befassen, mittlerweile eine beliebte Form der Veranschaulichung. Die spezifischen historischen Markierungen einer durch den Krieg der Sterne aufrechterhaltenen Individualität werden durch hochentwickelte Visualisierungstechnologien ermöglicht, die auch dem Kriegs- und Handelsgeschäft dienen, wie etwa computergestützte Grafik, KI-Software und spezialisierte Scan-Systeme.

Nicht nur lernen die mit der Darstellung des Immunsystems Befassten von der Militärkultur, ebenso bezieht diese sich in symbiotischer Weise auf den Diskurs über das Immunsystem, so wie Militärstrategen sich direkt auf Videospiele und Science-Fiction beziehen und ihren Teil zu deren Entwicklung beitragen. So schrieb ein Offizier der US-Armee, der sich für eine Eliteeinheit im Rahmen der »Kriegführung niederer Intensität« einsetzte:

> Das geeignetste Beispiel zur Beschreibung der Funktionsweise dieses Systems ist das komplexeste biologische Modell, das wir kennen – das Immunsystem des Körpers. Innerhalb des Körpers existiert ein bemerkenswert komplexes Korps von Bodyguards. Absolut gerechnet ist ihre Anzahl klein; sie beträgt gerade ein Prozent der Körperzellen. Aber es sind Erkennungsspezialisten, Killer, Rekonstruktionsspezialisten und Kommunikatoren, die Eindringlinge aufspüren, Alarm schlagen, schnelle Reparaturarbeiten ausführen und zum Angriff gegen den Feind ausschwärmen können [...] In dieser Hinsicht enthält die Juniausgabe der *National Geographic* von 1986 einen detaillierten Bericht über die Funktionsweise des körpereigenen Immunsystems. (Timmerman 1987)

Die Kreisläufe von Kompetenzen, die den Körper als verteidigungsbereites Selbst – auf der persönlichen, der kulturellen und der nationalen Ebene – stützen, durchziehen die auf Fantasy spezialisierte Unterhaltungsindustrie. Diese gehört zum Apparat körperlicher Produktion und ist wesentlich beteiligt an der Ausarbeitung der wichtigen konsensbildenden Halluzinationen in Bezug auf »mögliche« Welten, die in das Erbauen »wirklicher« Welten übergehen. Im neuen *Met Life Pavilion* (Epcot Center, Walt Disney World), der die »intrikaten Strukturen des menschlichen Körpers dramatisch darstellen« soll, können wir uns als Subjekte anrufen lassen. Eine besonders spannende Fahrt namens »Krieg der Körper« verspricht uns, wir würden »die Wunder des Lebens erfahren«, also z.B. dem »Angriff der Thrombozyten« begegnen.[46] Dieser Original-Schlachtensimulator wird als »Familienunterhaltung« vermarktet. Die Technologie für diese Reise durch den menschlichen Körper beruht auf der Simulation bewegter, dreidimensionaler Bilder, deren Betrachter stationär bleibt. Wie bei anderen Formen des Hightech-Tourismus können wir uns überall hinbewegen und alles sehen, ohne eine Spur zu hinterlassen. Die Apparatur wurde schon von der Medizinabteilung der University of Colorado übernommen und im Anatomieunterricht eingesetzt. Schließlich sollten wir auch nicht vergessen, dass mehr Amerikaner in die kombinierten Disneywelten reisen als in die meisten anderen Maschinen, die Mythen verwirklichen (wie z.B. Washington, D.C.).[47] *Met Life* weist diejenigen, die die Reise durch den »Krieg der Körper« antreten wollen, darauf hin, dass sie durch die simulierte Bewegung schwere Schwindelanfälle bekommen können. Ist das auch nur »symbolisches Handeln«?

46 Anzeigentext für den *Met Life Pavilion*. Das Ausstellungsobjekt wird von den *Metropolitan Life and Affiliated Companies* gesponsert. Beim Campinggelände von Floridas Disneyworld können wir auch die »Insel der gefährdeten Arten« anschauen, um zu lernen, wie man in einem Paradies hinter Glas »für den Jaguar spricht«.

47 Ramona Fernandez (»Trickster Literacy«, Qualif. Exam, History of Consciousness, UCSC 1990) schrieb viel über Disneyworld und die vielfältigen kulturellen Bildungsformen, die erforderlich sind (und auch vor Ort gelehrt werden), wenn man hier erfolgreich reisen will. Ihr Essay beschreibt die dort verwendeten Visualisierungstechnologien und die Zusammenarbeit mit der medizinischen Hochschule bei der Entwicklung dieses Ausstellungsobjekts. Vgl. *Journal of the American Medical Association* 260, Nr. 18 (18. November 1988, 2776–2783).

In den verkörperten semiotischen Bereichen von Erde und Weltraum erblickten wir die Beugungsmuster, die durch neukomponierte Visualisierungstechnologien, durch neu verortete Kreisläufe von Kompetenzen ermöglicht wurden. Sie versprechen für un/an/geeignete Andere eine größere Benutzerfreundlichkeit. In diesem Sinne sind auch die Innenräume des biomedizinischen Körpers Kernbereiche der technowissenschaftlichen Auseinandersetzung, d.h. der Wissenschaft als Kultur im amodernen Rahmen der sozialen Natur. Aus diesen Prozessen entstehen äußerst interessante neue Kollektive nicht/menschlicher Verbündeter und Akteur*innen. Ich will zwei Bereiche skizzieren, wo vielversprechende Monster in der nährenden Umgebung der technowissenschaftlichen Arbeit einer Symbiogenese unterzogen werden: 1. auf Laborforschungen beruhende Theorien der Immunfunktion und 2. neue Apparate der Erkenntnisproduktion, die von Menschen mit AIDS und ihren heterogenen Verbündeten entworfen werden. Beide Gruppen von Monstern erzeugen je unterschiedlich gebeugte Ansichten des Selbst, wie sie in Annahmen und Praktiken im Zusammenhang mit Verwundbarkeit und Sterblichkeit sichtbar werden.

Wie Umweltschutz und friedlicher Widerstand handelt auch der Diskurs über das Immunsystem von den ungleich verteilten Über/Lebenschancen. Da es der Immunologie im Wesentlichen um Krankheit und Sterblichkeit geht, ist es kaum verwunderlich, dass Kriegsbedingungen vorherrschen. Sterben ist keine einfache Sache, die eine »freundliche« visuelle Darstellung nahelegt. Aber die Schlacht ist nicht die einzige Möglichkeit, den Prozess todgeweihten Lebens darzustellen. Personen, die mit den lebensbedrohlichen Folgen der HIV-Infektion fertigwerden müssen, bestehen darauf, dass sie mit AIDS *leben*, statt den Opferstatus (oder den eines Kriegsgefangenen?) zu akzeptieren. Auf vergleichbare Weise haben Laborwissenschaftler*innen Forschungsprogramme entwickelt, die nicht auf den Fähigkeiten des gepanzerten Selbst atomistischer Individuen beruhen, sondern auf nicht-militaristischen, beziehungshaften Verkörperungen. Und sie tun dies, um Immunsystem-Artikulationen wirkungsvoller konstruieren zu können, und nicht, weil sie als nette Leute mit pazifistischen Metaphern in Erscheinung treten wollen. Ich will versuchen, einen Eindruck von dem artefaktischen körperlichen Objekt namens »menschliches Immunsystem« zu vermitteln, wie er sich aus den Grundlagenwerken und Forschungsberichten der 1980er Jahre destillieren lässt. Diese Darstellungen sind Teil von Arbeitssystemen, die in vielen Praxisbereichen – Geschäftsentscheidungen, klinische Medizin, Laborexperimente – mit dem Immunsystem interagieren. Mit etwa 10^{12} Zellen ist das Immunsystem (IS) um zwei Potenzen größer als das Nervensystem. IS-Zellen werden das ganze Leben hindurch aus pluripotenten Stammzellen neu gebildet. Vom Embryo bis zum Erwachsenen befindet sich das Immunsystem in verschiedenen, morphologisch uneinheitlichen Geweben und Organen, wozu auch Thymus, Knochenmark, Milz und Lymphknoten gehören. Allerdings ist eine beträchtliche Anzahl Zellen im Blut- und Lymphkreislauf sowie in den Körperräumen und -flüssigkeiten zu finden. Sollte es überhaupt ein »dezentrales System« geben, dann dieses! Zudem ist es ein höchst anpassungsfähiges Kommunikationssystem mit vielen Schnittstellen. Im System gibt es zwei Hauptzellfamilien:

(1) die *Lymphozyten* mit den verschiedenen Arten von T-Zellen (Helfer-, Suppressor- und Killer-Zellen mit ihren Variationen) und den B-Zellen (von denen jeder Typ nur eine einzige Art aus dem großen Spektrum möglicher zirkulierender Antikörper produzieren kann). T- und B-Zellen sind so gebaut, dass sie fast jede nur denkbare molekulare Anordnung der richtigen Größe unabhängig vom Wissensfortschritt der industriellen Chemie zu kennen vermögen. Diese Eigenschaften werden durch einen barock anmutenden somatischen Mutationsmechanismus, durch Klonselektion und durch ein polygenes Rezeptor- oder Markersystem ermöglicht.

(2) Die andere Familie der Immunzellen ist das *mononukleare Phagozytensystem*. Dazu gehören die vielseitigen Makrophagen, die neben ihren sonstigen Erkennungsfähigkeiten und Verbindungen anscheinend auch Rezeptoren und hormonale Peptide mit den Nervenzellen gemeinsam haben. Neben den Zellen umfasst das Immunsystem ein breites Spektrum von zirkulierenden nicht-zellulären Körpern, wie etwa Antikörper, Lymphokine und Ergänzungskomponenten. Diese Moleküle stellen die Kommunikation zwischen den Komponenten des Immunsystems

> her, vermitteln aber auch zwischen dem Immunsystem und dem Nerven- und Hormonsystem. So verbinden sie die vielfältigen Kontroll- und Koordinationsbereiche und -funktionen des Körpers miteinander. Die genetische Analyse der Immunzellen zeigt einen hohen Grad an somatischer Mutation sowie ein häufiges Splitten und Neuzusammensetzen von Genprodukten, um fertige Oberflächenrezeptoren und Antikörper zu produzieren. Diese Komplexität spricht der Annahme hohn, es gebe auch nur in »einem« Körper ein einheitliches Genom. Der hierarchische Körper von einst ist verschwunden, und an seine Stelle ist ein intern vernetzter Körper von erstaunlicher Komplexität und Eigenart getreten. Das Immunsystem ist überall und nirgends. Seine Eigenarten sind unbestimmt, wo nicht unendlich und treten zufällig auf; trotzdem sind diese außerordentlichen Variationen für die Aufrechterhaltung körperlicher Integrität von entscheidender Bedeutung.

Zu Beginn der 1970er Jahre trat Niels Jerne mit einer von ihm so genannten Netzwerk-Theorie an die Öffentlichkeit, für die er einen Nobelpreis erhielt. Diese Theorie besagt, dass das Immunsystem sich selbst reguliert, und unterscheidet sich drastisch von der Idee eines siegreichen Körpers und eines gepanzerten Selbst. »Die Netzwerk-Theorie unterscheidet sich insofern von anderen immunologischen Denkweisen, als sie das Immunsystem mit der Fähigkeit ausstattet, sich einzig und allein durch sich selbst zu regulieren.« (Golub 1987; Jerne 1985)[48] Jerne ging davon aus, dass jedes Antikörpermolekül in der Lage sein müsse, als Antikörper für ein Antigen zu funktionieren *und* als Antigen zur Produktion eines Antikörpers gegen sich selbst in einem anderen Bereich seiner selbst. Die für diese Bindungsstellen benutzte Nomenklatur ist so einschüchternd, dass ein breiteres Verständnis der Theorie vereitelt wird, doch die Grundkonzeption ist einfach: Die Verkettung interner Erkennung und Antwort läuft in einer Reihe innerer Spiegelungen von Bindungsstellen auf Immunglobulinmoleküle unaufhörlich fort, so dass das Immunsystem sich

48 Bei der Konstruktion eines unerwarteten Kollektivs bezog sich Jerne (1985) direkt auf Noam Chomskys Theorie der strukturalen Linguistik. Der »textualisierte« semiotische Körper ist am Ende des 20. Jahrhunderts nichts Neues, aber welche Art Textualität ins Spiel gebracht wird, bleibt nach wie vor wichtig!

immer in einem Zustand dynamischer innerer Antwort befindet. Es ist niemals passiv, »im Ruhezustand«, um einen aktivierenden Reiz von einer feindlichen Außenwelt zu erwarten. In gewisser Weise gibt es gar keine *äußere* Antigenstruktur, keinen »Invasoren«, den das Immunsystem nicht schon »gesehen« und intern gespiegelt hätte. An die Stelle der rationalistischen oppositionellen Eigenschaft von Selbst und Anderem treten subtile Spiele teilgespiegelter Lesweisen und Antworten. Im Innersten des gepanzerten Selbst entsteht, völlig unerwartet, eine radikale Konzeption von *Verbindung*. Dies Modell verhindert in keiner Weise therapeutische Eingriffe, doch die am Drama Beteiligten haben andere Schnittstellen zur Welt hin. Die therapeutischen Logiken werden wohl kaum gemäß den Mustern von DARPAs jüngsten Hightech-Panzern und intelligenten Flugkörpern in das lebende Fleisch gezeichnet.

Einige dieser Logiken werden gerade von und in den Körpern von Menschen mit AIDS und ARC (dem AIDS-verwandten Symptomenkomplex, der meist noch keine unmittelbar lebensbedrohlichen Infektionen aufweist und monate- oder jahrelang andauern kann) ausgearbeitet. Bei ihren Bemühungen, angesichts tödlicher Erkrankung Leben zu erhalten und Schmerzen zu lindern, beteiligen sich Menschen mit AIDS an vielen Prozessen der Erkenntnisgewinnung. Das erfordert den komplizierten Wechsel von Codes, den Brückenschlag zwischen Sprachen und Bündnisse zwischen Welten, die vordem in Trennung gehalten wurden. Bei diesen »generativen Grammatiken« geht es um Leben und Tod. Mit den Worten eines Aktivisten: »Der Humor von ACT UP ist kein Scherz.« (Crimp und Rolston 1990, 20; vgl. auch Crimp 1983). ACT UP – das ist die *AIDS Coalition to Unleash Power*[49], ein Kollektiv, gebildet aus zahlreichen Artikulationen zwischen einander unähnlichen Arten von Akteur*innen, zu denen z.B. Aktivist*innen gehören, biomedizinische Geräte, Regierungsbehörden, die Welten von Schwulen und Lesben, schwarze Gemeinschaften, wissenschaftliche Konferenzen, experimentelle Organismen, Bürgermeister*innen, internationale Informations-

49 Teils im Untergrund, teils offen arbeitende Organisation von ursprünglich US-amerikanischen, mittlerweile in vielen Ländern tätigen AIDS-Aktivist*innen. *to act up* heißt »sich schlecht benehmen; *to unleash power* ist schwer zu übersetzen, es kann sowohl »um Macht zu zersetzen« als auch »um Kraft zu entfesseln« heißen (Anm. d. Übers.).

und Aktionsnetzwerke, Kondome und *dental dams*, Computer, Ärzt*innen, IV-Drogenbenutzer*innen, Pharma-Unternehmen, Verlage, Viruskomponenten, Sozialarbeiter*innen, innovative Sexualpraktiken, Tänzer*innen, Medientechnologien, »Einkaufsklubs«[50], Grafikkünstler*innen, Wissenschaftler*innen, Liebende, Rechtsanwält*innen und mehr. Allerdings sind die Akteur*innen nicht alle einander gleichgestellt. ACT UP hat ein beseelendes Zentrum: Menschen mit AIDS, die für den von AIDS verursachten Schaden und für die weltweite Arbeit zur Wiederherstellung der Gesundheit dasselbe bedeuten wie die eingeborenen Völker von Amazonien für die Zerstörung des Waldes und den Umweltschutz. Dies sind die Akteur*innen, mit denen andere sich verknüpfen müssen, und diese Artikulation ist die elementare Folge eines Lernprozesses, in dem wir den heterogenen, artefaktischen Körper, den unsere »soziale Natur« darstellt, sichtbar machen, statt unsere Vorstellung auf die »Errettung der Natur« und die Vertreibung fremder Invasoren aus einem unberührten organischen Garten Eden namens »autonomes Selbst« einzuengen. Die Errettung der Natur ist letztlich ein tödliches Projekt. Es beruht darauf, die Struktur der Grenzverletzung und den fälschlicherweise befreienden Schauder der Transgression in alle Ewigkeit fortzuschreiben. Was im ursprünglichen Garten Eden geschah, sollte dies verdeutlicht haben.

Wenn also der Baum der Erkenntnis nicht verboten werden kann, sollten wir alle lernen, wie wir mit ein bisschen mehr Grips uns selbst und andere ernähren können. In diesem komplizierten Prozess sind die Menschen mit AIDS, Project Inform[51], ACT UP, Gesundheitsbehörden, Klinikärzt*innen und viele weitere Akteur*innen engagiert, die sich um den Aufbau verantwortungsvoller Mechanismen

50 Einkaufsklubs sind informelle Organisationen, über die Menschen mit AIDS sich außerhalb des medizinischen Verschreibungssystems mit Medikamenten versorgen können. Häufig beschaffen die Einkaufsklubs Medikamente außerhalb der USA, wenn diese in den USA nicht zugelassen oder nur schwer erhältlich sind (Anm. d. Übers.).

51 Project Inform ist eine Organisation mit Sitz in der Region San Francisco, die Informationen über medizinische und andere mit AIDS verbundene Themen sammelt und verbreitet. Sie unterstützt innovative und unorthodoxe Forschungen und macht sie publik. Außerdem informiert sie über Quacksalber-Therapien und warnt vor falschen Hoffnungen (Anm. d. Übers.).

bemühen, aus denen Erkenntnisse über AIDS erwachsen.[52] Aus der Tatsache, dass die biomedizinische Forschung nicht in der Lage ist, ebendie Grenzen, die die Außenseiter von den Insidern trennen, zu überwachen, wird sie verwandelt hervorgehen. Die Veränderungen erstrecken sich auf viele Bereiche: Erkenntnistheorie, Werbung, Rechtsprechung, geistige Felder. Wie zum Beispiel ist der Wissensstand beschaffen, den die neuen – bisherige Forschungskonventionen in Frage stellenden – Kombinationen der Entscheidungsfindung in der Experimentalplanung hervorgebracht haben? Welche Folgen hat die *gleichzeitige* Infragestellung des Expertenmonopols auf Erkenntnis *und* das Beharren auf der rapiden Verbesserung der biomedizinischen Wissenslage sowie der massenhaften und gerechten Verteilung ihrer Früchte? Wie werden die erkennbar amodernen Hybriden von Heilungspraktiken in dem sich herausbildenden Gesellschaftskörper miteinander auskommen? Und wer wird – als Resultat dieser äußerst nicht-unschuldigen Praktiken – leben und sterben?

52 Vgl. etwa den Zusammenschluss von *Project Inform* mit der *Community Research Alliance*, um auf kommunaler Basis stattfindende Testreihen mit erfolgversprechenden Arzneimitteln zu beschleunigen – und die Bemühungen des National Institute of Health, mit diesen Entwicklungen fertigzuwerden (*PI Perspective*, Mai 1990). Vgl. auch die Differenzen zwischen Präsident Bushs Minister für Gesundheit und Soziale Dienste, Lewis Sullivan, und dem Direktor des *National Institute of Allergy and Infectious Diseases* (NIAID), Anthony Fauci, über den Umgang mit Aktivist*innen und Menschen mit AIDS. Nachdem ACT UP gegen Bushs und Sullivans Politik während seiner Rede auf der AIDS-Konferenz in San Francisco im Juni 1990 demonstriert hatte, sagte Sullivan, er wolle mit ACT UP nichts mehr zu tun haben, und wies Regierungsbeamte an, die Kontakte auf ein Minimum zu reduzieren. (Bush war eingeladen worden, auf dieser internationalen Konferenz zu sprechen, aber sein Terminplan erlaubte es nicht. Er war nämlich zu der Zeit in North Carolina, um für den ultrareaktionären Senator Jesse Helms Geld aufzutreiben.) Im Juli 1990, auf dem neunten Treffen der *AIDS Clinical Trials Group* (ACTG), an dem zum ersten Mal auch aktive Patient*innen teilnahmen, sagte Fauci, er werde dafür arbeiten, dass die AIDS-Patientenschaft in den von NIAID vorgesehenen Gesamtprozess klinischer Versuche miteinbezogen wird. Er ermunterte Wissenschaftler*innen, sich die für eine freie Diskussion notwendigen Fähigkeiten anzueignen (»Fauci …« 1990). Warum geht die Konstruktion dieser Art wissenschaftlicher Artikulation »sanfter« vor sich? Die Antwort darauf überlasse ich den durch einige Jahrzehnte feministischer Theorie beeinflussten Leserinnen.

Nicht-A. Virtueller Raum: Science-Fiction[53]

Artikulation ist nicht einfach. Sprache wird durch Artikulation bewirkt, und das gilt auch für Körper. Die Artikulierten sind Gliedertiere; sie sind nicht glatt wie die perfekt-sphärischen Wesen in der Ursprungsphantasie von Platons *Timaios*. Sie sind zusammengeflickt. Das ist die Bedingung des Gegliedertseins. Ich verlasse mich auf die Gliederwesen, um dem artefaktischen Kosmos von Monstern, den dieser Essay bewohnt, Leben einzuhauchen. Die Natur kann stumm sein, sprachlos im menschlichen Sinne, aber sie ist hochgradig artikuliert. Der Diskurs ist nur einer unter vielen Artikulationsprozessen. Eine artikulierte Welt hat eine unentscheidbare Anzahl von Orten und Weisen, Verbindungen herzustellen. Die Oberflächen einer solchen Welt sind keine fugenlos gekrümmten Ebenen. Unähnliche Dinge können miteinander verbunden, ähnliche auseinandergebrochen werden – und umgekehrt. Die Oberflächen, die mich interessieren, sind – übersät mit Tasthaaren, Ausstülpungen, Einstülpungen und Einkerbungen – in Glieder unterteilt. Als in Segmente unterteilte Wirbellose sind die Gliederwesen insektenhaft und wurmähnlich, und sie beeinflussen die entflammten Phantasien von Science-Fiction-Filmemachern und Biologen. In einer heute ungebräuchlich gewordenen Wendung des Englischen hieß »artikulieren« so viel wie »Vertragsbedingungen festlegen«. Vielleicht sollten wir wieder in einer solchen »ungebräuchlichen«, amodernen Welt leben. Artikulieren heißt mit Bedeutungen versehen. Heißt Dinge zusammenfügen, schaurige Dinge, riskante Dinge, kontingente Dinge. Ich möchte in einer artikulierten Welt leben. Wir artikulieren, also sind wir. Wer »Ich« bin, ist in der unendlichen Vollendung der (klaren und deutlichen) Selbst-Betrachtung sehr begrenzt. Unfair wie immer, denke ich diese Frage als die paradigmatische psychoanalytische Frage. »Wer bin ich?« handelt von (der immer unverwirklichbaren) Identität.

---

53 Dieser Quadrant des semiotischen Vierecks ist A.E. Van Vogts »Spielern von Null-A« für ihre nicht-aristotelischen Abenteuer gewidmet. Eine frühere Fassung dieses Aufsatzes sah für den virtuellen Raum die Einbildungskraft (*imagination*) vor, nicht Science-Fiction. Hilfreich war die Anregung einer Fragestellerin, die darauf verwies, dass Einbildungskraft eine Fähigkeit des 19. Jahrhunderts gewesen ist, die zu den von mir formulierten Argumenten in politischem und epistemologischem Widerspruch steht. So wie ich (vergeblich) versuche, die Psychoanalyse zu umgehen, muss ich auch den Sumpf der romantischen Einbildungskraft umgehen.

Eine beständig unsichere Frage, deren Dreh- und Angelpunkt immer noch das väterliche Gesetz, das heiligen Ebenbild ist. Da ich Moralistin bin, muss die wirkliche Frage eine größere Tugend besitzen: Wer sind »wir«? Das ist eine zuinnerst sehr viel offenere Frage, die immer für kontingente, Brüche erzeugende Artikulationen gut ist. Es ist eine protestierende Frage.

In der Optik wird das virtuelle Bild durch die offensichtlich scheinende, aber nicht tatsächlich sich vollziehende Konvergenz von Lichtstrahlen erzeugt. Das Virtuelle scheint zum Realen in kontrafaktischer Beziehung zu stehen; das Virtuelle wirkt durch Scheinen, nicht durch Sein. Vielleicht wird darum in Wörterbüchern *virtue* (Tugend) immer noch auf die Keuschheit der Frauen bezogen, die dem patriarchalischen Gesetz der Optik zufolge immer zweifelhaft bleiben muss. Aber *virtue* bedeutete auch den männlichen Geist und Mut, und Gott nannte eine Ordnung der Engel die Tugenden [*virtutes*, dt. die Mächte] (allerdings waren sie eher in den mittleren Rängen angesiedelt). Wie groß mithin auch die Wirkungen des Virtuellen sein mögen, es scheint ihnen eine eigene Ontologie zu fehlen. Engel, Mannesmut und Frauenkeuschheit können höchstens aus Sicht der »Postmodernen« am Ende des 20. Jahrhunderts ein virtuelles Bild formen. Für sie ist das Virtuelle gerade *nicht* das Wirkliche, darum *lieben* sie »virtuelle Realität«. Sie scheint eine Überschreitung darzustellen. Dennoch kann ich nicht vergessen, dass »virtual« auch einmal die Bedeutung von »Kraft« und »Stärke« besaß, d.h. die inhärente Macht, Wirkungen hervorzubringen. Immerhin bedeutet »virtú« Vorzüglichkeit und Verdienst, und heute noch wird *virtue* gerne gebraucht, um auf die Wirksamkeit zu verweisen. Die *virtue* von etwas ist seine »Fähigkeit«. Die *virtue* von (bestimmten) Lebensmitteln besteht darin, dass sie den Körper ernähren. Der virtuelle Raum *scheint* die Negation des wirklichen Raums zu sein; die Regionen der Science-Fiction *scheinen* die Negation der irdischen Regionen darzustellen. Aber vielleicht ist diese Negation die wirkliche Illusion.

»Wenn man vom Cyberspace den Hightech-Flitter entfernt, dann bleibt die Idee einer virtuellen, konsensuellen Gemeinschaft [...] Eine virtuelle Gemeinschaft ist zunächst und zumeist eine Glaubensgemeinschaft.«[54] Für William Gibson (1986) ist Cyber-

54 Stone 1990.

space »konsensuelle Halluzination, die täglich von Milliarden erfahren wird [...] Unausdenkbare Komplexität.« Cyberspace scheint die konsensuelle Halluzination mit zu großer Komplexität, zu starker Artikulation zu sein. Es ist die virtuelle Realität der Paranoia, einer dichtbevölkerten Region im letzten Viertel des zweiten christlichen Jahrtausends. Paranoia ist der Glaube an die ungebrochene Dichte der Verbindung, die, will man überleben, den Rückzug und die Verteidigung bis zum Tode erfordert. So entsteht, auf dem Grunde der Beziehungshaftigkeit, das gepanzerte Selbst erneut. Paradoxerweise ist Paranoia die Bedingung für die Unmöglichkeit, artikuliert zu bleiben. Im virtuellen Raum droht die *virtue* der Artikulation – d.h. die Macht, Verbindungen herzustellen – jede Möglichkeit wirksamen Handelns zur Veränderung der Welt niederzuringen und schließlich ganz unter sich zu begraben.

Wollen wir also bei unseren Reisen in den virtuellen Raum aus unserer Begegnung mit den artefaktischen Gliederwesen in ein lebbares Anderswo auftauchen, brauchen wir eine Leitfigur, um den Sumpf der Verzweiflung umschiffen zu können. Lisa Foo, die Hauptgestalt in einer (mit dem Hugo und dem Nebula Award ausgezeichneten) Kurzgeschichte von John Varley (1986), wird unsere unwahrscheinliche Beatrice sein, die uns durch das System geleitet.

»Wenn du mehr wissen willst, drücke ENTER« (286)[55]

Mit dieser schicksalhaften Einladung beginnt und endet Varleys durch und durch paranoide Geschichte. Der Baum der Erkenntnis ist ein Spinngewebe, ein umfassendes System von Computerverbindungen, das als emergente Eigenschaft ein neues und schreckenerregend unmenschliches Kollektivwesen erzeugt. Die verbotene Frucht ist die Erkenntnis der Arbeitsweise dieser mächtigen Entität, deren tödliches Wesen die extravagante Verbindung ist. Alle Menschengestalten sind nach Computern, Programmen, Praktiken oder Begriffen benannt: Viktor Apfel, Detective Osborne und die Hacker Lisa Foo und Charles Kluge. Die Geschichte handelt von Mord.

---

55 Dank an Barbara Ige, graduierte Studentin an der Literaturwissenschaftlichen Fakultät, UCSC, für die Unterhaltungen über unser Interesse an der Figur Lisa Foo.

Kluge ist von seinem Nachbarn, Apfel, tot aufgefunden worden. Auf einem Bildschirm der zahlreichen Computer in seinem Haus (das auch Fässer voll illegaler Drogen beherbergt) erscheint nach Befolgen der Aufforderung »Drücke ›Enter‹« ein zweifelhafter, auf Selbstmord deutender Abschiedsbrief. Apfel ist ein zurückgezogen lebender Epileptiker mittleren Alters, der als Kriegsgefangener in Korea misshandelt wurde und seitdem unter seelischen Wahnvorstellungen leidet, wozu auch der von Furcht genährte Hass auf »Orientalen« gehört. Als Detective Osbornes Leute von der Mordkommission Los Angeles sich als völlig unfähig erweisen, die ausgefeilte Software zu entschlüsseln, mit der Kluges Maschinen arbeiten, holt sich *Cal Tech* Lisa Foo zu Hilfe, eine junge Einwanderin aus Vietnam und mittlerweile US-Bürgerin. Sie spielt nun den Sherlock Holmes für Osbornes Lestrade. Die Geschichte wird aus der Perspektive von Viktor Apfel erzählt, doch steht Foo im Mittelpunkt und ist, so behaupte ich, der Dreh- und Angelpunkt.

In dieser nachdrücklichen Weise möchte ich die Freiheit nutzen, die zu den anti-elitären Lektürekonventionen der Science-Fiction-Popularkultur gehört. Diese Konventionen laden dazu ein – oder erlauben es zumindest eher als die von akademischer Seite propagierten, respektheischenden Aneignungsregeln für Literatur –, während der Lektüre das Buch umzuschreiben. Die Bücher sind billig, ihre Verweildauer auf dem Markt ist kurz, warum sie also nicht umschreiben, während man sie liest? Die meisten Science-Fiction-Geschichten, die ich mag, regen mich dazu an, mich aktiv in Bilder, Handlungsstränge, Figuren, Tricks, linguistische Schachzüge, kurz: in Welten einzumischen, nicht so sehr, um sie zum »richtigen« Ende zu bringen, sondern um ihnen eine »andere« Bewegung zu ermöglichen. Diese Welten regen mich dazu an, ihre *virtue*, ihre Kraft und Tugend zu testen, zu prüfen, ob ihre Artikulationen funktionieren und zu welchem Zweck. Weil Science-Fiction die Identifikation mit einer Hauptfigur, die Zufriedenheit mit einer klar konturierten Welt oder eine entspannte Haltung der Sprache gegenüber zu besonders risikoreichen Lesestrategien macht, sind die Leser*innen im Allgemeinen großzügiger und misstrauischer – und zwar beides zugleich. Das ist genau die Rezeptionshaltung, die ich in der politischen Semiose generell suche. Es ist eine Strategie, die eng verbunden ist mit dem oppositionellen und differenziellen Bewusstsein, das von Chela Sandoval und anderen Feministinnen, die auf dem Befahren verminter diskursiver Gewässer beharren, theorisiert worden ist.

Unser erster Blick auf Lisa Foo fällt durch Apfels Augen, und für ihn sah sie, »den Schnurrbart abgerechnet, einem japanischen Comic-General zum Verwechseln ähnlich. Sie hatte die Brille, die Ohren und die Zähne. Aber ihre Zähne trugen Klammern, wie mit Stacheldraht umwickelte Klaviertasten. Und sie war eins siebzig oder eins dreiundsiebzig und konnte nicht mehr gewogen haben als hundertzehn Pfund. Ich hätte hundert gesagt, habe aber je fünf Pfund für ihre Brüste draufgeschlagen, die an ihrem Klappergestell so unvorstellbar groß waren, dass ich auf ihrem T-Shirt nur lesen konnte ›POCK LIVE‹. Erst als sie sich zur Seite drehte, sah ich die beiden ›S‹ am Anfang und am Ende.« (241f.) Neben den vielen anderen Sprachen, die dieser so eindringlich belesenen Figur zugänglich sind, kommuniziert Foo fortwährend durch ihren endlosen Vorrat an T-Shirts. Ihre Brüste erweisen sich als Silikonimplantate, und Foo ist der Auffassung: »Ich glaube, von allen Sachen, die ich gekauft habe, hat mich nichts so glücklich gemacht wie dies. Nicht einmal das Auto [ihr Ferrari]« (263). Aus Foos Kindheitsperspektive ist »der Westen [...] die Gegend, wo du Titten kaufst« (263).

Als Foo und Apfel – in einer der am sensibelsten geschilderten heterosexuellen interethnischen Beziehungen, die je im Druck erschienen sind – ein Liebespaar werden, erfahren wir auch, dass die Geschichte von Südostasien an der Zusammensetzung von Foos Körper vielfach beteiligt war. Varley gab ihr einen Namen, der eine »orientalisierte« Version des Computerausdrucks »fu bar« – *fucked up beyond all recognition* (»verunstaltet bis zur Unkenntlichkeit«) – darstellt. Ihre chinesische Großmutter war 1942 von einem japanischen Besatzungssoldaten in Hanoi vergewaltigt worden. In dem Vietnam von Foos Mutter »war es schlimm genug, Chinesin zu sein, aber halb Japanerin und halb Chinesin zu sein war noch schlimmer [...] Mein Vater war halb Franzose und halb Annamese. Noch eine schlechte Kombination.« (275) Ihre Mutter wurde während der Tet-Offensive getötet, als Foo zehn Jahre alt war. Das Mädchen wurde in Saigon zur Straßendiebin und Prostituierten. Dort »beschützte« sie ein pädophiler weißer Hauptmann der US-Armee. Als Saigon »fiel«, weigerte sie sich, mit ihm zu gehen, und landete in Pol Pots Kambodscha, wo sie die Arbeitslager der Roten Khmer gerade eben überlebte.

Sie floh nach Thailand, und »als ich die Amerikaner schließlich auf mich aufmerksam machen konnte, hielt mein Hauptmann immer noch nach mir Ausschau« (276). Bevor dieser an Krebs stirbt, den er sich wahrscheinlich zu Beginn seiner Laufbahn durch die Beobachtung von Atombombentests in Nevada zugezogen hat, vermittelt er Foo in die USA. Ihre Intelligenz und ihre Gaunereien verschaffen ihr »Titten von Goodyear« (275), einen Ferrari und eine Ausbildung bei *Cal Tech*. Foo und Apfel kämpfen zusammen in ihren jeweiligen Erbschaften mehrfachen Missbrauchs (sexueller und anderer Provenienz) und sich überschneidenden Rassismen. Beide sind vielfach talentierte, aber verwundete Überlebende. Diese Geschichte, ihre Zentralfigur und ihr Erzähler gestatten uns nicht, uns vor den gruseligen Themen von Rasse/Rassismus, Geschlecht/Sexismus, historischer Tragödie und Technowissenschaft in jenem Zeitbereich, den wir höflicherweise »das späte 20. Jahrhundert« nennen, zu drücken. Einen sicheren Ort gibt es hier nicht, dafür aber viele Landkarten mit Möglichkeiten.

Aber es gibt entschieden *zu viele* Verbindungen in »Press Enter«, und das ist nur der Anfang. Foo ist zutiefst verliebt in die Macht-Wissen-Systeme, zu denen sie dank ihrer Fähigkeiten Zugang hat. »Das hier ist Geld, Yank, sagte sie, und ihre Augen glitzerten« (267). Als sie die faszinierenden Gewebe und Sicherheitsvorrichtungen verfolgt, die in militärischen Computerprojekten begannen, aber mittlerweile ein zum großen Teil unmenschliches Eigenleben angenommen haben, bringen ihre Liebe und ihre Fähigkeiten sie zu tief in die unendlich dichten Verbindungen des Systems, wo sie, wie vor ihr schon Kluge, Aufmerksamkeit erregt. Ihr Rückzugsversuch kommt zu spät. Bald danach findet sich ein deutlich gefälschter Abschiedsbrief auf dem T-Shirt, das sie auf ihrem zerstörten Körper trägt. Die Untersuchung ergibt, dass sie die Mikrowelle in Kluges Haus neu verdrahtet hatte, um die Sicherheitsvorkehrungen zu umgehen. Sie legte ihren Kopf in die Mikrowelle und starb kurz danach im Krankenhaus, mit gefrorenen Augen und Gehirn und schrecklich geschmolzenen Brüsten. Das Versprechen, das ihr Name beinhaltete, »fu bar«, hatte sich allzu buchstäblich erfüllt – sie war tatsächlich »verunstaltet bis zur Unkenntlichkeit«. Apfel, der durch seine Liebe zu Lisa wieder am Leben Anteil genommen hatte, zog sich total zurück, befreite sein Haus von allen Drähten und anderen Verbindungsgliedern zu den

Technogeweben einer Welt, die er nun vollständig mit den paranoiden Begriffen unendlicher und fremder Verbindung erfasste. Am Ende versteckt sich das gepanzerte Selbst, alleingelassen, fortwährend vor dem fremden Anderen.

Es ist möglich, »Press Enter« auf verschiedene Weisen zu lesen: als konventionelle heterosexuelle Romanze, als bourgeoise Detektivgeschichte, als technophobe/-phile Fantasy, als Fernost-Geschichte, schließlich als weiß-männliche Erzählung, die durch den Zugang zum Körper und Geist einer Frau, insbesondere einer aus der »Dritten Welt«, möglich wird; wobei diese Frau, wie üblich in der frauenfeindlichen und rassistischen Kultur, gewaltsam zerstört wird. Und nicht nur gewaltsam, sondern im Übermaß, grenzenlos. Ich glaube, eine solche Lesart tut den zart gewebten Fäden der Schreibweise Gewalt an. Dennoch empfinde ich und empfinden andere Frauen und Männer, die die Geschichte mit mir gelesen haben, unversöhnlichen Ärger und Zorn: Lisa Foo hätte nicht auf diese Art getötet werden dürfen. Das ist wirklich nicht in Ordnung. Der Text und der Körper verlieren jegliche Distinktion. Ich falle aus dem semiotischen Quadrat in den Teufelskreis des Dings-als-solches. Mehr als alles andere überschreitet dieser pornografische, vergeschlechtlichte und farbige Tod, diese exzessive Zerstörung ihres Körpers, diese völlige Auflösung ihres Seins – diese extravagante endliche Verbindung – die Grenzen der Lust in Bezug auf die Konventionen paranoider Fiktion und ruft dazu auf, Lektüre als aktives Neuschreiben zu betreiben. Ich kann diese Geschichte nicht lesen, ohne sie neu zu schreiben, das ist eine Lektion der transnationalen, interkulturellen, feministischen Bildung. Und der Schluss der Geschichte erzwingt das Neuschreiben nicht nur um seiner selbst willen, sondern um des ganzen nicht/menschlichen Kollektivs willen, das Lisa Foo darstellt. Es geht dem differenziellen/oppositionellen Neuschreiben nicht darum, die Geschichte zu einem »richtigen« Ende zu bringen, was immer das sein mag. Es geht darum, die Figur Lisa Foo neu zu artikulieren, um die geschlossene Logik einer tödlich rassistischen Frauenfeindlichkeit ins Wanken zu bringen. Die Artikulation muss offen bleiben, ihre Dichte dem eingreifenden Handeln zugänglich sein. Wenn das System der Verbindungen sich in sich selbst verschließt, wenn das symbolische Handeln vollkommen wird, dann erfriert die Welt im Totentanz. Der Kosmos ist vollendet, und er ist Eins. Paranoia bleibt da die einzig mögliche Haltung, großzügiges Misstrauen ist ausgeschlossen. In dieser Welt ist es ein grauenhafter Fehler, die Taste »Enter« zu drücken.

Der ganze Argumentationsgang dieses Aufsatzes lief darauf hinaus, dass es kein tödlicher Fehler ist, die »Enter«-Taste zu drücken, sondern eine unumgängliche Möglichkeit, die Weltkarten zu verändern, neue Kollektive aus den nicht gerade im Überfluss vorhandenen nicht/menschlichen Akteur*innen zu bauen. Ich habe hohe Ansprüche an die Textfigur Lisa Foo und an viele andere Akteur*innen in Varleys Science-Fiction. Aus zahlreichen Schnittstellen konstruiert, kann Foo uns durch die Gegenden des virtuellen Raums geleiten – aber nur, wenn die feinen Spannungslinien in den verknüpften Geweben, die ihr Sein ausmachen, im Spiel bleiben, offen sind für die unerwartete Verwirklichung einer unwahrscheinlichen Hoffnung. Wir brauchen kein »Happy End«, sondern ein Nicht-Ende. Darum sind die von männlich-patriarchalen Apokalypsen handelnden Narrationen unbrauchbar. Das System ist nicht geschlossen, das heilige Ebenbild wird nicht kommen. Die Welt ist nicht erfüllt.

Das letzte Bild in diesem ausufernden Essay ist *Cyborg*, ein Gemälde von Lynn Randolph aus dem Jahr 1989, in dem die Begrenzungen einer auf tödliche Weise grenzüberschreitenden, vom Subjekt und vom Objekt regierten Welt Grenzregionen weichen, die von nicht/menschlichen Kollektiven bewohnt werden (vgl. Abb. 12).[56]

---

56 Öl auf Leinwand, 91,4 x 71,1 cm. Foto von D. Caras. Im Gespräch mit dem Essay »A Manifesto for Cyborgs« (1985, in Haraway 1991) malte Randolph das Cyborg während ihres Aufenthalts am Bunting Institute. Dort stellte sie das Gemälde im Frühjahr 1990 aus, im Rahmen einer Einzelausstellung unter dem Titel »A Return to Alien Roots« (Eine Rückkehr zu fremden Wurzeln). Die Ausstellung vermittelte eine aus vielen Quellen sich speisende »traditionelle religiöse Bilderwelt in einem postmodernen säkularisierten Umfeld«. Randolph malt »Bilder, die Frauen Kraft geben, Träume vergrößern und die Grenzen zwischen Rassen, Klassen, Geschlechtern und Altersstufen überqueren« (Ausstellungskatalog). Randolph lebt und malt in Texas. Sie organisierte den Aufruf der Künstler*innen aus dem Bezirk Houston gegen die US-Intervention in Mittelamerika. Das Modell für *Cyborg* war Grace Li aus Peking, die sich im Schicksalsjahr 1989 am Bunting Institute aufhielt.

Abbildung 12

Diese Grenzregionen verheißen eine reiche Topografie kombinatorischer Möglichkeit. Diese Möglichkeit wird »Erde« genannt, ist hier und jetzt, dieses Anderswo, in dem wirklicher, Welt-, Körper- und virtueller Raum implodieren. Das Gemälde kartografiert die Verknüpfungen zwischen Kosmos, Tier, Mensch, Maschine und Landschaft in ihren rekursiven siderischen, knochigen, elektronischen und geologischen Skeletten. Ihre kombinatorische Logik erscheint als verkörperte; die Theorie ist körperlich, die soziale Natur ist artikuliert. Die stilisierten DIP-Schalter der integrierten Schalttafel, die die menschliche Figur auf der Brust trägt, sind Vorrichtungen, bei denen die Off-Positionen als zwischen elektrischer und Software-Kontrolle vermittelnd angeordnet sind – nicht unähnlich der vermittelnden, strukturfunktionalen Anatomie der katzen- und menschenförmigen Vorderglieder, vor allem der flexiblen, homologen Hände und Tatzen. Das Gemälde zeigt viele solcher Organe der Berührung und Vermittlung, aber auch solche des Sehens. Indem sie den Blick der Betrachtenden erwidern, liegen die Augen der Frau und der Katze im Mittelpunkt der Komposition. Hinter der Cyborg-Gestalt erscheint das spiralförmige Skelett der Milchstraße, unserer Galaxie, in drei unterschiedlichen grafischen Formen, die durch hochtechnologische Apparaturen sichtbar gemacht werden können. Dort, wo in meinem semiotischen Viereck der virtuelle Raum seinen Ort hat, ist der Gravitationstrichter eines Schwarzen Lochs abgebildet. Zu beachten ist ferner das mit den in Europa gebräuchlichen männlichen und weiblichen astrologischen Zeichen betriebene Kreuzchen-Spiel (das hier Venus gewann); direkt rechts daneben finden sich einige Berechnungen, die aus der Chaos-Mathematik stammen könnten. Oberhalb dieser beiden Symbolreihen sehen wir eine Berechnung, die sich in Einsteins Aufzeichnungen befunden hat. Die mathematischen Formeln und die Spiele sind wie logische Gerüste. Die Tastatur ist mit dem Skelett des Planeten Erde verbunden, auf dem (im Bild vorn links) sich eine Pyramide erhebt. Das ganze Gemälde wirkt wie eine Anleitung zum Meditieren. Die große Katze ist einem Tiergeist ähnlich, vielleicht ist es ein weißer Tiger. Die Frau, eine junge chinesische Studentin in den USA, stellt das Menschliche, das Universelle, das Generische dar. Die »farbige Frau«, eine ganz besondere, problematische, neue kollektive Identität, ist voll des Widerhalls lokaler und globaler Gespräche.[57] In diesem Gemälde verkörpert sie die immer noch widersprüchlichen, gleichzeitigen Statusformen der Frau: Person aus der »Dritten Welt«, Mensch, Organismus, Kommunikationstechno-

---

57 Ich borge diese Verwendung des Ausdrucks »Gespräche« sowie die Vorstellung einer transnationalen feministischen Bildung von Katie Kings Konzept in Bezug auf Frauen und Schreibtechnologien.

logie, Mathematikerin, Schriftstellerin, Arbeiterin, Ingenieurin, Wissenschaftlerin, geistige Führerin, Liebhaberin der Erde. Dies ist die Art des »symbolischen Handelns«, die transnationale Feminismen lesbar gemacht haben. Sie/Er ist nicht vollendet.

Nun haben wir im lärmenden Mechanismus des semiotischen Vierecks die Reise beendet und sind wieder am Anfang angelangt, wo wir die in technowissenschaftlichen Welten angesiedelten Cyborg-Gestalten aus der Werbung trafen. Die merkwürdig rekursiven Kaninchen von Logic General, die, mit ihren Pfoten auf der Tastatur, die Vermittlung von Replikation und Kommunikation versprachen, haben unterschiedlichen Schaltkreisen von Kompetenzen Platz gemacht. Wenn das Cyborg sich verändert hat, warum nicht auch die Welt? Randolphs Cyborg führt ein Gespräch mit Trinh Minh-has un/an/geeigneten Anderen, dem persönlichen und kollektiven Wesen, dem die Geschichte die strategische Illusion der Selbst-Identität versagt hat. Diese*r Cyborg hat keine aristotelische Struktur, und keine Dialektik von Herr und Knecht beendet die Kämpfe zwischen Ressource und Produkt, Leiden/schaft und Handeln. Sie/Er ist nicht utopisch oder imaginär, sondern virtuell. Zusammen mit anderen Cyborgs hervorgegangen aus dem Ineinanderstürzen des Technischen, Organischen, Mythischen, Textuellen und Politischen, wird sie/er durch Verknüpfungen kritischer Differenzen innerhalb und außerhalb jeder Figur gebildet. Das Gemälde könnte die Überschrift tragen: »Ein paar Worte über Artikulation von den Akteur*innen in diesem Feld«. Unter Bevorzugung der Farbtöne Rot, Grün und Ultraviolett möchte ich Randolphs *Cyborg* – für listige transnationale Technoscience Studies als Cultural Studies – in einer spektralfarbenen politischen Semiologie lesen.

Übersetzt von Michael Haupt

Von Affen und Müttern

Eine Allegorie für das Atomzeitalter

Ich wende mich Koko zu: »Bist du ein Tier oder eine Person?«
Koko antwortet ohne Zögern: »Schönes Gorilla Tier.«
Francine Patterson, »Conversations with a Gorilla«

Kommunikation

Die Natur des sozialen Geschlechts bei den Sieben Schwestern[1]

Um eine neunjährige finanzielle Unterstützung der TV-Sondersendungen der *National Geographic Society*[2] gebührlich hervorzuheben,

---

1 Sieben Schwestern (*Seven Sisters*) ist eine Bezeichnung für die sieben größten internationalen Ölgesellschaften (Anm. d. Übers.).

2 Stil und Inhalt der Zeitschrift *National Geographic*, die seit 1888 von der *National Geographic Society* (*NGS*) herausgegeben wird, gehen auf Alexander Graham Bells Schwiegersohn, Gilbert Grosvenor, zurück, der nach dem Spanisch-Amerikanischen Krieg von 1898 die Herausgeberschaft übernahm. Die Aufgabe von Bell und Grosvenor bestand darin, die *NGS* zu einer wirklich nationalen Gesellschaft zu vereinigen und eine populäre Zeitschrift zu schaffen, die sich stilistisch wie inhaltlich von elitär-wissenschaftlichen Publikationen abhob. Grosvenor hat die editorische Praxis bis 1954 bestimmt, sein Konzept blieb jedoch noch bis in die 1980er Jahre maßgebend und hat sich insgesamt als überaus erfolgreich erwiesen. Sein Rezept bestand in einer popularisierenden Vermischung von Wissenschaft und Abenteuer, die die Leser nicht passiv konsumieren, sondern an der sie aktiv *teilhaben* sollten. Grosvenor rief veritable Mitgliederfamilien ins Leben, die der *NGS* beitraten und jeden Monat die Zeitschrift bezogen. (Oftmals wurde so eine Mitgliedschaft als Hochzeitsgeschenk überreicht.) Auf diese Weise partizipierte eine ständig wachsende Leserschaft durch ihre Mitgliedsbeiträge auch an den wissenschaftlichen Unternehmungen, die von der *NGS* finanziell unterstützt wurden (wie etwa Pearys Nordpolexpedition von 1908). Sicher sind die Leser*innen von *National Geographic* Voyeure – was die Zeitschrift u.a. populär macht, sind die opulenten Farbfotos –, aber sie sind keine Bittsteller im Tempel der Wissenschaft. Die Unterscheidung zwischen Wissenschaft und Publikum ist eher verhüllt, die Leser*innen sind aufgefordert, sich mit den wissenschaftlichen Forschungen und deren Protagonist*innen zu identifizieren. – Das gilt noch einmal im besonderen Maße für die Filme und Artikel über Primaten, die in den 1060er und 70er Jahren Furore machten und von denen im Text die Rede ist. Die Besonder-

setzte die Gulf Oil Corporation im Jahr 1984 eine Anzeige in die Zeitschrift des *American Museum of Natural History*). Diese Anzeige trug den Titel »Einander verstehen ist alles« (*Natural History*, Februar 1984; vgl. Abb. 7, S. 71). Die Sondersendungen von *National Geographic* sind mehrfach mit dem EMMY ausgezeichnet worden und gehören zu den meistgesehenen Sendungen der Fernsehgeschichte. Es sind dies nicht nur allgemein beliebte Quellen, die Lust am Sehen und Erzählen vermitteln, sondern auch pädagogisch verwendbare Dokumentaraufnahmen, die Genauigkeit und hohe Qualität versprechen. So ist es nicht erstaunlich, dass sie in den pädagogischen Institutionen – von der Grundschule bis zur Universität – eine wichtige Rolle spielen. Fünf dieser Programme beschäftigten sich mit nichtmenschlichen Primaten: *Miss Goodall and the Wild Chimpanzees* (1965), *Monkeys, Apes, and Man* (1971), *Search for the Great Apes* (1975), *Gorilla* (1981) und *Among the Wild Chimpanzees* (1984). Die ganzseitig farbige Anzeige der Gulf Oil Corporation nahm zur Hälfte ein Foto ein, das zwei Hände und Handgelenke zeigt, die, von entgegengesetzten Seiten kommend, sich in zarter Verschränkung treffen. Die Hände sind von einprägsamer Sinnlichkeit; sie füllen den Raum aus, in dem sie sich zusammenfinden. Die eine Hand ist weiß, jung und besitzt gepflegte Fingernägel. Die andere, von etwa vergleichbarer Größe, ist braun, behaart und zeigt Spuren eines härteren Lebens. Beide Hände sind offen und verletzlich. »Mit einer spontanen Geste des Vertrauens umfasst ein Schimpanse in der Wildnis von Tansania mit seiner lederrauen Hand eine andere: die von Jane Goodall – ein reicher Lohn für Dr. Goodalls jahrelange Geduld.« (Anzeigentext)

Verständnis, Berührung, Kommunikation, Spontaneität – das sind die offenkundigen Themen. [...] In dieser Anzeige von Gulf Oil und *National Geographic* verspricht das Geschöpf, das aus der »Wildnis

---

heit bestand darin, die Wissenschaft von *männlich* auf *weiblich* umzucodieren. Diese Umcodierung war Teil einer umfassenden Revision der Vermittlung von Natur und Kultur in den westlichen Systemen von Mythos und Politik, die sich in den letzten Jahrzehnten herauskristallisiert hat. Zwar sind Frauen nicht das einzige Publikum in *National Geographic's* Menschenfamilie, aber sie werden durch die erzählerische und bildgestalterische Rhetorik der Artikel, Fotografien und TV-Filme stark angesprochen. (Die Informationen über *National Geographic* stammen aus dem Abschnitt »The *National Geograpic*: Readers and Writers«, der aus der deutschen Fassung dieses Textes herausgekürzt wurde. Zusammenfassung durch den Übersetzer.)

von Tansania« über die weiße Seite seine Hand nach Jane Goodall ausstreckt, Kommunikation: das besondere Vorbeugemittel gegen Stress. »Einander verstehen ist alles.« Nicht Verfall ist die Drohung der Nachkriegsepoche, sondern missglückende Kommunikation, die Dysfunktionalität gestresster Systeme. Die Phantasie entzündet sich an der Sprache, an Bedeutungen, die unmittelbar sich mitteilen können. Gulf Oil erklärt: »Es ist unser Ziel, die Neugier auf die Welt und die zerbrechliche Komplexität der natürlichen Ordnung zu wecken; diese Neugier durch Beobachtung und Wissenserweiterung zu befriedigen; den Ort des Menschen im ökologischen System und seine Verantwortung für dieses verstehbar zu machen – vor dem Hintergrund der einfachen Theorie, dass kein denkendes Wesen sich an der Zerstörung von etwas beteiligen kann, dessen Wert ihm einleuchtet.« (Anzeigentext) Das ist die Kommunikation, die uns die Wissenschaft verspricht, die in der leichten Verschiebung im Anzeigentext von *Jane* Goodall zu *Dr.* Goodall in Erscheinung tritt.

Angesichts dieser Umarmung zweier Hände, angesichts dieser Begegnung von Mensch und Schimpanse drängt sich unausweichlich die Frage auf: Was ruft Spontaneität hervor? Worin besteht die Geschichte dieser Berührung? [...] Zugleich liegt es nahe, diese Fragen auf andere Art zu stellen: Wann kann die (weiße) Frau am besten die Spezies Mensch repräsentieren? Wie funktionieren die Codierungen von Rasse, Spezies, Gender und Wissenschaft, um die Natur in den Kontext des postkolonialen und multinationalen Kapitalismus erneut einzufügen?

Im gleichen Jahr, als der Ölriese (Gulf Oil gehört zu den Sieben Schwestern) die Sponsorenrolle für jene Fernsehsendungen aufnahm, füllte er die Schlagzeilen der Presse, weil er in einige größere Bestechungsskandale mit US-amerikanischen und ausländischen Politikern verwickelt war. Diese Machenschaften hatten den Rücktritt des Aufsichtsratsvorsitzenden zur Folge. Aber die 1970er Jahre waren für Gulf Oil nicht nur skandalträchtig, sondern auch ökonomisch verheerend. Ursache war die Gründung der OPEC (der Organisation erdölexportierender Länder) und darauf folgend Kuweits Übernahme der eigenen Ölfelder. Aus dem unschlagbaren Kampfgefährten von British Petroleum, der über die reichen Ölvorkommen eines kleinen Landes im Mittleren Osten herrschte und aus diesen Mitte der 70er Jahre mehr als eine Million Dollar Gewinn pro Tag abschöpfte, wurde ein Bittsteller, der eine selbstbewusste kuwaitische Regierung höflichst um Rohöl ersuchen musste (Moskowitz u.a. 1980, 506–510). Die Jahre, in denen sich das Interesse der Medien auf das System internationaler Ölgewinne und Ölpolitik richtete, die Jahre, in denen das Bewusstsein der Massen zum ersten Mal von der »Energiekrise« Notiz nahm – diese Jahre waren Augenzeugen einer neuen Form der Anzeigengestaltung, die von den Energie- und Ölmultis ausging. In diesen Anzeigen leuchtete die unverdorbene Natur, wurde die Umwelt durch die aufgeklärten und wissenschaftlich abgesicherten Praktiken der multinationalen Konzerne geschützt und wiederhergestellt. Es war genau die richtige Zeit für Gulf Oil, sich die Behauptung nutzbar zu machen, dass »kein denkendes Wesen sich an der Zerstörung von etwas beteiligen kann, dessen Wert ihm einleuchtet. [...] Die Verbindung mit der *National Geographic Society* und den TV-Sondersendungen ist nur ein Aspekt von Gulfs lebhaften Bemühungen um die Umwelt. Aber es ist ein besonders herausragender.« (Anzeigentext).

Das Bündnis der führenden Konzerne der industriell-kapitalistischen Welt mit der Wissenschaft ist nicht neu; ebenso wenig das Interesse, das die großen Ölmagnaten für die Unterstützung von Forschung, Entdeckung und Wissensvermittlung gezeigt haben. Vor dem Zweiten Weltkrieg wurde der Aufbau der modernen Biologie und Medizin nahezu vollständig von der *Rockefeller Foundation* bezahlt. Und schon weit vor der Entstehung des Industriekapitalismus entwickelte sich die Wissenschaft Hand in Hand mit der sich herausbildenden Warenwelt; »Unser wichtigstes Produkt heißt Fortschritt« (Westinghouse). Doch die Naturbilder, die sich im frühmodernen Europa herauszukristallisieren begannen und deren Brutalität und Zwanghaftigkeit sich zunehmend verstärkte, unterlagen anderen Codierungen als Gulf Oils zutiefst vertrauenerweckende Berührung. Der Begriff des sozialen Geschlechts (*gender*) ist der offensichtliche Schlüssel für diese Codierungen. Der verborgene Schlüssel liegt in der Uneindeutigkeit des Unterschiedes zwischen jenen menschlichen Rassen, denen der Kolonialismus den Stempel naturgebundenen Lebens aufdrückte, und den nichtmenschlichen Arten, deren Berührung so begehrt wird – ein Thema, das in der Nachkriegsepoche die Fernsehsendungen, die Fotografien und die Artikel von *National Geographic* durchzieht.

In ihrem Buch *The Death of Nature* zeigt Carolyn Merchant (1980) die zentrale Bedeutung der Identität von Weiblichkeit und Natur bei der Geburt des westlichen Kapitalismus. Die historische Rekonstruktion der westlich-männlichen Vorstellungswelt mit ihren weitreichenden Folgen und die Verbindung vermännlichten menschlichen Ehrgeizes mit den Diskursen von Wissenschaft und Technologie führten zur Recodierung einer materiellen Erde. Dies war die Rechtfertigung für den männlich-potenten Liebhaber/Handelnden/Wissenden, immer tiefer einzudringen und unnachgiebig zu entschleiern. Dieses tiefere Eindringen, das bei der »Geburt« des modernen Kapitalismus und der modernen Wissenschaft von einem expandierenden Europa auf imaginärer wie praktischer Ebene in Szene gesetzt wurde, hat einen geschlossenen Kosmos für immer zerbrochen. Zugleich erzeugte es jene technologischen und imaginativen Entwürfe, Ängste und Begierden, durch die der zerbrochene Erdball in einer Neuschöpfung des Paradieses wieder zur Ganzheit gefügt oder ein endgültiges Entfliehen seiner Schwerkraft in einen rein abstrakten Raum ermöglicht werden sollte. Von »Anbeginn« an war die Wissenschaft mit dem Code des Sinnlich-Erotischen versehen worden: Der Wissende vollführte den Liebesakt mit aller ihm zur Verfügung stehenden Macht. Ausführung und Objekt des Liebesaktes konnten sich ändern (vgl. Keller 1985), aber bis vor kurzem war es keine Frage, dass der Wissende in seinen Beziehungen zur Erde und zu den natürlich-technischen Objekten, die die Fruchtbarkeit seines Geistes und seiner Hände aus ihren Rohmaterialien erschufen, sozial männlichen Geschlechts sein musste. […]

Aber die Anzeige von Gulf Oil und die Sondersendungen von *National Geographic* machen den Wandel deutlich. Jane Goodall ist Wissenschaftlerin, nicht das geliebte oder verborgene Objekt der Wiss/Begierde. Eine ganz offensichtlich weibliche und weiße Dr. Goodall führt den Fernsehzuschauer in die *ars erotica* der Wissenschaft ein, in der »der Ort des Menschen im ökologischen System und seine Verantwortung für dieses« sichergestellt werden kann (Anzeigentext). Was ihre Kunst der Beobachtung entdeckt – eine Kunst, von der es heißt, sie erfordere jahrelange Geduld und führe zu stillen Triumphen –, ist eine ausgefeilte Technologie der gemeinsamen, erdhaften Berührung. Jane Goodalls Berührung trug den Charakter der Erlösung; ihre Macht rettete jene, denen die Wiederholung ihrer ursprünglichen Handlungen nicht gestattet werden durfte, wenn die Wildheit der Tiere und die Sicherheit der Menschen bewahrt werden sollten. Dr. Jane Goodall bewohnt die eine Hälfte jenes Systems der Begierden und Wünsche, die von der modernen Wissenschaft und Technologie hervorgebracht wird: Es ist die Hälfte, die davon träumt, den zerbrochenen Kosmos wieder zur Ganzheit zu fügen. Dieser Kosmos ist in seiner natürlich-technischen Form als Ökosystem bekannt.

Primaten im Weltraum

Die zweite Hälfte dieses Systems der Wünsche und Begierden hält für seine Einwohner einen anderen Ort bereit – nicht das Ökosystem, sondern den außerirdischen »Weltraum«. Ökosysteme sind immer spezifischer Natur; ein Beispiel wäre der Laubwald der gemäßigten Zonen, ein anderes der tropische Regenwald. Jane Goodall begab sich in das mythische Ökosystem der »Wildnis Tansanias« – mythisch, weil es an das ursprüngliche Paradies denken lässt, aus dem ihresgleichen einst ausgestoßen wurden und zu dem sie nun zurückkehrt, um mit den heutigen Bewohnern gemeinsam das Überleben zu lernen. Die afrikanische Wildnis ist mit den Codierungen des Dichten, Feuchten und Körperlichen verbunden, voll sinnlicher Kreaturen, deren Berührungen so intim wie intensiv sind. Im Gegensatz dazu wird das Außerirdische als etwas völlig Allgemeines vorgestellt: Hier geht es darum, vom begrenzten Erdball in ein Anti-Ökosystem zu fliehen, das schlicht »(Welt-)Raum« genannt wird. Dieser Raum hat keine Bedeutung für den Ursprung des Menschen auf der Erde, sondern für »seine« Zukunft; Vergangenheit und Zukunft aber sind die beiden allochronen (nicht-gegenwärtigen) Schlüsselzeiten der Heilsgeschichte. »(Welt-)Raum« hat formale Eigenschaften, z.B. kann er wie eine topologische mathematische Figur als gekrümmt konstruiert werden. Der Weltraum und die Tropen sind u/topische Figuren westlicher Einbildungskraft, und ihre entgegengesetzten Eigenschaften deuten in dialektischer Weise auf Ursprung und Ende jenes Geschöpfes, dessen weltliches Leben sich außerhalb von beiden abspielt: auf den zivilisierten Menschen. Der Weltraum und die Tropen sind »allotopisch«, d.h. »woanders«: Orte, die der Reisende aufsucht, um das Gefährliche und das Heilige zu finden.

Die ersten Primaten, die jenen abstrakten Ort, der »Weltraum« genannt wird, erreichten, waren Affen und Menschenaffen. 1949 überlebte ein Rhesus-Affe einen Flug von 83 Meilen Höhe. 1960 gelangte Jane Goodall in der »Wildnis von Tansania« an, um David Greybeard und Flo und den anderen berühmten *Gobe Stream*-Schimpansen von Angesicht zu Angesicht zu begegnen und ihnen Namen zu geben. 1965 wurden diese Schimpansen dem Fernsehpublikum der *National Geographic*-Sendungen vorgestellt. 1961 wurde der Schimpanse HAM im Rahmen des bemannten Raumfahrtprogramms der USA in eine erdnahe Umlaufbahn geschossen. HAM war für seine Aufgabe auf der *Holloman Air Force Base* trainiert worden. Dieser Stützpunkt liegt 20 Autominuten von Alamogordo (New Mexico) entfernt, unweit des Geländes, wo 1945 die erste Atombombenexplosion stattgefunden hatte. Der Name HAM lässt unvermeidlich an Noahs jüngsten und einzigen schwarzen Sohn denken. Doch stammt der Name des Schimpansen aus einem völlig anderen Kontext: Er ist ein Akronym für die wissenschaftlich-militärische Institution, die ihn in den Raum schoss, *Holloman Aero-Medical*. Der Bogen, den sein Flug beschrieb, ist die Spur des Entstehungsweges der modernen Wissenschaft: die Parabel, der konische Schnitt. [...] HAM erhielt seinen Namen erst nach seiner Rückkehr zur Erde. Vor seinem erfolgreichen Flug war er nur als Nr. 65 bekannt gewesen. Im Falle eines Misslingens der Aktion wollten die menschlichen Befehlshaber die öffentliche Anteilnahme am Tod eines berühmten und namentlich bekannten (wenn auch nicht völlig menschlichen) Astronauten vermeiden. Tatsächlich hatte das Personal, das ihn trainierte, einen Namen für Nr. 65. Er wurde Chop Chop Chang genannt, was an jenen rassigen Kampf ums All denken lässt, an dem teilzunehmen die anderen Primaten gezwungen wurden. Das Ersatzkind der Weltraumras(s)e/rei (*space race*)[3] war, wie das *Time Life*-Sachbuch *Primates* es ausdrückte, ein »Stellvertreter des Menschen in der Eroberung des Weltraums« (Eimerl/DeVore 1965, 173). HAMs hominide Vettern würden die geschlossene parabolische Figur überwinden.

HAM, seine menschlichen Vettern und Artgenossen und deren

---

3 Donna Haraway spielt an dieser Stelle mit der Doppelbedeutung von *race*, das sowohl *Rasse* als auch *Rennen* bedeuten kann. Wenn sie einmal von *racism*, das andere Mal von *space race* spricht, sind immer beide Bedeutungen mitgemeint, was im Deutschen nicht adäquat ausgedrückt werden kann (Anm. d. Übers.).

weltumspannende und systemvernetzende Technologie waren eingebunden in eine sich neu formierende Konstitution von Männlichkeit, die sich der Bilder und Begriffe des Kalten Krieges und des Wettlaufs ins All bediente. [...] Menschen und Schimpansen waren auf dem gleichen Kampffeld des Kalten Krieges gefangen, auf dem die Heldenbilder des männlichen, todesverachtenden und hervorragend ausgebildeten Bomberpiloten alten Typs überflüssig wurden, um durch die medienträchtige Routine der *Apollo*- und *Mercury*-Projekte und ihrer Nachfolger ersetzt zu werden. Sowjetische Primaten von beiden Seiten der Hominisationslinie flogen mit ihren US-amerikanischen Halbbrüdern um die Wette in die außerirdische Umlaufbahn. Die Raumschiffe und die damit verbundenen Technologien, die Tiere und Menschen wurden zu einer neuen Form historischer Entität zusammengefasst – Cyborgs auf dem Kampfplatz des Krieges, der Wissenschaft und der Popkultur. [...]

HAM ist ein Cyborg, das vollkommene Kind des Weltraums. Ein Cyborg, in linguistischer und materieller Hinsicht eine Kreuzung von *kyb*ernetischer Technik mit einem *Org*anismus, ist seit den 1950er Jahren eine Zwittergestalt der Science-Fiction-Welt, zugleich aber und in derselben konkreten historischen Epoche eine machtvolle gesellschaftliche und wissenschaftliche Realität (Haraway 1985). Wie jede Technologie von Bedeutung ist ein Cyborg zugleich Mythos und Werkzeug, Repräsentation und Instrument, gefrorener Moment und vielsagendes Abbild der gesellschaftlichen und imaginativen Wirklichkeit. Ein Cyborg existiert dann, wenn zwei Arten der Grenzziehung zugleich problematisch werden: 1. die Grenzziehung zwischen Tieren (oder anderen Organismen) und Menschen und 2. die Grenzziehung zwischen selbstgesteuerten Maschinen (Robotern) und – speziell menschlichen – Organismen (Modellen von Autonomie). Es kann kaum ein bezeichnenderes ikonisches Bild geben als jenen mit Elektroden bestückten Schimpansen, der, ein Stellvertreter des »Menschen«, von der Erde abhebt, während sein Artgenosse im Dschungel »in einer spontanen Geste des Vertrauens« die Hand einer Wissenschaftlerin mit Namen Jane umfasst – und das in einer Anzeige der Gulf Oil Corporation, die »den Ort des Menschen im ökologischen System« zeigt (Anzeigentext). Der Schimpanse – »eingeboren« und »außerirdisch« – ist ein privilegiertes natürlich-technisches Erkenntnisobjekt des späten 20. Jahrhunderts. An dem einen Ende von Raum und Zeit ist der Schimpanse das Kommunikationsmodell für das gestresste, ökologisch bedrohte und bedrohliche menschliche Wesen. Am anderen Ende ist der ET-Schimpanse[4] das Modell für gesellschaftliche und technische kybernetische Kommunikationssysteme, die es dem »Menschen« erlauben, zugleich der Großstadt und dem Dschungel zu entkommen. Das aber funktioniert vermittels eines Entwurfs in die Zukunft, den die sozial-technischen Systeme des »Informationszeitalters« im erdumspannenden Kontext eines befürchteten nuklearen Krieges möglich machen. [...]

Träume(n) von einer gemeinsamen Sprache

Es gibt also die »spontane« Geste gegenüber dem weißen weiblichen Menschen, es gibt das ET-Cyborg (die organismische Maschine als Kommunikationsverbindung), und es gibt die »natürlichen« ethologischen Signal- und Zeichensysteme. Doch darüber hinaus formt der Schimpanse in dieser Zeit, da die westliche Welt von Kommunikation besessen ist, noch ein viertes Modell, um mit menschlichen Wesen in Verbindung zu treten, und zwar in der Benutzung der amerikanischen Zeichensprache (American Sign Language; *Ameslan*). Ironischerweise beruht bei dieser Suche nach Verbindungen jedes der vier Kommunikationsmodelle auf einer grundlegenden Grenzüberschreitung: 1. wird der Mensch durch die Frau repräsentiert; 2. gebiert der Weltraum die männlich-reproduktiven Zwitterwesen von Organismus und Maschine; 3. wird natürliche Kommunikation theoretisch als impulsgesteuertes kybernetisches Signalsystem gefasst; 4. geht es um Tiersprache. [...]

Für die Untersuchung der Fähigkeit von Menschenaffen, menschliche Sprachen zu lernen und zu benutzen, hat es viele wissenschaftliche Begründungen gegeben. Doch war es Biruté Galdikas, die in einer Titelgeschichte von *National Geographic* über ihre Feldarbeit und Renaturalisierungsversuche mit Orang-Utans in Indonesien die vielleicht tiefstliegende Motivation ausgedrückt hat. Galdikas hatte Gary Shapiro eingeladen, der dem Orang-Utan Sugito *Ameslan* beibringen sollte. Shapiro hatte bereits Erfahrungen im Sprachunterricht

---

4 Haraway spielt hier auf den Film *E.T.* von Steven Spielberg an, dessen außerirdischer Protagonist (E.T. = *extra terrestrial*) dezidiert schimpansische Züge trägt (Anm. d. Übers.).

mit gefangenen Affen, darunter Washoe. Galdikas erklärte: »Ich habe es oft bedauert, dass ich niemals in der Lage sein würde, mit Sugito zu sprechen, damit ich untersuchen könnte, wie er die Welt wahrnimmt und interpretiert. Wenn wir aber den Orang-Utans in ihrer natürlichen Umgebung Zeichensprache beibringen, könnten wir herausfinden, was für *sie* (und weniger für uns) wichtig ist.« (Galdikas 1980, 845) So träumen die Ethnografen von Repräsentation: Sie sehen und erkennen die Welt aus dem Blickwinkel eines anderen. Dass die Sprache diese Gnade nicht einmal Menschen der »gleichen« Kultur gewährt, konnte die Vorstellung von einer artübergreifenden Gemeinschaft nicht untergraben. Jedoch vermerkte Galdikas' Bericht in *National Geographic* pädagogische Probleme. Sugito hatte eine von Menschen geprägte Kindheit erlebt und war Galdikas' erstes Orang-Utan-Kind und ihr Liebling gewesen. Zudem machte Sugito die Adoleszenzphase durch und war verwirrt hinsichtlich seiner artbiologischen (nicht aber seiner sexuellen) Identität. So betrachtete er Gary Shapiro als männlichen Rivalen und lernte überhaupt nichts. Shapiro fand eine geeignetere Schülerin in einem erwachsenen Weibchen mit Namen Rinnie, das früher in Gefangenschaft gelebt hatte. Shapiro durchschwamm den Fluss und brachte ihr die Zeichensprache in ihrer Heimstatt, dem Urwald, bei; und da sie keinen Beschränkungen unterlag, fand der Unterricht auf »freiwilliger« Basis statt. Sie lernte schnell, beschränkte die Unterhaltung aber auf Nahrungsprobleme. Ethnografie ist oft desillusionierend gewesen (ebd., 845ff.).

Es stellte sich heraus, dass Sugito, den Galdikas' Ehemann »eines deiner Orang-Kinder« nannte, andere in der Renaturalisierung befindliche Orang-Utans umgebracht hatte, weil er vermutlich auf sie eifersüchtig gewesen war. Dies und seine schwierige männliche Adoleszenz führten dazu, dass er in eine weiter entfernte Gegend des Waldes verbannt wurde (ebd., 846). »Sugito war etwas ganz anderes. Vielleicht stimmte die biblische Analogie: Von einer Menschenmutter großgezogen und der menschlichen Kultur ausgesetzt, hatte er vom ›Baum der Erkenntnis‹ gegessen und seine Orang-Utan-Unschuld verloren« (ebd., 832). Ironischerweise wurde Sugitos Verwirrung hinsichtlich seiner Artzugehörigkeit, seine »Hominisation«, der Grund dafür, dass er so weit wie möglich vom Schauplatz seiner »Renaturalisierung« entfernt wurde; denn dieser Ort war der Kampfplatz seiner miteinander verbundenen Verbrechen geworden – Artgenossenmord und sexuelle Verwirrung. In Galdikas' Bericht war die sexuelle Verwirrung Ergebnis der Überschreitung von artbiologischen, nicht aber von sexuellen Grenzen. In gleicher Weise wurde der Mord an seinen Artgenossen in eine Geschichte der Überschreitung seiner natürlichen Gemeinschaft (oder besser des Fehlens derselben) eingebaut. In der Natur leben männliche Orang-Utans meist als Einzelgänger, was vielleicht auf Gewohnheiten der Nahrungsaufnahme bei körperlich großen Pflanzenfressern zurückzuführen ist. Sugito, dessen Erziehung stark von Menschen geprägt war, geriet in seiner Reifephase unter starken sozialen Stress, zu dem auch eine die Artgrenzen überschreitende sexuelle Rivalität gehörte. Ähnliche Probleme mit sexueller Identität weisen in Gefangenschaft großgezogene Menschenaffen auf, die eine Vorliebe für zur Fortpflanzung ungeeignete Sexualpartner, nämlich für Menschen entwickeln. Erzählungen über diese Probleme bieten reiches Quellenmaterial zur Erforschung der Besessenheit der Wissenschaftler*innen von heterosexueller Fortpflanzungs-»Normalität« an der gefährlichen Grenze zum Garten der Natur, wo die Irrungen und Wirrungen sich häufen.

Shapiro arbeitete auch mit einem sehr intelligenten jungen Orang-Utan, Princess, der seinerseits Binti, Galdikas' kleinem Sohn, Zeichen beibrachte (ebd., 846ff.). Galdikas berichtete, dass sie über Bintis fortwährende Nachahmung von Princess besorgt gewesen sei.

Princess und Binti waren unzertrennliche Spielgefährten. Das Titelfoto von *National Geographic* zeigte das Orang- und das weiße Kind zusammen in einer Plastikbadewanne.[5] »Es hätte sonst keinen Grund zur Sorge gegeben, aber da es im Lager keine anderen Kinder gab, wurden die Orang-Utans die Vorbilder für sein Rollenverhalten. [...] Er sprach Princess nicht an; er gab ihr Zeichen, so wie er es auch mit den Orang-Utans machte, die nicht die Zeichensprache beherrschten.« (Ebd., 848) Obwohl Galdikas neben anderen Sorgen auch Bintis Beißen und andere »tierische« Verhaltensweisen erwähnte, hat das Titelfoto der beiden in einer »Menschen«-Badewanne und der Bericht darüber, wie Binti weniger von seinen Eltern als von einem Affenkind *Sprache*

5 Im Original heißt es »... pictured the orange and white babies ...«. Hier wie auch in anderen Zusammenhängen spielt Haraway mit dem Farbadjektiv, das im Namen »Orang-Utan« als Phonem enthalten ist. Tatsächlich stammt der Name aus dem Malaiischen; *orang* bedeutet Mann/Mensch und *utan* Wald. Haraways Wortspiel lässt sich im Deutschen nicht wiedergeben (Anm. d. Übers.).

lernt, die Angst auf merkwürdige Weise verschoben. Es schien, als sei der Affe ein unzureichendes *menschliches* Modell für den Orang-Utan-Ersatz, der in Wirklichkeit ein Junge war. Galdikas berichtete, dass Binti später, als er mit Kindern spielte, völlig menschliche Verhaltensweisen entwickelte. Doch Galdikas selbst unterrichtete am Schluss desselben Absatzes die Leser*innen über das Schicksal ihrer Orang-Kinder, die in den Urwald zurückgegangen waren. »Ich sah Akmad und Sobiarso, meine beiden ursprünglichen weiblichen Riesenbabys, wie sie in Begleitung von wilden heranwachsenden Männchen den Fluss überquerten. Ich weiß, dass es nur eine Frage der Zeit ist, bis ich wieder ›Großmutter‹ bin.« (Ebd., 852) Die einfachen Anführungszeichen, die das machtvolle Zeichen *Großmutter* kaum zu halten vermögen, können die Grenze zwischen der Wissenschaftler-Mutter und ihren verschiedenen Arten entstammenden Kindern nicht schließen.

Wissenschaft und Gender sind im narrativen Kontext einer Politik der Reproduktion von Leben vereinigt worden, die sowohl grenzüberschreitend als auch auf zweideutige Weise unschuldig ist. Die »menschliche« (*human*) Suche nach dem Ursprung des »Menschen« (*man*) führte die euroamerikanischen Frauen des späten 20. Jahrhunderts im gefährlichen Augenblick der Entkolonialisierung zu den langsam verschwindenden Urwaldparadiesen. Naturbewahrung und -evolution bildeten den expliziten wissenschaftlichen Rahmen für ihre heldinnenhaften Taten; es waren jene Wissenschaftsgebiete, die, indem sie die Vergangenheit konservierten, Bohrwerkzeuge für die Bretter der Zukunft sein wollten. Dort in den Wäldern machten sich die Frauen von *National Geographic* an die Aufgabe, jenen vom kulturellen Übergriff beschädigten Kreaturen die natürliche Wildheit zurückzuerstatten, von denen es in den populär/wissenschaftlichen Berichten des Westens hieß, sie lebten im Grenzbereich von Natur und Kultur. Am Grenzübergang sprachen diese Frauen und ihre Kinder mit den Tieren, was seit dem Sündenfall unmöglich gewesen war. Und jene Ursprungszeit, die der mythischen Sünde voranging, wiederherzustellen und zu erkennen, war das Ziel der Frauen. Eine linguistisch, wissenschaftlich und sexuell bestimmte Konversation – offene und produktive Zeichensysteme – setzten den Austausch zwischen Menschen und Menschenaffen in Gang. Gestört wurde die kommunikative Idylle nur durch das unüberhörbare Geräusch der Bauholzfirmen, die die Wälder rings um die bedrohten Paradiese abholzten. [...]

Aus/Gelesene Geschichte[6]

Der Verkehr zwischen Natur und Kultur

Bei der Positionierung von Affen und Menschen in dieser seltsamen Welt, die sich aus dem erdnahen Weltraum, der »Wildnis von Tansania«, Pennys und Kokos Wohnwagen im kalifornischen Woodside und einem indonesischen Dschungel zusammensetzt, sind biologische Art, soziales Geschlecht und symbolische Verortung die offenkundigen Variablen in den Erzählungen. In allen bisher erwähnten Versionen der Berichte über Primaten fällt ein erzählerisches Element durch seine Abwesenheit verdächtig ins Auge: Geschichte selbst (*history*). Wir wollen erforschen, wie die Erzählungen über das Leben der Primaten Natur oder Kultur (oder beides) so zur Sprache bringen, dass das Bewusstsein der Leser*innen von Vermittlungen, Geschichte und Konstruktionen ausgeblendet wird.

Dadurch, dass die Schimpansin Koko sich ein Haustier (Katze) hält und ihm überdies einen Namen gibt (All Ball), scheint sie in der Kultur, im Bereich des Menschlichen verortet zu sein. Daraus wird die Lehre gezogen, dass sie den »Menschen« gleicht. Doch nicht »Menschen« allgemein halten Haustiere, sondern nur Mitglieder bestimmter Industriegesellschaften. Andere Völker und Zeiten (man denke etwa an Bauernschaft und Adel im Europa der Feudalzeit) beziehen sich völlig anders auf Tiere. Doch die Geschichte von Koko und Ball vermittelt den Leser*innen nicht, das Gorillaweibchen als Mitglied einer spätindustriellen Kultur zu sehen, die Tiere in einer bestimmten historischen Form – nämlich als Haustiere – konstruiert und hervorbringt. Darüber hinaus wird Koko mit den Attributen von Kamera, Spiegel und Buch ausgestattet – eine Ausstattung, die ihr die »menschliche« Eigenschaft des Ich-Bewusstseins zu verleihen scheint. Ein »Ich« ist eine komplexe geschichtliche Konstruktion, die sich in den Formen, mit denen Koko gekennzeichnet wird, im Kapitalismus herausbildete, und zwar durch die Entwicklung von Rasse, Klasse und Gender

---

6 Im Original lautet die Überschrift *Reading out History*; wobei *to read out* die Bedeutungen von *zu Ende lesen, laut vorlesen* und *jemanden aus einer Gruppe ausschließen* besitzt. Ein *read-out* wiederum ist das Resultat einer Transkription von Daten in eine verständliche Sprache, also das Ergebnis einer Decodierung (wie z.B. ein Computerausdruck). Die deutsche Übertragung versucht eine Annäherung an diese mehrdeutige Überschrift (Anm. d. Übers.).

(Lowe 1982). Kokos »Ich« scheint durch die politische Theorie und Ökonomie des modernen Westens geformt zu sein – ganz zu schweigen von der Konsumkultur. Das Gorillaweibchen wurde in die Kultur verbracht, ohne dass sie und ihre Gattung zuvor in die Geschichte eingetreten wären. Es ist – im erzählerischen Kontext – die Sprache, die sie von Zootieren unterscheidet, und diese Unterscheidung wird nicht zu spezifischen Konstruktionen des Menschlichen und Tierischen ins Verhältnis gesetzt, sondern von ontologischen Grundhaltungen im verborgenen Rahmen eines Ursprungsmythos determiniert. Gewährleistet wird der Zusammenhalt des Ganzen durch die Achse des Dualismus von Natur und Kultur, die es zugleich verbietet, sich über historische Vermittlungen Rechenschaft abzulegen.

Wenn man nichtmenschlichen Primaten Namen gibt, bedient man sich einer rhetorischen Schlüsselfigur, um einer besonderen Art von Individualität die Form einer scheinbar zeitlosen und universellen »Ich-heit« (*selfhood*) zu verleihen. [...] Für das bürgerliche Individuum ist »Persönlichkeit« die Ergänzung strategischer Rationalität. Beide zusammen bilden das »Ich«. [...]

Alle diese Verfahren verorten die Tiere betontermaßen an oder hinter der Grenze zur »Kultur«. Auf die gleiche Weise werden die Menschen in der vollständigen mythischen Ursprungserzählung an oder hinter der Grenze zur Natur angesiedelt. In den Nachkriegsversionen von *National Geographic* unterziehen sich weiße Frauen den Herausforderungen und Strapazen des forschenden Helden, um eine besondere Gnade zu erlangen: die spontane Berührung durch den Anderen, die Brücke zwischen »Mensch« und »Tier«, wobei diese Berührung *vom Tier* ausgeht und als spontanes und überaus bedeutungsvolles Geschenk dargereicht wird. [...] In einer Art Zwischenstation am Waldrand ist Galdikas damit beschäftigt, Orang-Utans aus dem zivilisatorischen Status von Haustieren in den Naturstand zurückzuversetzen. In der (Ver-)Kleidung, die sie trägt, wird ihr Körper zu dem einer Primatenmutter verallgemeinert: Sie ist von Waisen und »Rekonvaleszenten« bedeckt, die sich an sie drängen. Auf dem Titelfoto vom Oktober 1975 zeigt *National Geographic* sie in Begleitung eines kleinen Orang-Utans, der ihre Hand hält, während ein anderes Kleines an ihrem Oberkörper hängt. Das Foto betont ihre Brüste. Der Umschlag vom Januar-Heft 1970 zeigt ein ähnliches Motiv: Dort wandert Dian Fossey mit zwei Gorilla-Waisen über eine grüne Bergwiese.

Zugleich aber widmet sich Galdikas, wie auch Fossey, dem Studium der wilden Menschenaffen. In dieser Rolle muss sie, wiederum wie Dian Fossey und Jane Goodall, die ersehnte Berührung suchen, weniger um sie zu *erreichen*, als um sie zu *empfangen*. Die Arbeit der Frauen besteht darin, Empfänglichkeit herzustellen, d.h. die Bedingungen hervorzubringen, unter denen das Tier sich nähern *kann*. 1975 produzierten Gulf Oil und *National Geographic* den TV-Film *Search for the Great Apes*. Er zeigt Galdikas, wie sie ihre anstrengende Aufgabe in Angriff nimmt. Man hört, wie das Futter im Wald verteilt wird, und sieht die zurückgelassene Losung, die als Zeichen der Gegenwärtigkeit ihrer Beute untersucht wird. Nach drei Jahren, nach über 5000 Stunden der Beobachtung und nach ungeheuer schwierigen Bemühungen, ein erwachsenes Männchen, einen Einzelgänger, den Galdikas und Brindamour (der Fotograf) »Nick« nannten, an sich zu gewöhnen, »am 41. Tag naht sich der Moment, auf den ich nicht zu hoffen wagte. Nick kommt zu uns« (so der gesprochene Kommentar). Den Worten folgt eine lange Kameraeinstellung, die Nick zeigt, wie er sich dem Zuschauer nähert. Der Zuschauer nimmt den Blickwinkel von Galdikas und Brindamour ein. Der riesige Orang-Utan füllt den Bildschirm aus und überdeckt den Zuschauer mit seiner körperlichen Präsenz. *Nick* ist es, der den Zuschauer in den Bann der Natur zieht; Galdikas hatte alles in Bewegung gesetzt, um das Geschenk zu empfangen, während Brindamour bereit war, die Szene zu filmen. So sieht die Heilige Familie der Naturwissenschaft nach dem Zweiten Weltkrieg aus. […]

Shirley Strum, eine andere Autorin von *National Geographic*, war nach Afrika gegangen, um dort Menschenaffen zu beobachten. Ihr Bericht über die erste Berührung durch ein solches Wesen schlug die gleichen Töne an: »Ich beobachtete das Pavianweibchen Naomi, einen meiner Lieblinge, die mit ihrer Freundin Queenie zusammensaß. Als ich mir auf meinem Merkbogen Notizen über Naomis Verhalten machte, fühlte ich plötzlich, wie kleine Hände meinen Rücken berührten. Die Berührung war so sanft, dass ich die Empfindung zunächst gar nicht einordnen konnte. Ich wandte mich langsam um und sah, dass es Robin war, Naomis zweijährige Tochter, die den dünnen Baumwollstoff meines Hemdes glattstrich. Es war eine Geste, die mich im Innersten aufwühlte.« (Strum 1975, 673) In all diesen dramatischen Szenen der Berührung nähert sich die Natur dem Menschen (*man*) durch die Frau. Der Mensch wird durch seinen Abgesandten, die Frau, in die Natur versetzt, so wie in der Geschichte von Koko die Menschenaffen durch einen menschlichen weiblichen Abgesandten in die Kultur versetzt werden. Bei beiden Verortungen und Grenzüberschreitungen, die durch Frauen vermittelt wurden, ist Geschichte (*history*) als Artspezifikum ausgeschlossen. Die Erzählungen hatten *Kommunikations*weisen zum Thema, nicht Geschichte. Und in den vier bisher untersuchten Formen der Kommunikation – der Geste der Berührung, des außerirdischen Cyborg, der ethologischen Signalsprache, dem Gespräch zwischen Mensch und Tier – geht es um Grenzüberschreitungen, um das Schauspiel der die Differenz überwindenden Berührung; es geht *nicht* um die endliche, mit Unterschieden beladene Welt der Geschichte. Der Dualismus von Natur und Kultur leistet innerhalb dieses Kommunikationsrahmens ganze Arbeit, weil beide Begriffe *allochron* sind, d.h. sie existieren in einer Zeit außerhalb der konfliktgeladenen Jetztzeit der Geschichte, in der es viele Differenzen und eher ungesicherte Möglichkeiten der Verständigung gibt.

Eine dreifache Codierung

Soziales Geschlecht (Gender)

In den erwähnten Berichten und Erzählungen wird der Frau ihre kommunikative und vermittelnde Funktion aufgrund eines dreifachen Codes zugeschrieben, der nur zu einem Teil durch das soziale Geschlecht definiert ist, das hier eine sehr einfache Rolle spielt: Die Frau steht der Natur näher als der Mann (*man*) und stellt leichter Vermittlungen her (Ortner 1972). Diese Wirkungsweise des sozialen Geschlechts dient dazu, der Vertreibung des Menschen aus Eden – nach der Entwicklung der Bombe und in der von Vernichtung bedrohten Welt – den Anschein des Endgültigen zu nehmen. Nicht um Transzendenz geht es *National Geographic* in der zweiten Jahrhunderthälfte, sondern um Immanenz, um die Möglichkeit, auf der Erde zu überleben. Der Mann braucht eine größere Distanz, um die Berührung mit der Natur vermitteln zu können; seine Instrumente sind Kamera und Gewehr, sein Mittel ist die Kunst des Ausstopfens von Tieren. Auch in den Artikeln von *National Geographic* bleibt die Kamera fest in der Hand der Männer [...] Der weibliche Wissenschaftler von *National Geographic* ist mit dem Auge der Kamera verheiratet oder als unberührte weise Frau in der Berührung durch ein Affenmännchen nur mit der Natur ehelich liiert. Die Kamera aber ist mit strategischer Vernunft verknüpft, mit einer Technik, die für die Frau schwierig zu handhaben ist; ein Stolperstein, der sie vor dem Ausbruch aus der festgeschriebenen Kategorie bewahrt.

Wissenschaft

[...] Die Frau wird in *National Geographic* auf vielfache Weise als Wissenschaftlerin gekennzeichnet. Alle Artikel und Filme betonen die »Forschungs«aktivitäten und den Status der Forscherinnen, die entweder Doktorandinnen sind oder bereits einen entsprechenden akademischen Grad besitzen. [...] Die Wissenschaft, die sie betreiben, hat jedoch nichts mit den industriell orientierten Forschungsmaschinerien zu tun, die, wie zuvor bereits in Chemie und Physik, während der Nachkriegsepoche auch in der Biologie auftauchten. Wissenschaft in *National Geographic* steht in Übereinstimmung mit dem sozialen Geschlecht des Wissenschaftlers. Um in dieser Welt Frau *und* Wissenschaftler zu sein, bedarf es der Geduld und der sensiblen Aufnahmefähigkeit, aber auch des Abenteuergeistes und der Fähigkeit, Strapazen durchzustehen, um ein wichtiges Ziel zu erreichen. Die einem städtischen TV-Publikum präsentierte Wissenschaftlerin ist durch und durch rational und zugleich Vermittlerin von Frieden und Erkenntnis; sie ist jemand, ohne deren Kooperation Natur nicht zur Erfüllung gelangen könnte. Eine solche Wissenschaftlerin nimmt keine Kamera in die Hand; sie wird fotografiert, um von Millionen Menschen angeschaut zu werden. Koko wird eine Ausnahmestellung zugebilligt: Sie darf sich im Spiegel fotografieren, damit das Wesen des Menschen auf sie abstrahle. Als Fotografin und Fotografierte ist sie ein ikonisches Bild vollkommener Ganzheit.

Das soziale Geschlecht der Wissenschaftlerin ist ein zentraler Punkt für die Darstellung der Vermittlung wissenschaftlicher Erkenntnis in *National Geographic*. Es werden keine Bilder eines modernen Labors gezeigt, wo »Natur« in linear angeordnete Datenströme übersetzt worden ist. Vielmehr wird im Film *Search for the Great Apes* (1975) zunächst eine halbe Stunde lang vorgeführt, wie Dian Fossey sich bei ihren heldenhaften und einsamen Nachforschungen ein spezifisches Wissen über Natur aneignet und wie sie schließlich die Hand nach Digit ausstreckt, eine Geste, »die einen Abgrund unermesslicher Zeit überbrückte«. Gegen Ende des Films wird gezeigt, wie Fossey einer jungen Wissenschaftlerin (Kelly Stewart) das Beobachten von Gorillas beibringt. Der Kommentar verkündet, dass Fossey nunmehr Student*innen und Wissenschaftler*innen aus der ganzen Welt zu Gast hat. »Dian gibt ein Vermächtnis von Verstehen und Einsicht weiter, das nur sie besitzt. [...] [Sie] führt eine Handvoll anderer Menschen in eine Welt, die bis heute nur ihr vertraut war.« (Filmkommentar) Der Film endet mit einer langen Einstellung, die die Augen eines Gorillas zeigt. Fossey übermittelt einer anderen Frau eine Geheimlehre. Die Verbindungen zum *Sub-Department of Animal Behaviour* der Universität Cambridge, wo Kelly Stewart Doktorandin war, werden nicht erwähnt. Das Bild, das der Film zeichnet, ist das einer weisen Frau bei der Initiation einer Neophytin. Die gesellschaftliche Organisation wissenschaftlicher Arbeit in der Gegenwart kann wohl kaum noch systematischer entstellt werden. Doch diese Entstellung wirkt glaubwürdig durch die fortwährende doppelte Codierung, in der soziales Geschlecht und Wissenschaft miteinander verbunden werden. Um die Botschaft zu verkünden, dass eine intime Verbindung zur Natur weiterhin möglich ist, und vor dem Hintergrund eines traditionelleren Gender-Codes von Wissenschaft, der in der Republik des rationalen männlichen Diskurses statthat, zeichnet *Search for the Great Apes* eine geheime Welt des Weiblichen als den Raum, wo Wissenschaft ihre Vollendung findet. [...][7]

Rasse

Auch »Rasse«, die weiße Hautfarbe der Frauen, fungiert als Zeichen im System von *National Geographic.* Leitmotivartig sich wiederholende Ausdrücke wie »der fremde weiße Menschenaffen-Eindringling« (*strange pale ape intruder*) kündigen ein bestimmtes Thema an: Es ist nicht einfach der Mensch, der den Urwald in Gestalt und Körper der weißen Frau betreten hat, sondern es ist der *weiße* Mensch. »Wilde Schimpansen fliehen vor der weißhäutigen Fremden, die in ihr

7 Der (an dieser Stelle gekürzte) Text von Haraway bezieht sich auf den Anthropologen und Paläontologen Louis Leakey, der die Forschungsprogramme über Menschenaffen wesentlich mitbegründet und die Unternehmungen von Fossey, Galdikas und Goodall maßgeblich gefördert hat (Anm. d. Übers.).

Reich eindringt.« Und: »Es bedeutet, dass die blonde Fremde sich noch nicht nähern kann.« (Filmkommentar zu *Miss Goodall and the Wild Chimpanzees,* 1965) Es ist der fremde weiße Eindringling, der das Schauspiel der Berührung in Szene setzt. Der Anspruch besteht darin, zu zeigen, dass durch diese Berührung der »Mensch« den Kontakt zu seinem Ursprung und seiner Natur aufnimmt. Doch ist der Höhepunkt (die Berührung) erreicht, verschwindet die anfangs hervorgehobene Qualität der weißen Hautfarbe. Denn würde sie zu sehr betont, wäre die universelle Natur der erlösenden Geste dem Zweifel ausgesetzt. Die Rassenmarkierung ist *sotto voce*, aber essenziell. *Weiß* darf nicht wirklich laut ausgesprochen werden, da sonst ihre zentrale Bedeutung als Vorbedingung der Erlösungsphantasie verlorenginge und zum Gegenstand kritischen Nachfragens würde. Andererseits muss an der weißen Hautfarbe festgehalten werden, wenn die Rückkehr des Westens nach Afrika im Augenblick der Entkolonialisierung erzählerisch dargeboten werden soll. Was hier wirklich zur Diskussion steht, ist der westliche, wissenschaftliche, europäische und euroamerikanische »verallgemeinerte« Mensch/Mann, und zwar nicht, indem er die (weiße) Frau verkörpert, sondern indem er durch sie repräsentiert wird. Er ist durch die Geschichte und durch ein graecojüdisches Mythensystem aus der Natur ausgeschlossen worden. Erst vor kurzer Zeit wurde er durch die Entkolonialisierung aus dem Paradies vertrieben und wird vielleicht vom Planeten gejagt, wenn dieser durch ökologische Verwüstung und nuklearen Holocaust der Zerstörung anheimfällt. So ist es denn an der Zeit, den blonden weiblichen Vermittler um Hilfe zu ersuchen, damit die Diskurse des Exterminismus und der Auslöschung im Weltraum und im Dschungel bewältigt werden können.

Es ist kaum möglich, diesem spezifisch »weißen« Dilemma und seinen globalen Folgen mit einer farbigen Frau begegnen zu wollen, wäre sie nun Wissenschaftlerin oder nicht. Der Code würde keine Wirkung zeitigen. Es wäre seltsam erschienen, den Ausschluss der farbigen Völker der Dritten Welt von der Berührung mit Tieren gerade in dem Moment zu dramatisieren, in dem diese Völker die politische Kontrolle über die Lebensräume der Primaten erlangten. In den 1960er Jahren hatte die Dritte Welt ganz andere Ursprungsgeschichten zu erzählen, die eher von nationaler Selbständigkeit handelten. Eine *westliche* farbige Frau hätte die kulturelle Besonderheit der Geschichte von der Frau im Urwald zu offensichtlich gemacht, denn die Repräsentation der Zweideutigkeit markierter und nicht-markierter Kategorien wäre ihr nahezu unmöglich gewesen. Diese Zweideutigkeit aber war für die erzählerische Auflösung des Dilemmas in universelle Begriffe, wie sie die Filme und Berichte von *National Geographic* vorsahen, unbedingt erforderlich. Sowohl das spezifische Unwohlsein[8], das weiße Westler in der Nachkriegswelt befiel, als auch die fortgesetzte Gewohnheit dieser Rasse, ihre Geschichte (*history*) als die Geschichte (*story*) der Familie Mensch zu lesen, wies der Farbe des weißen Menschen/Affen eine hohe Signifikanz zu. Die Farbe war ein hinreichendes Unterscheidungskriterium, um die Schattierung der Repräsentanten des »Menschen« an den Rand der direkten Sichtbarkeit zu bringen. Das ist für die Mitglieder einer nicht-markierten Kategorie ein außerordentlicher Zustand, ein Zustand, der ein Risiko barg: Es könnte die Frage aufkommen, auf welche Weise die »normale« Unsichtbarkeit der »weißen« Rasse im Gegensatz zur »farbigen« aufrechterhalten wird. Was wird in all den Berichten über Primaten für wen an Rasse sichtbar? Wie konnte in den Jahrzehnten nach dem Zweiten Weltkrieg, da Rasse als Objekt der Wissenschaft zerfiel, die farbige Rasse auf die Tiere und der allgemeine Status »des« Menschen auf die weiße Frau verschoben werden? Es war mehr als nur die Idiosynkratien[9] der Lebensgeschichte junger weißer Frauen, die einige von ihnen in den 1960er und 70er Jahren zu Heroinen für *National Geographic* werden ließ. [...]

In einer Vielzahl populärer und offiziöser westlicher Diskurse, vielleicht vor allem in ehemaligen Kolonien weißer Siedler (wie etwa den USA), ist *weiß* eine Farbcodierung, mit der Körpern die Eigenschaft zugeschrieben wird, *Geist* zu besitzen. Diese Zuschreibung impliziert symbolische und andere Formen der Macht (man denke etwa an gesellschaftliche Praktiken wie »Intelligenztests«).

8 Im Originaltext heißt es *dis-ease*, darin steckt sowohl das deutsche »Krankheit« als auch die Verneinung von *ease*, »Wohlbefinden« (Anm. d. Übers.).

9 Im Original: *idiosyncracies*. Wenn es kein Tippfehler ist, dann handelt es sich um ein geniales Wortspiel. Zugrunde liegt *idiosyncrasy*, dt. Idiosynkrasie; Vorliebe (oder Abneigung). Mit der Nachsilbe *-cracy* (von griech. *kratia*, Herrschaft) bedeutet das Wort dann so viel wie »gemeinsame Herrschaft des Gleichen«. Vermutlich ist es eine Anspielung auf die z.T. ähnlichen Werdegänge der Forscherinnen (Anm. d. Übers.).

Der *Körper* wird als dunkler codiert, als dichter, weniger warm und hell und als weniger durch die Zahl determiniert. Wer würde als Wissenschaftler, als Mathematiker, überhaupt als »Genie« angesehen werden? Da der Körper kein eigenes Ordnungsprinzip besitzt, ist er das geeignete Subjekt der Kontrolle und Aneignung. Mit deprimierender Regelmäßigkeit werden Frauen und Tiere dort *als Körper* konstruiert, wo der binäre Code von Geist und Körper das erzählerische und wissenschaftliche Feld konturiert. Der binäre Code Mensch/Tier wird von zwei anderen durchschnitten, welche die Möglichkeiten des narrativen Kontexts strukturieren: Geist/Körper und hell/dunkel. In machtdominierten geschichtlichen Räumen vermitteln weiße Frauen zwischen »Mensch« und »Tier«. Farbige Frauen dagegen sind oft so eingebunden in die Kategorie »Tier«, dass sie kaum als Vermittlerinnen fungieren können, jedenfalls nicht in (Kon-)Texten, die innerhalb der weißen Kultur produziert werden. Denn hier werden farbige Frauen durch die dichten Codierungen »Sex«, »Tier«, »dunkel«, »gefährlich«, »fruchtbar« und »pathologisch« gekennzeichnet. Der revoltierende »Körper« wird oft des irrationalen »Terrorismus« bezichtigt. In den Vereinigten Staaten malt sich die politische Phantasie weißer Menschen folgendes Bild: Terroristen sind dunkelhäutig und Dunkelhäutige sind gefährlich. In der westlichen politischen Theorie ist der *Körper* nicht zum Bürgerrecht befähigt (Rationalität von Sprache und Handeln); der Körper ist bloß partikulär, nicht allgemein, nicht begeistet, nicht hell. Der Körper ist Sexualität (Frau) im Gegensatz zum Geist (Mensch/Mann); er ist das Dunkle (Farbige) im Gegensatz zum Hellen (Weißen). Der Körper ist Natur gegenüber dem Geist der Kultur; in den Erzählungen über Primaten überbrücken weiße Frauen den Abgrund. […]

Zusammenfassung und Schluss

In allen diesen Erzählungen werden menschliche Wesen aus wissenschaftlich dominierten Kulturen in die »Natur« versetzt, in der ihre gestische Inszenierung die Leser*innen und Zuschauer*innen von der Sünde unausgesprochener Überschreitungen erlöst und angstbesetzte Vorstellungen von Vereinzelung und Einsamkeit auf einem bedrohten Planeten und für eine durch die Folgen ihrer eigenen Geschichte bedrohten Kultur abmildert. Aber die Filme und Artikel blenden jene politischen Ereignisse vollständig aus, die den Kontext der Texte bilden: die Entkolonialisierung und Ausbeutung der sich herausbildenden Dritten Welt, die obligatorisch-normative Heterosexualität, die männliche Herrschaft über zunehmend kriegsorientierte wissenschaftliche Unternehmungen in der industriellen Zivilisation und die auf Rasse gegründete symbolische und institutionelle Organisation wissenschaftlicher Forschung. Stattdessen werden die Schauspiele der Kommunikation, der Ursprünge, des Aussterbens und der Arterhaltung in einer Natur inszeniert, die von Geschichte nicht berührt zu sein scheint. Es geht darum, den »Menschen« nach den Katastrophen der fortgeschrittenen Industrialisierung und besonders nach der Entwicklung der Atombombe zu renaturalisieren. Und genau zu diesem Zweck werden Menschenaffen und (weiße) Menschen *sowohl* in der »natürlichen« Welt des Urwaldes *als auch* in der kulturellen Welt von Sprachbenutzern und Haustierhaltern zusammengeführt. Diese Szenerie ist ein zentraler Bestandteil jener Ideologie, die nach dem Zweiten Weltkrieg konstruiert wurde und der es um die Entlastung von »Stress« (verstanden als Kommunikationsstörung) geht. Der Mythos des Zusammenhangs von Natur und Kultur wird durch die opulente filmische Vermittlung tropischer Tiere und weißer Frauen erneut zum Leben erweckt. Es ist der *Mythos*, der den Anschein des Universellen trägt, nicht die ziemlich teure Geschichte, die irgendeine Person den Mitgliedern ihrer Gruppe erzählt.

Und schließlich ist Geschichte auch aus jener Gegend ausgeschlossen, die – weder Natur noch Kultur – jenseits beider Grenzen im Weltraum existiert. Die (Menschen)Affen, die als Cyborgs in Raketen sitzen, sind Produkte einer Kommunikationstechnologie. Doch werden sie dem Massenpublikum nicht als Stellvertreter Kalter Krieger vorgestellt, sondern als Vertreter der »Menschheit«, die tapfer zu einer neuen Welt aufbrechen, welche neue Freiheiten verspricht. Diese neuen Freiheiten, diese neuen Grenzen eines neuen Wilden Westens sind auf der Flucht aus der Geschichte aufgebaut. In diesem Szenarium sind es nicht Urwälder, Zeichensprachen oder Kätzchen, die den geschichtsfreien Ort bezeichnen. Er wird vielmehr durch die Technologie selbst fixiert – in der gefrorenen und fetischisierten Form der künstlichen Gegenstände des Wettlaufs ins All, die die besondere menschliche Wirkungskraft, Herstellungskunst und die gesellschaftlichen Beziehungen verbirgt, welche sowohl den Bau der Maschinen ermöglichten, als auch in sie eingebaut sind. Die solchermaßen mystifizierte Technologie reißt ein Schimpansenkind aus allen Zusammenhängen heraus und bezeichnet es durch ein Akronym, HAM (wenn es nicht vorher durch technisches Missgeschick stirbt). Auf diese Weise wird die Zukunft in den Weltraum geschossen. Hier nun ist die Codierung durch das soziale Geschlecht auf rigorose Weise männlich determiniert: Es geht um die Flucht des Mannes vor/aus dem Körper. Der Flug in den Weltraum, mitsamt den daran beteiligten Primaten, wird nicht als Kapitel einer umkämpften und partiellen Geschichte (*history*) erzählt, sondern als kosmisches Projekt dargestellt. Die Grenze zwischen Wissenschaft und Science-Fiction verwischt sich und setzt ein System von oppositionellen Bedeutungen und Praxen frei, das Geschichte genannt wird.

Übersetzt und gekürzt von Michael Haupt

Andersweltliche Konversationen; irdische Themen; lokale Begriffe

> Da wies ihn Gott der HERR aus dem Garten Eden, dass er die Erde bebaute, von der er genommen war. Und er trieb den Menschen hinaus und ließ lagern vor dem Garten Eden die Cherubim mit dem flammenden, blitzenden Schwert, zu bewachen den Weg zu dem Baum des Lebens.
>
> *1. Mose 3, 23–24*

> Nichts ist in letzter Hinsicht kontextgebunden; alles ist konstitutiv, was nur heißt, dass alle Beziehungen dialektisch sind.
>
> *Robert Young, Darwins Metaphor*

> Tiere sind nicht die geringeren Menschen; sie sind andere Welten.
>
> *Barbara Noske, Humans and Other Animals*

> Obwohl es mich natürlich ganz normal zur Erforschung drängte, fand ich meine erste Welt seltsam beunruhigend [...] Erst in Umständen wie diesen erkennen wir, wie sehr wir selbst bilateral nach dem Prinzip des Entweder/Oder konstruiert sind. Eher Fische als Stachelhäuter [...] Es war ein ziemliches Problem, zu diesen sternförmigen Entitäten durchzudringen.
>
> *Naomi Mitchison, Memoirs of a Spacewoman*

Natur ist für mich – und ich wage zu sagen, für viele von uns, die wir als planetarische Föten in den Abgasen eines endzeitlichen Industrialismus und Militarismus heranreifen – eines jener unmöglichen Dinge, die Gayatri Spivak als das bezeichnet hat, was wir nicht nicht begehren können. Vielen Menschen, die in den europäischen und euroamerikanischen Schmelztiegeln zu Asche verbrannt und zugleich geformt worden sind, steht das Bild einer in Kolonialismus, Rassismus, Sexismus und Klassenherrschaft als das Andere konstituierten Natur mit schmerzhafter Deutlichkeit vor Augen, und dennoch finden sie in diesem problematischen, ethnospezifischen, langlebigen und global beweglichen Begriff etwas, ohne das wir nicht auskommen und das wir zugleich niemals »besitzen« können. Wir müssen, jenseits von Verdinglichung, Besitz, Aneignung und Nostalgie, ein anderes Verhältnis zur Natur finden. Da sie die Fiktion, entweder Subjekte oder Objekte zu sein, nicht mehr aufrechterhalten können, müssen alle, die an den entscheidenden Konversationen[1] teilnehmen, in denen Natur konstituiert wird, eine neue Grundlage finden, auf der sie gemeinsam Bedeutungen produzieren.[2]

Vielleicht um das Vertrauen in ihre wesenhafte Wirklichkeit zu fördern, wurden riesige Geldsummen aufgewendet, um der Natur Stabilität und Substanz zu verleihen und um ihre Grenzen zu überwachen. Eine Lesart der oben zitierten Bibelverse könnte es so erscheinen lassen, als habe Gott den ersten Naturschutzpark in der Ersten Welt des Neolithikums (heute die durch Öl reich gewordene Dritte Welt) angelegt und auch gleich für Wächter gesorgt, um die Landwirtschaft draußen zu halten. Solche Bemühungen haben immer schon enttäuschende Ergebnisse gezeitigt. Der Versuch, die »Natur« zu bereisen, wird zum touristischen Ausflug, bei dem die Reisenden an den Preis solcher Ortswechsel erinnert werden: Sie zahlen, um Zerrspiegelbilder ihrer selbst zu betrachten. Der Versuch, »Natur« in Parks zu konservieren, wird auf fatale Weise beeinträchtigt durch die unauslöschliche Spur der ursprünglichen Vertreibung jener, die dort lebten – nicht als Unschuldige im Paradies, sondern als Menschen, für die die Kategorien »Natur« und »Kultur« nicht die entscheidenden waren.

Teure Projekte, die Vielfalt der »Natur« zu sammeln und auf Banken zu deponieren, scheinen wertlose Währung, unfruchtbare Saat und staubige Relikte hervorzubringen. Die Konten wuchern vor sich hin, und in gleichem Maße verschwindet die Natur, die die Warenhäuser versorgt. Der Bericht der Weltbank über die Umweltzerstörung ist in dieser Hinsicht beispielhaft. Und schließlich sind

1 »Conversation« ist einer der Schlüsselbegriffe dieses Aufsatzes. Auch wenn »Konversation« im Deutschen eher von der Aura des Höflich-Steifen umgeben ist, habe ich den Begriff beibehalten, denn in ihm steckt das lateinische *conversari*: verkehren, Umgang haben. In diesem Sinne deutet »Konversation« auf einen kulturellen Zusammenhang, während das deutsche Wort »Gespräch« (ausgenommen einmal Hölderlin und/oder Heidegger) auf die mündliche Unterredung i.e.S. verweist (Anm. d. Übers.).

2 Vgl. King 1990b.

die Projekte, in denen menschliche »Natur« dargestellt und geltend gemacht werden soll, berüchtigt für ihre imperialisierenden Eigenschaften, die erst kürzlich im *Humane Genome Project* eine Replikation erlebt haben. Es scheint nur angemessen, dass ein zentrales Computerprojekt zur Speicherung der Aufzeichnungen über die menschliche Vielfalt und Einheit, GenBank (der US-amerikanische Aufbewahrungsort für DNS-Sequenzdaten), in den nationalen Laboratorien von Los Alamos, New Mexico, angesiedelt ist. Das nämlich ist der Schauplatz des Manhattan-Projekts und seit dem Zweiten Weltkrieg eine wichtige Waffenschmiede der USA gewesen.

Mithin ist die Natur weder ein physikalischer Ort, den man besuchen, noch ein Schatz, den man einzäunen oder horten, noch eine Wesenheit, die man retten oder der man Gewalt antun kann. Die Natur ist nicht verborgen und muss daher auch nicht entschleiert werden. Die Natur ist kein Text, der mit den Codes von Mathematik und Biomedizin zu lesen wäre. Sie ist nicht das Andere, das Ursprung, Ergänzung und Dienstbereitschaft verspricht. Die Natur ist nicht Mutter, Amme, Geliebte oder Sklavin und so auch nicht Matrix, Ressource, Spiegel oder Werkzeug für die Reproduktion jenes seltsamen, ethno- und phallogozentrischen, vermeintlich universellen Wesens namens Mensch/Mann. Und auch nicht für seinen so euphemistisch »das Menschliche« getauften Ersatz.

Natur ist jedoch ein *topos*, ein Ort in dem Sinne, in dem der Rhetoriker einen Ort, eine Topik für die Erörterung allgemeiner Themen benötigt; im strengen Sinne ist Natur ein Gemeinplatz. Dieser Topik wenden wir uns zu, um unseren Diskurs zu ordnen, unser Gedächtnis zu sortieren. Als Topik in diesem Sinne erinnert uns die Natur auch daran, dass in der englischen Sprache des 17. Jahrhunderts die *topick gods* die zu bestimmten Orten und Menschen gehörenden Götter (gewissermaßen die Hausgötter) waren. Wir brauchen diese Geister zumindest rhetorisch, wenn sie anders nicht zu haben sind. Wir brauchen sie, gerade um *Gemein*-Plätze – also Orte, die vielen zugänglich, unvermeidlich lokal, weltlich, be-geistert, mit einem Wort: topisch sind – wieder bewohnbar zu machen. In diesem Sinne ist Natur der Ort, an dem die öffentliche Kultur neu errichtet werden kann.[3]

3 Hier mache ich eine Anleihe bei dem wunderbaren Projekt der Zeitschrift *Public Culture*, dem Bulletin des »Center for Transnational Cultural Studies« an der University of Pennsylvania. Meiner Ansicht nach verkörpert diese Zeit-

Natur ist auch ein *trópos*, eine Trope. Sie ist Figur, Konstruktion, Artefakt, Bewegung, Verschiebung. Die Natur kann nicht vor ihrer Konstruktion existieren, vor ihrer Artikulation in heterogenen sozialen Begegnungen, in denen die Akteure keine Menschen und die Menschen nicht »wir« sind (wie immer die Definition lauten mag). Aus solchen Artikulationen, Verknüpfungen werden Welten gebaut. Fruchtbare Begegnungen beruhen auf einer bestimmten Art von Bewegung – auf einem *trópos*, einer ›Wendung‹. Getreu dem griechischen Wortsinn geht es bei der als *trópos* verstandenen Natur um Wendungen und Windungen. Die Trope vollziehend, wenden wir uns – geotrop, physiotrop – der Natur zu, als wäre es die Erde, der Baum des Lebens. Und diese Zuwendung geschieht in der Hoffnung, dass die Bewacher des Parks, die Cherubim, gegen Gott streiten und streiken, und dass Schwerter wie auch Pflugscharen zu anderen Werkzeugen, anderen Metaphern für mögliche Konversationen über unbewohnbare irdische Anderswelten umgeformt werden können. Topisch reisen wir der Erde, einem Gemeinplatz, entgegen. Die Natur ist ein Thema des öffentlichen Diskurses, um das vieles sich dreht, sogar die Erde.

Drei Geschichten

Ich wende mich, weniger grandios, einem kleinen Bestandteil dieses welterbaulichen Werkes zu – dem Geschichtenerzählen. Wenn ich einmal erwachsen werde, oder (wie wir zu sagen pflegten) nach der Revolution, weiß ich, was ich tun möchte. Ich möchte für die Tiergeschichten in *Reader's Digest* zuständig sein, die jeden Monat in über zwölf Sprachen an die zwanzig Millionen Menschen erreichen. Ich möchte die Geschichten über moralisch versierte Hunde, gefährdete Völker, lehrreiche Käfer, wundersame Mikroben und gemeinsam zu bewohnende Häuser der Differenz schreiben. Mit meinen Freund*innen möchte ich am Ende des zweiten christlichen Jahrtausends Naturgeschichte schreiben, um zu sehen, ob andere Geschichten möglich sind, solche, die nicht auf dem Riss zwischen Natur und Kultur, bewaffneten Cherubim und heroischen Suchaktionen nach

schrift die besten Impulse, die von den Cultural Studies ausgehen. *Public Culture* ist beziehbar über The University Museum, University of Pennsylvania, Philadelphia, PA 19104, USA.

den Geheimnissen des Lebens und den Geheimnissen des Todes beruhen.[4]

Im Gefolge von Ursula LeGuin und inspiriert von einigen Kapiteln aus den evolutionären Geschichten über die Frau-als-Sammlerin möchte ich eine Einkaufstaschen-Praxis des Geschichtenerzählens betreiben, in der es nicht um die Enthüllung von Geheimnissen geht, die Helden sich aneignen, während sie leuchtende Objekte über die *plot matrix*[5] der Welt hinweg und durch sie hindurch verfolgen. Als Stadtstreicherin Geschichten erzählen heißt dementgegen, unerwartete Partner und irreduzible Einzelheiten in eine ausgefranste, löchrige Einkaufstasche zu packen. Dies Zusammentreffen bringt stockende Konversationen in Gang, verwandelt dadurch alle Partner und Einzelheiten und schafft sie neu. Die Geschichten haben keinen Anfang und kein Ende, sondern werden fortgesetzt, unterbrochen, reformuliert – genau die Überlebensgeschichten, die wir heute nötig haben. Und vielleicht kann der Anfang, den ich hier mache – die Ummodelung von LeGuins Einkaufstaschen-Theorie der Fiktion[6] in die Praxis einer geschichtenerzählenden Stadtstreicherin –, uns daran erinnern, dass das in all diesen Geschichten lauernde Dilemma in einer alles übergreifenden Heimatlosigkeit, dem Fehlen eines gemeinsamen Ortes (*common place*) und der Zerstörung der öffentlichen Kultur besteht.

In den USA bleibt das Geschichtenerzählen über Natur, wie problematisch diese Kategorie auch sein mag, eine wichtige Praxis, um grundlegende Bedeutungen zu prägen und auszudrücken. Der Überfluss von Fernseh-Sondersendungen zum Thema Natur ist eine Art von kollektivem Video-Bridgewater-Vertrag, der im Spätkapitalismus eine säkularisierte Naturtheologie hervorbringt. Ein vor nicht allzu

---

4 Vgl. Jacobus u. a. 1990, 177–191.

5 Ein unübersetzbares Wortspiel, weil *plot* hier zum einen ein für Karten verwendbares Koordinatensystem, zum anderen die Struktur oder Fabel einer narrativen Entität bezeichnet. *Matrix* wiederum ist (u. a.) biologisch gesehen die über keine Binnenstruktur verfügende Grundsubstanz, mathematisch gesehen ein Zahlenschema, mit dessen Hilfe Probleme in Naturwissenschaft und Technik auf einfachere Weise angegangen werden können. Demzufolge könnte *plot matrix* der Urgrund aller Erzählstrukturen sein, zugleich aber auch das Koordinatensystem, mit dessen Hilfe Orte in der Welt lokalisiert werden können (Anm. d. Übers.).

6 LeGuin 1989.

langer Zeit dem Zoo von San Diego abgestatteter Besuch bekräftigte meine Überzeugung, dass die Menschen viel von dem, was sie voneinander und über den Planeten Erde denken, sich dadurch bestätigen, dass sie einander erzählen, was sie zu sehen meinen, wenn sie Tiere beobachten. Demzufolge möchte ich dies Nachdenken über drei Bücher (von Robert Young, Barbara Noske und Naomi Mitchison) mit Geschichten beginnen, die einiges von dem verdeutlichen, was ich als Anlagekapital in die Lektüre ihrer Geschichten einbringe.

Vor ein paar Jahren besuchte ich eine Freundin, die ich noch von der Highschool her kannte. Sie lebte mit ihrem Mann und drei Söhnen im Alter von 16, 14 und 11 Jahren in der Nähe von Milwaukee, Wisconsin. Das ganze Wochenende hindurch hänselten sich die beiden älteren Brüder gnadenlos wegen einer schulischen Tanzveranstaltung, die demnächst stattfinden sollte; jeder versuchte, dem anderen auf die Nerven zu gehen, indem er ihn unnachgiebig mit homosexuellen Anspielungen piesackte. Als Angehörige der weißen amerikanischen Mittelschicht inszenierten sie ihre offenkundige Unsicherheit angesichts einer Verabredung mit Mädchen in »spielerischen« Beleidigungen, die die noch nicht ganz gefestigten geschlechtlichen Bindungen und Identitäten betrafen. Auf ebenso verwirrte wie gewöhnliche Weise beschimpften sie einander als Mädchen und zugleich als schwul. Aus meiner Sicht erteilten sie eine notwendige Lektion über die Zwangsheterosexualität in meiner und ihrer Kultur. Für mich war das aus vielerlei Gründen sehr schmerzlich; nicht zuletzt wegen des durch und durch schlechten Benehmens und der Respektlosigkeit, die die Eltern duldeten, obwohl sie die schwulen, lesbischen, bisexuellen Zusammenhänge kannten, die mein Leben, meine Familie, meine Gemeinschaft bestimmen. Meine Welt wird durch solche Bündnisse aufrechterhalten. Da mir der Mut fehlte und ich mich desorientiert fühlte, erzählte ich meiner Freundin erst später am Wochenende von meinen Beobachtungen. Schockiert meinte sie, die beiden Knaben wären doch noch viel zu jung, als dass man ihnen etwas über Homosexualität und Homophobie erzählen könne. Überhaupt sei ihr Verhalten nichts weiter als natürlich. Obwohl ich die Taufpatin des älteren Jungen war, hielt ich sträflicherweise den Mund und überließ seine sittliche Erziehung der erwiesenen Feinfühligkeit seines Milieus.

Da meine Freundin und ihr Mann mein Interesse an einer anderen Art von Natur kannten und auch hofften, unsere beiderseitige Seelenverstimmung durch eine kulturell angemessene, therapeutische Stippvisite »außerhalb der Zivilisation« zu kurieren, nahmen sie mich mit zu einem wunderschönen kleinen See in der waldigen Umgebung. In bester Laune, wenn auch ohne große zoologische Gelehrsamkeit, sprachen wir über ein paar Enten am anderen Ufer des Sees. Wir konnten sehr wenig erkennen, und unser Wissen war noch geringer. In unmittelbarer Eintracht erzählten die beiden, dass es sich bei den vier Enten um zwei heterosexuelle, fortpflanzungsaktive Pärchen handele. Sehr schnell hörte sich das so an, als hätten die Enten eine bescheidene Hypothek für die Feuchtgebiete in jenem Teil des Sees aufgenommen und würden nun ihre Entenkinder auf eine gute Schule schicken, um ihre Investition in Sachen Fortpflanzung verzinst zu sehen. Ich meldete meine Bedenken an, indem ich etwas von der Vielschichtigkeit und Besonderheit tierischer Verhaltensweisen und Gemeinschaftsformen murmelte und im Übrigen steif und fest behauptete, die Enten würden homosexuelle Gemeinschaften bilden. Ich wusste es besser; ich wusste, dass es *Enten* waren; verlegen war ich allerdings, weil ich die Art nicht kannte. Ich wusste, die Enten verdienten unsere Anerkennung ihrer *nichtmenschlichen* Kulturen, Subjektivitäten, Geschichten und materiellen Lebensformen. Sie hatten schon genug mit den Schwermetallen und organischen Lösungsmitteln im See zu tun; sie mussten nicht auch noch in unseren ideologischen Kämpfen Partei ergreifen. Da sie gezwungen waren, in unseren ethnospezifischen Naturkonstruktionen zu leben, konnten sie sich den Luxus, in das verwickelt zu werden, was die nahegelegene Gemeinschaft für natürlich hielt, kaum leisten.

Dennoch waren meine Freunde und ich, in unserer Wut aufeinander, sicher, dass wir mit unseren eigennützigen und zunehmend apodiktischer vorgetragenen Geschichten über die Enten recht hatten. Schließlich konnten wir *sehen*, was sie taten; sie befanden sich am gegenüberliegenden Ufer; wir waren im Besitz direkter Kenntnisse über sie. Sie waren Objekte, die auf unserer Bühne namens Natur eine Rolle spielten. Sie waren in unsere auf beschämende Weise verschobene Auseinandersetzung, in unseren Streit, den auszutragen wir uns nicht getraut hatten, hineingezogen worden. Wir hätten über das streiten sollen, was es in *unserem* Leben an Homophobie, Zwangsheterosexualität und Verpflichtung, bestimmte Arten von Familien für normal zu halten, gab. Wir vermieden es, notwendige, umstrittene, situierte Brücken des Wissens zu bauen, indem wir (auf die in den angloamerikanischen Mittelschichten übliche Weise) die Natur vergegenständlichten.

Ausgefeiltere wissenschaftliche Darstellungen tierischer Verhaltensweisen, die in den besten Fachzeitschriften erscheinen und in den teuersten Serien des öffentlichen Fernsehens popularisiert werden, tun ganz offenkundig das Gleiche. Bisweilen jedoch, in seltenen und wertvollen Augenblicken, gelingt es einigen von uns, die in den technowissenschaftlichen Medien heranreifen, ein paar nicht-unschuldige Geschichten über die *Tiere* (und sogar mit ihnen) zu erzählen statt über unser »natürliches« Selbst. Dennoch bin ich sicher, dass ich in Bezug auf die Enten, um welche auch immer es sich gehandelt haben mag, *eher* recht hatte als meine Freunde. Und da Schwulenklatschen immer noch ein beliebter Sport ist, fühle ich noch immer den Schmerz und weiß um meine Komplizenschaft bei der natürlichen Entwicklung jener Jungen.

Eine andere Geschichte: Mitte der 1960er Jahre, ich hatte gerade ein paar Semester Biologie hinter mir, wurde ich von einer ganz gewöhnlichen Vorlesung über die Enzyme des Elektronen-Transportsystems (ETS) geistig und emotional zutiefst bewegt. Diese biologischen Katalysatoren sind am Energietransport in Zellen beteiligt, die komplex genug sind, um ausdifferenzierte, interne, membranfixierte Organellen (kleine Organe) zu besitzen, mit deren Hilfe sie ihre Aktivitäten aufteilen und ausweiten. Unter Verwendung neuer Techniken konnte der Prozess experimentell *in vitro* studiert werden, an strukturfunktionalen Komplexen, die Untereinheiten von Membranen darstellten und aus zellulären Organellen namens Mitochondrien gewonnen worden waren. Diese Untereinheiten wurden auseinandergenommen und wieder zusammengefügt, um sie via Elektronenmikroskop und Biochemie zu analysieren. Das Ergebnis war eine erstaunliche Narration und eine visuell vermittelte Vorstellung jenes Typs strukturfunktionaler Komplexität, der für mich die Biologie, insbesondere die Molekularbiologie, zu einer schönen Wissenschaft gemacht hat. Der Produktionsapparat dieser schriftlichen und mündlichen Darstellungen und visuellen Artefakte war ohne alle Abstriche analytisch und biotechnisch. Kein Weg führte an der ausgetüftelten Vermittlung durch Maschinen vorbei, zu denen die Einkapselungen toter Arbeit gehörten, die absichtlichen und unabsichtlichen Delegierungen, die unerwarteten Handlungsträger, die schmerzbeladenen sozio-technischen Geschichten (*histories*) aus Vergangenheit und Gegenwart.

Nach der Vorlesung, auf einem Spaziergang durch die Stadt, fühlte ich aufkeimende Hochstimmung. Bäume, Gräser, Hunde, unsichtbare Darmparasiten, Leute – wir alle schienen in den ultrastrukturellen Geweben unseres Seins zusammenzugehören. Die reduktionistischen Techniken der Zellbiologie vermittelten mir kein Gefühl der Entfremdung, vielmehr registrierte ich – etwas verwirrt, aber hauptsächlich erfreut –, dass ich auf die Verbindungen, die von den erkenntnisproduzierenden Praktiken und den ihnen entsprechenden Narrationen der Technowissenschaft ermöglicht wurden, *erotisch* reagierte. Aber wirken Liebe und Erkenntnis nicht immer zusammen? Ich lehnte es kategorisch ab, das auf dem Spaziergang erfahrene Gefühl der Freude als epistemologischen Sadomasochismus zu denunzieren, dessen Wurzeln in Entfremdung und objektivierendem wissenschaftlichem Reduktionismus oder in der Unkenntnis der schrecklichen Geschichte von Herrschaft gründeten, die in das eingelassen ist, was wir höflicherweise »moderne Wissenschaft« nennen. Ich war *nicht* in einem Augenblick romantischen postmodernen Ergriffenseins vom Technisch-Erhabenen befangen. Maschine, Organismus, menschliche Verkörperung waren insgesamt miteinander verknüpft – in eine *besondere* ko-konstitutive Beziehung zueinander gebracht –, und dies auf komplexe Art und Weise, die mich zwang, eine historisch spezifische, Liebe, Macht und Wissen/Erkenntnis umfassende Disziplin anzuerkennen. Durch ihre Ermöglichungsbedingungen, das heißt, durch die Laboratoriumspraxis in Zellbiologie, sorgte diese Disziplin – in ungleicher Weise – für bestimmte Arten von Subjektivität und systematische artefaktische Verkörperungen, für die Menschen in meinen Welten verantwortlich sein mussten.

Diese erkennende Liebe konnte nicht unschuldig sein; sie entsprang nicht im Paradies. Aber sie entsprang auch nicht der *Vertreibung* aus einem Paradies. Nicht im Zusammenhang mit Geheimnissen – über Leben und Tod – nahm diese erkennende Liebe Gestalt an, sondern in ganz bestimmten, historisch-sozialen Verkehrsformen oder »Konversationen« zwischen Maschinen, Menschen, anderen

Organismen und Teilen von Organismen. Alle Feministinnen wie ich, die noch ›im Schrank hocken‹ – das heißt all jene, die noch nicht ihr Coming-out hatten, um die viskose, physische, erotische Freude zu erfahren, die wir zu Beginn der 1970er Jahre aus den disharmonischen Konversationen unserer Consciousness-Raising-Gruppen über abstrakte Ideen, Autoreparaturen und mögliche Welten zogen –, könnten einen Schauder der Selbsterkenntnis verspüren, wenn sie an das Elektronen-Transportsystem denken. Unsere Begehren sind in der Tat so unterschiedlich wie unsere Verkörperungen. Wir sind sicher keine Enten, aber als natürlich-technische terrane Konstrukte sind wir sicherlich ETs.

Eine dritte Geschichte zum Abschluss; sie spielt während der 1980er Jahre in Kalifornien. Als die (meinem Liebsten und mir zugehörigen) Labrador-Mischlinge Alexander Berkman und Sojourner Truth etwas über ein Jahr alt waren, gingen wir alle zusammen zum Gehorsamkeitstraining, das in einer nordkalifornischen Kleinstadt abgehalten wurde. Zwar hatten wir uns ein Jahr lang in der Leihbücherei einschlägig über Hundetraining informiert und darüber diskutiert, doch waren wir noch nie bei einem Gehorsamkeitstraining gewesen. Das ist eine erstaunliche Einrichtung, die Menschen und ihre kaniden Gefährt*innen zähmt, damit sie bestimmte Geschichten, die für den öffentlichen Frieden von Bedeutung sind, gemeinschaftlich bewohnen. Es wurde für uns allerhöchste Zeit, an einem solchen Training teilzunehmen. Einer von uns ließ bereits Anzeichen von Kriminalität erkennen oder trug zumindest die Züge eines uns allen gemeinsamen gebrochenen Verhältnisses zur Autorität, was in seinem Fall zu schwerer Körperverletzung und gesetzlich verfügten Todesurteilen für Hunde sowie hohen Bußgeldern für Menschen führen konnte. Das heißt, einer von uns schien es darauf abgesehen zu haben, Mitglieder seiner Gattung (andere Hunde) unter allen Umständen zu töten, und wir übrigen drei wurden mit der Situation nicht fertig.

In einigen wichtigen Situationen schienen wir vier nicht dieselbe Sprache zu sprechen, weder innerhalb der Gattungsgrenzen noch über sie hinweg. Wir brauchten Hilfe. So gingen wir denn, zusammen mit einem Haufen anderer kreuzungstypischer Säugerpaare, von Arten, die einige zehntausend Jahre gemeinsamer biologischer und sozialer Geschichte erlebt hatten, eine kommerzielle pädagogische

Beziehung zum Hund *Goody-goody* und ihrem Menschenpartner *Perfection* ein. Beide schienen das politische Problem, sich gegenseitig folgenreiche Aufmerksamkeit zu zollen, gelöst zu haben. Sie schienen uns eine Geschichte erzählen zu können.

In ihrer Diskussion der in Trainingszusammenhängen verwendeten Sprachspiele erinnerte Vicki Hearne an Wittgensteins Diktum: »[E]ine Sprache vorstellen heißt, sich eine Lebensform vorstellen«.[7] Als professionelle Trainerin und unheilbare Intellektuelle suchte Vicki Hearne nach einer philosophisch verantwortlichen Sprache, in der über Geschichten gesprochen werden konnte, die von Trainer*innen und partnerschaftlichen Tieren wie Hunden und Pferden bevölkert wurden. Sie war davon überzeugt, dass die Trainingsbeziehung eine moralische ist, die die Persönlichkeit (*personhood*) aller Partner*innen erfordert. Allerdings kann – ein Punkt, auf den Hearne nicht eigens hinwies – die moralische Beziehung nicht auf einer von allen geteilten *anthropomorphen* Persönlichkeit beruhen. Nur einige der Partner*innen sind Menschen, und die von den miteinander Vertrauten konstruierte Lebensform ist weder rein kaniden- noch rein menschenförmig. Darüber hinaus ist die Persönlichkeit nur eine lokal begrenzte, wenngleich historisch überaus wichtige Art des Subjektseins. Und wie die meisten moralischen Beziehungen darf auch diese nicht die radikale Unterschiedlichkeit ignorieren, wenn sie sich auf die Formel Gleichheit-als-Selbigkeit einlässt.

Sicher jedoch konstruieren in der Trainingsbeziehung Menschen und Tiere eine historisch spezifische Lebensform und daher auch eine Sprache. Sie schaffen bestimmte Bedeutungen, die Wirksamkeit erlangen, und geben ihnen den Vorzug vor anderen Bedeutungen. Hearnes moralisches Universum besaß solche Prämissen wie: Hunde haben ein Recht auf die Folgen ihrer Handlungen, und: Beißen (seitens der Hunde) ist eine Reaktion auf unklar konturierte Autorität (des Menschen). Sie fasste bestimmte Bürgerrechte, wie sie z.B. Blindenhunde und ihre Menschenpartner*innen genießen, auch für andere Hunde und Partner*innen ins Auge, die ganz ausgezeichnet ohne Leine auszukommen gelernt hatten.

Ich bin, was die menschliche Kontrolle über Hunde angeht, sehr spitzfindig, nicht weil ich eine fetischartige Furcht vor Kontrolle

7 Hearne 1986, 4. (Das Wittgenstein-Zitat entstammt dem §19 der »Philosophischen Untersuchungen«, Anm. d. Übers.)

habe oder davor, Ross und Reiter*in zu benennen. Vielmehr habe ich das Gefühl, dass die mir zur Verfügung stehenden Sprachen, in denen ich die Kontrolle und ihre Richtungsvektoren erörtern kann, die Aufmerksamkeits- und Reaktionsformen verzerren, die von ernsthaften Hunden und Ausbilder*innen erreicht worden sind. Mit *verzerren* meine ich nicht *falsch darstellen*, es geht um etwas Ernsteres. Ich meine, dass die Sprache der eindimensionalen »menschlichen Kontrolle über den Hund« in instrumenteller Weise zur Bildung einer in sich nicht schlüssigen und sogar gefährlichen Beziehung beiträgt, die dem zivilgesellschaftlichen Frieden innerhalb der Gattungen oder über ihre Grenzen hinweg nicht dienlich ist. Als überzeugte Skeptikerin in Bezug auf die Ideologien der Repräsentation habe ich keine Lust, mir über ein genaues Porträt von Trainingsbeziehungen allzu viel Gedanken zu machen. Wichtig ist für mich jedoch die Instrumentalität von Sprachen, denn Sprachen sind Lebensformen.

Sojourner, Alexander – die kanide Reinkarnation des Geliebten von Emma Goldman, des Anarchisten, der 1892 nach dem Streik in Homestead auf Frick[8] schoss –, Rusten und ich waren zum Training ernsthaft entschlossen, aber sehr ungeübt. Es wäre gut für uns gewesen, Vicki Hearne zu treffen, aber zu der Zeit kannten wir sie nur als Autorin des *New Yorker*. Wir brauchten noch mehr Übungspraxis.

Stattdessen stolperten wir in eine abstoßende Konversation, die jene oben erwähnten heterosexuell konstruierten Enten als von keiner menschlichen Zunge berührt erscheinen lässt. Solange wir dem Englisch nicht zuhörten, das Perfection verwendete, um den übrigen menschlichen Anwesenden zu erklären, was vor sich ging, sondern nur auf die anderen semiotischen Prozesse wie Gestik, Berührung und einfache wörtliche Befehle achteten, erzählten Goody-goody und Perfection eine ziemlich gute Geschichte für viele alltägliche Ereignisse im gattungsübergreifenden Leben. Doch waren sie, wie viele andere behütete Leute, den Umgang mit Anarchisten und Kri-

8 Henry Clay Frick war Stahlmagnat und Aufsichtsratsvorsitzender der Carnegie-Stahlwerke in Homestead. 1892 fanden dort große Streikaktionen statt, in deren Folge die Arbeiter ausgesperrt wurden. Dieses Vorgehen versetzte Alexander Berkman so in Zorn, dass er zusammen mit Emma Goldman die Ermordung Fricks plante. Er drang auch tatsächlich bis zu ihm vor und gab mehrere Schüsse auf ihn ab. Frick überlebte das Attentat, Goldman wurde zu einer langjährigen Haftstrafe verurteilt und kam erst 1906 wieder frei. Frick starb 1916 eines natürlichen Todes (Anm. d. Übers.).

minellen nicht gewohnt; sie – oder zumindest Perfection – vertrauten auf eskalierende Gewalt und die Sprache nackter Unterwerfung. Das Resultat war eine erstaunliche Zunahme an Gewaltbereitschaft bei unserem Hund. Die Konversation lief völlig in die falsche Richtung. Später trafen wir einige Trainingsmenschen und Sozialarbeiter-Hunde, die uns beibrachten, wie man auf verlässlichen Gehorsam angesichts schwieriger Begleitumstände – wie z.B. der bloßen Existenz anderer Hunde – hinarbeitet. Doch unsere erste Erfahrung mit Gehorsamkeitstraining konfrontierte uns klipp und klar mit der Tatsache, dass gattungsübergreifende Lebensformen ziemlich verunglücken können.

Mein ständig wachsender Verdacht, dass unsere mangelnde Kohärenz bei diesem speziellen Trainingsversuch lediglich zunehmen würde, erreichte seinen Höhepunkt kurz vor der Prüfungszeit, als Goody-goody und Perfection zeigten, wie ein Menschenwesen – falls erforderlich – jede beliebige Stelle am Körper eines Hundes untersuchen könne. Diese Übung war wichtig bei Unfällen, wenn durch Schmerzen und Verletzungen des Hundes Mensch und Tier in Gefahr gerieten. Die Lerngruppe war sehr aufmerksam. Während Perfection Goody-goody an jeder möglichen Stelle berührte, Körperöffnungen auftat und wieder schloss und überhaupt demonstrierte, wie weniger Grenzen es bedarf, wenn Vertrauen und gute Autorität vorhanden sind, schienen die dergestalt ins Gespräch Vertieften in einem vielschichtigen Austausch von Gesten, Berührungen, Augenbewegungen, Stimmfärbungen und vielen anderen Kommunikationsweisen zu stehen. Doch während Perfection eine Pfote ergriff und sie hochhielt, um sie uns zu zeigen, hörten wir, was gesprochen wurde. Es lautete ungefähr so: »Sehen Sie diese Pfote? Es könnte Goody-goodys Pfote sein, in Wirklichkeit aber ist es meine Pfote. Sie gehört mir, und ich kann damit tun, was ich will. Wenn Sie dem nacheifern wollen, was Sie hier sehen, dann müssen Sie akzeptieren, sich den Körper Ihres Hundes in dieser Form anzueignen.«

Ich bin bis heute der festen Überzeugung, dass Perfection, hätte sie wirklich ihren Worten gemäß gehandelt, zusammen mit Goody-goody nichts erreicht hätte. Ihre andere Konversation strafte den uns vermittelten Diskurs Lügen. Hätten mein Liebster und ich es geschafft, jener anderen Konversation intensiver zuzuhören, dann hätten wir es in unserer dringend erforderlichen Kommunikation mit Alexander und Sojourner über schwierige Themen weiter gebracht.

Zwar erzielten wir im Sprachspiel »körperliche Untersuchung« hervorragende Ergebnisse. Bei unserer schwierigeren Aufgabe jedoch, die die Neigung unseres Hundes betraf, andere Hunde anzugreifen, während seine Schwester ihn dabei in jeder Hinsicht unterstützte, wurden wir durch verzerrende Worte abgeschreckt, denen Perfection in ihrer Beziehung zu Goody-goody nicht folgte, die sie aber in körperlichen und verbalen Beziehungen zu einigen anderen Hunden und Menschen durchsetzte. Vielleicht hatte sie gerade in der Hinsicht ihre Schwierigkeiten mit Kriminellen, Anarchisten und Sozialisten. Davon nämlich gibt es, das muss gesagt werden, ziemlich viele. Zur Prüfung, die das Gehorsamkeitstraining beschließen sollte, erschien meine Hausgemeinschaft wenig vielversprechend mit »Autorität? Nein danke!«-Buttons. Wir hatten es noch nicht geschafft, für das wichtige Thema »Autorität« eine kohärente Konversation aufzubauen, weder innerhalb der Gattung selbst noch zwischen den Gattungen.

Meine Eröffnungsgeschichten drehten sich also um drei Lebensformen und drei Konversationen, an denen historisch verortete Menschen und andere Organismen oder Teile von Organismen sowie technologische Artefakte teilgenommen hatten. Alle diese Geschichten handeln von Abgrenzung und Kontinuität zwischen Akteur*innen, menschlichen und nichtmenschlichen, organischen und nichtorganischen.

Aus diesen Geschichten über »wilde Enten in der Natur«, über »reduktive« Methodologien und das Elektronen-Transportsystem in der Zellbiologie sowie über das Problem des »Diskurses« zwischen Menschen und Gefährten-Gattungen (*companion species*) ergeben sich insgesamt die Probleme, die uns im Folgenden beschäftigen werden, wenn wir uns Young, Noske und Mitchison zuwenden. Gibt es einen gemeinsamen Kontext für die Diskussion darüber, was in der Technowissenschaft als Natur gilt? Wie könnten bewohnbare Narrationen über Wissenschaft und Natur erzählt werden, ohne die Zerstörungen zu leugnen, die aus der Bindung der Technowissenschaft an militarisierte und strukturell ungerechte Verhältnisse von Wissenschaft und Macht entsprungen sind, und ohne die apokalyptischen Geschichten von Gut und Böse, die auf den Bühnen von »Natur« und »Wissenschaft« gespielt werden, spiegelbildlich zu wiederholen?

Digesting Discourses[9]

Im Folgenden geht es um *Darwin's Metaphor: Nature's Place in Victorian Culture*, ein dicht gewebtes, mit wissenschaftlicher und politischer Leidenschaft geschriebenes Buch. Es enthält eine Reihe von immer noch unverzichtbaren Essays aus den 1970er Jahren, deren Thema die Diskussionen bilden, die im Großbritannien des 19. Jahrhunderts über den »Platz des Menschen in der Natur« geführt wurden.[10] Dabei schildert der Autor, Robert Young, Strukturen und

---

9 *Digesting Discourses*: Ein unübersetzbares Wortspiel; nicht nur wegen der alliterierenden Anspielung auf die erbaulichen und leichtverdaulichen Diskurse der beliebten Zeitschrift *Reader's Digest*, die ja schon öfter Erwähnung fand, sondern auch, weil *to digest* u.a. »ordnen«, »klassifizieren« heißt und überdies die Diskurse im obigen Titel Subjekt- oder Objektstatus einnehmen können, also einmal die »verdauenden/ordnenden Diskurse«, zum anderen aber die Diskurse, die gerade geordnet oder verdaut werden, gemeint sein können. Vielleicht kommt, mit Seitenblick auf Foucault, eine Formulierung wie »Die Verdauung der Diskurse« dem Wortspiel am nächsten, aber dann würde die Ordnung unterschlagen – und was wäre ein Diskurs ohne Ordnung? (Anm. d. Übers.)

10 Im Vorwort zur Neuausgabe (1985) seiner Essays rechtfertigt sich Young dafür, dass er sich in seiner Überarbeitung nicht mit der Pseudo-Universalie »man« (Mensch/Mann) befasst hat: »Ich kann die Geschlechterproblematik in diesen Essays nicht lösen: ›Der Platz des Menschen/Mannes in der Natur‹ (*man's place in nature*) war die geläufige Redewendung der damaligen Zeit, und das dazugehörige ›er‹ besaß charakteristische Unter- und Nebentöne, die zu beseitigen anachronistisch wäre. Das war für den Stil maßgebend.« (XVII) – Gegen Youngs Beibehaltung dieser Ausdrucksweise habe ich nichts einzuwenden, wohl aber gegen das Fehlen einer nachhaltigen Diskussion darüber, worin genau der *Unterschied* besteht, den die »charakteristischen Neben- und Untertöne« und der »Stil« im Diskurs des 19. Jahrhunderts und im Diskurs von Young besitzen. Die Feministinnen verlangen nicht die Beseitigung anstößigen Materials, sondern eine genaue Analyse dessen, wie die unmarkierten Kategorien arbeiten – und wie wir fortwährend mit den dadurch vermachten Schwierigkeiten zu kämpfen haben. Diese Analyse könnte keine Fortschritte erzielen, wenn das Problem verdeckt wird, indem an die Stelle von »man« (Mensch/Mann) der euphemistische und anachronistische Ausdruck »human« (das Menschliche) tritt. Einige von Youngs wichtigsten Erörterungen, die sich z.B. in dem Essay über »Malthus and the evolutionists« (Malthus und die Evolutionisten) finden, hätten – da der Essay zuerst 1969 publiziert wurde, noch vor der eigentlichen Ausarbeitung feministischer Theorien – Mitte der 1980er Jahre zumindest eine Fußnote verdient, die darauf hinweist, wie feministische Analysen die Neustrukturierung des historischen Verstehens der Auseinandersetzungen über Natürliche Theologie, menschliche Vervollkommnung und Evolution erforderlich machen. Zumindest Malthus' Einwände gegen Godwins Version

Folgen des umfassend-allgemeinen kulturellen Umfelds, innerhalb dessen der Kampf der Intellektuellen um die Abgrenzungen zwischen Gott, Natur und Menschen stattfand. Der im 20. Jahrhundert geprägte Ausdruck »Wissenschaft *und* Gesellschaft« würde den Teilnehmern der damaligen Diskussionen nicht allzu sinnvoll erschienen sein, denn für sie handelte es sich dabei nicht um zwei vorgeformte, einander entgegengesetzte Seinsbereiche, *Wissenschaft* und *Gesellschaft*, die durch eine trügerische Konjunktion auseinandergehalten wurden. Wir sollten dem Ausdruck auch jetzt, in den 1990er Jahren,

---

zukünftiger menschlicher Vervollkommnung mittels der vollständigen Transzendierung der Bedürfnisse, insbesondere der sexuellen, sowie Malthus' Lehre vom Privateigentum an Frauen und Kindern in der Institution Ehe lagen der Etablierung eines auf konstitutive Weise sich selbst intransparenten maskulinistischen Diskurses in der natürlichen Theologie zugrunde. – Auch in dem Essay »Natural Theology, Victorian periodicals, and the fragmentation of a common context« (Natürliche Theologie, viktorianische Zeitschriften und die Fragmentierung eines gemeinsamen Zusammenhangs) fehlt eine Erörterung darüber, wie die Spezialisierungs- und Publikationsprozesse das Geschlechtergewebe der evolutionsbiologischen Praxis grundlegend umstrukturierten. Die 1985 geschriebene Nachbemerkung zu diesem Essay hätte sich angeboten, um etwas darüber zu sagen, auf welche Weise die feministische Theorie solche Themen wie »gemeinsamer Zusammenhang« und »Fragmentierung« neu zu bedenken gibt. Ich denke auch, Young hätte einige seiner Fußnoten, insbesondere in dem Essay »The historiographic and ideological contexts of the nineteenth-century debate on man's place in nature« (Die historiografischen und ideologischen Zusammenhänge der im 19. Jahrhundert geführten Auseinandersetzung über den Platz des Menschen in der Natur), überarbeiten sollen, um die Leistungen der feministischen Theorie auf diesem Gebiet besser würdigen zu können. Dies umso mehr, als die Fußnoten an sich eine wahre Fundgrube sind, denen ich politisch und theoretisch sehr viel verdanke. Und gerade weil die Anmerkungen sonst so umfassend sind, stehe ich der geringen Aufmerksamkeit, die Young den feministischen Interventionen in Science-Studies-Diskussionen entgegenbringt, kritisch gegenüber. – Robert Youngs Anmerkungen haben mir viele Kenntnisse über die Wissenschaftsgeschichte vermittelt, und eben darum bin ich in Bezug auf die Überarbeitung von 1985 enttäuscht. Die unhinterfragte *Bindung* an den Maskulinismus, die sich in den von Young an der Universität Cambridge behandelten Grundlagentexten zur Wissenschaftsgeschichte findet, blieb in der radikalen Wissenschaftskritik und ihrem Schrifttum nur allzu oft am Leben. Sie zeigt sich auch in den kanonisierten Texten der orthodoxen Richtung der Social Studies of Science, z.B. in den wichtigen Büchern von Steve Shapin und Simon Schaffer, *The Leviathan and the Air-Pump* (1985), sowie von Bruno Latour, *Science in Action* (1987). Das darf in der Bewegung, die Wissenschaft als Kultur interpretiert und in der Young eine kreative und führende Rolle spielt, so nicht weitergehen.

keinen Sinn verleihen, die Gründe dafür sind jedoch andere als zu Darwins Zeit. Mein nicht gerade hoch gestecktes Ziel, die Tiergeschichten für *Reader's Digest* zu schreiben, sollte im Zusammenhang mit einer sozialen Szenerie gesehen werden, die sich von den im vorigen Jahrhundert geführten Konkurrenzkämpfen um gemeinsame Bedeutungen und bewohnbare Geschichten deutlich unterscheiden. In jenen halkyonischen Tagen hätte ich mich wohl eher darum bemüht, für die *Edinburgh Review* zu schreiben.

Young betont mit Nachdruck, dass eine tiefergehende Beschäftigung mit einer wissenschaftlichen Auseinandersetzung unvermeidlich in den umfassenderen Zusammenhang einer Kultur hineinführt. Wenn wir nur beharrlich genug nachforschen – also Cultural Studies ernsthaft betreiben –, »können wir etwas über das Wesen der Wissenschaft selbst erfahren und dadurch erhellen, auf welche Weise Gesellschaften die Tagesordnung ihrer Kultur i.w.S. (inklusive Wissenschaft) festsetzen, eine Tätigkeit, die zur Durchsetzung gesellschaftlicher Prioritäten und Werte gehört« (Young 1985, 122). Young zufolge lassen sich die von ihm erforschten Debatten des 19. Jahrhunderts sowie wichtige Gesichtspunkte in der Geschichte der Wissenschaft als Kultur nicht verstehen, wenn die wissenschaftliche Auseinandersetzung von den sozialen, politischen, theologischen und ökonomischen Diskussionen abgetrennt wird, weil damit alle Bestandteile falsifiziert und »Unterdrückung in Gestalt von Wissenschaft mystifiziert« würden (192).

Youngs Bezugspunkt für seine Argumentation bildete die in den 1970er Jahren geführte Auseinandersetzung über »internalistische vs. externalistische« Interpretationen der Wissenschaftsgeschichte. Können der Wissenschaft »Innen-« und »Außenseiten« zugeschrieben werden, die die Scheidung des »Gehalts« wissenschaftlicher »Entdeckungen« vom »Kontext« ihrer »Konstruktion« gerechtfertigt erscheinen lassen? Alle Essays von Young stehen in entschiedener, grundsätzlicher Gegnerschaft zu dieser von ihm als wissenschaftliches Dunkelmännertum und politische Mystifikation gebrandmarkten Dichotomie. Es fiele mir nach wie vor schwer, eine an Argumenten reichere Einladung zur politisch engagierten, ganzheitlichen, wissenschaftlichen Arbeit zu empfehlen als den beispielhaften Essay von 1973, der sich mit den »historiografischen und ideologischen Zusammenhängen der im 19. Jahrhundert geführten Auseinandersetzung um den Platz des Menschen in der Natur« beschäftigt. Nach wie vor finde ich Youngs zwingende Argumente hinsichtlich der Notwendigkeit, den Gehalt der Wissenschaften mit einer nicht-reduktionistischen, soziohistorischen Analyse zu konfrontieren und vorschnelle Antworten auf die Frage nach dem Verhältnis von Wissenschaft und Ideologie zu vermeiden, für all meine Projekte, die ich als kritische Intellektuelle verfolge, unverzichtbar.

Unverzichtbar ist seine Argumentation auch für ein Verständnis von Wissenschaft *als* Kultur (statt Wissenschaft *und* Kultur nebeneinanderzustellen). Gültig bleibt seine Formulierung, die all dem vorhergeht, was heute in den Science Studies so zitiert wird und zwar ähnlich klingt, die entscheidende politische Schärfe jedoch vermissen lässt: »Nichts ist in letzter Hinsicht kontextgebunden; alles ist konstitutiv, was nur heißt, dass alle Beziehungen dialektisch sind.« (241) Getreu der marxistischen Tradition eines Georg Lukács, »dessen Analyse der Verdinglichung uns die Werkzeuge liefert, mit denen wir uns der Frage nähern können, auf welche Weise die Wissenschaft zur Versöhnung der Menschen mit dem Status quo beigetragen hat«, legt Young seinem Buch die Prämisse zugrunde, Natur sei »eine gesellschaftliche Kategorie« (242). Ich werde auf diese unverzichtbare und hochproblematische Behauptung noch zurückkommen.

Für Young sind die in der Debatte aufgeworfenen Fragen nicht an Spezialdisziplinen gebunden, sondern in einen gemeinsamen (wenngleich nach Klassen differenzierten) kulturellen Kontext eingebettet, dessen ordnenden Mittelpunkt das Verhältnis von Gott und Schöpfung, d.h. von Theismus und Natürlicher Theologie bildete. So zeigt etwa die Feinstruktur von Darwins wissenschaftlichem Diskurs über »Selektion«, dass theologische und philosophische Gesichtspunkte konstitutiv, nicht kontextuell waren. Der allgemeine geistige Kontext der bis in die 1880er Jahre geführten Debatte über den »Platz des Menschen in der Natur« wird von weitverbreiteten Periodika gebildet, in denen theologische, geologische, biologische, literaturwissenschaftliche und politische Fragen eng miteinander verknotet waren. Die Debatte war kein integriertes Ganzes, sondern ein dichtes Gewebe, dessen Fäden dem materiellen Produktionsapparat einer in der Intelligenz verbreiteten Kultur entstammten, zu dem auch machtvolle Praktiken des Lesens, Schreibens und Publizierens gehörten.

Während der 70er und 80er Jahre des 19. Jahrhunderts zerbrach dieser gemeinsame geistige Kontext durch Spezialisierungen und disziplinäre Differenzierungen, die, vom Standpunkt des späten 20. Jahrhunderts aus beobachtet, vertraut erscheinen. Dieser Prozess wurde durch eine ganz anders geartete Struktur von Schreib- und Publikationspraktiken reflektiert und zum Teil auch *bewirkt*. Diese Kontextfragmentierung spiegelte sich, so Young, »in der Entwicklung von spezialwissenschaftlichen Gesellschaften und Zeitschriften, zunehmender Professionalisierung und dem Wachstum allgemeinwissenschaftlicher Periodika eines deutlich sichtbar niedrigeren intellektuellen Standards« (128). Daher rührt mein Wunsch, für *National Geographic*, *Omni* und – um auf die tiefste Beschämung und Hoffnung einer Akademikerin, die an ein Auditorium von einigen hundert Leuten gewöhnt ist, zurückzukommen – *Reader's Digest* oder gar den *National Enquirer* zu schreiben.

Doch wenn es in einem Kontext – und in den für ihn konsumtiven literaturproduzierenden, sozialen und materiellen Technologien – auch einen Bruch gegeben hat, so verweist Young andererseits auf die Kontinuität, die vom frühen 19. bis ins späte 20. Jahrhundert reicht und sich aus den (von Young beschriebenen) Spezialisierungen in der Praxis und der Qualitätsminderung wissenschaftlicher Literatur speist: Die gegenwärtige Biotechnologie, und hier vielleicht vor allem die Gentechnik und die Überfülle an Genomprojekten, mit deren Hilfe die DNA-Sequenzen eines Organismus in einer bestimmten – mit Eigentums- und Warenverhältnissen kompatiblen – historischen Form angeeignet werden können, gehört in einem nicht unwichtigen Ausmaß zur »Ernte des Darwinismus«, die die biologische Kultur von ihren Wurzeln her verändert hat.

> Den gegenwärtigen Reflexionshorizont für solche Vorgänge bildet der Zeitabschnitt, in dem die Biotechnologie die Jahrhundertfrüchte des Darwinismus erntet und kommerzialisiert und aus den geringsten Elementen der lebendigen Natur – Aminosäuren und Genen – Waren macht (247).

> Von Malthus bis zur Kommodifizierung der kleinsten Elemente der lebendigen Natur in der Gentechnik bildet der Darwinismus den Leitfaden und gibt die Themen vor. Hand in Hand mit diesen Wechselbeziehungen gehen die sozialen Formen der Technokratie, der Informationssteuerung und der Disziplinen, die unseren Begriff von Menschheit im Hinblick auf Kybernetik, Informations- und Systemtheorie sowie »Kommunikation und Kontrolle« revolutionieren (XIII).

Dergestalt wird unser gemeinsamer Kontext nicht durch den Theismus – die Beziehung eines Schöpfergottes zu seinem Produkt –, sondern durch Konstruktivismus und Produktionismus gebildet, d.h. durch die Folgen der materiellen Neuverortung der Schöpfungsnarrationen und -praktiken und ihrer damit vermachten Gesetzesverhältnisse. Diese neuen Orte waren »Mensch« und »Natur« im (anders lässt es sich nicht sagen) weißen, kapitalistischen, heterosexistischen Patriarchat (im Folgenden WKHP genannt, ein Akronym, dessen Schönheit zu seinem Referenten passt). Die im 19. Jahrhundert geführte Auseinandersetzung über die Abgrenzung zwischen Gottes schöpferischem Handeln und den Naturgesetzen, mithin zwischen Mensch und Natur, zwischen Geist und Körper, wurde durch die Verpflichtung auf das Prinzip der Einheitlichkeit von Natur und wissenschaftlichem Naturalismus gelöst. Im Kontext des vom Vater verkündeten Gründungsgesetzes waren die *Gesetze* der Natur identisch mit ihren *Fähigkeiten*. In narrativer Hinsicht gehören zu dieser Ineinssetzung die eskalierenden Herrschaftsformen, die in die Geschichten über endlose Überschreitungen verbotener Grenzen eingebaut wurden – der erotische Schauder, den die Projekte der Transzendenz, vor allem der Technowissenschaft, verursachten. »Die Wissenschaft trat nicht an die Stelle Gottes: Gott wurde mit den Naturgesetzen identifiziert« (240).

Gott hat in seine Schöpfung nicht eingegriffen, nicht einmal in jene vordem seinem Handeln so zugänglichen Bereiche der biologischen Formung und der geistig/seelischen Funktion. Was aber blieb, war das tiefsitzende europäische, monotheistisch, patriarchal und kulturell geprägte Verständnis der Welt als einer durch Gesetzesverbote gemachten, geformten und strukturierten Entität. Ein neuerer Bestandteil dieser Geschichten ist der Begriff des *Fortschritts*. Er wurde dem Körper der Natur eingefügt und eng mit einer bestimmten Auffassung der Einheitlichkeit von Natur als *Produkt* verbunden. Am Ende des 20. Jahrhunderts dürfen sich wirklich nur wenige Risse im festgefügten kulturellen Komplex des Konstruktionismus à la WKHP zeigen.

Zu diesen Zusammenhängen hat sich im März 1988 Charles Cantor, der damalige Leiter des dem US-amerikanischen Energieministerium angegliederten *Human Genome Center*, in einer Rede am »National Institute of Medicine« mit wünschenswerter Klarheit geäußert. Cantor sprach über die Probleme und Aussichten des *Human Genome Project* und erklärte dabei die unterschiedlichen materiellen Existenzweisen verschiedener Arten von Genkarten (Genkopplungskarten, Genortkarten, die in »Yeast Artificial Chromosome (YAC)«-Bibliotheken oder in »Cosmid-Bibliotheken« lagern, sowie datengestützte Sequenzinformationen, die nur in Computern und Computerausdrucken existieren). In diesem Zusammenhang bemerkte Cantor, warum der Besitz von Genortkarten so wichtig sei: »An diesem Punkt gehört Ihnen das Genom«. Ich wollte, Cantor hätte die sozio-technischen Beziehungen zwischen Genort-Bibliotheken und Sequenzdaten noch weiter erforscht, denn das würde uns zeigen, wie im späten 20. Jahrhundert der »gemeinsame Kontext« für Diskussionen über die Abgrenzung zwischen »Natur«, »Mensch« und, wenn nicht Gott, so doch zumindest dem Leitenden Ingenieur beschaffen ist. Soll der Wert des Genoms »realisiert« werden, so verlangt dies die vollständige Materialisierung des Genoms in einer bestimmten historischen Form. Instrumentalismus und vollständiger Konstruktivismus sind keine körperlosen Begrifflichkeiten. Das Genom herzustellen und zu lagern heißt, es als bestimmte Entität anzueignen. Das ist historisch spezifische menschliche Selbst-Produktion und Selbst-Beherrschung oder Besitzerschaft.

In diesem Diskurs trägt die lange Tradition des methodologischen Individualismus und der auf Eigentumsverfügung über das Selbst beruhenden Freiheit ganz besondere Früchte. Wenn man etwas als Patent anmeldet, muss man den Schlüssel zu dessen Produktion besitzen. Das verleiht einem das juristisch fixierte Recht auf die private Aneignung des Produkts einer nicht mehr einfach *gegebenen*, sondern technisch vollständig *nachgebildeten* »Natur« (*replicated ›nature‹*). Im *Human Genome Project* wird der gattungsbedingte »Platz des Menschen in der Natur« zum wahrhaft universellen »menschlichen Platz in der Natur« in einer besonderen Form: der der Gattungsexistenz als vollständig bestimmtem Prozess und Produkt. Der Körper ist dabei nur – hinderliche oder überflüssige – Matrix; der Preis ist das Programm. In dieser verwandelten, gleichwohl immer noch maskulinistischen Heldenerzählung bildet die Beziehung zwischen *sex* und *gender* eine der vielen Welten, die in diesem konkreten soziotechnischen Projekt, das in Europa, Japan und den USA auf den Weg gebracht wird, transformiert wird.

Wie Spielfiguren in anderen Spielen lesen/schreiben/rechnen uns die Gene (*Genes ›R‹ Us*), und wir (wer?) sind unsere selbst-beherrschten Produkte in dieser Apotheose des technologischen Humanismus. Es gibt nur einen Akteur, nämlich Uns. Natur verwandelt sich in ihr binäres Gegenteil: Kultur (und umgekehrt), dergestalt, dass die gesamte Dialektik von Natur/Kultur (und *sex/gender*) in ein neues diskursives Feld verschoben wird, wo die entscheidenden Akteure ihre eigenen instrumentellen Vergegenständlichungen sind. Kontext ist auf die Spitze getriebener Gehalt, Natur ist das Programm, wir haben es nachgebildet, wir besitzen es, wir sind es. Natur und Kultur implodieren ineinander und verschwinden in dem sich daraus ergebenden Schwarzen Loch. Der Mann/Mensch erschafft sich selbst in kosmischer Onanie. Dass das 19. Jahrhundert innerhalb einer vielfach geschichteten, rastlosem Konstruktivismus und Produktionismus verpflichteten industriellen Kultur Gottes Schöpferrolle auf Naturprozesse übertrug, trägt jetzt die Früchte einer umfassenden biotechnologischen Ernte, bei der die Kontrolle über das Genom die Kontrolle über das Lebensspiel bedeutet – in rechtlicher, mythischer und technischer Hinsicht. Den Einsatz bilden die sehr ungleich verteilten Chancen auf Leben und Tod auf diesem Planeten. Ich glaube wirklich nicht, dass Darwin über all dies sehr glücklich gewesen wäre.

Kehren wir zurück zu Young, Lukács und der Auffassung von Natur als gesellschaftlicher Kategorie. Angesichts der eben beschriebenen Implosion scheint diese Formulierung auf grundlegende Weise unangemessen zu sein. Ganz im Sinne der marxistischen radikalen Wissenschaftskritik der 1970er Jahre formulierte Young das Problem folgendermaßen:

> Im 19. Jahrhundert standen die Grenzen zwischen Menschheit und Natur zur Diskussion. Insgesamt gesehen hat die Natur gewonnen und das heißt, die Verdinglichung. Sie gewinnt auch weiterhin, aber einige Linke versuchen, die Grenzen des verdinglichenden Szientismus so weit wie irgend möglich zurückzudrängen, und eine kritische Untersuchung der Entwicklung jener Modelle, die den verdinglichenden Rationalisierungsmechanismen zugrunde liegen, könnte ihnen bei dem Unterfangen dienlich sein, der Wissenschaft einen Platz in der Geschichte zuzuweisen – der Geschichte von Menschen und Ereignissen. (246)

Ich würde nicht behaupten, dass die »Natur« gewonnen hat, sondern dass das Spiel Mensch/Natur das eigentliche Problem darstellt. Aber das ist eine Haarspalterei in meiner bisherigen Analyse; Young und ich stimmen in der Identifizierung wichtiger Bestandteile der Verdinglichungsstruktur überein.

Um gegen die Verdinglichung Widerstand zu leisten, setzte sich Young für die marxistische Abwandlung der Homo-mensura-Prämisse ein: »Der Mensch (d.h. die menschliche Praxis) ist das *Maß* aller Dinge« (241).[11] Ich jedoch bin zutiefst beeinflusst von den Praktiken einer anti-imperialistischen, Gerechtigkeit mit Ökologie verbindenden Umweltbewegung sowie von einem multikulturellen Feminismus, der auf einer anderen Vorstellung von Beziehungshaftigkeit besteht. Beide Bewegungen konsolidierten sich, nachdem Young seinen Essay geschrieben hatte. Vor diesem Hintergrund denke ich, dass eine so formulierte menschliche Praxis gerade das Problem darstellt, dessen Lösung sie sein soll.

1973 suchte Young eine Theorie der Vermittlungen zwischen Mensch und Natur. Aber die Natur blieb entweder ein Produkt der menschlichen Praxis (die durch die Geschichte der Menschen und Ereignisse transformierte Natur), oder es war eine vorgesellschaftliche Kategorie, die noch nicht mit dem Transformationsverhältnis menschlicher Arbeit in Beziehung getreten war. In diesen Formulierungen eines marxistischen Humanismus war die Natur noch etwas anderes als ein sozialer Partner, ein Agent mit einer Geschichte, Teilnehmer in einem Diskurs, dessen Akteure nicht aus »uns« bestehen. Wenn »menschliche Praxis das Maß aller Dinge« ist, dann geben die Konversation und ihre Lebensformen Anlass dazu, um den Planeten besorgt zu sein. Außerdem würde ich so – was für andere weniger folgenschwer ist, mir aber am Herzen liegt – niemals eine in sich schlüssige Konversation mit meiner Promenadenmischung namens Alexander Berkman führen können. Bei Lukács und Young konnte die Natur nur Matrix oder Produkt sein, während der Mensch der

11 Der dem Athener Sophisten Protagoras zugeschriebene Satz lautet in seiner vollständigen Fassung: »Aller Dinge Maß ist der Mensch, sowohl der seienden, dass (wie) sie sind, als auch der nichtseienden, dass (wie) sie nicht sind.« (Diels-Kranz, Fragmente der Vorsokratiker, Protagoras, fr. B 1) Er gilt als eins der ersten philosophischen Zeugnisse für die Auffassung, dass alle Wahrheit relativ ist (Anm. d. Übers.).

ausschließlich Handelnde war. Das ist nichts anderes als die maskulinistische Struktur der Menschengeschichte, inklusive der Versionen, die von der Aussaat und der Ernte des Darwinismus berichten.

Wir sind in unsichere Gewässer geraten; es gibt jedoch europäische (und andere) Boote, die hier bereits Flagge gezeigt haben. Allerdings genießt der Animismus in den Sprachspielen, an denen ich mich als kritische Intellektuelle in den technowissenschaftlichen Welten beteiligen muss, einen schlechten Ruf, und er ist überdies offenkundig eine Art menschlich-repräsentationaler Praxis. Immerhin finden sich in den hermetischen Wissenschaften und Künsten des frühmodernen Europa zahlreiche Versuche, die Welt als von Kräften des Lebendigen durchwirkt vorzustellen, und einige wichtige linke und feministische Arbeiten haben sich an der Wiederbelebung dieser Tradition versucht. Trotzdem befürchte ich, dass in dieser Richtung für uns nicht viel zu holen ist. Ich denke aber, wir müssen uns Lebensformen nichtmenschlicher Wesen – Maschinen wie auch Organismen – mit einer lebendigeren Begrifflichkeit zuwenden als der, die wir vom Baum des Darwinismus oder Marxismus abernten. Zu diesem Projekt gehört auch die Neugestaltung von Konversationen mit denen, die nicht zu »uns« gehören. Wir müssen eine kohärente Konversation beginnen, in der die Menschen nicht das Maß aller Dinge sind und in der keine*r einen unvermittelten Zugang zu irgendjemand anderem beansprucht. Zumindest die Menschen benötigen eine andere *Art* von Vermittlungstheorie.

Andersweltliche Konversationen

Genau dieses Projekt zieht sich als lebendiger Antrieb durch Barbara Noskes Buch *Humans and Other Animals: Beyond the Boundaries of Anthropology*. Das Kraftfeld, dem die humanistischen Geschichten über Natur und Kultur entspringen, wird von Noske völlig umgepolt. Ihre Situation als linke westliche Intellektuelle der späten 1980er Jahre, in denen Tierschutz-, Umwelt-, Antiatomkraft- und feministische Bewegungen das geistige und moralische Erbe der Linken neu bestimmen, steht in historischem Kontrast zu der von Young ein Jahrzehnt früher. Noskes Diskussion des Darwinismus fährt, verglichen mit Youngs sorgfältiger Analyse, ziemlich grobe Geschütze auf, aber sie legt den Finger auf ein zentrales politisch-epistemologisch-moralisches Problem, das der Young jener Essays wohl kaum hätte aufwerfen können. Und selbst wenn er die Probleme unserer Beziehung zu anderen Organismen so angegangen wäre, wie Noske das tut, hätte er doch nicht zu ihren Lösungsvorschlägen vorstoßen können.

Noske ist empört über die skandalöse Tatsache, dass den Tieren in den von ihr diskutierten Geschichtsprozessen und Kulturen des Westens ein besonderer Objektstatus zugewiesen wird. Im Marxismus bezieht sich Verdinglichung (*reification*) auf die besondere, feindliche Form, in der (menschlichen) Arbeitern das Produkt ihrer Arbeit – das heißt, der Mittel, durch die sie sich in die Geschichte einschreiben – re-präsentiert wird. Unter kapitalistischen Produktionsverhältnissen ist die im Arbeitsprodukt verkörperte menschliche Aktivität gefroren, angeeignet worden, um dann als Warenform wieder zu erscheinen, die das gesellschaftliche Leben beherrscht und verzerrt. Innerhalb dieses Rahmens ist die Verdinglichung kein Problem für Haustiere, sondern z.B. für Pachtbauern, die ihre Arbeit in der Haustierhaltung entstammenden Produkten vergegenständlichen, während das Produkt ihrer Arbeit von jemand anderem angeeignet wird, der es für den Arbeiter als Ware repräsentiert. Grundlegender noch ist jedoch die Tatsache, dass der Bauer *für sich selbst* als Warenform repräsentiert wird. Das Verdinglichungsparadigma des Marxismus zielt auf den Arbeiter *selbst*, dessen eigene lebendige Aktivität, seine Arbeitskraft, ihm entrissen und erzwungenerweise als Warenform repräsentiert wird. Er nimmt Warenform an.

Noske geht es um eine andere Bedeutung von Vergegenständlichung (*objectification*).[12] Ihr zufolge kann der Marxismus die Tiere überhaupt nicht in seinen kategorialen Rahmen einbeziehen. Denn für ihn haben die Tiere keine Geschichte, sind Matrix oder Rohmaterial für die Selbstreformierung des Menschen, die – z.B. in kapitalistischen Produktionsverhältnissen – misslingen kann. Tiere gehören überhaupt nicht zu den *gesellschaftlichen* Verhältnissen, ihr Status

12 Offenkundig setzt Haraway hier – wie der Lukács von *Geschichte und Klassenbewußtsein* – »Verdinglichung« mit »Vergegenständlichung« in eins. Letztere aber – so Lukács Selbstkritik – ist Merkmal menschlicher Arbeit schlechthin, während Erstere unter kapitalistischen Produktionsverhältnissen obwaltet. Mithin ist Verdinglichung eine kapitalismusspezifische Variante von Vergegenständlichung und als Begriff ein kritischer Terminus, während »Vergegenständlichung« auf der deskriptiven Ebene angesiedelt ist. Vgl. dazu Lukács' Vorwort zur Neuausgabe (1967) von *Geschichte und Klassenbewußtsein* (Neuwied und Berlin 1970). Anm. d. Übers.

ist ausschließlich der des Nicht-Menschlichen, des Nicht-Subjekts, mithin des Objekts.

Aber dieser Status, der den Tieren zugewiesen wird, ist wiederum ein anderer als der, den die Frauen innerhalb der Logik und Geschichte des Patriarchats einnehmen. Noskes provokativer Auffassung zufolge hat eine feministische Analyse, die der Gleichsetzung von Frauen mit Tieren als Natur-Objekten zustimmend oder ablehnend gegenübersteht, auch die mit den Tieren verbundene Problematik nicht wirklich begriffen. Ein wichtiger Zweig in der anglofeministischen Theorie behauptet, die Frau an sich würde die Verdinglichung nicht so erleiden, wie es der Marxismus für den Arbeiter beschreibt.[13] In der maskulinistischen Geschlechterordnung ist die Frau kein vom Produkt ihrer lebensformenden Aktivität getrenntes Subjekt; viel schlimmer: Sie *ist* die Projektion eines fremden Begehrens, die dann den Mann als sein immer flüchtiges, verführerisches, unzuverlässiges Anderes heimsucht. Die Frau an sich ist eine Art Projektion, die durch Zauberei und Wahrnehmungstäuschung entsteht, während die Frauen selbst die gewaltsamen Auslöschungsmerkmale dieses epochemachenden Prozesses tragen. Der Frau bleibt nichts, was sie sich wiederaneignen könnte; sie ist ein Objekt in dem Sinne, dass sie das Projekt eines anderen ist.

Ebenso wenig lässt sich der auf Tiere bezogene Vergegenständlichungsprozess, um den es Noske geht, mit der Geschichte rassistischer Vergegenständlichung im Westen vergleichen, obwohl die Sklaven in der Neuen Welt verwirrend nahe an jenen Objektstatus herankamen, den die Logik des Kolonialismus den wilden Tieren und der Natur im Allgemeinen zuwies. Im afroamerikanischen Sklaventum z.B. waren die Sklaven nichts als veräußerbares Eigentum. Und im Gegensatz zu Sklavinnen waren weiße Frauen immerhin die Vermittlerinnen von Eigentum durch rechtmäßige Heirat.[14] Sklavinnen und Sklaven aber waren Eigentum an sich. Sie waren geschlechtlichen und rassischen Vergegenständlichungen in einem Maße ausgesetzt, das sie veränderte, doch konnte ihre Situation nicht der von Tieren gleichgesetzt werden. Ihre Befreiung gründete sich darauf, dass ihre menschliche Subjektivität zu einer historischen Errungenschaft

13 Dank schulde ich hier Catherine MacKinnons (1982) Aufsatz »Feminism, Marxism, method and the State: an agenda for theory«.

14 Hier beziehe ich mich sehr stark auf Hazel Carby (1987) sowie Hortense Spillers (1987).

gemacht wurde. In diesem geschichtsumwälzenden Prozess wird das, was als menschlich gilt, d.h. die Geschichte des »Menschen/Mannes«, völlig neu entworfen.

Dennoch ist dieses Familiendrama des Menschen nicht der Prozess, in dem die für die Tierwelt gültigen Beziehungsformen neu organisiert werden. Das Letzte, was Tiere »brauchen«, ist der (in welcher kulturhistorischen Form auch immer auftretende) Subjektstatus des Menschen. Genau dies ist an vielen Diskursen, die sich mit den Rechten von Tieren auseinandersetzen, problematisch. Das Einzige, was für die Tiere dabei herausspringt, ist das »Recht« auf permanente Repräsentation – sie werden (z.B.) in juridischen Diskursen als geringerwertige Menschen repräsentiert. Mit anderen Worten würden die Tiere das Recht erhalten, fortwährend »orientalisiert« zu werden. Viele gut gemeinte, in letzter Instanz jedoch imperialistische Öko-Diskurse nehmen eine solche Form an, in der die Abtreibungsfrage nachhallt: »Wer spricht für den Fötus?« Außer der schwangeren Frau (so die Antwort) jeder, vor allem, wenn es sich dabei um einen Rechts-, Medizin- oder Wissenschaftsexperten handelt. Oder um einen Vater. Angesichts des darwinistischen Erbes brauchen wir keine endlosen Diskurse darüber, wer für Tiere oder für die Natur im Allgemeinen spricht. Wir haben genug von vaterschaftlichen Sprachspielen. Wir brauchen andere Bedingungen der Konversation mit Tieren, was ein weitaus weniger respektables Unterfangen darstellt. Es geht nicht um neue Repräsentationen, sondern um neue *Praktiken*, andere Lebensformen, in denen sich menschliche und nichtmenschliche Wesen zusammenfinden.

Dergestalt bricht in der verunglückten Beziehung zwischen Mensch und Tier die Analogie mit anderen Vergegenständlichungsformen, die der linke Diskurs so oft beschworen hat, zusammen. Darin liegt die Attraktivität von Noskes Argumentation. Wollen wir mit anderen Tieren eine kohärente Lebensform, eine Konversation beginnen, müssen wir *spezifische* Arbeit dafür leisten.

> Es kann alles auf eine anthropozentrische Kolonisierung hinauslaufen, in der alles und jedes mit der Elle des westlichen Menschen gemessen wird. In unseren Rechtssystemen müssen Tiere zwangsläufig als Untermenschen erscheinen. Jedoch sind Tiere nicht die geringeren Menschen; sie sind andere Welten, deren Anderssein nicht entzaubert und auf unser Maß zurechtgestutzt werden darf, sondern in seinem Sein anerkannt werden muss. (Noske 1989, XI)

Großartig, aber wie soll das geschehen? Vor allem unter dem Aspekt, dass es kein *Außerhalb* von Sprachspielen gibt?

Bei ihrem Versuch, diese Sache in den Griff zu bekommen, kommt Noske zu vier von mir hochgeschätzten Ergebnissen. Erstens beginnt sie damit, die Geschichtlichkeit aller am Prozess beteiligten Partner darzulegen. Tiere sind in ihren Beziehungen zu Menschen aktiv gewesen (und nicht einfach umgekehrt), paradigmatisch dafür ist die Domestikation, die Noske vorrangig diskutiert. Domestikation ist zwar ein Verhältnis der Ungleichheit, zugleich aber eine bilaterale Beziehung. Sie bezeichnet die Situation, in der Menschen willentlich Veränderungen in den jahreszeitlich bedingten Lebenszyklen der Tiere herbeiführen, um sie an bestimmte eigene Bedürfnisse anzupassen. Noske hebt in diesem Prozess den aktiven Aspekt und den Wandel in den ökologischen Prozessen beider Gattungen hervor. Sie besteht damit auf einem historisch-dynamischen Kontinuum in den Domestikationsbeziehungen zwischen Mensch und Tier. Aus dieser Perspektive sind Gefangennahme, Zähmung und Züchtung relativ junge Entwicklungsformen.

Zweitens prägt Noske bei ihrer Analyse der gegenwärtigen fabrikmäßigen Domestikation einen sehr nützlichen Begriff: Sie spricht hier vom »tierisch-industriellen Komplex«.[15] Dabei werden die Tiere zu extremer »Spezialisierung«, zur Entwicklung einer einzigen »Fähigkeit« gezwungen, und dies auf eine Weise, die den herzlosesten Spezialisten für die Entprofessionalisierung von menschlichen Arbeitsprozessen erschaudern lassen würde. »Die Lebenszeit des Tieres ist wirklich und wahrhaftig in ›Arbeitszeit‹ verwandelt worden: in

15 Meiner Ansicht nach trägt Noske zu diesem Thema (wie auch an anderen Stellen ihres interessanten und einsichtsreichen Buches) weitläufige Verallgemeinerungen vor und fragt nicht sorgfältig genug, wie ihre Behauptungen eingeschränkt oder modifiziert werden könnten. In dieser Hinsicht ist ihre Diskussion der Geschichte der »vergegenständlichenden« westlichen Wissenschaft besonders klischeehaltig. Andere Teile, z.B. die Auseinandersetzung mit der Geschichte der Forschungen zum Verhalten von Primaten, sind sehr viel besser. Aber das sind Nebensächlichkeiten, die angesichts des grundlegenden, auf Synthese bedachten Projekts, das sie in ihrem Buch vertritt, verschwinden. Dies Projekt steht in der grünen (umweltbewegten), roten (sozialistischen), lilafarbenen (feministischen) und ultravioletten (wissenschaftlichen) Literatur immer noch einzigartig da. Noskes Buch hat seinen festen Platz in der kritischen Konversation mit sozialen Bewegungen und den Natur- und Sozialwissenschaften über das heikle Thema des Anthropozentrismus.

24-stündige Produktion.« (Noske 1989,17) Die Entwicklung von Tieren als Laborforschungsmodellen ist eines der Extrembeispiele solcher Domestikation. Das Tier ist nicht nur vollständig in die menschliche Technologie eingebaut – es ist zu einem völlig durchgeplanten Moment der menschlichen Technologie geworden.

Noske beschäftigt sich nicht mit gentechnologischen Problemen, aber ihre Argumentation lässt sich auf diese produktionsorientierte Intensivierung der Umformung von Tieren (und Menschen) leicht übertragen. Tatsächlich sind, aus Sicht der herrschenden Narrationen über die menschliche Genom-Initiative, die Menschen selbst die Lese- und Schreibtechnologien ihrer Gene. Die Natur *ist* eine Technologie, und das ist eine ganz besondere Art von verkörperter gesellschaftlicher Kategorie. »Wir« (wer?) sind zu einem Moment »unserer« (wessen?) Technologie geworden. Das »Buch des Lebens« (das Genom, das im Titelbild des NOVA-TV-Programms »Das Buch des Lebens decodieren«, 1988, Verwendung fand) ist das Gesetz des Lebens, und das Gesetz ist paradigmatischerweise eine technische Sache. Noske stimmt mit dem niederländischen Philosophen Ton Lemaire darin überein, dass diese restlose Vergegenständlichung von »Natur« erst mit der »Autonomisierung« des menschlichen Subjekts vervollständigt wäre. Autonomie und Automatentum – das ist mehr als ein akustisches Wortspiel. Restlos vergegenständlicht, sind wir endlich vollendete Subjekte – oder *als* Subjekte am Ende. Die Welt »autonomer« Subjekte ist die Welt der Objekte, und diese Welt arbeitet durch das Gesetz der Vernichtung abwehrbereiter Selbstheiten, die durch ihre tödlichen Projektionen implodieren.

Hier finden Noske, Young und ich uns auf einer Ebene wieder. Der Begriff des »tierisch-industriellen Komplexes« erleichtert die Diskussion einiger grundlegender Aspekte. Die Folgen dieser Beziehungsform werden, wenn auch auf je unterschiedliche Weise, von Mensch und Tier getragen. Zum Allermindesten muss zugegeben werden, dass »die Ausbeutung der Tiere nicht toleriert werden kann, ohne dass das Prinzip der Intersubjektivität beschädigt wird« (Noske 1989, 38). Hier stoßen wir zum Kern der Sache vor. Was ist Intersubjektivität zwischen radikal unterschiedlichen Arten von Subjekten? Das Wort *Subjekt* ist schwerfällig, aber das gilt auch für alle Alternativen wie Agent, Partner oder Person. Wie bezeichnen wir radikale Andersheit im Kern einer ethischen Beziehung? Dies Problem ist kein rein menschliches; wie wir noch sehen werden, wohnt es der Geschichte (*story*) des Lebens auf der Erde selbst inne.

Noskes dritte Errungenschaft besteht also in der unzweideutigen Feststellung, dass eine kohärente Konversation zwischen Mensch und Tier von unserer Anerkennung ihres »andersweltlichen« Subjektstatus abhängt. Bei ihrer Erörterung unterschiedlicher Kulturkonzepte in Anthropologie und Biologie bemerkt Noske, dass beide Traditionen tierisches Verhalten nur als Resultat von Mechanismen begreifen können. Dass Tiere ihre jeweilige Welt sozial konstruieren, kommt ihnen nicht in den Sinn; dass sie auch unsere Welt formen, noch viel weniger. Insbesondere die Biologie besitzt nicht die methodologische Ausrüstung, um zu erkennen, dass »die Dinge sozial und kulturell geschaffen sind und ihrerseits wiederum die Schöpfer formen« (Noske 1989, 86).

In ihrem Schlusskapitel »Dem Anderen begegnen: Zu einer Anthropologie der Tiere« beschreibt Noske die Geschichte der westlichen Beschäftigung mit »Wolfskindern«. Das waren Kinder sehr zarten Alters, die (so glaubte man) irgendwie der menschlichen Gemeinschaft verlorengegangen, von anderen in sozialen Verbänden lebenden Tieren aufgezogen und dann von Menschen gefunden worden waren. Wie hören sich diese Geschichten von und über solche »Wolfskinder« an? Noske geht es dabei nicht um die Frage, ob Menschen diese Kinder »de-animalisieren« können, indem sie ihnen die menschliche Sprache überhaupt erst beibringen oder den Verlust derselben beheben, sondern darum, was für eine Art von *nichtmenschlicher* Sozialisation eigentlich an den Kindern vollzogen wurde. Sie stellt sich vor, dass die Kinder nicht »zu Menschen«, wohl aber zu sozialen Wesen wurden. Selbst in Geschichten aus der weißen Mittelschicht, wo es im Haushalt junge Affen und Menschenkinder gibt, erfahren die Kinder die Akkulturation der Tiere und umgekehrt. Für Noske sprechen diese Situationen weniger von einer »Mensch-Tier-Kommunikation« als vielmehr von einer »Tier-Mensch-Kommunikation«. Beide Partner verändern sich in diesem Prozess.

Viertens schließlich hat Noske auf für mich überzeugende Weise Sandra Hardings *Feministische Wissenschaftstheorie* fruchtbar gemacht, um das Augenmerk auf das »Problem des Tiers im Feminismus« zu lenken (Noske 1989, 102–116). Für Noske ist die positive Identifikation mit Tieren, die einige Feministinnen vollziehen und dabei zugleich auf unser Frausein verweisen, ebenso verfehlt wie der Widerstand anderer Feministinnen gegen einen solchen mutmaßlichen biologischen Essenzialismus – jedenfalls so lange, wie die Bedingungen der keineswegs eindeutigen Beziehung zwischen »Frau und Natur« im Rahmen des tradierten, ethnozentrischen Subjekt-Objekt-Verhältnisses gesehen werden, dem das Problem des biologischen Reduktionismus entspringt. Noske tritt für eine feministische Haltung gegenüber Tieren ein, die auf Kontinuität, Konnexion und Konversation setzt, aber den Rahmen, der unausweichlich zum »Essenzialismus« führt, verlässt. »Essenzialismus« hängt von einer reduktiven Identifikation ab, nicht von einer ethischen Beziehung, die wir mit anderen Welten (inklusive unserer eigenen) unterhalten. Die Spannung in Noskes Buch und in ihrem Feminismus erwächst aus dem Paradox von Kontinuität *und* dem Bezug auf das Fremde, Andere. Wenn die Welt der Subjekte und Objekte erst einmal in Frage gestellt wird, dann betrifft das Paradox die Anhäufungen oder die merkwürdigen Bündnisse namens »Selbst«, wie auch die Beziehung zwischen dem Selbst und den Anderen. Als vielversprechende Lebensform widersetzt sich die Konversation der Autonomisierung des Selbst ebenso wie der Vergegenständlichung des Anderen.

Reisegespräche

Science-Fiction ist eine nützliche Schreib-Weise, um Noskes Argumentation aufzugreifen. *Memoirs of a Spacewoman* war der erste SF-Roman von Naomi Mitchison; er wurde 1985 von dem Londoner Verlag »The Women's Press« in einem explizit feministischen Kontext erneut veröffentlicht. Das Copyright dieser Geschichte über eine Forschungsreise ins All, erzählt aus der Perspektive der Xenobiologin und Kommunikationsexpertin Mary, datiert aus dem Jahr 1962. Damals war die Autorin 63 Jahre alt und befand sich mitten in einer großen Karriere als nationale und internationale politische Aktivistin und Schriftstellerin. In den 1960er Jahren bezog sich Mitchison noch auf ein Verständnis der Frauen von Wissenschaft und Politik, das sich von dem ihrer späteren Verlegerinnen und Leserinnen unterscheidet. Als Tochter des bedeutenden britischen Physiologen J.S. Haldane und Schwester von J.B.S. Haldane, einem der Architekten der modernen evolutionären Synthese, konnte Mitchison kaum umhin, sich ausgiebig mit Lebensformen zu beschäftigen. Sie entstammte, kurz gesagt, der sozialen Welt, die die Darwins und Huxleys hervorgebracht hat, jene Familienoberhäupter, die die Konversationen mit dieser und mit anderen Welten lenken. Sexuelles Experimentieren, politischer Radikalismus, uneingeschränkte wissenschaftliche Bildung, literarisches Selbstbewusstsein, eine umfassende Schau des Universums aus Sicht einer reichen, imperialistischen, intellektuellen Kultur – dies alles gehörte zu Mitchisons Erbteil, das sie in die Erinnerungen ihrer Raumfahrerin einbrachte.

Indem sie das Problem des Imperialismus, die verschwiegene, aber konstitutive Grundlage der viktorianischen Auseinandersetzungen über den »Platz des Menschen in der Natur«, in den Vordergrund rückte, stellte Mitchison ihrer Xenobiologin eine äußerst interessante Aufgabe: Sie sollte mit »anderen Welten« Kontakt aufnehmen und dabei der Entfaltung ihrer psychologischen, linguistischen, physikalischen und technologischen Fähigkeiten nur eine Beschränkung auferlegen: Nichteinmischung. Nicht aus wissenschaftlicher Distanz würde Erkenntnis erwachsen, sondern aus wissenschaftlicher Verbindung. In der Erforschung ihres Lustgartens hatte die Raumfahrerin Mary nur eine kleine Einschränkung zu beachten. Die »Kontakte« konnten jede beliebige Form annehmen, linguistisch, sexuell, emotional, kognitiv, mathematisch, ästhetisch oder prinzipiell noch ganz anders. Die erotischen Verschmelzungen, seltsamen Paarungen und merkwürdigen Nachkommenschaften, von denen der Roman berichtet, machen seinen Humor und auch seinen Ernst aus. Natürlich dreht sich Kommunikation im Innersten immer um das Begehren, aber da liegt der Hase im Pfeffer. Wie kann Konversation stattfinden – in welcher Form auch immer –, wenn die Regel der Nichteinmischung streng ausgelegt werden soll? Die Machtfrage ist nicht zu umgehen, am allerwenigsten in der »Kommunikation«. Hier lag das moralische Problem für Marys Welt. »Es sah gerade so aus, als hätten die Menschen allmählich keine ernsthaften moralischen Probleme mehr zu lösen, als die Erforschung des Weltraums richtig in Schwung kam« (Mitchison 1985, 16). Aber das war nun vorbei.

Die Nichteinmischungs-Regel wurde natürlich nicht allzu streng ausgelegt, somit konnte die Geschichte weitergehen. Dabei stellte sich heraus, dass es auf der erzählerischen Ebene hauptsächlich um die feinen Schattierungen der Einmischung ging. »Die Schwierigkeit scheint darin zu liegen, dass wir uns in der Kleinkinderwelt umstandslos für stabile Persönlichkeiten, für vollkommen sicher halten. Unmöglich, dass wir je vom rechten Pfad abweichen könnten, dass Einmischung jemals eine Versuchung darzustellen vermöchte.« (Mitchison 1985, 19). Jeder Forscher, jede Forscherin hat sehr schnell die gegenteilige Erfahrung gemacht. Dergestalt bildete der Imperativ der Nichteinmischung die symbolische Matrix, innerhalb deren Subjekte für die »Konversation« angerufen werden konnten. Dem Gesetz des Schöpfers zu gehorchen ist immer unmöglich; darin liegt der Kern der tragikomischen Subjektwerdung, durch die wir in das soziale Netz verwoben werden. Nicht vom Baum des Lebens zu essen bedeutet in Mitchisons Buch, nicht die notwendige, unmögliche Situation des Kommunikators zu erkennen. Kommunikation, auch die mit uns betriebene, *ist* Xenobiologie: andersweltliche Konversation, irdische Themen, lokale Begriffe, situiertes Wissen. »Am Ende lässt sich alles lösen. Doch der Einfluss anderer Welten auf diese augenscheinlich so unerschütterliche Stabilität wirkt überraschend. Niemand genießt die ersten Veränderungen der eigenen Persönlichkeit.« (Ebd.) Vermutlich auch diejenigen nicht, mit denen der Kontakt hergestellt wird.

In Mitchisons Roman werden die Subjekte, ganz à la Althusser, angerufen (*interpellated*) oder in ihr Sein gerufen in einer Welt, wo das Gesetz nicht im Ruf des Polizisten »Hallo, Sie da!« oder im »Du darfst nicht wissen« des Vaters sich vernehmen lässt, sondern als scheinbar freundlicherer Befehl eines Moralisten lautet: »Seid fruchtbar und mehret euch, vereint euch in der Konversation, aber wisset, dass ihr nicht die einzigen Subjekte seid. Indem ihr euch wechselseitig erkennt, werden eure Welten nie wieder so sein, wie sie waren.« Einmischung ist das Innehalten, die Unterbrechung, der Lärm in der Kommunikation; und doch ist Einmischung, Kontaktaufnahme, die implizite Bedingung für das Verlassen der Kleinkinderwelt.

> Obwohl es mich natürlich ganz normal zur Erforschung drängte, fand ich meine erste Welt auf seltsame Weise beunruhigend [...] Erst in Umständen wie diesen erkennen wir, wie sehr wir selbst bilateral nach dem Prinzip des Entweder/Oder konstruiert sind. Eher Fische als Stachelhäuter [...] Es war ein ziemliches Problem, zu diesen sternförmigen Entitäten durchzudringen. (Mitchison 1985, 19, 20, 23)

Die Produktion der Subjekte – und das moralische Universum – beginnt erst dann wirklich, wenn diese bilateralen und sternförmigen Entitäten einander berühren. Und das ist nur der Anfang: »Ich denke an meine Kinder, aber ich denke weniger an meine vier lieben Normalen als an Viola. Und ich denke an Ariel. Und die andere.« (Mitchison 1985, 16)

Drei Milliarden Jahre

Und wenn wir nun zu einem anderen Anfang zurückgingen – zu den ersten Tagen, die lebende Organismen auf der Erde vor ein paar Milliarden Jahren zugebracht haben? Das ist, so denke ich, der angemessene Ort, um diese Meditation über natürliche Konversation als Kreuzverkehr zu beenden. Könnte es sein, dass die Yuppie-Enten in Wisconsin trotz allem ein legitimes schwullesbisches Geburtsrecht besitzen, und könnte es sein, dass mein Sexualvergnügen eine respektable materielle Grundlage in mitochondrischen Enzymen der Atmungskette findet? Ich werde im Folgenden das Buch *Origins of Sex: Three Billion Years of Genetic Recombination* von Lynn Margulis und Dorion Sagan (1986) als Leitfaden benutzen, um eine Geschichte zu erzählen, die sich von Cantors Version des menschlichen Genomprojekts oder der darwinistischen Erbschaft, die die biotechnologischen Konzerne angetreten haben, erheblich unterscheidet.

Wie andernorts ist die Biologie in meiner Narration auch ein fruchtbares Feld von Metaphern für ethnospezifische kulturelle und politische Fragen. Meine Einkaufstaschen-Version von Margulis' und Sagans maßgebender Darstellung der geschlechtlich völlig ambivalenten Ursprünge organellentragender Zellen[16] handelt von der Arbeit mit Metaphern. Das gehört zu meiner Berufung, um mich auf meinen Job bei *Reader's Digest* vorzubereiten, den ich nach der Revolution antrete. Ich glaube, diese Art von Metaphern-Arbeit könnte uns einiges Interessante über die Metaphern-Werkzeuge erzählen, die »wir« (wer?) für eine nutzbare Theorie des Subjekts am Ende des zweiten christlichen Jahrtausends gebrauchen könnten.

---

16 Solche Zellen werden Eukaryonten genannt; sie besitzen einen membranfixierten Kern und andere ausdifferenzierte Binnenstrukturen. Prokaryonten oder Bakterien haben keinen Zellkern für die Unterbringung ihres genetischen Materials; sie bewahren ihre DNA ungeschützt in der Zelle auf.

Betrachten wir also den Text, der uns durch das Wesen vermittelt wird, das im hinteren Verdauungstrakt einer modernen australischen Termite existiert. Es heißt *Mixotricha paradoxa* und ist ein konfuses, paradoxes, mikroskopisch kleines Stück »Haar« (*trichos*). Diese kleine, faserartige Kreatur macht die Vorstellung des eingegrenzten, gepanzerten, einzelnen Selbst, das darauf versessen ist, seine genetischen Anlagen zu schützen, zum Gespött. Das Problem, das unser Text uns stellt, ist einfach: Wodurch wird *M. paradoxa* konstituiert? Wo ist der Protist[17] zu Ende, und wo fängt in dem wimmelvollen Verdauungstrakt des Insekts jemand anderes an? Und was erzählt uns diese paradoxe Individualität über Anfänge? Und schließlich: Wie können solche Lebensformen uns dabei helfen, uns eine verwendbare Sprache vorzustellen?

Abbildung 13

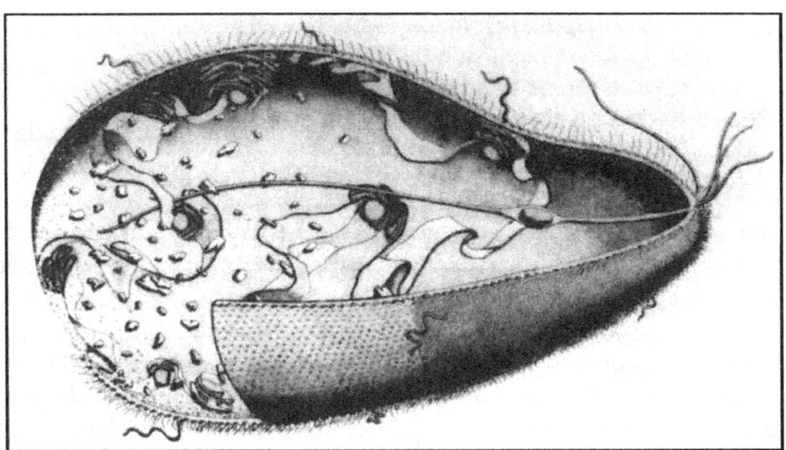

M. paradoxa ist eine kernbildende Mikrobe, die verschiedene interne und externe prokaryontische Symbionten besitzt, wozu auch zwei frei bewegliche Spirochäten gehören, die in unterschiedlichen Abstufungen strukturfunktionaler Integration leben. Alle diese assoziierten Wesen leben in einer Art obligatorischem Zusammenschluss. Aus der

17 Ein Protist ist ein einzelliger, eukaryontischer Mikroorganismus, ein Beispiel ist die vertraute Amöbe. Pflanzen, Tiere und Schwammpilze haben einmal so angefangen.

»symbiogenetischen« Sichtweise von Margulis und Sagan ist dieser Zusammenschluss für die Geschichte des Lebens von grundlegender Bedeutung. Solche Verknüpfungen sind vermutlich zu wiederholten Malen entstanden. Die Bindungen hatten oftmals genetischen Austausch oder Rekombinationen genetischen Materials zur Folge, deren Geschichte ihrerseits zu den frühesten Bakterien zurückführt, die das genzerstörende ultraviolette Licht überleben mussten, bevor es eine sie schützende Sauerstoffatmosphäre gab.

> Dass die genetische Rekombination als Teil eines umfangreichen Gesundheitsversorgungssystems für urzeitliche DNA-Moleküle begann, ist ganz offensichtlich. Als erst einmal gesunde Rekombinanten produziert wurden, behielten sie die Fähigkeit, Gene aus unterschiedlichen Quellen miteinander zu kombinieren. Solange die Selektion auf die Rekombinanten wirkte, würde der Selektionsdruck selbst auch den Rekombinationsmechanismus beibehalten. (Margulis und Sagan 1986, 60)

Mir gefällt die Idee des Genaustauschs als einer Art Prophylaxe gegen Sonnenbrand. Sie lässt den heliotropen Westen in anderem Licht erscheinen.

Protisten wie *M. paradoxa* zeigen offenbar ganz direkt die allgegenwärtigen, lebensverändernden Ereignisse einer Verbindung, bei der frei bewegliche, von Sauerstoff oder Photosynthese lebende Bakterien in andere Zellen gelangen; vielleicht waren sie ursprünglich ganz opportunistisch auf der Jagd nach einer nahrhaften Mahlzeit oder einem sicheren Medium für ihre Stoffwechselvorgänge. Aber einige dieser Räuber ließen sich in ihrer Beute heimisch nieder und fingen eine Konversation an. Mitochondrien, diese sauerstoffverwertenden Organellen mit ihren interessanten, in Membranstrukturen integrierten Enzymen der Atmungskette, haben sich vielleicht auf diesem Weg an das, was heute die modernen Zellen darstellen, angeschlossen.

> Im Laufe der Zeit haben sich die inneren Feinde der Beute zu mikrobischen Gästen und schließlich zu hilfreichen adoptierten Verwandten entwickelt. Da reichhaltiges Beweismaterial aus der Molekularbiologie und der Biochemie diese Modelle stützt, sollten die heutigen Mitochondrien als Nachfahren von Zellen betrachtet werden, die sich in anderen Zellen entwickelt haben. (Margulis und Sagan 1986, 71)

Diese Geschichte der auf verschiedenen Integrationsebenen stattfindenden heterogenen Verbindungen hat sich viele Male in unterschiedlichem Maßstab wiederholt.

> Klone eukaryontischer Zellen in Gestalt von Tieren, Pflanzen, Schwammpilzen und Protoctisten scheinen eine gemeinsame symbiotische Geschichte zu besitzen. [...] Aus einer evolutionären Perspektive gesehen waren die ersten Eukaryonten lockere Zusammenschlüsse von Bakterien, die mit fortschreitender Integration als Einzeller, als einzellige eukaryontische Zellen, erkennbar wurden. [...] Die frühesten Einzeller waren vermutlich wie bakterielle Gemeinschaften organisiert [...] Anfangs verdoppelte jedes Mitglied einer autopoietischen [sich selbst hervorbringenden] Gemeinschaft seine DNA, teilte sich und blieb mit den anderen Mitgliedern in recht informellem Kontakt. *Informell* bezieht sich hier auf die Anzahl der Partner in diesen Zusammenschlüssen: sie wechselten. (Margulis und Sagan 1986, 72)

Sie wechselten in der Tat. Daher möchte ich, indem ich als vielzelliger, eukaryontischer, bilateral symmetrischer Zusammenschluss, kurz: als Fisch spreche, interessanten Verkehr mit möglichen Subjekten aufnehmen, um über bewohnbare Welten zu reden. In der bürgerlichen US-Gesetzgebung des 19. Jahrhunderts wurden solcherlei sexuell verdächtige Unternehmungen »kriminelle Konversation« (*criminal conversation*, Ehebruch) genannt. Mitchisons Raumfahrerin hat schon verstanden: »Obwohl es mich natürlich ganz normal zur Erforschung drängte, fand ich meine erste Welt seltsam beunruhigend ...«

Übersetzt von Michael Haupt

Genfetischismus

Hol dir das Leben! Mit dem genetischen Spielplatz SimLife baust du ganze Ökosysteme auf und machst Geschöpfe aus deiner Phantasie lebendig. Teste die Anpassungsfähigkeit deiner Kreaturen und verwandle ihre Umwelt in ein Paradies, in dem das Leben leicht ist, oder in eine Wüste, in der nur die Stärksten überleben. Experimentiere mit der Genetik und mit den Nahrungsketten, mit Mutationen, aussterbenden Arten und Naturkatastrophen, beobachte die Auswirkungen auf den Gen-Pool, das Ökosystem und auf das Leben selbst. Von dir hängt es ab, dass deine Art nicht auf die Liste der gefährdeten Arten kommt! Erwecke im Biologielabor die verschiedensten Arten zum Leben und gib ihnen mit dem Icon-Editor das gewünschte Aussehen.

Science News[1]

Sie leiden an fortgeschrittener Kategorienverhärtung.

Helen Watson-Verran, »Re-negotiating What's Natural«

Schöpfungswissenschaft

Das Handbuch für das Maxis-Computerspiel SimLife beginnt mit den Worten des Obersten US-Richters Oliver Wendell Holmes: »Alles Leben ist ein Experiment«.[2] Auf diesem Grundsatzurteil fußt auch

1 Anzeige in *Science News*, 142(20), 14. Nov. 1992, 322 (vgl. Karakotsios 1992).

2 1927, in den Hochzeiten der populären Eugenik, befürwortete der Oberste Richter Holmes im Falle Buck gegen Bell die Sterilisation einer Teenager-Mutter mit der Begründung, dass »drei Generationen von Schwachsinnigen genug sind«. Das Experimentieren mit dem Leben hat sich in der Naturalisierung von Klasse und Geschlecht niedergeschlagen. Auf der Credits-Seite des SimLife-Handbuchs bedanken sich die Macher des Spiels für wertvolle Anregungen (»inspirational thanks«) bei dem Soziobiologen Richard Dawkins (1978) und bei dem Artificial-Life-Forscher Christopher Langton (1992). Siehe auch das Programm und die Beiträge der »Artificial Life Conference on Emergence and Evolution of Life-Like Forms in Human-Made Environments« vom 5. bis 9. Februar 1990 im Santa Fe Institute, New Mexico. Einige der umtriebigsten Mitglieder des unabhängigen Instituts haben am »Center for Non-linear Studies« beim Los Alamos National Laboratory gearbeitet (zur Ethnografie der *Artificial Life* (*ALIFE*)-Community vgl. Helmreich 1995). Die gewaltigen

der vorliegende Beitrag über die groteske Darstellung und Kartografie »des Lebens selbst«. Ziel der Übung ist das Erlernen der Spielregeln. Mein Interesse gilt den Werbe-, Spaß- und Spieldimensionen in der Darstellung und Abbildung (*mapping*) des Genetischen. Ihre Ursprünge haben diese modernen Praktiken in den geometrischen Verräumlichungs- und Individualisierungsformen, die im frühneuzeitlichen Europa konstruiert wurden, hervorgegangen aus den instrumentellen, epistemologischen und ästhetischen Innovationen des Perspektivismus, der in der narrativen Periode namens Renaissance auf den Plan trat. »Der Perspektivismus begreift die Welt vom ›sehenden Auge‹ des Individuums her. Er betont die Wissenschaft der Optik und die Fähigkeit des Individuums, sich das, was er oder sie sieht, im Vergleich zu überkommenen mythologischen oder religiösen Wahrheiten als ›wahrhaftig‹ vorzustellen.« (Harvey 1989, 245) Ich möchte mich auf eine »phantastische Reise« durch einige der kommunizierenden Röhren zu den Ursprüngen der Verräumlichung und Individualisierung begeben, um festzustellen, wie das Karbon-Silikon-Fleisch der technowissenschaftlichen Körper am Ende des zweiten christlichen Jahrtausends semiotisch gespeist wird.[3] SimAnt, SimEarth, SimCity, SimCity 2000 und SimLife, die beliebten Spiele der Maxis Corporation, sind allesamt Plan-Spiele (*map-making games*), in denen auf der Basis von Computersimulations-Software Karten und Pläne angelegt werden. In diesen Spielen ist genau wie im Leben *map-making* gleich *world-making*. In den nach wie vor bestehenden cartesianischen Rahmenkonventionen der Cyber-Verräumlichung fordern die Spiele ihre Nutzer*innen dazu auf, sich als Wissenschaftler*innen im Rahmen von Forschungs-, Schöpfungs-, Entdeckungs-, Phantasie- und Interventionserzählungen zu betrachten. Das Erlernen von Techniken der Datenerfassung, das Protokollieren von Experimenten und die Gestaltung der Welt (*world design*) gehört in diesem Bereich der Technowissenschaft zur normalen Subjektwerdung. Die kartografische Tätigkeit lernt Projektionen herzustellen, in denen Welten

informationstechnischen Möglichkeiten der US-Rüstungsforschungsinstitute waren mit ihren Datenmeeren entscheidend für die Organisation des Humangenom-Projekts. Die GenBank© wurde in den Laboratorien von Los Alamos gestartet.

3 Meine Reise und das Szenario stützen sich auf das Time-Life-Video *Wunder des Lebens* (1983) mit der Fotomikrografie von Lennart Nilsson.

auf verschiedene Arten und zu verschiedenen Zwecken gestaltet werden. Jede Projektion produziert und impliziert dabei bestimmte Perspektiven.

Die Sim-Spiele fordern zur ausdrücklichen Gleichsetzung mit den christlichen Lesarten der Schöpfungsgeschichte auf.[4] *Die SimEarth-Bibel* heißt das Strategie-Buch des entsprechenden Spiels. Die Einleitung teilt dem Leser mit, SimEarth sei »ein Labor auf Diskette, mit dem neugierige Zeitgenossen experimentieren können« (Wilson 1991, xviii). Der Autor des Handbuchs ist in seinen theistischen Überzeugungen bezüglich der Evolution aufrichtig christlich gesinnt, aber das Spiel und das Strategie-Handbuch sind selbst bei ganz weltlicher Interpretation tief in »jüdisch-christliche« Mimesis verstrickt – d.h. in die christliche Heilsgeschichte. So auch der Perspektivismus, der für die abendländische Kartografie- und Kunstgeschichte der frühen Neuzeit und Renaissance, die von einem jüdisch-christlichen Standpunkt möglich wurde, entscheidende Bedeutung hatte. Und was vor der Implosion von Biologie und Informatik der »Standpunkt« (*point of view*) war, ist seit dem Zusammenstoß in narrativer und materieller Raumzeit der *»pov«*. Der Pov ist also die Cyberspace-Version der optischen Praxis säkularisierter Schöpfungswissenschaft.

Nicht dass diese ehrenwerte Schöpfungswissenschaft der biologischen Evolution opponiert oder die göttliche Artenschöpfung propa-

---

4 Obwohl sich jüdische und christliche Lesarten der gemeinsamen Schriften gelegentlich ähneln können, benutze ich den Ausdruck *christlich* und nicht *christlich und jüdisch* oder *jüdisch-christlich,* um damit hervorzuheben, dass die sakral-säkularisierten Erzählungen trotz der bedeutenden Anzahl jüdischer Wissenschaftler*innen, die auf den hier behandelten Gebieten tätig sind, ganz überwiegend von sowohl katholischen wie protestantischen Darstellungen beeinflusst sind, in denen jüdisches Material in die Motive der »Heilsgeschichte« eingeht. In den allermeisten Fällen werden die signifikant religiösen Elemente des technowissenschaftlichen Diskurses verleugnet und negiert, was zu einer fast schon psychoanalytischen Interpretation der christlich-weltlichen US-Wissenschaftskultur verführt. Die *Christian Coalition* hat der Suche nach dem Heiligen Gral im Genomdiskurs überhaupt nichts voraus (vgl. Lewontin 1992). Wenn ich den Begriff *jüdisch-christlich* benutze, beziehe ich mich auf die christlichen Lesarten jüdischer Quellen im historischen Kontext der vielschichtigen Unterdrückung von jüdischen Bevölkerungsgruppen. Zu jüdischen Golem- und Cyborg-Darstellungen, die die Technowissenschafts-Geschichten ganz anders beeinflussen als die »jüdisch-christlichen« Motive (z.B. Gen und Cyborg) in der sakral-säkularisierten Heilsgeschichte vgl. Piercy (1993).

giert, im Gegenteil. Die Schöpfungswissenschaft der Sim-Spiele und eines Großteils heutiger Technowissenschaft, darunter Molekularbiologie, Gentechnologie und Biotechnologie, ist in der *leading-edge science* entschieden das Allermodernste. Ein säkularisiertes Schöpfertum (*creationism*) ist den Erzählungen, Technologien, Epistemologien, Kontroversen, Subjektpositionen und Ängsten dieser Wissenschaft inhärent. Die bornierten Dispute mit der »Schöpfungswissenschaft« im landläufigeren Verständnis, die die biologische Evolution anficht und die biblische Zeit gegen die geologische stellt, können nur unter jenen Voraussetzungen stattfinden, die dem Perspektivismus und dem (im weiteren Sinne verstandenen) »Schöpfertum« gemeinsam sind.

Mein *point of view* – oder Pov – in dieser Untersuchung der perspektivischen Technologien ist der des Hauptakteurs und Ausgangspunkts im Drama »des Lebens« – der Standpunkt des Gens. Der Gen-Pov verursacht bei mir ein neugieriges Schwindelgefühl, für das ich die gottgleiche Perspektive meines autotelischen Daseins verantwortlich mache. Die wiederholte Selbstbetrachtung desselben könnte mehr als nur Schwindel verursachen. Das Gen ist das Subjekt der Bilder und Karten »des Lebens« in jener endzeitlichen Erzähltechnologie, die das Ende des zweiten Jahrtausends charakterisiert. Der Soziobiologe Richard Dawkins, eine weitere Inspirationsquelle der Maxis-Spielemacher, hat erklärt, dass der Körper dem Gen nur die Möglichkeit gibt, weitere Kopien von sich selbst herzustellen, um gewissermaßen sein eigenes Bild zu schauen. Wenn das keine leicht häretische christliche Theologie ist, bin ich nicht genetisch katholisch. »Die Evolution ist die äußere und sichtbare Erscheinungsform des differenziellen Überlebens alternativer *Replikatoren.* Gene sind Replikatoren; Organismen und Gruppen von Organismen [...] sind Vehikel, in denen Replikatoren umherreisen« (Dawkins 1982, 82).[5] Bloßes lebendiges Fleisch ist ein Derivat; das Gen ist das A und O im weltlichen Heilsdrama »des Lebens«. Das ist ziemlich unverblümt ein säkularisierter christlicher Platonismus. Wie immer verzehrt mich, eingelassen in einen generisch noch unreifen, wenn auch alternden und anstößigen Körper, die Neugier nach den Regionen, in denen das lebendige Subjekt zum untoten Ding wird.

---

5 Zum Gen als einem Kultgegenstand der heutigen amerikanischen Kultur vgl. auch Nelkin und Lindee (1995, 38–57).

Das Leben selbst

Die Instrumentalisierung des Lebens vollzieht sich durch kulturelle – soziopolitische, epistemologische und technische – Praktiken. Sarah Franklin (1993a) analysiert anhand der Foucault'schen Thesen zur Biomacht und zur Geschichte des Lebens-Konzepts, wie Natur zu Biologie, Biologie zu Genetik und das Ganze in bestimmten Formen instrumentalisiert wird (vgl. Foucault 1983; Canguilhem 1989; Oyama 1985; Duden 1991). »Leben«, als Information materialisiert und durch das Gen bezeichnet, tritt an die Stelle von »Natur«, vornehmlich verkörpert und bezeichnet durch altmodische Organismen. Vom Standpunkt des Gens, eines sich selbst vervielfältigenden Selbsterzeugers, ist »das Ganze nicht die Summe seiner Teile, [sondern] die Teile summieren in sich das Ganze« (Franklin 1995, 67). Oder vielmehr: In den sowohl organischen wie synthetischen Datenbanken, die das Fleisch »des Lebens« ausmachen, sind Gene eigentlich gar keine Teile. Sie sind ein Ding anderer Art, ein Ding an sich, das keinen Tropus[6] zulässt. Das Genom, die Gesamtheit der Gene in einem Organismus, ist daher kein Ganzes im traditionellen, »natürlichen« Sinne, sondern eine Anhäufung von Entitäten, die selbst autotelisch und selbstreferenziell sind. Das durch Richard Dawkins (1978) bekannt gewordene »egoistische Gen« ist deshalb eine Tautologie. Gene sind in dieser Sicht Dinge an sich, außerhalb der lebendigen Ökonomien der Tropismen. Außerhalb der Ökonomie der Tropismen zu sein heißt, außerhalb der Endlichkeit, Sterblichkeit und Differenz zu sein, in der Sphäre des reinen Seins, Eins zu sein, da, wo das Wort es selbst ist. Kein Wunder, dass mich der Gen-Pov schwindlig macht. So narrt dich Gott, wenn du die Perspektive nicht gewöhnt bist. Oder sie allzu gut kennst …

SimLife von Maxis ist auf mehr als nur eine Weise gleichzeitig originell und nachempfunden. Nach der Implosion von Informatik und Biologie ist die Simulation nicht mehr abgeleitet und untergeordnet, sondern primär und konsumtiv. »Alles Leben ist ein Experiment.« Am Ursprung der Dinge bildet und verbindet sich das Leben durch rekursive, repetitive Informationsflüsse. Wie Sarah Franklin mich sehen lehrte, sind diese Flüsse und nicht die Blutsbande, die

6 Der Begriff wird im nächsten Abschnitt erläutert (Anm. d. Übers.).

die Körper in einer anderen Naturordnung verbinden, jene Kreislaufsysteme, die am Ende des zweiten christlichen Jahrtausends Verwandtschaft konstituieren – mit all ihren Transhybriditäten und Neufassungen von Rasse, Art, Familie, Nation, Individuum, Firma und Geschlecht.

Im Spiel des Lebens »hängt es von dir ab, dass deine Art nicht auf die Liste der gefährdeten Arten kommt!«. Obwohl »Art« sich an dieser Stelle der Anzeige auf alle vom Spieler »geschaffenen« Geschöpfe beziehen soll, schwingt sehr schön der Doppelsinn mit, dass man die eigene Art – den Homo sapiens – aus der Bedrohungsliste heraushalten soll. Wenn untote Substitute und Surrogate wuchern, macht der Fetischismus erst richtig Spaß. Aber Fetischismus gibt es in mehr als einer Geschmacksrichtung. Marx hat uns natürlich gelehrt, was es mit dem Warenfetischismus auf sich hat. Warenfetischismus ist eine bestimmte Verdinglichung historisch-menschlicher Zusammenhänge, die miteinander und mit einer unruhigen Vielzahl von Nichtmenschen, nach westlichen Konventionen Natur genannt, in Verbindung treten. In der kapitalistischen Warenzirkulation erscheinen diese Interaktionen in Form von Dingen und werden auch für solche gehalten. Beim Fetischismus handelt es sich um interessante »Missverständnisse« – in Wirklichkeit um Verleugnungen –, in denen ein fixiertes Ding an die Stelle der Taten machtmäßig differenzierter Lebewesen tritt (von denen aber aus meiner Sicht alles abhängt). Im Warenfetischismus, in den mythischen und entschieden materiellen Bereichen der Marktverhältnisse, werden Dinge fälschlich als wertschaffend aufgefasst, während Menschen als unproduktive Dinge erscheinen (und auch dazu werden), als bloßes Zubehör von Maschinen, simple Träger von Replikatoren. Ohne Frage hängt die heutige Gentechnologie mit dem klassischen Warenfetischismus zusammen, der den kapitalistischen Marktbeziehungen innewohnt. Im Gewand des Eigentums verdrängen Gene nicht nur Organismen, sondern auch Menschen und Nicht-Menschliches aller Art als Erzeuger des Lebendigen. Man frage einen beliebigen Anwalt der Biodiversität, ob Gene heutzutage »Wert« hervorbringen, und die Struktur des Warenfetischismus wird deutlich.

Fetischismus der Abbildung

Doch geht es mir in diesem Beitrag nicht primär um den Warenfetischismus, sondern um eine andere und über mehrere Ecken damit verwandte Sorte von Verdinglichung, die materielle, kontingente, menschliche und nichtmenschliche Lebendigkeit in Baupläne »des Lebens« verwandelt und dann die Abbildung und ihre Verdinglichungen mit der aufdringlichen, unreinen Welt verwechselt. Mich interessieren die Fetischismen, die Welten ohne Tropen eigentümlich sind, Welten in Reinkultur, Genen als autotelischen Entitäten. Geografische Karten sind Verkörperlichungen vielschichtiger historischer Praktiken im Bereich des Menschlichen und Nicht-Menschlichen. Diese Praktiken konstituieren raumzeitliche Welten; Karten sind also gleichermaßen Instrumente und Zeichen der Verräumlichung. Geografische Karten können, müssen aber nicht Fetische in dem Sinne sein, dass sie als mehr oder minder genaue nicht-tropische, unmetaphorische Darstellungen von zuvor bestehenden »realen« Eigenschaften einer Welt erscheinen, die geduldig ihrer Aufzeichnung harren. Karten und Pläne sind Weltmodelle, die durch und für bestimmte Eingriffe und für besondere Lebensweisen angefertigt werden.

Trópos bedeutet im Griechischen eine Wendung; Tropen kennzeichnen die nicht-buchstäbliche (*nonliteral*) Qualität des Seins und der Sprache. Metaphern sind Tropen, doch gibt es in der Sprache und in den Welten noch viel mehr Arten von Wendungen. In der Technowissenschaft sind Modelle grundsätzlich viel interessanter als Metaphern. Modelle, ob begriffliche oder physische, sind Tropen im Sinne von Werkzeugen, die angefertigt wurden, um eingesetzt, eingenommen und gelebt zu werden. Modelle können im psychoanalytischen, wissenschaftlichen und ökonomischen Sinne zu Fetischen werden. Interessanterweise bringen Fetische – die selbst Substitute, d.h. eine spezielle Art von Tropen sind – ein eigentümliches »Missverständnis« hervor: Sie verbergen die konstitutiv tropische Natur ihrer selbst und der Welten. Fetische vereindeutigen und führen damit zu einem materiellen und kognitiven Grundirrtum. Sie lassen die Dinge klar und kontrolliert erscheinen. In Technik und Wissenschaft scheint es um Genauigkeit, Unzweideutigkeit, guten Glauben und Zeit und Geld zu gehen, damit man weiterkommt, nicht um materiell-semiotische Tropismen und damit um den Aufbau ganz bestimmter Welten anstelle von möglichen anderen. »Wissenschaftliche Abbildungen können keine Fetische sein; Fetische sind etwas für Perverse und Primitive. Wissenschaftler*innen sind der Klarheit verpflichtet; sie sind keine Fetischist*innen, die im Irrtum versinken. Meine Gen-Darstellung ist eine nicht-tropische Darstellung der Realität, d.h. der Gene.« Das ist die Verleugnungsstruktur im technowissenschaftlichen Fetischismus.

So funktioniert das Missverständnis. Und was vielleicht am schlimmsten ist: Während sie die Verleugnung verleugnen und um das tropische – und damit unbewusste – Gewebe allen Wissens immer wieder herumreden, situieren die Fetischist*innen den »Irrtum« am falschen Ort. Wissenschaftliche Fetischist*innen verorten den Irrtum in den anerkanntermaßen irredizibel tropischen Zonen der »Kultur«, da, wo Primitive, Verbohrte und sonstige Lai*innen leben, und nicht in der konstitutionellen Unfähigkeit der Fetischist*innen, den Tropus zu erkennen, der sich selbst als eine Figur verleugnet. Nach meiner Auffassung nistet Kontingenz, Endlichkeit und Differenz – nicht jedoch der »Irrtum« – in der heillos tropischen, profanen Lebendigkeit. Irrtum und Verleugnung nisten in ehrfurchtsvoller Buchstäblichkeit (*literalness*). Im vorliegenden Beitrag nistet der Irrtum in der Buchstäblichkeit »des Lebens« und nicht in den unapologetischen Wendungen des Lebendigen und der sich herausbildenden weltlichen Körper. »Das Leben selbst« ist das psychische, kognitive und materielle Terrain des Fetischismus. Das Lebendige hingegen ist offen für die Möglichkeit situierter Wissensformen, zu denen auch technowissenschaftliche Erkenntnisse gehören.

Verkörperlichung

»Baupläne des Lebens« zu entwerfen (*gene mapping*) ist eine bestimmte Verräumlichung des Körpers, die man vielleicht besser als Verkörperlichung (*corporealization*) bezeichnet. Wenn Warenfetischismus die der Kapitalakkumulation inhärente Selbsttäuschung ist und wenn Kategorienverhärtung die Form der sich selbst unsichtbaren Kreislaufsklerose in bedeutenden Bereichen wissenschaftlicher Epistemologie ist, welcher Fetischismus entspricht dann der Geschichte der Verkörperlichung in den materiellen und mythischen

Zeiten »des Lebens selbst«? Wie gehabt zielt die Frage darauf, wie Beziehungen und Praktiken mit nichttropischen Dingen an sich so verwechselt werden, dass damit die Lebenschancen von Menschen und Nichtmenschen beeinträchtigt werden.

Kehren wir kurz zum Warenfetischismus zurück, um Analogien und Unterschiede auszumachen. Der marxistische Philosoph Georg Lukács hat diese Art der Verdinglichung so definiert, »dass eine Beziehung zwischen Personen den Charakter einer Dinghaftigkeit und auf diese Weise eine gespenstige Gegenständlichkeit erhält, die in ihrer strengen, scheinbar völlig geschlossenen und rationellen Eigengesetzlichkeit jede Spur ihres Grundwesens, der Beziehung zwischen Menschen verdeckt« (1923, 94). Marx definierte den Fetischcharakter der Ware als »den gegenständlichen Schein der gesellschaftlichen Charaktere der Arbeit« (MEW 23, 88). Verkörperlichung ist dagegen nicht reduzierbar auf Kapitalisierung oder Kommodifizierung (das Annehmen der Warenform), auch wenn in kapitalistischen Gesellschaften die Vielzahl der Wirkungsorte (*reaction sites*), die die Prozesse verbinden und trennen, von gleichermaßen entscheidender wie unverstandener Bedeutung bleibt – teils aufgrund der ideologischen Vorurteile, die jeder allüberall hat, der die Zusammenhänge studiert hat (oder auch nicht), und teils wegen der beängstigenden Komplexität dieser Fragen.

Ich definiere Verkörperlichung (*corporealization*) als Interaktionen von Menschen und Nichtmenschen in den zerstreuten, heterogenen Arbeitsprozessen der Technowissenschaft. Die Nichtmenschen sind sowohl von Menschen gemacht, z.B. Maschinen und andere Werkzeuge, als auch von menschlicher Verfertigung unabhängig. Die Arbeitsprozesse resultieren in spezifischen materiell-semiotischen Körpern – oder natürlich-technischen Objekten von Erkenntnis und Tätigkeit – wie Zellen, Molekülen, Genen, Organismen, Viren, Ökosystemen u.a. Die Arbeitsprozesse machen aus Menschen auch jene besonderen Subjekte, die man Wissenschaftler*innen nennt. Die Körper sind perfekt »real«, und nichts ist bei der Verkörperlichung »bloße« Fiktion. Aber Verkörperlichung ist in jedem ihrer Stränge tropischer und historisch spezifischer Natur.

Zellen, Organismen und Gene werden nicht im vulgär realistischen Sinne »entdeckt«; sie werden aber auch nicht erfunden. Technowissenschaftliche Körper wie der biomedizinische Organismus verfestigen sich als Knotenpunkte von Interaktionen, deren Akteure allesamt nichtmenschlich, nicht mit sich identisch, nicht »wir« sind. Die Welt nimmt auf spezifische und nicht einfach auf irgendeine Weise Formen an; die Verkörperlichung ist zutiefst kontingent, physisch, semiotisch, tropisch, historisch, international. Verkörperlichung beinhaltet Institutionen, Erzählungen, Rechtssysteme, machtdifferenzierte menschliche Arbeit, technische Praxis, Untersuchungsapparate und vieles mehr. Die Prozesse »innerhalb« der Körper – wie z.B. die Flut von Aktionen, die einen Organismus oder das Spiel der Gene und anderer Bestandteile ausmachen, die eine Zelle bilden – sind Interaktionen und keine erstarrten Dinge. Für Menschen spezifiziert ein Wort wie *Gen* einen vielschichtigen Zusammenhang von Interaktionen zwischen Menschen und Nichtmenschen in historisch kontingenter, praktischer, erkenntnisproduzierender Arbeit. Ein Gen ist kein Ding und erst recht kein »Master-Molekül« oder in sich geschlossener Code. Der Ausdruck »Gen« bezeichnet vielmehr einen Knotenpunkt fortwährenden Handelns, in dem viele, sowohl menschliche als auch nichtmenschliche Akteure zusammentreffen.

Der Warenfetischismus wurde so definiert, dass nur Menschen die wirklichen Akteure sind, deren gesellschaftliche Relationalität in der verdinglichten Warenform verschleiert wird. Beim »Körperfetischismus« (*corporeal fetishism*) oder speziell beim Genfetischismus geht es aber darum, dass *heterogene* Relationalität für ein starres, scheinbar gegenständliches Ding gehalten wird. Starke Objektivität (mit dem Begriff von Sandra Harding) und situiertes Wissen (mit meinem eigenen Begriff) verschwinden in der Pseudo-Objektivität des Genfetischismus oder in irgendeinem Körperfetischismus, der die fortwährende, zur Erhaltung materiell-semiotischer technowissenschaftlicher Körper in der Welt nötige Handlung und Arbeit leugnet. Das Gen als Fetisch ist ein Phantomgegenstand ähnlich und unähnlich der Ware. Der Genfetischismus »vergisst«, dass Körper Knoten in Verbindungsnetzen sind, er vergisst den tropischen Charakter aller Wissensansprüche. Auch meine Auffassung von situiertem Wissen und Genfetischismus kann auf diese Weise starr und dogmatisch werden und scheinbar an und für sich bestehen, außerhalb der Artikulationen, die die These sinnvoll machen. Lässt man also das Wortgeklingel und die entsprechenden Wendungen beiseite, kann ein Prozessdenken genauso fetischistisch sein wie ein reduktionistisches. Sowohl

Wissenschaftler*innen wie auch Nichtwissenschaftler*innen können Genfetischist*innen sein, und die US-amerikanische Kultur innerhalb und außerhalb der Laboratorien ist voll von Zeichen eines solchen Fetischismus wie auch des Widerstands dagegen.

In wichtigen Kontroversen, z.B. über genetisch bestimmte Intelligenz oder über die Definitionen und relevanten Akteure im Kampf um Biodiversität, ist es von immenser Bedeutung, wie die Beteiligten die Technowissenschaft und ihre Produkte – etwa das Gen – auffassen. Der Körperfetischismus kann auf der Ebene der Vorstellungen operieren, was ein Organismus eigentlich ist (»ein Träger von Replikatoren«), oder auf der Ebene der Vorstellungen von den Grenzen zwischen Wissenschaft und anderen Arten kultureller Praxis. Eine scharfe Aufteilung der Technowissenschaft in Technisches und Politisches ist Symptom eines Körperfetischismus, in dem Interaktionen heterogener Akteure für mit sich identische Dinge gehalten werden, an denen Aktionen ausgeführt werden können, die aber nicht selbst durch Inter-Aktionen *konstituiert* sind.

Wertsubstanz

Mit Hilfe von Marx, Freud und Whitehead möchte ich nun das Lösungskondensat herausdestillieren, das sich auf den bisherigen Seiten niedergeschlagen hat, d.h. die dreifach – ökonomisch, psychoanalytisch und philosophisch – verflochtenen Stränge des Genfetischismus, der »das Leben« durch seine symptomatischen Praktiken in der Molekulargenetik und Biotechnologie verkörperlicht – z.B. beim Humangenom-Projekt (in der Medizin), bei der Biodiversitäts-Genforschung (in Umweltschutz und Industrie) und auf dem Gebiet des Gentransfers (in Landwirtschaft und Pharmaindustrie). Ich will damit nicht sagen, dass Wissenschaftler*innen in diesen Bereichen notwendigerweise Genfetischismus betreiben. Die Verkörperlichung muss nicht unbedingt fetischisiert werden. Unter verbreiteten epistemologischen, kulturellen, psychologischen und politisch-ökonomischen Bedingungen ist der Fetischismus allerdings ein gängiges Syndrom in der technowissenschaftlichen Praxis.

Ich bin auf Marx' Theorie des Warenfetischismus bereits eingegangen, und man kann sich leicht dessen Funktionieren im Zirkulationsprozess des transnationalen Marktes vorstellen, wo solch 24-karätige makromolekulare Dinge an sich wie die Gene offenbar Gold wert (und selbst die Quelle von Wert) sind. Dieser Genfetischismus basiert auf der Verneinung und Leugnung aller natürlich-gesellschaftlichen Artikulationen und Handlungszusammenhänge von Forschern, Bauern, Fabrikarbeitern, Patienten, Politikern, Molekülen, Modellorganismen, Maschinen, Wäldern, Samen, Finanzoperationen, Computern und vielem anderen, was »Genen« zum materiell-semiotischen Sein verhilft. Im genetischen Warenfetischismus, wo die Fixierung auf die Tauschsphäre die Produktionssphäre verbirgt, liegt überhaupt nichts Ungewöhnliches. Die einzige kleine Ergänzung in Bezug auf Marx bestand darin, dass ich auch an die nichtmenschlichen Akteure erinnert habe. Das Gen wird in und durch all seine natürlichsozialen (in einem Wort) Artikulationen objektiviert, was auch nicht weiter schlimm ist. Solcherlei Objektivierung ist der Stoff, aus dem die wirklichen Welten sind. Das Gen wird aber fetischisiert, wenn es scheinbar selbst die Quelle von Wert ist, und solche Fetischobjekte sind der Stoff, aus dem komplexe Missverständnisse, Verneinungen und Verleugnungen sind.[7]

---

7 Selbst das Wort *Fetisch* entspringt einem Irrtum und einer Verleugnung rassistisch-kolonialistischer Provenienz, die sowohl von Marx als auch von Freud geteilt wird, indem die »Westler« von den »Primitiven« behaupten, sie würden Objekte fälschlich als reale Verkörperung oder Behausung magischer Geister und Mächte behandeln. Fetischismus war für diese rationalen Beobachter ein Fall von unzutreffender Konkretion, geschuldet dem geringeren abstrakten Denkvermögen und den niederen Glaubensformen der »Primitiven«, vom mangelnden wissenschaftlichen Verstand ganz zu schweigen. »Primitive« Fetische haben mit »magischem Denken« zu tun, d.h. mit der Macht der Wünsche, die das Begehren mit seinem Referenten verwechseln. Die Ethnologen sind von dieser Fetischismus-Doktrin längst abgegangen, doch hält sich die rassisierte Bedeutung mit ihrer Konnotation des Unterentwickelten, Irrationalen und Pathologischen immer noch auf vielen Gebieten. Tatsächlich hängt meine eigene These in diesem Beitrag letztendlich an diesen üblen Resonanzen, obwohl meine Diagnose auf jenen säkular-sakralen Punkt zielt, wo die Kultur der Nicht-Kultur und die Natur der Nicht-Natur implodieren. Die Ironie der Lehre von den »primitiven« Fetischen liegt darin, dass die Kinder der wissenschaftlichen Revolution – folgt man dem von Whitehead formulierten »Trugschluss der unzutreffenden Konkretheit« (1984, 66), der von dem Glauben an einfache Lokalisierung, an präexistierende, von Beziehungen und Beobachtern unabhängige Objekte und an eine Metaphysik von Substanzen mit Primär- und Sekundäreigenschaften herrührt – die ersten und vielleicht einzigen ernsthaften Fetischist*innen der Welt sind, indem sie ihre höchst ungewöhnlichen Abstraktionen für die Realität selbst halten.

Zwischen Wissen und Glauben

Mein härtestes Argument ist, dass Genfetischismus eine psychoanalytische Qualität hat – wenn nicht individuell-psychodynamisch, so doch kulturell. Ein Fetisch ist nach Freud ein zur libidinösen Befriedigung benutztes Objekt oder Körperteil. Im klassischen psychoanalytischen Roman von Kastrationsangst und männlicher Subjektentwicklung geht es beim Fetischismus um einen eigentümlichen Balanceakt zwischen Wissen und Glauben. Der werdende Fetischist, der – wie es der Plot verlangt – ein Junge sein muss, sieht in einem kritischen Moment, dass die Mutter keinen Penis hat, kann dies aber wegen der daraus folgenden schrecklichen Kastrationsangst nicht wahrhaben. Der Knabe hat drei Möglichkeiten, nämlich homosexuell zu werden (und mit jenen schrecklichen, Frauen genannten Kastraten nichts mehr zu tun zu haben), auf dem empfohlenen ödipalen Wege darüber hinwegzukommen oder sich einen brauchbaren Penisersatz – einen Fetisch – zu beschaffen, der für das Objekt libidinösen Begehrens steht. Der Fetischist weiß und weiß nicht, dass der Fetisch nicht das ist, was er sein muss, um dem nur allzu kastrierbaren Subjekt die Angst zu nehmen.

Für Freud ist der Penisersatz die Objektivierung, die im Verleugnungsprozess der (realen) mütterlichen Kastration auftritt. Der Fetisch ist eine Abwehrstrategie. »Um es klarer zu sagen, der Fetisch ist der Ersatz für den Phallus des Weibes (der Mutter), an den das Knäblein geglaubt hat und auf den es – wir wissen warum – nicht verzichten will.« (Freud 1927, GW XIV, 312) Oder mit Laura Mulvey: »Fetischismus beinhaltet, allgemein gesagt, dass einem offensichtlich vom ›Menschen‹ herstammenden Objekt Selbständigkeit und autonome Macht zugeschrieben wird. [...] Allerdings wird der Fetisch von der Fragilität der ihn aufrechterhaltenden Mechanismen heimgesucht. [...] Unerbittlich kreist das Wissen auf den Schwingen des Bewusstseins.« (1993, 7) Der Fetischist ist nicht psychotisch: Er »weiß«, dass sein Surrogat ein solches ist. Doch hängt er allein an seinem Macht-Objekt. Im Bewusstsein, dass er es mit einem Ersatz zu tun hat, glaubt – und erfährt – der Fetischist nach wie vor dessen Wirkung. Er ist gefangen vom Realitätseffekt des Bildes, das seine Furcht und sein Begehren wiedergibt.

Freuds Erklärung des Fetischismus erhellt einen Aspekt jener

Fixierungen und Verleugnungen, die der Glaube an »das Leben« benötigt. »Das Leben selbst« hängt davon ab, dass man die Produktionsapparate und Artikulationsbeziehungen ausblendet, die alle Gegenstände unseres Interesses, einschließlich der Gene, hervorbringen, ebenso von der Leugnung der Ängste und Begierden im Rahmen der Technowissenschaft. Leugnung und Verneinung sind bei der Subjektwerdung erfolgreicher Molekulargenetiker, in der die Realität als das Gegenstück der spezifischen Eingriffe betrachtet wird, die in die Erkenntnisansprüche eingebaut sind, offenbar kaum zu vermeiden.

Der im Fetischismus diagnostizierte Balanceakt zwischen Glauben und Wissen liegt zusammen mit der entsprechenden Springflut mimetischer Nachbildungen, die die Faszination der Bilder begleiten, in vielen biotechnologischen Artefakten auf der Hand – so auch in Lehrbüchern, Anzeigen, Editorials, Forschungsberichten, Kongressthemen usw. Der Glaube an die Selbständigkeit der Gene als »Master-Molekülen«, als Basis »des Lebens« oder als Code der Codes besteht im libidinösen, instrumentell-experimentellen, erklärenden, literarischen, ökonomischen und politischen Verhalten nicht nur weiter, sondern beherrscht es im vollen Bewusstsein der Tatsache, dass Gene nie allein und immer Teil eines Interaktionssystems sind. Dieses System beinhaltet zumindest die proteinhaltige Architektur und die Enzyme der Zelle als Einheit von Struktur und Funktion, und es beinhaltet de facto auch den ganzen Apparat der Wissensproduktion, der die Interaktionen in den historisch spezifischen Formen von »Genen« und »Genomen« konkretisiert (objektiviert). So etwas wie unartikulierte Information gibt es nicht – weder in Organismen noch in Computern, Telefonverbindungen, Gleichungen oder sonst wo. Wie der Biologe Richard Lewontin feststellt: »Erstens ist die DNS nicht selbst-reproduzierend, zweitens tut sie nichts und drittens werden die Organismen von ihr nicht determiniert.« (1992, 33) Das gehört in der Biologie zum orthodoxen Wissensbestand. Es macht den Diskurs des »egoistischen Gens« oder »Master-Moleküls« symptomatisch für eine Verkehrung auf einer Ebene, die man auch »unbewusst« nennen kann.

Wenn ich mich auf den Freud'schen Roman berufe, benötige ich aber noch einen bestimmten Balanceakt zwischen Glauben und

Wissen, der in kritischen Momenten der Subjektbildung mit einer Gefährdung von Potenz und Ganzheit einhergeht. Lässt sich der Genfetischismus so konstruieren, dass er diese Dynamik beinhaltet? Mit aller gebotenen Vorsicht finde ich eine solche Darstellung – als Analogie zumindest – einigermaßen sinnvoll, wenn ich den Bereich der individuell-psychosexuellen Dynamik beiseitelasse und mich auf das sozial-historische Subjekt genetischen Wissens konzentriere. Allerdings muss ich die Freud'sche Darstellung zuerst umstellen und dabei in Frage stellen, was Freud über den Besitz des »Phallus« als Zeichen schöpferischer Ganzheit und Macht annahm. Freud dachte, dass Frauen ihn tatsächlich nicht haben; das war die schlichte Tatsache, die der Fetischist nicht wahrhaben konnte. Weil ich nun aber eine Frau bin und damit sowieso kein orthodoxer Fetischist sein kann, beharre ich mit dem Feminismus auf einem stärkeren objektiven Anspruch: dass nämlich Frauen ganz, potent und »unkastriert« sind. Freud hat das falsch gesehen, auch wenn er vieles von der symbolischen Struktur unter männlich dominierten Bedingungen richtig gesehen hat. Mit guten Gründen, aber theoriegeschichtlich unglücklichen Konsequenzen haben Freud und ein paar andere brave Männer (und Frauen) den Penis mit dem Phallus verwechselt.

Meine Korrektur ist notwendig, um die Analogie zum Genfetischismus herzustellen. Organismen sind in einem ganz spezifischen, unmystischen Sinne »ganz«, sie sind nämlich Knotenpunkte in dynamischen Artikulationszusammenhängen. Weder Organismen noch deren Bestandteile sind Dinge an sich. Alle autotelischen Entitäten, seien sie sakraler oder säkularer Natur, sind Formen der Abwehr, Alibis, Entschuldigungen, Ersatzobjekte – Ausflüchte vor der Komplexität der materiell-semiotischen Objektivierungen und Apparaturen der Körperproduktion. In meiner Erzählung »weiß« der Genfetischist natürlich, dass die DNS oder »das Leben« ein Surrogat oder bestenfalls eine Vereinfachung ist, die leicht zum falschen Idol wird. Das Ersatzobjekt, »das Leben selbst«, ist aber für den zutiefst an der Verwechslung hängenden Fetischisten eine Abwehr gegen die Erkenntnis der tatsächlichen Komplexität und Einbettung aller Objekte, inklusive der Gene. So glaubt er schließlich an den Code der Codes, an das Buch des Lebens und sogar an die Suche nach dem Heiligen Gral. Nur halb im Spaß sehe ich den molekularbiologischen Fetischisten im Banne eines Phallus-Substituts – eines bloßen »Penis« namens Gen, der das verschreckte Subjekt vor dem beängstigenden Anblick der unbarmherzig materiell-semiotischen Artikulationen biologischer Realität schützt, ganz zu schweigen vom Anblick noch weiterer Ausblicke auf das Reale der Technowissenschaft. Einzugestehen, dass »die DNS erstens nicht selbst-reproduzierend ist, zweitens nichts tut und drittens die Organismen nicht von ihr determiniert werden«, ist für all die libidinösen Besetzungen und sonstigen Investitionen, die in den materiell-semiotischen Welten der Molekulargenetik heutzutage auf dem Spiel stehen, vielleicht doch zu bedrohlich. So sieht denn der Fetischist das leibhaftige Gen in all den Gelen, Flecken und Ausdrucken im Labor und »vergisst« die natürlich-technischen Prozesse, die das Gen und Genom als Konsensobjekte in der realen Welt produzieren. Der fetischistische Balanceakt zwischen Wissen und Glauben wird im Theater der Technowissenschaft nach wie vor aufgeführt.

Pseudokonkretion

Der dritte Strang in meiner Helixspirale des Genfetischismus entspinnt sich aus dem von Whitehead formulierten »Trugschluss der unzutreffenden Konkretheit« (1984, 66).[8] Ausgehend von einer Untersuchung der noch immer erstaunlichen Verbindung theoretischer, mathematischer und experimenteller Entwicklungen, die das 17. Jahrhundert in Europa zum »Century of the Genius« machen, stellt Whitehead die Bedeutung zweier Prinzipien für die Geschichte der westlichen Naturwissenschaft heraus: 1. die einfache Lokalisierung in der Raum-Zeit und 2. die Substanz mit ihren Eigenschaften, insbesondere den Primäreigenschaften, definiert durch ihre Ergiebigkeit für numerisch-quantitative Analysen. Dies waren die fundamentalen Annahmen in den westlichen Praktiken der Verräumlichung (und Kartografie) des 17. und der nachfolgenden Jahrhunderte, und welche Rolle diese Prinzipien in der Geschichte des philosophischen und wissenschaftlichen Mechanizismus gespielt haben, ist allgemein

8 Schade, dass Linus Pauling mit seiner Konzeption der DNS als einer dreifachen Helix unrecht hatte. Vielleicht hätte er sich mit der dreifachen Helix des Genfetischismus getröstet – auch wenn es für diese Struktur bestimmt keinen Nobelpreis gibt!

bekannt. Whitehead schrieb dies 1925, als das mechanische Weltbild, der Welle-Partikel-Dualismus, das Kontinuitätsprinzip und die einfache Lokalisierung in der Physik schon jahrzehntelang produktiv untergraben worden waren – ein Prozess, der gewöhnlich ab Mitte des 19. Jahrhunderts mit den Maxwell'schen Gleichungen angesetzt wird, die die elektromagnetische Feldtheorie begründet haben, und der (neben anderen entscheidenden Veränderungen in der theoretischen Physik) mit den Entwicklungen in der Quantenphysik der 1920er und 30er Jahre weitergeführt wird, verbunden vor allem mit den Arbeiten von Niels Bohr in der Wellenmechanik und von Albert Einstein auf dem Gebiet der Lichtquanten.

Whitehead hatte keine Probleme mit dem Begriff der einfachen Lokalisierung und dem Interesse an den Primäreigenschaften einfacher Substanzen – solange man diese abstrakt-logischen Konstruktionen nicht mit »dem Konkreten« verwechselt. »Das Konkrete« hat, wenngleich in seiner eigenwilligen Terminologie formuliert, für ihn eine ganz präzise Bedeutung, und zwar bezogen auf seine Auffassung von »einem wirklichen Einzelwesen als einer Konkretisierung von erfassten Informationen« (*an actual entity as a concrescence of prehensions*). Den Prozesscharakter der Realität hervorhebend, bezeichnet er »wirkliche Einzelwesen« auch als »wirkliche Ereignisse« (*actual occasions*). »Die erste Analyse eines wirklichen Einzelwesens, nämlich auf seine konkretesten Elemente hin, weist es als eine Konkretisierung von erfassten Informationen aus, die in seinem Werdensprozess entstanden sind.« (Whitehead 1979, 66) Sein Objektivierungskonzept ähnelt mutatis mutandis sehr dem meiner bescheidenen Beobachtung: »Ein Nexus ist eine Menge von wirklichen Einzelwesen in der Einheit des Bezogenseins, die durch ihre wechselseitig erfassten Informationen voneinander begründet wird oder – umgekehrt formuliert – die auf ihren Objektivierungen ineinander beruht.« (Ebd., 67) ›Objektivierung‹ bezieht sich darauf, wie »die Potenzialität eines wirklichen Einzelwesens in einem anderen wirklichen Einzelwesen realisiert wird« (66). Die *prehensions* können sowohl physischer als auch begrifflicher Natur sein, aber jedenfalls machen solche Verknüpfungen, solche wechselseitigen Zugriffe in den Texturen der Welt für Whitehead die elementaren Basisprozesse aus. Ohne mich auf seine spezielle Terminologie weiter einzulassen, will ich mit Hilfe von Whiteheads Analyse aufzeigen, wie

Genfetischist*innen die Abstraktion des Gens mit konkreten Einzelwesen und Verknüpfungen (*nexuses*) verwechseln.[9]

Genfetischismus besteht also (1) aus einer politisch-ökonomischen *Verneinung*, die den Wert aus den Waren selbst entspringen sieht und die soziotechnischen Beziehungen zwischen Menschen und zwischen Menschen und Nicht-Menschen, die sowohl Objekte wie auch Werte hervorbringen, verschleiert, (2) einer psychoanalytischen *Verleugnung*, die das Master-Molekül an die Stelle einer adäquateren Darstellung von Einheiten oder Zusammenhängen der biologischen Struktur, Funktion, Entwicklung, Evolution und Reproduktion setzt, und (3) einem philosophisch-kognitiven *Irrtum*, der einflussreiche Abstraktionen mit den konkreten Einzelwesen, die ihrerseits fortlaufende Ereignisse sind, verwechselt. Die Fetischist*innen sitzen all diesen Substitutionen vielfältig auf. Die Ironie liegt darin, dass der Genfetischismus derart kunstvolle Surrogate, Wendungen und Substitutionen beinhaltet, wo doch das Gen als Garant »des Lebens« ein autotelisches Ding an sich bezeichnen soll, den Code der Codes. Nie hat das Ausweichen vor der unausweichlich tropischen Natur allen Lebens und Bedeutens so wunderbare Figurationen mit sich gebracht wie hier, wo das Gen die Menschen im materialisierten Traum vom »Leben« vereint.

Mit einem dem Genfetischismus verwandten Begriff hat Sarah Franklin den genetischen Essenzialismus »als einen wissenschaftlichen Diskurs [...] mit dem Potenzial der Einführung sozialer Kategorien aufgrund einer essenziellen Wahrheit über den Körper« definiert (1993b, 34; zit.n. Nelkin und Lindee 1995, 201, Fn. 8). Franklin ist ungemein sensibel dafür, wie sich diese essenzielle Wahrheit über den Körper in der materiell-kulturellen Praxis der Technowissenschaft verbirgt. Dorothy Nelkin und Susan Lindee haben die vielen Gesichter des genetischen Essenzialismus in der amerikanischen Popularkultur erforscht. »Der genetische Essenzialismus reduziert das Selbst auf eine molekulare Gegebenheit, indem er die Menschen in all ihrer

9 Spätestens seit ich ihn in den 1960er Jahren mit dem Ökologen G. Evelyn Hutchinson in der Graduate School von Yale gelesen habe, war Whitehead wichtig für mein Biologieverständnis (vgl. Haraway 1976). Ich las ihn auch im Grundstudium und glaube, dass dieser Philosoph und Mathematiker im Gewebe so mancher Widerstände gegen Genfetischismus in der feministischen Wissenschaftstheorie und anderswo steckt (vgl. Latour 1998; Star 1994).

sozialen, historischen und moralischen Komplexität mit ihren Genen gleichsetzt.« (Ebd., 2) Um zu betonen, was in dieser ausgezeichneten Charakterisierung impliziert ist, würde ich zweierlei hinzufügen. Erstens werden Gene wie auch Menschen im genetischen – oder körperlichen – Fetischismus falsch dargestellt. In der Tat verursacht und rechtfertigt der Irrtum des Genfetischismus, der das Gen als nichttropisches Ding an sich auffasst, den Irrtum des genetischen Essenzialismus, wie ihn Nelkin und Lindee verstehen. »Das Leben« ist eine Springflut unerkannter Verschiebungen, verleugneter Tropen und verdinglichter Beziehungen. Zweitens gehören zur Popularkultur ganz gewiss auch Aktivitäten, die in Laboratorien und den damit verbundenen Institutionen stattfinden.

Innerhalb und außerhalb der Laboratorien wird der Genfetischismus verdichtet, vervielfältigt, ironisiert, hingenommen, gestört, verfestigt und untersucht. Die Genfetischist*innen »vergessen«, dass Gene und »Baupläne des Lebens« Weisen sind, das Gemeingut des Körpers (*commons of the body*) – der Verkörperlichung – in spezifischen Formen einzuhegen, die neben anderem oft den Warenfetischismus ins Programm der Biologie am Ende des zweiten Jahrtausends einführen.

Übersetzt von Jana Korb und Thomas Laugstien

Geschlecht, Gender, Genre

Sexualpolitik eines Wortes

Die Wurzel der englischen, französischen und spanischen Wörter bildet das lateinische Verb *generare*, zeugen, und der lateinische Stamm *gener-*, Rasse oder Art. Eine veraltete englische Bedeutung von »to gender« ist »to copulate« (kopulieren) (Oxford English Dictionary). Die Substantive »Geschlecht«, »gender«, »genre« und »genero« verweisen auf die Begriffe von Art, Gattung und Klasse. In der englischen Sprache ist »gender« spätestens seit dem 14. Jahrhundert fortwährend in diesem »generischen« Sinn gebraucht worden. Die modernen englischen und deutschen Wörter »gender« und »Geschlecht« hängen eng mit Begriffen wie Sexualität, geschlechtlicher Unterschied, Zeugung (generation, engendering) usw. zusammen, was im Französischen und Spanischen nicht ohne weiteres gegeben ist. »Gender« nahestehende Wörter finden sich in Begriffen von Verwandtschaft, Rasse, biologischer Klassifikation, Sprache und Nationalität. Das Substantiv »Geschlecht« trägt die Bedeutungen von biologischem Geschlecht, Stamm, Rasse und Familie, während die adjektivische Form »geschlechtlich« in der englischen Übersetzung sowohl biologisch als auch generisch verstanden werden kann. »Geschlecht«/»gender« bildet den Mittelpunkt der von Differenzsystemen verwendeten konstruktiven und klassifikatorischen Vorgehensweisen. Komplexe Unterscheidungen und Vermischungen von Termini für »sex« und »gender« sind Teil der politischen Geschichte dieser Wörter. Auf »sex« bezogene medizinische Bedeutungen werden in der englischen Sprache des 20. Jahrhunderts zunehmend »gender« zugeschrieben. Medizinische, zoologische, grammatikalische und literarische Bedeutungen sind vom modernen Feminismus sämtlich in Frage gestellt worden. Die bezüglich Rasse und Sexualität zusammenhängenden kategorialen Bedeutungen von »Geschlecht« verweisen auf die miteinander verwobenen Geschichtslinien der modernen kolonialen und sexuellen Unterdrückung in Systemen der Produktion und Bezeichnung von Körpern und auf die oppositionellen und auf Befreiung zielenden Diskurse, die dadurch hervorgerufen werden. Die Schwierigkeit, rassische und sexuelle Unterdrückung in marxistischen Klassentheorien unterzubringen, findet ihre Parallele in der Geschichte der Wörter selbst. Dieser Hintergrund ist wesentlich für das Verständnis der Resonanzen, welche das theoretische Konzept des »Sex-Gender-Systems« hervorrief, das in den 1970er Jahren von Feministinnen entwickelt wurde. Feministische Geschlechtstheorien – gleich welcher Art – versuchen die Besonderheit weiblicher Unterdrückung zum Ausdruck zu bringen; diese Unterdrückung vollzieht sich in kulturellen Zusammenhängen, die eine Unterscheidung von »sex« und »gender« vordringlich machen. Diese Vordringlichkeit hängt von einem Bezugssystem von Bedeutungen ab, die sich um eine Familie binär geordneter Begriffe gruppieren: Natur/Kultur, Natur/Geschichte, natürlich/menschlich, Rohstoffquelle/Arbeitsprodukt. Diese Abhängigkeitsbeziehungen in einem westlich orientierten politisch-philosophischen Hauptfeld binärer Oppositionen – die man funktional, dialektisch, struktural oder psychoanalytisch verstehen kann – untergraben den Anspruch der Begriffe um »sex« und »gender« auf universelle Anwendbarkeit; dieser Gesichtspunkt gehört zur gegenwärtigen Diskussion über die kulturübergreifende Bedeutung der euroamerikanischen feministischen Theorien.

Die Herausbildung des Problemfeldes bei Marx und Engels

In kritischer und politischer Bedeutung taucht das Wort »gender« zuerst im Zusammenhang mit den feministischen Frauenbewegungen nach dem Zweiten Weltkrieg auf. Erst dort wird es in fortschreitendem Maße zu einem Gegenstand der Auseinandersetzung und der Theorie. Das moderne feministische Konzept von Geschlecht (gender) taucht in den Schriften von Marx und Engels nicht auf. Dennoch waren ihre theoretischen und praktischen Bemühungen – wie die der marxistischen Tradition insgesamt – für die spätere Politisierung und Theorisierung des Begriffes wichtig: durch die Bereitstellung kritischer Instrumentarien und ebenso durch die Errichtung von Barrieren.

Ungeachtet wichtiger Unterschiede wurzeln alle modernen feministischen Bedeutungen von »Geschlecht« in Simone de Beauvoirs Behauptung »Man wird nicht als Frau geboren« (Beauvoir 1952, 249) und in den gesellschaftlichen Bedingungen der Nachkriegszeit, die eine Konstruktion ermöglicht haben, die die Frauen als kollektives, historisch sich entwickelndes Subjekt entwarf. »Geschlecht« wurde als Begriff im Kampf gegen die Naturalisierung der sexuellen Differenz entwickelt, Kampffelder dafür gab es genug. Die mit diesem Begriff verbundene Theorie und Praxis des Feminismus versucht, geschichtliche Systeme von »Differenz« zu erklären und zu verändern, wobei »Frauen« und »Männer« in hierarchischen und antagonistischen Beziehungen gesellschaftlich konstituiert und verortet sind. Da der Geschlechtsbegriff vermittels der Unterscheidung von »sex« und »gender« sich eng an die Differenz Natur/Gesellschaft (bzw. Natur/Geschichte) anlehnt, ist der Bezug feministischer Geschlechtstheorie auf den Marxismus an das Schicksal des Natur- und Arbeitsbegriffs im marxistischen Kanon gebunden.

Hauptsächlich aus zwei Gründen hat der traditionelle Marxismus nicht zu einem politischen Begriff von »Geschlecht« geführt: 1. In den Kernschriften von Marx und Engels führten sowohl Frauen als auch Stammesorganisationen eine unsichere Existenz an der Grenze zwischen Natur und Gesellschaft. Auf diese Weise wurden die Versuche, die untergeordnete Rolle der Frauen zu erklären, durch die Kategorie der natürlichen geschlechtsspezifischen Arbeitsteilung untergraben, denn diese gründete in einer unerforschbaren natürlichen Heterosexualität. 2. Marx und Engels erklären die Unterdrückung verheirateter Frauen aus dem Privateigentum; auf diese Weise konnte die Unterdrückung der Frau als Spezifikum kapitalistischer Klassenverhältnisse expliziert werden, nicht aber als besondere Form einer Politik der Sexualität zwischen Männern und Frauen. In Engels' *Der Ursprung der Familie, des Privateigentums und des Staates* (1884) findet man dieses Argument in seiner klassischen Fassung. Die analytische Vorrangstellung der Familie als einer zwischen Klassen und Staat vermittelnden Formation »ordnete sich jede besondere Betrachtung der Geschlechterteilung als einer antagonistischen unter« (Coward 1983, 160)[1]. Wiewohl Marx und Engels die geschichtliche Veränderbarkeit der Familienformen betonten und der Frauenunterdrückung große Bedeutung beimaßen, gelang es ihnen nicht, »sex« und »gender« als historisch entstandene Erscheinungen zu begreifen, denn ihre Basis blieb die für natürlich gehaltene Heterosexualität.

Die Naturalisierung der geschlechtsspezifischen Arbeitsteilung findet sich hauptsächlich in der *Deutschen Ideologie* (Teil I: Feuerbach). Marx und Engels gehen dort von einer vorgesellschaftlichen Arbeits-

1 Vgl. die Kapitel 5 und 6, die eine gründliche Diskussion der Familien- und Frauenfrage im marxistischen Denken von 1848 bis etwa 1930 bieten.

teilung im (heterosexuellen) Geschlechtsakt aus, die ihre unterstellten natürlichen Entsprechungen in der jeweiligen familiären Reproduktionstätigkeit von Männern und Frauen findet und die es unmöglich macht, Frauen in ihren Beziehungen zu Männern einen konsequent geschichtlichen und gesellschaftlichen Ort zuzuweisen.[2] Diese Unfähigkeit, Frauenarbeit als vollständig geschichtliche Kategorie zu begreifen, erscheint im Lichte der *Deutschen Ideologie* und der darauf folgenden Arbeiten als paradox, wird doch die Familie als zentrale historische Quelle gesellschaftlicher Teilungen verstanden. Engels' *Ursprung der Familie*, der auf Marx' ethnografischen Exzerpten beruhte, systematisierte dessen Ansichten über die Verbindungslinien zwischen Familie, Eigentumsformen, Organisation der Arbeitsteilung und Staat. In dieser Schrift (MEW 21, 25–173) war Engels von einer theoretischen Grundlegung der besonderen Unterdrückung der Frau nicht weit entfernt, und zwar in seiner kurzen Versicherung, eine vollständige materialistische Analyse der Produktion und Reproduktion des unmittelbaren Lebens würde deren zwieschlächtigen Charakter enthüllen: die Erzeugung von Lebensmitteln und »die Erzeugung von Menschen selbst« (ebd., 28). Die Erforschung dieses zweiten Gesichtspunktes war für viele marxistische Feministinnen in den USA der Ausgangspunkt ihrer Theorien über die geschlechtsspezifische Arbeitsteilung (vgl. Rubin 1975; Young 1981; Harding 1983, 1986; Hartsock 1983a, 1983b; Hartmann 1981; O'Brien 1981; Chodorow 1978; Jaggar 1983).

Um die Jahrhundertwende wurde in vielen sozialistischen Parteien Europas die »Frauenfrage« diskutiert. 1879 schrieb August Bebel, Mitglied der Sozialdemokratischen Partei Deutschlands, einen der beiden einflussreichsten Texte über die Position der Frauen: *Die Frau und der Sozialismus*. Alexandra Kollontai berief sich auf Bebel, als sie in Russland, dann in der Sowjetunion für die Frauenemanzipation kämpfte, und in der deutschen Sozialdemokratie entwickelte Clara Zetkin, eine Führerin der Internationalen Sozialistischen Frauenbewegung, Bebels Position in ihrem 1889 erschienenen Buch *Zur Geschichte der proletarischen Frauenbewegung Deutschlands* weiter.[3]

---

2 Siehe auch die »Ökonomisch-philosophischen Manuskripte« von 1844, wo Marx die Beziehung von Mann und Frau als das »natürlichste Verhältnis des Menschen zum Menschen« bezeichnet (MEW EB I, 535). Diese Annahme findet sich ebenfalls in MEW 23, 372.

3 Vgl. *The Woman Question*, 1951; Marx und Aveling 1885/86; Kollontai 1977.

Das Paradigma der Geschlechtsidentität

Die Geschichte der politischen Neubestimmungen von »Geschlecht« durch europäische und euroamerikanische Feministinnen führt uns durch die Konstruktion von Bedeutungen und Technologien von »sex« und »gender«, wie sie (vor allem in den USA) von normativen, liberalen, eingreifend-therapeutischen, empiristischen und funktionalistischen Humanwissenschaften wie Psychologie, Psychoanalyse, Medizin, Biologie und Soziologie entworfen wurden. Die Festschreibung des Geschlechtsbegriffs in einer individualistischen Problemstellung innerhalb des weitverbreiteten »Willens zum Wissen« (Foucault 1983) über Sexualität war von den typischen Merkmalen einer bürgerlichen, männerbeherrschten und rassistischen Gesellschaft geprägt. In den mit Geschlechtsidentität befassten Konzepten und Technologien wurden verschiedene Strömungen zusammengefasst: eine biologistische Interpretation der Freud'schen Trieblehre; das somato- und psychopathologisch ausgerichtete Interesse an Sexualität bei den großen Sexologen des 19. Jahrhunderts (Krafft-Ebing, Havelock Ellis) und ihren Adepten; die aus der vergleichenden Psychologie erwachsene Psychobiologie der sexuellen Differenzen; Hypothesen über hormonalen, chromosomalen und neuralen sexuellen Hermaphroditismus, die sich in den 1950er Jahren vereinigten; schließlich die ersten chirurgischen Geschlechtsumwandlungen (Linden 1981). Im Streit um »biologische Determination« vs. »gesellschaftliche Konstruktion« des Geschlechts und die Biopolitik der Differenz »sex/gender« greift feministische Politik auf diskursiven Feldern ein, die durch das Paradigma der Geschlechtsidentität vorstrukturiert sind, so wie dieses sich in den 1950er und 60er Jahren herausgebildet hatte.

Dies Paradigma war eine funktionalistische und essenzialistische Version der Einsicht Simone de Beauvoirs, dass man nicht als Frau geboren werde. Es ist nicht ohne Bedeutung, dass die Konstruktion dessen, was als Frau (oder Mann) gelten könne, für bürgerliche Funktionalisten und prä-feministische Existenzialisten in derselben Nachkriegsepoche zum Problem wurde, in der die gesellschaftlichen Grundlagen weiblichen Lebens in einem von Männern beherrschten System des globalen Kapitalismus tiefgreifende Veränderungen erfuhren.

1958 wurde im medizinischen Zentrum der University of California, Los Angeles (UCLA) ein Forschungsprojekt zur Geschlechtsidentität ins Leben gerufen, das sich mit sexuellen Zwischenstufen (Inter- und Transsexualität) befasste. Das Werk des Psychoanalytikers Robert Stoller (1968, 1976) diskutiert und verallgemeinert die Ergebnisse dieses Projekts. Stoller führte den Begriff der Geschlechtsidentität auf dem Internationalen psychoanalytischen Kongress in Stockholm 1963 ein. Er formulierte den Begriff der Geschlechtsidentität im Rahmen der Unterscheidung von biologischen und kulturellen Gegebenheiten, so dass »sex« biologisch interpretiert werden konnte (Hormone, Gene, Nervensystem, Morphologie), »gender« dagegen kulturelle Bedeutung besaß (Psychologie, Soziologie). Seit den 1950er Jahren entwickelte und verbreitete der Psychoendokrinologe John Money – zuletzt von der 1965 gegründeten »Gender Identity Clinic« der Johns Hopkins Medical School aus – zusammen mit seiner Kollegin Anke Ehrhardt die interaktionistische Version des Identitätsparadigmas. Hier schuf die funktionalistische Verbindung biologischer und gesellschaftlicher Verursachungsmuster Raum für eine Unzahl von Forschungs- und Therapieprogrammen zu den »Differenzen von sex/gender«, unter Einschluss von Sozialeinrichtungen sowie chirurgischen, beratenden, pädagogischen Methoden etc. Money und Ehrhardts Veröffentlichung *Man and Woman, Boy and Girl* (1974) avancierte zu einem an Universitäten und Hochschulen viel benutzten Lehrbuch.

Die spezifische Unterscheidung von Natur und Kultur im Identitätsparadigma war Teil einer weitgehenden liberalen Neuorientierung in den Human- und Sozialwissenschaften, in welcher die intellektuellen und politischen Eliten des Westens nach dem Krieg die biologischen Rassismen der Vorkriegsepoche ihrer Bedeutung entkleideten. Allerdings wurde darin nicht die politisch-gesellschaftliche Geschichte solcher binären Kategorien wie Natur/Kultur und »sex/gender« hinterfragt, denn der kolonialistische westliche Diskurs strukturierte die Welt als Objekt der Erkenntnis, vermittels deren die Naturressourcen durch kulturelle Betätigung angeeignet wurden. Feministinnen (z.B. Harding 1986) haben schon früh nicht nur die binäre Logik des Natur/Kultur-Dualismus kritisiert, sondern auch die Dialektiken des marxistischen Humanismus, in denen der »Mensch« die »Natur« durch »Arbeit« beherrscht, aneignet und sich vermittelt. Doch wurde die Kritik nicht auf die davon abgeleitete Unterscheidung »sex/gender« ausgedehnt, weil diese immer noch zur Bekämpfung der prävalenten biologischen Determinismen taugte, welche in den aktuellen politischen Auseinandersetzungen um »geschlechtsspezifische Unterschiede« in Schulen, Verlagshäusern, Kliniken etc. ins Feld geführt wurden. Diese fortwährende taktische Brauchbarkeit der Differenz »sex/gender« in den Human- und Sozialwissenschaften hatte ernste Folgen für so manche feministische Theorie, wurde sie doch an ebendieses Paradigma gebunden, ungeachtet wiederholter Anstrengungen, die Grenzen des liberalen und funktionalistischen Paradigmas mit Hilfe eines gänzlich politisierten und historisierten Geschlechtsbegriffs zu überschreiten. Der Fehler bestand darin, »gender« nicht als durch und durch historische Kategorie zu begreifen; Gleiches galt für die geschichtlich-erkenntnistheoretischen Wurzeln jener Logik der Analyse, die sich mit der Unterscheidung von »sex« und »gender« sowie mit jedem Glied dieser Konjunktion verband. Auf dieser Ebene ist die moderne feministische Beschränkung ihres theoretischen und praktischen Kampfes in den empirischen Human- und Sozialwissenschaften vergleichbar mit Marx' und Engels' Unvermögen, sich von der natürlichen geschlechtsspezifischen Arbeitsteilung in der Heterosexualität zu lösen, wenngleich ihr Vorhaben, die Familie historisch zu betrachten, Beachtung verdient.

Der Diskurs über die Differenz(en) von »sex« und »gender« vergrößerte sich in der soziologischen und psychologischen Literatur der USA seit 1970 in eruptivem Ausmaß.[4] Diese Eruption resultiert aus einem heftigen politischen und wissenschaftlichen Streit um die Konstruktion von »sex« und »gender« als Kategorien und als aufbrechender historischer Wirklichkeit. In diesem Streit treten Mitte der 70er Jahre die feministischen Schriften deutlich hervor, und zwar vorwiegend in der Kritik am »biologischen Determinismus« und an sexistischer Wissenschaft und Technologie, insbesondere im Bereich von Biologie und Medizin. Viele Feministinnen (einschließlich sozialistisch/marxistisch orientierter) eigneten sich die Differenztheorie und das interaktionistische Paradigma innerhalb der ihnen vertrauten erkenntnistheoretischen Dualismen von Natur/Kultur und »sex/gender« an, um in den alle Bereiche umfassenden US-amerikanischen

4 Dies zeigt sich z.B. an der Häufigkeit, mit der das Wort »gender« als Schlüsselwort in den Kurzfassungen für Artikel auftaucht. So verzeichnet der Index von »Sociological Abstracts« keinen Eintrag zwischen 1966 und 1970, dagegen 724 Einträge von 1981 bis 1985, und in den »Psychological Abstracts« führt die Entwicklung von 50 Schlüsselworteinträgen zwischen 1966 und 1970 zu 1326 Einträgen für den Zeitraum von 1981 bis 1985.

und europäischen Diskussionen für den Primat des kulturellen Geschlechts (gender) über das biologische (sex) einzutreten. Dabei war es ohne Belang, ob es genetische Unterschiede in geschlechtsspezifischer mathematischer Begabung betraf oder Präsenz und Bedeutung von Differenzen im Nervensystem der Geschlechter, ob es um die Wichtigkeit der Tierforschung für menschliches Verhalten ging oder um die Ursachen männlicher Vorherrschaft in der wissenschaftlichen Forschung, ob es sich um sexistische Strukturen und Bedeutungsmuster in der Sprache handelte oder um soziobiologische Diskussionen, ob es schließlich den Streit über die Bedeutung von Chromosomen für sexuelle Anomalien betraf oder die Ähnlichkeiten zwischen Sexismus und Rassismus. Mitte der 1980er Jahre wächst in der feministischen Literatur zu diesen Themen das Misstrauen gegenüber der Kategorie »gender« und dem Dualismus von »sex« und »gender«. Dieser Skeptizismus ist zum Teil ein Ergebnis der Herausforderung, welche die euroamerikanische Frauenbewegung gegen den Rassismus richtet. Auf diese Weise wurden einige der kolonialistischen Wurzeln des zuvor fraglos akzeptierten theoretischen Rahmens sichtbar.

Das »Sex-Gender-System«

Im Kontext der ersten marxistisch/sozialistisch orientierten Anthologie feministischer Aufsätze zur Anthropologie, die in den USA erschien, entwickelte sich eine weitere feministische Theorie und Politik zum »Sex-Gender-System«: Gayle Rubins höchst einflussreiche und fruchtbare Ausarbeitung des »Sex-Gender-Systems« entstand aus der Aneignung von Marx, einem lacanistisch interpretierten Freud und Levi-Strauss (Rubin 1975). Rubin und die Adeptinnen ihrer Theorie benutzten offensichtlich eine Version der Natur/Kultur-Differenz, die sich weniger an den US-amerikanischen Human- und Sozialwissenschaften orientierte als an französischen Theorien der Psychoanalyse und des Strukturalismus. Rubin untersuchte die »Domestizierung der Frauen«, in der weibliche Menschen das Rohmaterial für die gesellschaftliche Produktion von Frauen bildeten, vermittels der auf Verwandtschaftssystemen basierenden Tauschbeziehungen, die von Männern bei der Gründung menschlicher Kultur kontrolliert wurden. Sie definierte das »Sex-Gender-System« als ein System gesellschaftlicher Beziehungen, welches biologische Sexualität in Produkte menschlicher Tätigkeit umwandelt und in dem dann die daraus resultierenden geschichtlich je besonderen sexuellen Bedürfnisse erfüllt werden. Ferner forderte sie eine an Marx orientierte Analyse von »Sex-Gender-Systemen« als Produkten menschlicher Tätigkeit, die durch den politisch geführten Kampf veränderbar sind. Rubin sah die sexuelle Arbeitsteilung und die psychologische Konstruktion des Begehrens (unter besonderer Berücksichtigung des ödipalen Dreiecks) als Grundlage für ein System der Produktion menschlicher Wesen, das den Männern Rechte über Frauen verleiht, die nicht natürlichen Ursprungs sind. Heterosexualität wird dort zur verbindlichen Norm, wo Männer und Frauen im Kampf ums materielle Überleben nicht die gleiche Arbeit verrichten können und wo Tiefenstrukturen des Begehrens im »Sex-Gender-System«, in welchem die Männer den Austausch von Frauen regeln, befriedigt werden müssen. Verbindliche Heterosexualität ist daher von zentraler Bedeutung für die Unterdrückung von Frauen. »Wenn das System sexuellen Eigentums so reorganisiert würde, dass Männer keine allesbeherrschenden Rechte über Frauen besäßen (wenn kein Austausch von Frauen stattfände), und wenn es kein Geschlecht gäbe, wäre das ganze ödipale Drama hinfällig. Kurz: der Feminismus muss eine Revolution in den Verwandtschaftsbeziehungen fordern.« (Ebd., 199)

Rubins »Sex-Gender-System« ist viel benutzt und ebenso häufig kritisiert worden. In einem Aufsatz, der im Mittelpunkt vieler marxistisch/sozialistischer feministischer Diskussionen in den USA stand, beharrte Hartmann (1981) darauf, dass das Patriarchat nicht einfach eine Ideologie sei (was Juliet Mitchell in *Woman's Estate* zu behaupten schien), sondern ein materielles System, definierbar »als eine geordnete Menge von sozialen Beziehungen zwischen Männern, die eine materielle Basis besitzt und die, wiewohl hierarchisch organisiert, gegenseitige Abhängigkeit und Solidarität zwischen Männern dergestalt hergestellt hat oder schafft, dass die Männer zur Herrschaft über Frauen befähigt werden«. In diesem Rahmen versuchte Hartmann die Kumpanei von Patriarchat und Kapital wie auch das Versagen der männerdominierten sozialistischen Arbeiterbewegungen bezüglich des Sexismus zu erklären. Hartmann benutzte Rubins Begriff des »Sex-Gender-Systems« für die Forderung, die Produktionsweise von Menschen in patriarchalen Gesellschaftsbeziehungen vermittels der männlichen Kontrolle über weibliche Arbeitskraft zu begreifen.

In der Diskussion, die Hartmanns Behauptung hervorrief, kritisierte Iris Young (1981) die dualistische Interpretation von Kapital und Patriarchat als zwei unterschiedlichen Systemen, die sich in der Unterdrückung von Klasse und Geschlecht verbünden. (In all diesen Formulierungen blieb Rasse eine Art drittes und unerforschtes System.) Young stellte heraus, dass »patriarchalische Verhältnisse zu den Produktionsverhältnissen insgesamt innere Beziehungen unterhalten« (ebd., 49); auf diese Weise könne eine Fixierung auf die geschlechtliche Arbeitsteilung die Dynamik eines einzigen Unterdrückungssystems enthüllen. Zusätzlich zur Lohnarbeit schloss die geschlechtliche Arbeitsteilung auch die von Marx und Engels historisch nicht berücksichtigten Kategorien von Arbeit ein, z.B. das Austragen und Aufziehen von Kindern, Krankenpflege, Kochen, Hausarbeit und sexuelle Arbeit (wie Prostitution), um Geschlecht und besondere Situation der Frauen in den Mittelpunkt der historisch-materialistischen Analyse zu rücken. Da die geschlechtliche Arbeitsteilung zugleich die erste war, muss Rechenschaft darüber abgelegt werden, wie die Klassengesellschaft aus den Veränderungen in der geschlechtlichen Arbeitsteilung entstand. Eine solche Analyse behauptet nicht, alle Frauen befänden sich in einer gemeinsamen, einheitlichen Lage, sondern konzentriert sich auf ihre historisch je unterschiedlichen Positionen. Wenn Kapitalismus und Patriarchat ein einziges System bilden, nämlich das kapitalistische Patriarchat, dann muss der Kampf gegen die Klassen- und Geschlechtsunterdrückung als gemeinsame Aufgabe von Männern und Frauen verstanden werden. Allerdings würden autonome Frauenorganisationen eine praktische Notwendigkeit bleiben.

In der Erforschung der erkenntnistheoretischen Konsequenzen eines feministischen historischen Materialismus ging es Nancy Hartsock vordringlich um die Kategorien, welche der Marxismus nicht hatte historisch erfassen können: die sinnliche Tätigkeit der Frauen bei der Erschaffung menschlicher Wesen durch Kinderhege und -pflege und die vielfältigen Formen weiblicher Ernährungs- und Subsistenzarbeit. Allerdings verwarf Hartsock (1983a) die Terminologie der *geschlechtlichen* (gender) zugunsten der *sexuellen* (sexual) Arbeitsteilung, um die körperlichen Dimensionen weiblicher Tätigkeit hervorzuheben. Auch gegenüber Rubins Ansatz, der auf der Differenz von »sex« und »gender« beruhte, verhielt Hartsock sich kritisch. Rubin (1975) betonte die auf Verwandtschaftsbeziehungen beruhenden Tauschverhältnisse zulasten einer materialistischen Analyse des Arbeitsprozesses, welche die mögliche Herausbildung eines revolutionären Standpunkts seitens der Frauen begründete. Hartsock berief sich auf einen materialistischen Humanismus, der die Geschichte menschlicher Selbsterzeugung in die durch Arbeit sinnlich vermittelten Bereiche von Mensch und Natur einbettete. Indem sie nachwies, wie das Leben der Frauen sich von dem der Männer systematisch unterschied, wollte sie den Boden bereiten für einen feministisch-materialistischen Standpunkt, d.h. für eine engagierte Position, von der aus man die wahren Herrschaftsverhältnisse entziffern und den Kampf für eine auf Befreiung gerichtete Wirklichkeit führen konnte. Sie rief dazu auf, die Beziehungen zwischen Tauschabstraktion und abstrakter Männlichkeit in den feindlichen Machtsystemen phallokratischer Welten zu untersuchen. Verschiedene andere marxistische Feministinnen haben dazu beigetragen, miteinander verflochtene und voneinander unabhängige Theorien eines feministischen Standpunkts zu entwickeln, in denen die Diskussion über die geschlechtsspezifische (sex/gender) Arbeitsteilung ein zentraler Gesichtspunkt ist (Smith 1974; Flax 1983; Rose 1983, 1986; Harding 1983).

Sandra Harding (1983) interpretierte diese Explosion von Theorien als Widerspiegelung verschärfter Lebenswidersprüche im »Sex-Gender-System«, die den Kampf um grundsätzliche Veränderung ermöglichen. Indem Harding (1986) die Interpretation dieses Systems auf das Wissenschaftsproblem im Feminismus ausweitete, hob sie drei auf verschiedene Weise miteinander verbundene Aspekte des Geschlechtsbegriffs hervor. Danach ist »gender« 1. eine grundlegende Kategorie, 2. eine Methode, um gesellschaftliche Beziehungen zu gestalten, und 3. ein Strukturmerkmal persönlicher Identität. Mit Hilfe der getrennten Untersuchung dieser Elemente konnten die Komplexität und der problematische Wert einer auf sozialer Geschlechteridentität beruhenden Politik begriffen werden. Indem Jeffrey Escoffier (1985) das »Sex-Gender-System« benutzt, um die Politik biologischer Identität in den Homosexuellenbewegungen nach dem Zweiten Weltkrieg zu untersuchen, tritt er dafür ein, die Entstehung und die Beschränkungen neuer Formen politischer Subjektivität theoretisch verfügbar zu machen, damit eine stabile und richtungweisende Politik ohne metaphysische Identitätseinschlüsse entwickelt werden kann. Ähnliche Argumente wurden in Donna Haraways »Lieber Cyborg als Göttin«

(1984) vorgetragen, um Formen marxistisch-feministischer Politik zu untersuchen, die sich auf die Verortung von Frauen in den durch multinationale Wissenschaft und Technologie vermittelten gesellschaftlichen/kulturellen/technischen Systemen richtet.

In einer weiteren theoretischen Annäherung, die dem Marxismus – kritisch – verpflichtet ist und sich gegenüber dem vom Geschlechtsbegriff abhängigen Vokabular kritisch verhält, behauptet Catherine MacKinnon (1982):

> Sexualität bedeutet für den Feminismus dasselbe wie Arbeit für den Marxismus: unmittelbarstes Eigentum, zugleich aber höchste Entfremdung [...] Sexualität ist derjenige gesellschaftliche Prozess, welcher das Begehren hervorbringt, herausbildet, ausdrückt und ausrichtet; ein Prozess, der die gesellschaftlichen Wesen produziert, die wir als Männer und Frauen erkennen, so wie ihre Beziehungen wiederum die Gesellschaft produzieren. [...] Wie die organisierte Ausbeutung der Arbeit einiger Menschen zum Nutzen anderer eine Klasse – die der Arbeiter – definiert, so definiert die organisierte Ausbeutung der Sexualität einiger Menschen für den Gebrauch durch andere das Geschlecht Frau. (Ebd., 515–544).

MacKinnons Position stand im Mittelpunkt höchst gegensätzlicher Einschätzungen politischen Handelns in großen Teilen der US-amerikanischen Bewegung gegen Pornografie, definiert als Gewalt gegen Frauen. MacKinnon kennzeichnet die Konstruktion der Frau als materielle und ideologische Konstruktion eines Objekts, welches durch das Begehren eines anderen entsteht. Auf diese Weise sind Frauen nicht einfach ihrem Arbeitsprodukt entfremdet; sofern sie als Frauen, d.h. als Sexualobjekte existieren, sind sie nicht einmal der Möglichkeit nach geschichtliche Subjekte.

> Für Frauen besteht kein Unterschied zwischen Vergegenständlichung und Entfremdung, denn Frauen haben die Vergegenständlichung nicht gewählt, wir sind sie gewesen. (Ebd., 253f.)

Die weitreichenden erkenntnistheoretischen und politischen Folgerungen aus dieser Position waren heftig umstritten. Für MacKinnon ist die Produktion von Frauen die Herstellung einer sehr materiellen Illusion »Frau«. Diese Illusion, eine von Frauen gelebte Wirklichkeit, aus ihrer Verpackung zu befreien, macht eine Politik des »consciousness raising« erforderlich; für MacKinnon die spezifische Form feministischer Politik. »Die Sexualität bestimmt das Geschlecht« und »die Sexualität der Frauen ist ihr Gebrauch, so wie unsere Weiblichkeit ihre Andersheit *ist*« (ebd., 243). Ähnlich wie davon unabhängige Formulierungen feministischer Theorien, die sich auf Lacan berufen, hat MacKinnons Position sich als fruchtbar für die Theoretisierung der Prozesse von Repräsentation erwiesen, in denen »die Macht, die Welt vom eigenen Standpunkt aus zu gestalten, Macht in ihrer männlichen Form ist« (ebd., 249).

Ein anderer Ansatz, Gewalt als geschlechtsspezifisches Phänomen zu begreifen, stammt von Teresa De Lauretis (1984; 1985), die in mancher Hinsicht mit MacKinnon übereinstimmt, sich aber aus anderen theoretischen und politischen Quellen speist. De Lauretis' Auffassung von Repräsentation sieht im Problem des Geschlechts die unbemerkte tragische Schuld moderner und postmoderner Kulturtheorien, deren Bruchlinie der heterosexuelle Vertrag bildet. De Lauretis definiert die Geschlechterfrage als gesellschaftliche Konstruktion von »Frau« und »Mann« und als semiotische Produktion von Subjektivität; »Geschlecht« bezieht sich auf »die Geschichte, die Praxen und die Überlagerung von Bedeutung und Erfahrung«, d.h. auf die »wechselseitigen semiotischen Beeinflussungen der äußeren Welt gesellschaftlicher Wirklichkeit und der inneren Welt der Subjektivität«. In diesem Zusammenhang bezieht sich De Lauretis auf Charles Peirce' Theorie der Zeichenbildung, um »Erfahrung« – ein im modernen Feminismus höchst problematischer Begriff – theoretisch so bestimmen zu können, dass sowohl die intime Ver-Körperung von Erfahrung als auch ihre Vermittlung durch Prozesse der Zeichenbildung berücksichtigt werden. Erfahrung ist niemals *un*mittelbar zugänglich. De Lauretis' Bemühungen halfen insbesondere zu verstehen und zu bekämpfen, wie das Geschlecht sich in den Film und ähnliche Bereiche einschreibt, d.h. dort, wo die Vorstellung, Geschlecht sei eine verkörperte semiotische Differenz, eine entscheidende Kraft besitzt.

Eine von MacKinnons und De Lauretis' Ansätzen sehr verschiedene Theorie des Bewusstseins und der Produktion von Bedeutungen findet sich bei Nancy Hartsock. Ihre Erforschung der sexuellen Arbeitsteilung bezog sich auf angloamerikanische Versionen der Psychoanalyse, die besonders in den USA Bedeutung erlangten, wie etwa die von Nancy Chodorow (1978) entwickelte Theorie der Objektbeziehungen. Ohne sich auf Rubins lacanistische Theorie einer fortwährend fragmentarisch sexualisierten Subjektivität einzulassen, bediente sich Chodorow des »Sex-Gender-Systems« in ihrer Abhandlung über die gesellschaftliche Organisation von Elternschaft. Diese brachte einerseits Frauen hervor, welche eher als Männer die Fähigkeit zu integrativen Beziehungen besaßen, verstärkte andererseits aber die untergeordnete Position der Frauen, indem diese durch ihre Tätigkeit für die Mutterrolle im Patriarchat strukturiert wurden. Wenn man eine psychoanalytische Theorie der Objektbeziehungen einer lacanistischen Version vorzieht, begibt man sich eher in die Nähe solcher Begriffe wie »Geschlechtsidentität« samt dem dazugehörigen empirisch-soziologischen Bedeutungsgeflecht und entfernt sich von der »Aneignung von Positionen sexualisierter Subjektivität« und damit von der kontinentalen Kultur- und Texttheorie, in die dieser Begriff eingelassen ist.

Obwohl Chodorows Theorie der Objektbeziehungen als essenzialistische Bestimmung der Frau hinsichtlich ihrer Beziehungsfähigkeit kritisiert wurde, war ihr Ansatz doch höchst einflussreich für die Erforschung mannigfaltiger gesellschaftlicher Phänomene, die von den moralischen Denkweisen der Frauen (vgl. Gilligan 1982) bis zur systematischen – erkenntnistheoretischen, psychischen und organisatorischen – männlichen Dominanz in den Naturwissenschaften reichte (Keller 1985). Indem Keller den Ausdruck des Geschlechts als kognitive Erfahrung ansah, in der die männliche psychische Individuation Unpersönlichkeit, Versachlichung und Herrschaft entwickelte, beschrieb sie ihr Projekt als einen Versuch das »Sex-Gender-System« wissenschaftlich zu begreifen.

Chodorows frühes Werk entwickelte sich im Kontext einer zusammenhängenden Reihe soziologischer und anthropologischer Schriften, die sich mit der Schlüsselfunktion beschäftigten, welche die Teilung von »privat« und »öffentlich« für die Unterordnung der Frauen besitzt (vgl. Rosaldo und Lamphere 1974). In dieser Aufsatzsammlung erörterte Rosaldo die allerorts deutlich sichtbare Beschränkung der Frau auf den häuslichen Bereich, während die Macht jener »Öffentlichkeit« genannten Sphäre übertragen wurde, die von Männern besetzt war. Sherry Ortner verband diesen Ansatz mit ihrer strukturalistischen Analyse der Aussage, das Verhältnis der Frauen zur Natur sei wie das der Männer zur Kultur. Viele feministische Versuche in den USA, die gesellschaftliche Verortung von Frauen zur

Sprache zu bringen, waren zutiefst beeinflusst von den universellen und kraftvollen Theorien über »sex« und »gender«, die in den frühen Aufsatzsammlungen *Woman, Culture and Society* (Rosaldo und Lamphere 1974) sowie *Toward an Anthropology of Women* (Reiter 1975), beides strategisch wichtige Veröffentlichungen der 1970er Jahre, entwickelt worden waren. In der Anthropologie als wissenschaftlicher Disziplin blühte der Kritizismus neben anderen Auswüchsen früher Veröffentlichungen, was insgesamt zu einer extensiven interkulturellen Beschäftigung mit der Geschlechtersymbolik führte und die universelle Anwendbarkeit des Natur/Kultur-Schemas grundsätzlich in Frage stellte. In den einzelnen Disziplinen nahm die Kritik an universalisierbaren Erklärungen zu: diese kennzeichneten nichts als die Verwechslung des analytischen Werkzeugs mit der Wirklichkeit (Ortner und Whitehead 1981; MacCormack und Strathern 1980; Rosaldo 1980; Rubin 1984).

Die universalisierende Kraft des »Sex-Gender-Systems« und die Trennung von »öffentlich« und »privat« wurde auch auf politischer Ebene scharf kritisiert. Insbesondere farbige Frauen sahen darin einen Aspekt der ethnozentrischen und imperialen Tendenzen europäischer und euroamerikanischer Versionen des Feminismus. Die Kategorie des »Geschlechts« verdunkelte oder unterwarf all die anderen »Anderen«. Darüber hinaus hatten US-amerikanische »farbige Frauen« – selbst eine komplexe und umstrittene politische Konstruktion von Geschlechteridentitäten – seit den frühen Tagen der Frauenbewegung, die aus den Bürgerrechts- und Antikriegsbewegungen der 60er Jahre entsprang, kritische Theorien hervorgebracht, welche die Produktion eines Systems hierarchischer Unterschiede zum Gegenstand hatten, in denen Rasse, Nationalität, Geschlecht und Klasse miteinander verwoben waren.[5]

Diese Theorien gesellschaftlicher Verortung von Frauen bilden das Fundament und die interne Ordnung einer gattungsbezogenen femi-

5 Vgl. Celestine Ware, *Woman Power*; June Jordan, *Civil Wars*; Angela Davis, *Women, Race and Class*; bell hooks, *Ain't I a Woman*, *From Margin to Center*; *Conditions 5* (Bethel und Smith 1979); Ruby Doris Smith; Combahee River Collective; Cherrie Moraga, *Loving in the War Years*; Audre Lorde, *Sister Outsider*, *Zami*; Chela Sandoval, *Women Respond to Racism*; Hull, Scott und Smith (Hg.), *All the Women Are White, All the Men Are Black, But Some of Us Are Brave*; Joseph und Lewis, *Common Differences*; Alice Walker, *In Search of Our Mothers' Gardens*; Barbara Christian, *Black Feminist Criticism*.

nistischen Theorie, in der Begriffe wie »Differenz« (Audre Lorde), »oppositionelles Bewusstsein« (Sandoval), »Pendeln vom Zentrum zur Peripherie« (Spivak), »Dritte-Welt-Feminismus« (Moraga, Smith) und »sexual-politische Klassen« (Sofoulis) das Feld des feministischen Diskurses in dem Maße strukturieren, in dem dieser entziffert, was als »Frau« innerhalb wie außerhalb des »Feminismus« zählt (Kaplan 1987; King 1987).

In den 80er Jahren wurde »Kitchen Table: Women of Color Press« in New York gegründet, um kritisch-theoretische und andere Schriften radikaler farbiger Frauen zu veröffentlichen. Diese Entwicklung muss im Kontext internationaler Veröffentlichungen gesehen werden, in denen Frauen in vielen Spielarten schreibend die Geschichte ihrer Konstruktion bewusst werden ließen und so den Kanon des westlichen Feminismus wie den vieler anderer Diskurse ins Wanken brachten. Die vielfachen akademischen und anderen institutionellen Wurzeln der ursprünglichen Kategorie des »Geschlechts«, seien sie feministischer oder anderer Provenienz, sind, wie sie hier beschrieben wurden, Teil des rassenhierarchischen Beziehungssystems, das die Veröffentlichungen farbiger Frauen verdunkelt, weil ihre Herkunft, Sprache, Eigenart, kurz: ihre »Marginalität«, »Andersartigkeit« und »Differenz« von den »unmarkierten« Positionen der hegemonialen und imperialen (»weißen«) Theorie aus gesehen werden. Aber gerade von »Andersartigkeit« und »Differenz« handelt die Geschlechterkategorie; eine Tatsache, die den Feminismus als eine Politik konstituiert, die durch ihre Kampffelder und ihre wiederholten Ablehnungen universeller Theorien definiert ist. »Geschlecht« wurde als eine Kategorie entwickelt, mit deren Hilfe man erforschen konnte, was unter den Begriff »Frau« fällt, um das vorab für selbstverständlich Gehaltene problematisieren zu können. Wenn feministische Geschlechtertheorien aus Simone de Beauvoirs Satz, man werde nicht als Frau geboren, die Schlussfolgerung zögen – mit allen Konsequenzen und im Lichte des Marxismus und der Psychoanalyse –, dass jedes in sich geschlossene kohärente Subjekt illusionär ist und dass persönliche und kollektive Identität auf mühsame Weise und stets erneut gesellschaftlich wiederhergestellt werden muss (vgl. Coward 1983, 265), dann trägt bell hooks' (1981) provozierendes Buch *Ain't I a Woman* einen Titel, der vor Ironie funkelt, da die Identität der »Frau« zugleich beansprucht und dekonstruiert wird.

Man wird nicht als Frau geboren: Positionen sexuell bestimmter Subjektivität nach dem »Mai '68«

Was der euroamerikanische feministische Diskurs mit der Redeweise von »gender« ausdrückt, ist im europäischen Schrifttum gewöhnlich mit den Begriffen vom »sexuell verorteten Subjekt« und der »sexuellen Differenz« verbunden, wobei sich die jeweiligen Sprachgewohnheiten keineswegs gegenseitig ausschließen.[6]

Verschiedene Strömungen des europäischen Feminismus (von denen einige die Bezeichnung verleugnen) entstanden nach den Ereignissen vom Mai '68. Eine Strömung, deren Quelle die Äußerungen von Simone de Beauvoir waren, bildeten die Arbeiten von Monique Wittig, Monique Plaza, Colette Guillaumin und Christine Delphy, veröffentlicht in *Questions Féministes*, *Nouvelles Questions Féministes* und *Feminist Issues*. Eine andere Strömung, auf komplexe Weise mit der Gruppe »Psychanalyse et Politique« und/oder mit Julia Kristeva, Luce Irigaray, Sarah Kofman und Hélène Cixous verbunden, war in der internationalen feministischen Entwicklung zu Fragen der sexuellen Differenz von besonderem Einfluss (einleitende Zusammenfassungen: vgl. Marks und de Courtivron 1981; Duchen 1986; Gallup 1982; Moi 1985). Diese Strömungen verdienten eine ausführliche und eigenständige Behandlung; im Rahmen dieses Textes aber sollen zwei Beiträge zu »gender«-Theorien hervorgehoben werden. Sie stammen von einigen der oben genannten Autorinnen und liegen gerade hinsichtlich der Problematik von »gender« miteinander im Widerstreit: 1. Monique Wittig und Christine Delphy streiten für einen materialistischen Feminismus, der darauf besteht, dass das Problem in der »Herrschaft« liegt und nicht in der »Differenz«. 2. Irigaray, Kristeva und Cixous beharren in je unterschiedlicher Weise (ähnlich wie Derrida, Lacan u.a.) darauf, dass das Subjekt in fortwährendem Fließen begriffen sei und die Annäherung daran am besten in literarischen und textuellen Verfahrensweisen mit den gespaltenen Subjekten erreicht

6 Hinsichtlich britischer Versionen vgl. Annette Kuhns »sexuell bestimmtes Subjekt im Patriarchat« in »Structures of Patriarchy and Capital in the Family«, in: Kuhn und Wolpe 1978. Dieses Buch und die Arbeit des marxistisch-feministischen Literaturkollektivs (Marxist-Feminist Literature Collective 1978; Beverley Brown und Parveen Adams in *m/f*), Michèle Barrett, Rosalind Coward, Juliet Mitchell, Sheila Rowbotham, Janet Wolff und Terry Lovell kennzeichnen die Vielfalt des britischen Marxismus-Feminismus.

werde, worin die Idee der Frau als unabschließbar und vielfältig erscheint. Bei aller wichtigen Gegensätzlichkeit, die zwischen und in den französischsprachigen Strömungen existiert, sind diese Theoretikerinnen insgesamt von brüchigen, widersprüchlichen und kritischen Vorstellungen/Projekten hinsichtlich der Denaturalisierung der »Frau« erfüllt.

Beschließen will ich diese Übersicht mit einem kurzen Blick auf jene Ausformulierung von »gender«, die ihre Autorinnen als Erklärung für den entschiedenen Bruch mit dem traditionellen Marxismus des »Mouvement pour la Libération des Femmes« (MLF) ansehen: Es ist dies die Behauptung, dass alle Frauen zu einer Klasse gehören, die durch die hierarchische gesellschaftliche Beziehung der sexuellen Differenz konstituiert wird, welche den Männern ideologische, politische und ökonomische Macht über Frauen verleiht (Editors of »Questions Féministes« 1980). Was eine Frau *ausmacht*, ist die besondere Beziehung der Aneignung durch einen Mann. Wie Rasse ist Geschlecht (sex) eine »imaginäre« Formation, die Wirklichkeit produziert, einschließlich die der Körper, die in der Wahrnehmung vor aller Konstruktion zu liegen scheinen. Die »Frau« existiert nur in dieser imaginären Weise, indem *Frauen* das Produkt einer sozialen Aneignungsbeziehung sind, die als Geschlecht (sex) naturalisiert wird. Eine Feministin kämpft für die Frauen als Klasse und für das Verschwinden dieser Klasse. Dabei wird der Hauptstoß gegen das gesellschaftliche System der Heterosexualität geführt, weil »sex« die naturalisierte politische Kategorie ist, die Gesellschaft als heterosexuelle begründet. Alle Sozialwissenschaften, die auf der Kategorie »sex« beruhen (die meisten von ihnen tun es), müssen umgestürzt werden. Unter diesem Gesichtspunkt sind Lesben keine »Frauen«, weil sie außerhalb der politischen Ökonomie der Heterosexualität sich konstituieren/konstituiert sind, d.h. außerhalb des Gesellschaftssystems, welches auf der Unterdrückung der Frauen beruht. Die lesbische Gesellschaft zerstört die Frauen als natürliche Gruppe (Wittig 1981). Die Weigerung, ein Mann oder eine Frau zu werden oder zu bleiben, heißt, auf ungemein politische Weise darauf zu beharren, aus dem Albtraum der allzu realen imaginären Geschichte des Geschlechts (sex) zu erwachen.

Übersetzt von Michael Haupt und Ursula Frübis

Ecce homo, Ain't (Ar'n't) I a Woman und un/an/geeignete Andere

Das Humane in einer posthumanistischen Landschaft[1]

Ich möchte die Diskurse des Leidens und der Zergliederung in den Mittelpunkt rücken. Ich möchte bei den disartikulierten Körpern der Geschichte als Gestalten einer möglichen Verbindung und Verbindlichkeit verweilen. Feministische Theorie greift gerade dann, wenn ihre eigenen geschichtlichen Narrationen in der Krise stecken, zum Mittel der Gestaltung, um voranzukommen. Die geschichtlichen Narrationen stecken im Moment – quer durch alle politischen Lager – überall auf der Welt in der Krise. Dies sind die Augenblicke, da etwas Machtvolles – und Gefährliches – sich ereignet. Gestaltung zielt darauf ab, die Bühne für mögliche Vergangenheiten und Zukünfte neu einzurichten. Gestaltung ist die Verfahrensweise der Theorie, wenn die eher »normalen« Rhetoriken der systematisch-kritischen Analyse unsere Verfangenheit in den Erzählungen der etablierten Unordnungen lediglich zu wiederholen und zu bekräftigen scheinen. Humanität[2] ist eine Gestalt der Moderne; und diese

1 Dieser Aufsatz wurde ursprünglich am 19. November 1989 auf dem Treffen der *American Anthropological Association* in Washington, D.C. vorgetragen. Seine Rhetorik bewegt sich zwischen den Genres des wissenschaftlichen Schreibens und der religiösen Rede. Inspiriert dazu wurde ich von Cornel West, dem der Text auch gewidmet ist. Dem Akademischen Senat der University of California at Santa Cruz danke ich für die materielle Unterstützung.

2 Haraway spricht von *humanity*, was die Doppelbedeutung von »Menschheit« (als Summe aller auf der Erde lebenden Menschen) und »Menschlichkeit« (als dem Menschen zukommende, für ihn gebotene Verhaltensweise) in sich trägt. Diese Doppelung von empirischen und ethischen Konnotationen lässt sich eher wiedergeben, wenn wir auf das Lehnwort »Humanität« zurückgreifen, in dem die *humanitas* steckt, einer jener uns aus der Antike überlieferten Begriffe, dem alle Spuren geschichtlicher Widersprüche anhaften. In der Humanitas nämlich wird die Frage nach dem Wesen des Menschlichen wie auch nach dem Geltungsbereich dieses Wesens gestellt (vgl. dazu Bruno Snell: »Die Entdeckung der Menschlichkeit und unsere Stellung zu den Griechen«, in: *Die Entdeckung des Geistes*, Göttingen [6]1986, 231–244) (Anm. d. Übers.).

Humanität trägt das Antlitz einer Gattung, besitzt eine universelle Form. Das Gesicht der Humanität ist das Gesicht des Menschen/Mannes gewesen. Die feministische Humanität muss eine andere Form tragen, andere Gesten zeigen; doch brauchen wir, wie ich glaube, feministische Gestalten der Humanität. Diese können nicht als Mann oder Frau auftreten, auch nicht als das Menschliche, als das die geschichtliche Narration diese Gattungsuniversalie auf die Bühne gebracht hat. Und schließlich können feministische Gestalten auch keinen Namen tragen; sie können nicht auf eine Abstammung festgelegt werden. Feministische Humanität muss, auf welche Weise auch immer, der Repräsentation und der buchstäblichen Gestaltung widerstehen und zugleich den Ausbruch in machtvolle neue Tropen, neue Sprachfiguren und Redewendungen, neue Wendepunkte der geschichtlichen Möglichkeiten wagen. Dafür brauchen wir, auf dem Scheitelpunkt der Krise, im Wendekreis aller Tropen, ekstatisch Sprechende. Dieser Essay erzählt die Geschichte einer solchen Person, die die in sich selbst widersprüchliche und notwendige Bedingtheit einer nicht gattungsfixierten Humanität gestalten könnte.

Beiseite setzen will ich hier die der Aufklärung entstammenden Gestalten einer in sich geschlossenen, herrscherlichen Subjektivität, die Inhaber von Rechten, Eigentümer des Selbst, ehelichen Söhne, ausgestattet mit dem Zugang zur Sprache und mit der Macht, zu repräsentieren, Subjekte voll innerer Geschlossenheit und rationaler Klarheit, Meisterdenker, Begründer von Staaten, Väter von Familien, Bomben und wissenschaftlichen Theorien – kurz, den Menschen/Mann, wie wir ihn in den Kritiken, die vom Tod des Subjekts handeln, kennen und lieben gelernt haben. Stattdessen wollen wir uns einer anderen wichtigen Strömung des westlichen Humanismus zuwenden, die am Ende des 20. Jahrhunderts in die Krise geraten ist. Mein Interesse gilt der Gestalt einer gebrochenen und leidenden Humanität, die – ambivalent und widersprüchlich, in gestohlenem Symbolismus und unendlichen Verkettungen nichtunschuldiger Übersetzung – eine mögliche Hoffnung bezeichnet. Ebenso aber bezeichnet sie eine nichtendende Reihe mimetischer und simulatorischer Ereignisse, die mit den großen Völkermorden und Massenvernichtungen der antiken und modernen Geschichte vermacht sind. Aber gerade diese Nicht-Ursprünglichkeit, Mimesis, Possenspielerei und Gebrochenheit zieht mich zu dieser Gestalt und ihren Mutanten hin. Dieser Essay bildet den Anfang eines Projekts über Gestaltungen, die in einer stattlichen Reihe von internationalistischen, wissenschaftlichen und feministischen Texten erschienen sind, die ich daraufhin untersuchen möchte, auf welch unterschiedliche – moderne/postmoderne/amoderne – Weise sie nach dem Zweiten Weltkrieg »das Menschliche« (*the human*) konstruieren. Ich beginne, indem ich Jesus und Sojourner Truth als westliche Trickster-Gestalten lese, die in einer reichen, gefährlichen, alten und fortwährend erneuerten Tradition des jüdisch-christlichen Humanismus stehen. Ich beende mein Unterfangen, indem ich frage, auf welche Weise die neuere inter- und multikulturelle feministische Theorie mögliche postkoloniale, nicht gattungsfixierte und unwiderruflich spezifische Gestalten eines kritischen Bewusstseins, einer kritischen Subjektivität und Humanität konstruiert – nicht als Heiliges Ebenbild, sondern als selbstkritische Praxis der »Differenz«, des niemals mit sich identischen Ich und Wir, das gerade darum auf Verbindung mit anderen hoffen kann.

Das umfangreichere Projekt, dessen Beginn dieser Essay darstellt, wird eine historische Konversation zwischen drei Gruppen von Texten inszenieren, die mit großem Nachdruck auf Universalisierung zielen:

1. zwei Versionen von UN-Diskursen über Menschenrechte (die UNESCO-Erklärungen zum Thema »Rasse« von 1950 und 1951 sowie die Dokumente und Ereignisse des von der UN ausgerufenen Jahrzehnts der Frau 1975–1985);
2. neuere moderne Rekonstruktionen in der biologischen Anthropologie, betreffend die einflussreiche Fiktion der Wissenschaft namens menschliche/männliche Spezies (*species man*) und ihre Science-Fiction-Variante, den weiblichen Menschen (*the female man;* mit Einverständnis von Joanna Russ) (also der Mann-als-Jäger [*Man the Hunter*] der 1950er Jahre und die Frau-als-Sammlerin [*Woman the Gatherer*] der 1970er und 80er Jahre); und
3. der transnationale, milliardendollarschwere, hochautomatisierte postmoderne Apparat – eine Sprachtechnologie im buchstäblichen Sinne – zur Produktion dessen, was als das »Menschliche« gelten wird (d.h. das *Human Genome Project* mit seiner über-

> wältigenden Macht, aus den endlosen Varianten von Fragmenten des genetischen Codes das einzigartige Heilige Ebenbild, den einen wahren Menschen herauszupräparieren, den Maßstab – mit Copyright versehen, katalogisiert, in Banken gelagert.

Die ganze Geschichte könnte in sich mindestens so stimmig sein wie einst der aufklärerische Humanismus, aber ich hoffe, sie ist auf andere, vielleicht negative Weise stimmig. Meines Erachtens führt der einzige Weg zu einer nicht-generischen Humanität, für die Besonderheit, aber – nachdrücklich gesagt – nicht Ursprünglichkeit das Verbindungsstück darstellt, über einen radikalen Nominalismus. Wir müssen Namen und Wesenheiten ernst genug nehmen, um in Bezug auf die Frage, wer wir gewesen sind und wer wir sein könnten, eine asketische Haltung einzunehmen. Mein Einsatz ist hoch; ich glaube, dass »wir« – diese entscheidende materielle und rhetorische Konstruktion in Politik und Geschichte – etwas namens Humanität benötigen. Sie gehört zu den Dingen, von denen Gayatri Spivak sagt, wir »könnten sie nicht nicht wollen«. Mittlerweile wissen wir auch aus unseren Einsichten in den aufgeschlitzten Bauch des Monsters namens Geschichte, dass wir dies Ding, welches wir nicht nicht begehren können, auch nicht zu benennen und zu besitzen vermögen. Humanität ist, als Ganzes und als Teil, nicht autochthon. Niemand hat sich aus eigener Kraft erschaffen, am allerwenigsten der Mensch/Mann.[3] Darin liegt für mich die geistige und politische Bedeutung von Poststrukturalismus und Postmoderne. »Wir« haben in diesen ganz besonderen diskursiven Welten keinen anderen Weg zur Verbindung und zu nicht-kosmischer, nicht-generischer, nichtursprünglicher Ganzheit als den, der über die radikale Zergliederung und Entortung unserer Namen und unserer Körper führt. Wie also vermag Humanität eine Gestalt zu haben außerhalb der Narrationen des Humanismus; was für eine Sprache würde eine solche Gestalt sprechen?

---

3 Im Original lautet der Satz: *Nobody is self-made, least of all man.* Das darin enthaltene Wortspiel, das eine biologische Grundeinsicht verbindet mit einem ironischen Seitenhieb auf den »Selfmademan«, den aus eigener Kraft zu Erfolg gelangten Aufsteiger, lässt sich im Deutschen nicht wiedergeben (Anm. d. Übers.).

Ecce homo!
Der leidende Knecht als eine Gestalt der Humanität[4]

Jesaja 52, 13–15:
Siehe, meinem Knecht wird's gelingen, er wird erhöht und sehr hoch erhaben sein. Wie viele sich über ihn entsetzten, weil seine Gestalt hässlicher war als die anderer Leute und sein Aussehn als das der Menschenkinder, so wird er viele Heiden besprengen, dass auch Könige werden ihren Mund vor ihm zuhalten.

Jesaja 53, 2–5:
Er hatte keine Gestalt und Hoheit. Wir sahen ihn, aber da war keine Gestalt, die uns gefallen hätte. Er war der Allerverachtetste und Unwerteste, voller Schmerzen und Krankheit. Er war so verachtet, dass man das Angesicht vor ihm verbarg; darum haben wir ihn für nichts geachtet. Fürwahr, er trug unsre Krankheit und lud auf sich unsre Schmerzen. Wir aber hielten ihn für den, der geplagt und von Gott geschlagen und gemartert wäre. Aber er ist um unsrer Missetat willen verwundet und um unsrer Sünde willen zerschlagen. Die Strafe liegt auf ihm, auf dass wir Frieden hätten, und durch seine Wunden sind wir geheilt.

Jesaja 54, 1:
Denn die Einsame hat mehr Kinder als die den Mann hat, spricht der Herr. [Ist das eine Drohung oder ein Versprechen?, fragen beide Frauen und blicken einander vorsichtig, nach langer Trennung an.]

Johannes 18, 37–38:
Da fragte ihn Pilatus: So bist du dennoch ein König? Jesus antwortete: Du sagst es, ich bin ein König. Ich bin dazu geboren und in die Welt gekommen, dass ich die Wahrheit bezeugen soll. Wer aus der Wahrheit ist, der hört meine Stimme. Spricht Pilatus zu ihm: Was ist Wahrheit?

Johannes 19, 1–6:
Da nahm Pilatus Jesus und ließ ihn geißeln. Und die Soldaten flochten eine Krone aus Dornen und setzten sie auf sein Haupt und legten ihm ein Purpurgewand an und traten zu ihm und sprachen: Sei gegrüßt, König der Juden!, und schlugen ihm ins Gesicht. Da ging Pilatus wieder hinaus und sprach zu ihnen: Seht, ich führe ihn hinaus zu euch, damit ihr erkennt, dass ich keine Schuld an ihm finde. Und Jesus kam heraus und trug die Dornenkrone und das Purpurgewand. Und Pilatus spricht zu ihnen: Seht, welch ein Mensch! Als ihn die Hohepriester und die Knechte sahen, schrien sie: Kreuzige, kreuzige! Pilatus spricht zu ihnen: Nehmt ihr ihn hin und kreuzigt ihn, denn ich finde keine Schuld an ihm.

---

4 Dank an Gary Lease für die biblische Unterweisung.

Johannes inszenierte die Verhandlung vor Pilatus im Sinne der Jesaja-Passagen vom leidenden Knecht. Die in diesem nicht-synoptischen Evangelium geschilderten Vorgänge um Jesu Verurteilung sind wahrscheinlich nicht historisch, aber im strengen Sinne theatralisch: Von Beginn an *inszenieren* sie die Heilsgeschichte, die später, in den säkularen Ketzereien des Jahrhunderte währenden europäischen Kolonialismus mit seinen zivilisierenden Missionen und völkermörderischen Diskursen über die all-gemeine Humanität, zum Modell der Weltgeschichte wurde. Pilatus sprach in der Öffentlichkeit wahrscheinlich Griechisch oder Lateinisch, jene Sprachen, die der »universelle« europäische Gelehrtenhumanismus zum Maßstab erhob; seine Worte wurden von seinen Beamten ins Aramäische übersetzt, der Sprache der Einwohner Palästinas. Das Hebräische fand zum großen Teil nur noch bei Feierlichkeiten Verwendung und wurde selbst von den Juden in der Synagoge kaum noch verstanden. Die frühesten Fassungen des Johannesevangeliums, die wir kennen, sind in Griechisch geschrieben, und dies – genauer: die Koine, das Alltagsgriechisch, das in den ersten Jahrhunderten des christlichen Zeitalters im ganzen Römischen Reich gesprochen und verstanden wurde – dürfte auch die Sprache sein, in der das Evangelium ursprünglich verfasst wurde. Diese Urversionen, wenn es sie überhaupt gegeben hat, besitzen wir nicht, überliefert sind nur endlose lückenhafte und überschriebene Transkriptionen und Übersetzungen, die den umfangreichen Apparat der biblischen Text- und Sprachwissenschaft begründet haben – den Eckstein des modernen Gelehrtenhumanismus, der Hermeneutik, der Semiologie und der Humanwissenschaften (höchstwahrscheinlich unter Einschluss von Anthropologie und Ethnografie) im Allgemeinen. Wir sind wirklich Völker des Buches (der Bücher), seit den ersten lauten Prophezeiungen und Codifizierungen der Heilsgeschichte in eine derridianische Praxis des Lesens und Schreibens verstrickt.

Von Anbeginn befinden wir uns inmitten vielfacher Interpretationen und Inszenierungen einer Gestalt der leidenden Humanität, die in den Kulturen, denen die Geschichten entstammen, nicht enthalten war. Im ersten Jahrhundert unserer Zeitrechnung waren die christlichen Narrationen vom Menschensohn im ganzen Mittelmeerraum verbreitet. Die jüdischen Versionen vom leidenden Knecht markieren einige der einflussreichsten ethischen Warnsignale in den faustischen transnationalen Welten der Technowissenschaft. Die Vorstellung des

Menschensohns als leidender Knecht, in höhnischer und mimetischer Weise mit seinem wahren Kleid als König und Heilsgestalt ausstaffiert, wurde für die christlichen Humanisten zu einem bezwingenden Bild. Die Gestalt des leidenden Knechts ist für den christlichen Marxismus und die Befreiungstheologie des 20. Jahrhunderts von grundlegender Bedeutung. Und er erscheint in immer neuem Gewand. Sogar bei Jesaja wird er mit den Ambivalenzen der Prophetie bekleidet. Sein in geschichtlicher Hinsicht wichtigstes Imitat war Jesus selbst: Johannes verschleppte Jesaja auf eine Bühne der Heilsgeschichte, auf der die Juden angeklagt würden, den Tod ihres Königs und Heilands zu fordern. In dieser Narration liegen die Wurzeln des christlichen Antisemitismus. Das »Ecce homo!« wurde in der lateinischen Vulgata nach vielen Reisen durch die Sprachen und Transkriptionen und Codifizierungen der Evangelien zur Standardversion. Jesus erscheint als Mime in vielerlei Gestalt; dornengekrönt und purpurgewandet, zum Hohn als König verkleidet, tritt er auf, um dann – widergesetzlich – als Verbrecher hingerichtet zu werden. Als Verbrecher ist er die Imitation eines Sündenbocks, wo nicht gar *des* Sündenbocks der Heilsgeschichte. Und schon als Zimmermann war er verkleidet.

Diese Gestalt der Fleischwerdung kann nur ein Trickster sein, der der arroganten Vernunft, die da beansprucht, alle Verkleidungen zu enthüllen und einer widerspenstigen Natur noch in deren geheimsten Verstecken ihre Geheimnisse zu entreißen, einen nachhaltigen Dämpfer aufsetzt. Der leidende Knecht ist ein Hindernis für den Menschen/Mann; der Knecht ist die mit dem Versprechen verbundene Gestalt, dass die einsame Frau mehr Kinder haben werde als die Ehefrau; die Gestalt, welche die Klarheit der auch vom Evangelisten Johannes so tief verehrten Metaphysik des Lichts ins Dunkle zieht. Als Sohn einer Mutter, vaterlos, und dennoch der Menschensohn, der beansprucht, von *dem* Vater abzustammen, ist Jesus ein potenzieller Störenfried in der ödipalen Psychoanalyse der Repräsentation; er droht die Geschichte (*story*) zu verderben, trotz oder wegen seiner seltsamen Sohnschaft und seines noch seltsameren Königtums, wegen seiner Verkleidungen und gestaltwechselnden Gewohnheiten. Jesus macht aus dem Menschen/Mann ein vielversprechendes Gespött, aber ein Gespött, das der schrecklichen Geschichte vom zerbrochenen Körper nicht entrinnen kann. Die Geschichte muss unablässig vor der Häresie bewahrt, gewaltsam in der patriarchalen Tradition der christlichen Zivilisation gehalten, gegen allzu große Aufmerksamkeit für die Effekte der Mimikry und die Katastrophen des Leidens abgeschirmt werden.

Jesus wurde für die Christen zur Verkörperung der Einheit von Humanität und Göttlichkeit in einer universellen Heilsgeschichte. Aber die Gestalt ist von Anbeginn vielschichtig und mehrdeutig, verstrickt in Übersetzungen, Inszenierungen, Schauspielerei, Maskeraden und Ausflüchte. »Ecce homo!« kann, ja muss von »Post-Christen« und anderen Post-Humanisten auf ironische Weise gelesen werden: »Seht, welch ein Mensch, die Gestalt der Humanität (lat.), das Zeichen des Gleichen (die griechischen Konnotationen des *homo-*), ja das Heilige Ebenbild, ebenso jedoch der Urmime, der Schauspieler einer Geschichte, die gerade die ständig wiederkehrenden Erzählungen verspottet, welche in dem tödlich onanistischen Nachtmahr geschlossener Ganzheit und richtiger Sichtweise darauf bestehen, dass ›der Mensch/Mann sich selbst hervorbringt‹.«

Aber: »Bin ich nicht eine Frau?«

> Also, Kinder, wo so viel Lärm drum gemacht wird, da muss was oberfaul sein. Ich mein, dass zwischen den Niggern im Süden und den Frauen im Norden, die alle von Rechten reden, die weißen Männer bald ganz schön im Regen stehn. Aber worüber wird hier gesprochn? Der Mann da drübn sagt, den Frauen, den muss man in die Kutsche helfen und sie über Wassergräben tragen und ihnen die besten Plätze geben – und bin ich nicht eine Frau? Schaut mich an! Schaut meine Arme an! ... Ich hab gepflügt und gepflanzt und alles in die Scheune gebracht, und kein Mann war schneller als ich – und bin ich nicht eine Frau? Ich könnt arbeitn wie irgend so'n Mann (wenn man mich ließ) und auch die Peitsche ertragen – und bin ich etwa keine Frau? Ich hab fünf Kinder geborn und hab zusehn müssn, wie sie alle in die Sklaverei verkauft wurden, und als ich weinte, wie nur 'ne Mutter weinen kann, hats keiner gehört außer Jesus – und bin ich nicht eine Frau?[5]

Sojourner Truth stand der schaurig ergreifenden Prophetie eines Jesaja vielleicht näher, als Jesus es tat. Wie könnte ein moderner Johannes oder eine Johanna ihre Behauptung in Szene setzen, sie sei – als schwarze Frau, Mutter und ehemalige Sklavin – der Menschensohn,

5 Zitiert nach: hooks 1981, 160.

die Erfüllung des Versprechens, alle Menschen unter einem gemeinsamen Zeichen zu vereinen? Welche Art von Zeichen ist Sojourner Truth – gewaltsam verschleppt, ohne Heimat, ohne eigenen Namen, ohne Verkörperung in den Diskursen des (weißen) Frauseins, von ihrem Besitzer vergewaltigt, mit einem anderen Sklaven zwangsverheiratet, ihrer Kinder beraubt, selbst in der Anatomie ihres Körpers Zweifeln ausgesetzt? Sojourner Truth trat mit großer Kraft für den Feminismus und die Aufhebung der Sklaverei ein, und die berühmten Sätze aus ihrer Rede, die sie 1851 in Akron (Ohio) hielt, schlagen das Thema des leidenden Knechts an, um für die auf schockierende Weise un/an/geeignete Gestalt[6] des schwarzen Frauseins in der Neuen Welt den Status der Humanität einzufordern, für sie, die nicht nur den Frauen allgemein, sondern tatsächlich auch den Männern Humanität versprach. Von einer religiösen Vision ergriffen, empfing die Frau ihre endgültigen Namen direkt von ihrem Gott, als sie 1843 ihr Zuhause in New York City verließ, um auf der Wanderschaft ihr eigenes, einzigartiges Evangelium zu predigen. Sie war um 1797 in Ulster County, New York als Sklavin geboren worden, ihr holländischer Besitzer gab ihr den Namen Isabella Baumfree. »Als ich das Haus der Knechtschaft verließ, ließ ich alles zurück. Nichts von Ägypten wollte ich bei mir behalten, so ging ich zum Herrn und bat ihn, mir einen neuen Namen zu geben.«[7] Und Sojourner Truth (= Besucherin Wahrheit) ging aus ihrer zweiten Geburt als Prophetin und Geißel hervor.

Während der zweiten Hälfte des 19. Jahrhunderts besuchte Sojourner Truth des öfteren Treffen von Stimmrechtlerinnen und Gegnerinnen der Sklaverei. Ihre berühmteste Rede hielt sie auf dem Frauenrechtskongress 1851 in Ohio als Antwort auf die Provokationen weißer Gegner des Stimmrechts für Frauen, die drohten, das Treffen zu stören. In einem anderen Schlagabtausch nahm sie sich des Problems der Geschlechtlichkeit Jesu an, dessen Mannsein von einem Zwischenrufer, einem Geistlichen, als Argument gegen die Frauenrechte benutzt worden war. Sojourner Truth bemerkte dazu lakonisch, dass das Mannsein bei Jesus keine Rolle spiele, stamme er doch von Gott und einer Frau ab. Nicht Pilatus war der (unwillige und ausweichende) Richter dieser Wanderpredigerin; an seine

6 Ich leihe mir hier Trinhs machtvolles Zeichen aus, die unmögliche Gestalt der un/an/geeigneten Anderen (Minh-ha 1986/87).

7 Lerner 1973, 370–375.

Stelle trat ein anderer von den Hegemonialmächten seiner Zivilisation autorisierter Mann. Dieser – frei und weiß – handelte sehr viel anmaßender als der Kolonialbürokrat des Römischen Reiches, der durch den Traum seiner Ehefrau ins Grübeln über seinen seltsamen Gefangenen geraten war.[8] Der für Pilatus bereitstehende Ersatz, ein wütender weißer Arzt, protestierte gegen ihre Ansprache und forderte, sie möge beweisen, dass sie eine Frau sei, indem sie den *Frauen* im Publikum ihre Brüste zeige. Differenz (verstanden als trennende Merkmale von Authentizität) wurde auf Anatomie reduziert[9]; doch zutreffender noch artikulierte die Forderung des Arztes jene rassistische/sexistische Logik, die selbst das Fleisch der schwarzen Person in der Neuen Welt unentzifferbar, zweifelhaft, deplatziert, verwirrend – ungrammatisch – werden ließ.[10] Erinnern wir uns daran, dass Trinh Minh-ha mehr als hundert Jahre später, in einer anderen Diaspora lebend, schrieb: »Vielleicht existiert für diejenigen von uns, die nie gewusst haben, wie das Leben in einer einheimischen Kultur beschaffen ist/war, und sich nicht vorstellen können, wie es aussehen könnte/hätte aussehen können, Geschlecht einfach nur grammatisch, in der Sprache.«[11] Truths Rede war deplatziert, war auf zweifache Weise zweifelhaft; sie war schwarz und weiblich; nein, das ist falsch – sie war eine schwarze weibliche Person, eine schwarze Frau, keine in sich geschlossene Substanz mit zwei oder mehr Attributen, sondern eine oxymorone Eigentümlichkeit, die für eine ganze ausgeschlossene und auf gefährliche Weise vielversprechende Humanität stand. Die Sprache von Sojourner Truths Körper war so elektrisierend wie die Sprache ihrer Rede. Und beide waren verstrickt in kaskadenförmige Fragen über Herkunft (*origin*), Authentizität und Allgemeinheit oder Universalität. Diese Truth, Wahrheit, ist eine Gestalt der Nicht-Originalität (*nonoriginality*), aber sie/er ist nicht derridianisch, sondern trinhianisch oder vielleicht wittigianisch, und die Differenz ist von materieller Bedeutung.[12]

8 Vgl. Matthäus 27,19.

9 Minh-ha 1989.

10 Spillers 1987, 65–81.

11 Minh-ha 1989, 114.

12 [Im Original heißt es: *the difference matters*. Die Doppelbedeutung von *matter* als Nomen: Sache/Materie und als Verb: von Bedeutung sein, lässt sich im Deutschen nicht wiedergeben (Anm. d. Übers.).] Ich benutze *matter* auf die

Als ich die Umrisse dieses Essays zu skizzieren begann, suchte ich nach Versionen der Geschichte von Sojourner Truth. Ich fand sie in immer neuen Fassungen in einer langen Liste feministischer Texte des 19. und 20. Jahrhunderts.[13] Ihre berühmte, von einer weißen Gegnerin der Sklaverei transkribierte Rede – *Ain't I a Woman?* – schmückt als Poster die Büros der Geschlechterstudien und die Frauenzentren überall in den Vereinigten Staaten. Diese Zeilen scheinen für etwas zu stehen, was »Frauen« vereint – aber was genau wird da eigentlich vereint? – vor allem in Anbetracht der feministischen Ausgrabung jenes schrecklichen Gebäudes namens »Frau« in der patriarchalen Sprache und den Repräsentationssystemen des Westens – derjenigen, die niemals Subjekt sein kann, die Planungsraum, Matrix, Grund und Projektionsfläche für das Handeln des Mannes ist. Warum gibt ihre *Frage* der feministischen Theorie 150 Jahre später mehr Kraft als alle möglichen affirmativen und deklarativen Sätze? Was an dieser Gestalt, deren harter Name jemanden bezeichnet, die niemals zu Hause sein konnte, für die Wahrheit im Unbehaustsein bestand, ist so zwingend, dass ihre Geschichte immer wieder neu erzählt und vernommen werden muss? Welche Art von Geschichte (*history*) könnte Sojourner Truth bewohnen?

Für mich liegt eine Antwort auf diese Frage in Sojourner Truths Macht, eine kollektive Humanität zu gestalten, ohne die kosmische Geschlossenheit einer unmarkierten Kategorie zu konstruieren. Im Gegenteil: Ihr Körper, ihr Name und ihre Rede – deren Formen,

---

von Judith Butler in ihrem Buch *Bodies That Matter* vorgeschlagene Weise. Vgl. auch Wittig 1975. Die von Trinh, Butler und Wittig theoretisierten markierten Körper und Subjekte entziehen der in der philosophischen Tradition des Westens vorherrschenden heterosexistisch-rassistischen binären Konstruktion von Materialismus/Idealismus den Boden. Die feministischen Theoretikerinnen können sich hier als Schwestern von Derrida fühlen, aber kein Ableitungs- oder Identitätsverhältnis proklamieren.

13 Einige Beispiele: bell hooks, *Ain't I a Woman;* Trinh T. Minh-ha, *Woman, Native, Other;* Angela Davis, *Women, Race and Class*; Gerda Lerner, *Black Women*; Paula Giddings, *When and Where I Enter: The Impact of Black Women on Race and Sex in America*; Bettina Aptheker, *Woman's Legacy: Essays on Race, Sex and Class in American History*; Olive Gilbert, *Narrative of Sojourner Truth, a Northern Slave*; Harriet Carter, »Sojourner Truth«; Lillie B. Wyman, »Sojourner Truth«; Eleanor Flexner, *Century of Struggle: The Woman's Rights Movement in the United States*; Edith Blicksilver, »Speech of Woman's Suffrage«, in: Blicksilver 1978, S. 335); Hertha Pauli, *Her Name Was Sojourner Truth.*

Inhalte und Artikulationen – können als Versprechen einer niemals fest angesiedelten Universalie gelesen werden, als Versprechen einer (all)gemein(sam)en Sprache, die an jede*n von uns, kollektiv und persönlich, zwingende Ansprüche stellt. Sie tun dies gerade durch ihre radikale Eigenheit, mit anderen Worten: durch die Entortungen und die Widerstände gegen eine markierte Identität als Mittel, um den Status »des Menschlichen« zu behaupten. Es lag im Wesen dieser Wahrheit, Truth, nirgendwo heimisch zu werden; das *war* ihre Eigenheit. Sie/Er war nicht jedermann; sie/er war un/an/geeignet. Das ist in mancher Hinsicht eine »postmoderne« Lesweise und sicherlich nicht die einzig mögliche. Aber es ist eine, von der ich hoffe, überzeugend vorführen zu können, dass sie im Zentrum der inter- und multikulturellen feministischen Theorie unserer Zeit liegt. Teresa De Lauretis zufolge ist diese Lesweise weniger postmodern oder poststrukturalistisch als vielmehr durch die feministische Theorie überhaupt erst möglich:

> Hier genau, so meine Argumentation, liegt die besondere diskursive und epistemologische Eigenart feministischer Theorie: Sie existiert zugleich innerhalb ihrer eigenen sozialen und diskursiven Bestimmungen wie außerhalb dieser und in deren Überschreitung. Diese Erkenntnis bezeichnet ein weiteres Moment feministischer Theorie, ihr gegenwärtiges Stadium der Rekonzeptualisierung und Ausarbeitung neuer Begriffe; eine Rekonzeptualisierung des Subjekts, das nun über verschiedene Achsen der Differenz hinweg sich verschiebt und auf vielfältige Weise organisiert; ein Überdenken der Beziehungen zwischen Formen der Unterdrückung und Arten des Widerstehens und Handelns sowie zwischen Praktiken des Schreibens und Weisen formalen Begreifens – von Theorie als Tätigkeit; eine neu sich herausbildende Definition von Marginalität als Verortung, von Identität als Entidentifizierung. […] Ich werde den Begriff »feministische Theorie« wie den Begriff »Bewusstsein« oder »Subjekt« im Singular gebrauchen, als Verweis auf einen Verstehensprozess, dessen Prämissen in der historischen Besonderheit und der simultanen, wenngleich oft widersprüchlichen Gegenwärtigkeit jener Differenzen in allen Momenten und Praktiken dieses Prozesses liegen.[14]

Schauen wir uns die Mechanismen an, mit denen der moderne weiße patriarchale Diskurs Sojourner Truth aus den Räumen unmarkierter Universalität (d.h. aus »dem Menschlichen«) ausschließt, damit

14 De Lauretis 1990, 116.

wir genauer verstehen, wie sie ihren Körper und ihre Rede ergriffen hat, um »Differenz« zu einem Werkzeug, einem Organon zu machen, mittels dessen die schmerzhaften Realitäten und Praktiken der Dekonstruktion, der Entidentifizierung und der Verstümmelung in den Dienst einer neu artikulierten Humanität gestellt werden. Der Zugang zu dieser Humanität wird auf einer Subjekt-herstellenden Disziplin beruhen, auf die Trinh verweist:

> Die Schwierigkeiten erscheinen vielleicht dann als weniger unüberwindlich, wenn Ich/ich [I/i] es nur schaffe, zwischen einer auf Identität-Authentizität reduzierten und einer als kritische Differenz zu mir selbst verstandenen Differenz zu unterscheiden [...] In einem solchen nichtsituierbaren Kontext ist Differenz das, *was die Idee der Identität selbst untergräbt* und die Schichten, deren Totalität das »Ich« bildet, ins Unendliche verschiebt [...] Wenn Feminismus als entmystifizierende Kraft auftritt, dann wird er den Glauben an seine eigene Identität gründlich hinterfragen müssen.[15]

Hazel Carby (1987) hat verdeutlicht, wie in der Neuen Welt und insbesondere in den Vereinigten Staaten schwarze Frauen im Gegensatz zu weißen Frauen nicht als »Frau« konstituiert wurden. Stattdessen wurden sie rassisch und sexuell konstituiert – als markierte weibliche Entitäten (tierisch, sexualisiert und rechtlos), nicht aber als Frauen (menschlich, potenzielle Ehefrau, Geburtskanal für den Namen des Vaters) – in einer spezifischen Institution: der Sklaverei, die sie von der Kultur, definiert als Zirkulation von Zeichen vermittels des Heiratssystems, ausschloss. Während das Verwandtschaftssystem die Männer mit Rechten über die Frauen ausstattete, die diese selbst nicht besaßen, setzte die Sklaverei dieses System für *eine* Gruppe außer Kraft, mittels eines Gesetzesdiskurses, der ganze Menschengruppen zu entäußerbarem Eigentum machte.[16] MacKinnon definiert »Frau« als imaginäre Gestalt, als das Wirklichkeit gewordene Objekt des Begehrens eines Anderen.[17] Die im Sklavendiskurs Wirklichkeit gewordenen »imaginären« Gestalten waren Objekte in einem anderen Sinn, abgehoben zugleich von der marxistischen Gestalt des entfremdeten Arbeiters wie von der »unveränderten« feministischen Gestalt des Objekts des

15 Minh-ha 1989, 89, 96.

16 Spillers 1987.

17 MacKinnon1982, 515–544.

Begehrens. Freie Frauen im weißen US-Patriarchat wurden in einem sie unterdrückenden System ausgetauscht, aber weiße Frauen *erbten* schwarze Frauen und Männer. Hurtado hat darauf hingewiesen, dass im 19. Jahrhundert weiße Feministinnen mit weißen Männern *verheiratet* waren, während schwarze Feministinnen *Eigentum* weißer Männer waren. In einem rassistischen Patriarchat führte das »Bedürfnis« der weißen Männer nach rassisch »reiner« Nachkommenschaft dazu, dass freie und unfreie Frauen in nicht-kompatiblen, asymmetrischen Räumen des Symbolischen und Sozialen angesiedelt wurden.[18]

Der weibliche Sklave war mit diesen Differenzen auf buchstäbliche Weise markiert – das Fleisch wurde nach außen gewendet und »fügte den Narrationen über die Frau in Kultur und Gesellschaft eine lexikalische Dimension hinzu«.[19] Diese Differenzen endeten nicht mit der formellen Emanzipation, sie haben bis ins späte 20. Jahrhundert hinein Folgen gezeitigt und werden dies auch weiterhin tun, bis dem Rassismus als Gründungsinstitution der Neuen Welt ein Ende bereitet wird. Spillers nannte diese Gründungsbeziehungen von Gefangenschaft und buchstäblicher Verstümmelung »eine amerikanische Grammatik«. Unter den Bedingungen der Eroberung der Neuen Welt, der Sklaverei und ihrer Konsequenzen bis in die Gegenwart hinein »ist die Lexis der Reproduktion, des Begehrens, Benennens, von Mutter- und Vaterschaft usw. in eine extreme Krise geraten«. »In ihrem zeitgenössischen Bezug auf afrikanisch-amerikanische Frauen *insinuiert* die Vergeschlechtlichung ein implizites und ungelöstes Rätsel sowohl für den gegenwärtigen feministischen Diskurs *als auch* für jene diskursiven Gemeinschaften, die die Problematiken der Kultur untersuchen.«

Spillers hob hervor, dass freie Männer und Frauen ihren *Namen* vom Vater erbten, der seinerseits Rechte über seine minderjährigen Kinder und seine Ehefrau ausübte, die diese selbst nicht besaßen, doch waren Frau und Kinder nicht sein Eigentum im Sinne einer veräußerbaren Sache. Unfreie Männer und Frauen ererbten ihre *Lebensbedingungen* von ihrer Mutter, die ihrerseits keine Kontrolle über ihre Kinder ausübte. Sie hatten keinen *Namen* im Sinne der Theorien von Levi-Strauss oder Lacan. Sklavenmütter konnten keinen Namen

---

18 Hurtado 1989, 833–855, 841.

19 Spillers 1987, 67–68 und die folgenden Zitate passim.

weitergeben, keine Ehefrauen sein; sie standen außerhalb des über die Heirat vermittelten Tauschsystems. Sklaven und Sklavinnen waren in einem System von Namen nicht positioniert, nicht fixiert; vor allem waren sie unverortet und daher disponibel. In diesen diskursiven Strukturen galten weiße Frauen in rechtlicher und symbolischer Hinsicht nicht als vollständig menschlich, die Sklaven und Sklavinnen dagegen waren in dieser Hinsicht *überhaupt nicht* menschlich. »Da sie keine Subjektposition einnehmen, liefern die gefangenen Sexualitäten einen körperlichen und biologischen Ausdruck von ›Andersheit‹«. Erben von Eigentum (auf unfreie Weise) zur Welt zu bringen ist etwas anderes, als (auf unfreie Weise) Eigentum zur Welt zu bringen.[20]

Dieser kleine Unterschied ist Teil der Problematik, dass »Fortpflanzungsrechte« für farbige Frauen in den USA in erster Linie von einer umfassenden Kontrolle über die Kinder abhängen – zum Beispiel ihrer Freiheit, nicht durch Lynchjustiz, Gefängnishaft, Kindersterblichkeit, erzwungene Schwangerschaft, Zwangssterilisation, schlechte Wohnverhältnisse, rassistische Erziehung, Drogenabhängigkeit, Drogenkriege und militärische Kriege zerstört zu werden.[21] Für amerikanische weiße Frauen hat sich das Konzept der Verfügung über das eigene Selbst, das Eigentumsrecht auf den eigenen Körper, im Bezug auf die Fortpflanzungsfreiheit eher auf Ereignisse konzentriert, die mit Empfängnis, Schwangerschaft, Abtreibung und Geburt verbunden sind, weil das System des weißen Patriarchats sich um die Kontrolle über eheliche Kinder und die daraus folgende Konstituierung weißer weiblicher Personen als Frauen drehte. Für solche Frauen wird die Frage, ob sie Kinder haben wollen oder nicht, dann buchstäblich zu einer das Subjekt definierenden Wahl. Insbesondere schwarze Frauen – und die in der Eroberung der Neuen Welt insgesamt unterworfenen Frauen – waren hinsichtlich der Fortpflanzung mit einem umfassenderen gesellschaftlichen Feld reproduktiver Unfreiheit konfrontiert, in dem ihre Kinder in den grundlegenden hegemonialen Diskursen der US-Gesellschaft nicht den Status des »Menschseins« ererbten. In diesem Zusammenhang ist das Problem der schwarzen Mutter nicht einfach ihr eigener Status als Subjekt,

---

20 Carby 1987, 53.

21 Hurtado 1989, 853.

sondern auch der Status ihrer Kinder und ihrer – männlichen und weiblichen – Sexualpartner. Kein Wunder, dass im Diskurs schwarzer Feministinnen der Neuen Welt die Vorstellung, der Gesichtspunkt der Rasse müsse aufgewertet werden, und die Weigerung, Männer und Frauen kategorial zu trennen (ohne einer Analyse farbiger und weißer sexistischer Unterdrückung auszuweichen), eine herausragende Rolle spielte.[22]

Die Positionierungen von Afroamerikanerinnen unterscheiden sich von denen anderer farbiger Frauen; jede Bedingung für Unterdrückung erfordert eine eigene Analyse, die sowohl die Trennung von Rasse, Geschlecht (*sex*), Sexualität und Klasse zurückweist, als auch die Nichtidentität dieser Kategorien berücksichtigt. Daraus wird absolut ersichtlich, warum eine angemessene feministische Geschlechtertheorie *zugleich* eine Theorie der rassischen und sexuellen Differenz unter spezifischen geschichtlichen Bedingungen der Produktion und Reproduktion sein muss. Auch wird daraus ersichtlich, warum eine Theorie und Praxis der Schwesterlichkeit sich nicht auf gemeinsame Positionierungen in einem Geschlechtersystem und auf den kulturübergreifenden strukturellen Antagonismus zwischen in sich geschlossenen Kategorien namens »Mann« und »Frau« gründen kann. Und schließlich wird daraus ersichtlich, warum eine von farbigen Frauen ausgearbeitete feministische Theorie alternative Diskurse des Frauseins konstruiert hat, die die Humanismen vieler diskursiver Traditionen des Westens zersetzen. »Es ist unsere Aufgabe, für dieses differente soziale Subjekt einen Platz zu schaffen. Indem wir das tun, sind wir weniger daran interessiert, in das Heer einer vergeschlechtlichten Weiblichkeit einzutreten, vielmehr wollen wir als weibliches gesellschaftliches Subjekt *für den Aufstand* Boden gewinnen. Wir wollen in der Tat die Ungeheuerlichkeit einer weiblichen Person *behaupten*, die die Fähigkeit besitzt, zu ›benennen‹ […] ›Sapphire‹ könnte letztlich einen radikal anderen Text über weibliche Ermächtigung verfassen.«[23] Und vielleicht über die Ermächtigung der problematischen Kategorie »Humanität«.

Dergestalt trägt die – aus diesen und anderen komplexen Rekonstruktionen von Begriffen sozialer Subjektivität und den damit ver-

---

22 Carby 1987, 6–7; hooks 1981; dies. 1984.

23 Spillers 1987, 80.

bundenen Praktiken des Schreibens erwachsende – Politik der »Differenz« zwar grundlegend dazu bei, dass allen Verortungen eines übergeordneten Subjekts der Boden entzogen wird, sie wendet sich jedoch zugleich entschieden gegen nivellierende Relativismen. Die nicht-feministische poststrukturalistische Theorie in den Humanwissenschaften neigte dazu, die Auflösung einer »geschlossenen« oder alles beherrschenden Subjektivität als »Tod des Subjekts« zu verstehen. Wie andere, die sich in neuen *unsicheren* Positionen der Unterordnung befinden, widersprechen viele Feministinnen dieser Formulierung des Projekts und fragen, warum sie gerade zu einem Zeitpunkt auftaucht, da rassisch/geschlechtlich/kolonial Unterdrückte »zum ersten Mal«, das heißt mit »originärer« Autorität, den Anspruch erheben, sich in institutionalisierten Praktiken der Publikation und in anderen Praktiken der Selbstkonstitution selbst zu repräsentieren. Die feministischen Dekonstruktionen des »Subjekts« waren grundlegender Art, und sie hegen keine Nostalgie für herrschaftliche Kohärenz. Stattdessen müssen politische Darstellungen konstruierter Verkörperung, wie etwa feministische Theorien über vergeschlechtlichte rassische Subjektivitäten, notwendigerweise affirmativ *und* kritisch Stellung beziehen zu den im Entstehen begriffenen, sich ausdifferenzierenden, sich selbst repräsentierenden, widersprüchlichen sozialen Subjektivitäten mitsamt ihren Ansprüchen in Bezug auf Handeln, Erkenntnis und Glauben. Das schließt das Engagement für einen grundlegenden gesellschaftlichen Wandel ein, das Moment der Hoffnung, das in die feministischen Geschlechtertheorien und andere sich herausbildende Diskurse über die Auflösung herrschaftlicher Subjektivität und das Auftauchen un/an/geeigneter Anderer eingebettet ist.

»Alterität« und »Differenz« – genau davon handelt »grammatikalisch« das »Geschlecht«. Diese Tatsache konstituiert den Feminismus als eine Politik, die durch ihre Problemfelder und durch die wiederholte Ablehnung von »Master-Theorien« definiert wird. »Geschlecht« wurde als Kategorie entwickelt, um zu erforschen, was als »Frau« gilt; um das bisher als selbstverständlich Geltende zu problematisieren; um das, was als »menschlich« gilt, neu zu bestimmen. Wenn feministische Geschlechtertheorien aus Simone de Beauvoirs These, wir würden nicht als Frauen geboren, mit allen in dieser Einsicht liegenden Konsequenzen, im Lichte von Marxismus und Psychoanalyse (und der Kritik am rassistischen und kolonialen Diskurs) die Schlussfolgerung zogen, dass jedes in sich geschlossene Subjekt eine Phantasievorstellung ist und dass persönliche und kollektive Identität fortwährend und auf prekäre Weise gesellschaftlich neu konstituiert wird[24], dann strotzt der auf Sojourner Truth anspielende Titel von bell hooks' provokativem Buch – *Ain't I a Woman* (1981) – vor Ironie, weil die Identität der »Frau« zugleich behauptet und dekonstruiert wird. Es ist dies eine Frau, die der – leicht berichtigten – Prophezeiung Jesajas würdig ist:

> Sie/Er war die/der Allerverachtetste und Unwerteste, voller Schmerzen und Krankheit. Sie/Er war so verachtet, dass man das Angesicht vor ihr/ihm verbarg; darum haben wir sie/ihn für nichts geachtet […] Wie viele sich über sie/ihn entsetzten, weil ihre/seine Gestalt hässlicher war als die anderer Leute und ihr/sein Aussehn als das der Menschenkinder, so wird sie/er viele Heid/innen besprengen …

Diese entschieden nichtweibliche Wahrheit, Truth, hat, nachdem die Diskurse des eurozentrischen Humanismus aufgelöst sind, die Chance, eine nicht gattungsfixierte, nicht-originale Humanität zu gestalten.

Doch können wir uns von Sojourner Truths Geschichte nicht verabschieden, ohne noch einen näheren Blick auf die Transkription ihrer berühmten *Ain't I a Woman*-Rede von Akron zu werfen. Der geschriebene Text stellt die Rede so dar, wie die weiße Abolitionistin sich den Idiolekt *des Sklaven* vorstellte – des vermeintlich archetypischen schwarzen Plantagensklaven aus dem Süden. Die Transkription bietet kein afroamerikanisches Südstaaten-Englisch, den die Sprachwissenschaft – ganz zu schweigen von tatsächlichen Sprecher*innen – als solches anerkennen würde. Aber es *ist* die auf falsche Weise eigentümliche, imaginierte Sprache, die für die gebildete abolitionistische Öffentlichkeit die »universelle« Sprache der Sklav*innen darstellte, und in dieser Sprache sind uns Sojourner Truths Worte als »authentisch« überliefert worden. Diese imitierte Sprache, nicht ausdifferenziert in die vielen in der Neuen Welt gesprochenen Idiolekte des Englischen, erinnert uns an einen feindseligen Begriff von Differenz, einen, der die herrschaftlichen unmarkierten Kategorien im *Gewand*

24 Coward 1983, 265.

des Eigentümlichen durch die Hintertür einführt, um dies Eigentümliche dann nicht als zersetzend oder dekonstruktiv, sondern als typisch auftreten zu lassen. Die nicht ausdifferenzierte schwarze Sklavin konnte für einen humanistischen Abolitionismus-Diskurs und seine Nachfolger an den Wänden von Gender Studies-Büros als Idealtypus stehen, als Opfer (Heldin), als eine Art Planungsraum für die Handlungen der Abolitionist*innen – als ein Sonderfall des Menschlichen (*a special human*) statt als eine, die durch ihre unnachgiebige Gestaltung kritischer Differenz alle Leute zusammenband, das heißt als ungefügig Handelnde, die ihr eigenes, einzigartiges Evangelium der Unbehaustheit als Grundlage der Verbindung predigt.

Um noch eins draufzusetzen: Diese ehemalige Sklavin kam nicht aus dem Süden. Sie war in New York geboren worden und befand sich im Besitz eines Holländers. Als junges Mädchen wurde sie zusammen mit ein paar Schafen an einen Nordstaaten-Farmer verkauft, der sie schlug, weil sie kein Englisch verstand.[25] Als Erwachsene sprach Sojourner Truth höchstwahrscheinlich ein afro-holländisches Englisch, typisch für die einstige Region Neu-Amsterdam. »Sie diktierte ihre Autobiografie einer weißen Freundin und lebte davon, sie bei Vorträgen zu verkaufen.«[26] Andere im Druck erhältliche Transkriptionen ihrer Reden sind im Ende des 20. Jahrhundert als »Standard« geltenden amerikanischen Englisch verfasst; ein Publikum, das die verschiedenen Arten von Diaspora, die die Neue Welt bevölkerten, vergessen möchte, während es eine der Gestalten dieser Diaspora zu einer »typischen« Heldin machte, empfindet diese Sprache vielleicht als »normaler« und weniger rassistisch. Eine moderne Transkription/Nachdichtung von Sojourner Truths Reden hat diese ins afro-holländische Englisch gesetzt; ihre berühmte Frage beunruhigt erneut das Ohr: »Ar'n't I a woman?«[27] Der Formwechsel der Wörter lässt uns ihre Geschichte, die Grammatik ihres Körpers und ihres Lebens, neu durchdenken. Der Unterschied ist von materieller Bedeutung.

Ein ihr freundlich gesonnener Reporter des 19. Jahrhunderts behauptete mit Entschiedenheit, Truths Worte ließen sich über-

---

25 Lerner 1973, 371.

26 Ebd., 372; Gilbert 1884.

27 Blicksilver 1978.

haupt nicht schriftlich fixieren. »Sie sprach nur ein paar Minuten. Ihre Worte aufzuschreiben wäre unmöglich gewesen. Man hätte ebenso gut versuchen können, die sieben apokalyptischen Donner aufzuschreiben.«[28] Allerdings transkribierte/rekonstruierte er im weiteren Verlauf seiner Reportage dann doch ihren Vortrag, der folgende oft zitierten Sätze enthielt:

> Als ich da unten in New York [war New York für Sojourner Truth *da unten*?!] als Sklavin war, und es gab irgendeine besonders dreckige Arbeit zu tun, wurde bestimmt einer farbigen Frau befohlen, sie zu tun. Und als ich den Mann da tatsächlich fast eine Stunde lang reden und reden hörte, da sagte ich zu mir, hier gibt's für farbige Leute bestimmt hinterher was zum Aufräumen.[29]

Womit wohl am dringendsten aufgeräumt werden muss, ist die Unmöglichkeit, Sojourner Truths Sprache zu hören, ihre Besonderheit wahrzunehmen, sie anzuerkennen – aber *nicht* als die Stimme der sieben apokalyptischen Donner. Stattdessen sollten wir sie als die afro-holländisch-englische Wanderpredigerin der Neuen Welt sehen, deren zersetzende und risikobereite Praxis sie dazu führte, »das Haus der Knechtschaft zu verlassen«, die Subjekt-produzierende (und humanistische) Dynamik von Herr und Knecht zu verlassen und in einer gefährlichen Welt neue Namen zu suchen. Die Wahrheit dieser Besucherin bietet eine im Kern unvollendete, aber zukunftsträchtige Antwort auf Pilatus' skeptische Frage: »Was ist Wahrheit?« Sie ist eine von Gloria Anzaldúas *mestizas*[30], sie spricht die nicht anerkannten Bindestrich-Sprachen und lebt in den Grenzbereichen von Geschichte und Bewusstsein, wo Übergänge niemals sicher und Namen niemals original sind.

Ich habe versprochen, Sojourner Truth wie Jesus als Trickster-Gestalt, als gestaltwechselndes Wesen zu lesen, das alle unsere Begriffe vom »Menschlichen« – klassische, biblische, wissenschaftliche, moderne, postmoderne und feministische – in Zweifel zieht, während es uns zugleich daran erinnert, warum wir diese problematische Universalie nicht nicht begehren können. Pilatus' Worte sind

---

28 Zit. nach Aptheker 1982, 34.

29 Ebd.

30 Anzaldúa 1987.

durch Kaskaden von Transkriptionen, Nachdichtungen und Übersetzungen gegangen. Der Ausspruch »Ecce homo!« ist wahrscheinlich niemals gefallen. Aber wie immer sie entstanden sein mögen – diese Verse in einem Stück über das, was als Humanität gilt, über die möglichen Geschichten von Humanität, waren von Anfang an in fortwährender Übersetzung und Neuerfindung begriffen. Das Gleiche gilt für Sojourner Truths affirmative Frage: »Ain't/Ar'n't I a (wo) man?« Das waren Trickster, die durch ihre unablässigen Entortungen eine Neukonstruktion von Gründungsgeschichten, eine Neukonstruktion jeder denkbaren Heimat erzwangen. Wir, Lesben, *mestiza*, un/an/geeignete Andere – das alles sind Ausdrucksformen für jene grenzüberschreitende kritische Position, die ich aus verschiedenen Texten des gegenwärtigen Feminismus herauszupräparieren und zu reartikulieren suchte. Es ist eine Position, die durch Praktiken politischer und persönlicher Entortungen über Grenzen zwischen soziosexuellen Identitäten und Gemeinschaften, zwischen Körpern und Diskursen hinweg erreicht wurde und die durch das von mir vorzugsweise so genannte »exzentrische Subjekt«[31] eingenommen wird. Solche überbordenden und beweglichen Gestalten können niemals das begründen, was einst »eine wahrhaft menschliche Gemeinschaft« genannt wurde. Diese Gemeinschaft gehörte, wie sich herausstellte, nur den Herren. Doch können uns jene exzentrischen Subjekte dazu ermuntern, für die von uns imaginierte Humanität einzustehen, deren Bestandteile immer durch Übersetzungen artikuliert sind. Geschichte kann eine andere Form haben, artikuliert durch Differenzen von materieller Bedeutung.

Übersetzt von Michael Haupt

---

31 De Lauretis 1990, 145.

Das Abnehme-Spiel

Ein Spiel mit Fäden für Wissenschaft, Kultur, Feminismus[1]

> Die Tradition der Unterdrückten belehrt uns darüber, dass der Ausnahmezustand, in dem wir leben, die Regel ist. Wir müssen zu einem Begriff der Geschichte kommen, der dem entspricht. Dann wird uns als unsere Aufgabe die Herbeiführung des *wirklichen* Ausnahmezustands vor Augen stehen …
>
> *Walter Benjamin, Geschichtsphilosophische Thesen*

$$\int_{\infty}^{n=0} (\text{Natur}^{\text{TM}} + \text{Kultur}^{\text{TM}})\, n = \text{Neue Weltordnung AG}$$

»Natur« ist ein *Topos*; ein Gemeinplatz. Natur ist ein Thema (*topic*), das ich nicht umgehen kann. Es ist der implodierte, extrem verdichtete Ort für die ethnospezifischen, kulturellen, politischen und wissenschaftlichen Gespräche, die sich darum drehen, wie die zulässigen Handlungsstrukturen und die möglichen Handlungsfäden in den geheiligten säkularen Dramen der Technowissenschaft – und zugleich in der Analyse dieser Wissenschaft – beschaffen sein könnten. Von dieser Natur, von diesem all-gemeinen Platz (*common place*), dieser Themen-Allmende (*topical commons*) bin ich seit meiner Kindheit besessen. Diese Natur zum Wohnort zu machen war keine Sache freier Entscheidung, sondern Ergebnis eines vielschichtigen Erbes. Ich war gefesselt von der Naturgesetzlichkeit, eingebunden in die von der christlichen Liturgie bestimmten Jahreseinteilungen, und dann losgelassen in das kulturelle Medium eines molekularbiologischen Laboratoriums. Für Menschen, die in solchen Welten aufwachsen, ist

---

1 *Abnehmen*, engl. *Cat's Cradle*, wird mit einem kreisförmig geschlossenen Faden gespielt, der zunächst um Daumen und Zeigefinger der linken wie der rechten Hand gelegt und gestrafft wird. Die am Spiel Beteiligten müssen nun nacheinander den Faden so abnehmen, dass sich immer komplexere Muster der Überkreuzung bilden. Die Schwierigkeit besteht darin, sich nicht zu verheddern und damit das Muster zu zerstören (Anm. d. Übers.).

Natur, was immer sonst sie auch sein mag, etwas, womit sich gut in Übereinstimmung denken lässt.

Natur handelt auch von Gestalten, Geschichten, Bildern. Diese Natur, als *Tropus* oder *Trope*, ist mit rhetorischen Wendungen und Windungen in tropischer Fülle ausstaffiert, die mich vom geraden Weg abweichen lassen. Als Knäuel leibhaftig gewordener Gestaltungen zieht die Natur meine Aufmerksamkeit auf sich. Als Kind meiner Kultur bin ich naturzugewandt, naturatrop; ich wende mich zur Natur hin wie eine sonnenhungrige Pflanze zur Sonne. Historisch gesehen ist ein Tropus auch ein Vers, der in einen liturgischen Text interpoliert wurde, um ihn auszuschmücken oder zu erweitern. Die Natur besitzt liturgische Fähigkeiten; ihrer Bildlichkeit kann man nicht ausweichen, und darin liegt ihre erlösende Kraft, dies nimmt uns für sie ein. Diese Natur ent-rückt mich endgültig, indem sie mich in ihren Bereich verpflanzt. Der Bereich, mit dem ich in den letzten Jahren des 20. Jahrhunderts so organisch verwachsen bin, ist der vollständig implodierte, ganz und gar künstliche, natürlichkulturelle Schwerkrafttrichter (*gravity well*) der Technowissenschaft. Nicht aus eigenem Antrieb geraten wir dort hinein, vielmehr werden wir unwiderruflich in ihn hineingesogen. Wir sollten uns besser daranmachen, diese Natur, diesen gemeinsamen und all-gemeinen Platz anders zu denken denn als Testgelände für Sternenkriege oder als Neue Weltordnung AG. Wenn die Technowissenschaft unter anderem auch eine Praxis ist, Neugestaltungen dessen zu materialisieren, was als Natur gilt, aus einem Tropus, einer Redefigur, eine Welt zu machen, dann ist es von entscheidender Bedeutung, welche Gestalt wir der Technowissenschaft geben.

In dieser Meditation möchte ich Vorschläge dazu machen, wie wir Schlüsseldiskurse über Technowissenschaft neu gestalten – verwenden und verknoten – können. Verwurzelt in den (bisweilen männer- und mahlstromförmigen)[2] kreuzstichartig verwobenen Disziplinen der Science Studies, gehört dieser kleine Aufsatz zu einer umfassenderen, gemeinsamen Aufgabe, deren Ziel es ist, antirassistische feministische Theorie und Cultural Studies zur Produktion weltförmiger Überlagerungsmuster heranzuziehen. Wie ich glaube, bauen die für die Technowissenschaft konstitutiven Praktiken Welten, die im Hinblick auf ihre

2 Im Original heißt es: *sometimes malestream and mahlstrom*, worin dann auch noch der *mainstream* enthalten ist; so entsteht das Bild eines alle Differenzen verschlingenden Wissenschaftssogs männlicher Dominanz (Anm. d. Übers.).

Bewohnbarkeit nicht allzu viele Wahlmöglichkeiten bieten. Deshalb möchte ich dazu beitragen, dass über das, was in der Technowissenschaft und ihrer Analyse als normal gilt, der Ausnahmezustand verhängt wird. Mein kategorischer Imperativ lautet: alles, was als Natur gilt, zu verqueren/zu verkehren, spezifische normalisierte Kategorien zu durch/kreuzen, nicht um des leichten Schauders der Überschreitung willen, sondern in der Hoffnung auf lebbare Welten. Normal in der Technowissenschaft und ihrer Analyse ist allzu oft der Krieg mit all seinen sich verzweigenden Strukturen und taktischen Kniffen. Nur zu häufig ist der Krieg der Wörter und Dinge das leuchtende Vorbild für Theorie, Explanation und Narration.

Eine Frage durchgeistert das Projekt dieser Neugestaltung: Wie können wir in den Science Studies die per se militarisierte Praxis der Technowissenschaft so ernst nehmen, dass wir die von uns analysierten Welten nicht in unserer eigenen Praxis, zu der auch das materiell-semiotische subkutane Gewebe unserer Sprache (ihr Fleisch, ihre Muskeln und Sehnen) gehört, blind wiederholen? Wie können wir verhindern, dass die Metapher mit dem Ding-an-sich in eins fällt? Muss die Technowissenschaft – mit all ihren Teilen, ihren Akteur*innen und Aktanten, seien sie menschlich oder nichtmenschlich – unaufhörlich als Anordnung ineinandergreifender Kampffelder beschrieben werden, wo militärische Auseinandersetzung, sexuelle Herrschaft, Sicherheitsdenken und Marktstrategien als Modelle für Praxis gelten? Wie ginge es anders? Wir wollen daran arbeiten, indem wir uns auf ein altes Spiel zurückbesinnen. Immerhin verzeichnet die Spieltheorie seit dem Zweiten Weltkrieg in der Technowissenschaft große Erfolge, um die sie die Humanwissenschaften wie auch die Populärkultur sehr beneideten und die sie nachzuahmen suchten.[3] Wenden wir uns einem

3 In seinem Aufsatz »The Ontology of the Enemy« (Die Ontologie des Feindes; ein Arbeitspapier, das am 27. Juli 1993 auf der Berliner Sommerakademie über Große Technische Systeme vorgelegt wurde) diskutiert Peter Gallison die um die Jahrhundertmitte herausgebildete Feind-Maschine (den »servomechanischen Feind«), in der die Kriegspropaganda des Zweiten Weltkriegs und des Kalten Kriegs, Spieltheorie, Unternehmensforschung und Kybernetik zusammenflössen. Dieser kybernetische Feind war von entscheidender Bedeutung bei der Neugestaltung der Grenze zwischen Mensch und Maschine in der amerikanischen Kultur, indem er technische wie auch populäre Beispiele für menschliches Handeln und theoretische Erklärung in den Natur- und Humanwissenschaften hervorbrachte. Vgl. auch Haraway 1979, 1981/82, 1983, 1985.

Spiel zu, das mit Fäden gespielt wird, aus denen Figuren entstehen (*string figures*). Hier ließen sich einige Anknüpfungspunkte finden, mit deren Hilfe Zugangsweisen zur Technowissenschaft festgezurrt werden können.

Das Abnehme-Spiel: Ein Fadenspiel

Für alle Anhänger*innen der Science Studies, die von den martialischen Videospielen der gängigen Forschungspraxis Abstand gewinnen wollen, habe ich das *Abnehme-Spiel*, das Spiel mit Fäden und Figuren, vorbereitet. Dazu brauche ich zwei Fäden, durch die alle Figuren bestimmt werden:

1. Feministische, multikulturelle, antirassistische Projekte in der Technowissenschaft wollen dort eingreifen, wo offensichtlich eine gute Ursprungsgeschichte, eine verlässliche rationale Erklärung oder ein vielversprechender erster Kontakt zwischen heterogenen Selbstheiten und Anderen vorliegt. Feministische, multikulturelle, antirassistische Projekte in der Technowissenschaft respektieren keine Grenzen zwischen Disziplinen, Institutionen, Nationen oder Genres. Die Projekte können ebenso im Computergrafik-Labor angesiedelt sein wie in Gemeindeversammlungen, in biomedizinischen Welten wie in Arbeitsgruppen gegen Giftmüll. Feministische, multikulturelle, antirassistische Projekte in der Technowissenschaft umfassen z.B. Produktionen der Populärkultur (Film, Fernsehen, Videos, Romane, Werbung, Musik, Witze, Theater, Computerspiele), unterschiedliche Praktiken, um die ethnospezifischen Kategorien von Natur und Kultur zu begreifen und neu zu gestalten, professionelle Untersuchungen zur Technowissenschaft (Philosophie, Anthropologie, Geschichtswissenschaft, Soziologie, Semiologie), Gemeindeverwaltung, Arbeitspraktiken und -kämpfe, politische Arbeit auf vielen Ebenen, Gesundheitspolitik, Medieninterventionen, Umweltschutz, technisches Design, Technik überhaupt und alle möglichen Arten wissenschaftlicher Forschung. Diese Praktiken respektieren für gewöhnlich keine Grenzen zwischen und innerhalb geheiligter Kategorien wie Natur und Gesellschaft oder Menschliches und Nicht-Menschliches. Doch sind Grenzüberschreitungen an sich für feministische, multikulturelle, antirassistische Projekte nicht von

Interesse. Die Technowissenschaft stimuliert das Interesse an Zonen der Implosion, weniger an nicht/überquerten Grenzen. Die interessanteste Frage lautet: Welche Lebensformen überleben und gedeihen in jenen dichten, implodierten Zonen?

2. Textuelle Relektüre reicht nicht aus, selbst wenn man den Text als die Welt definiert. Lesen ist, wie aktiv auch immer es sein mag, als Tropus nicht machtvoll genug; wir ver-wenden die Abweichung nicht entschieden genug. Der Trick besteht darin, Metapher und Materialität in den kulturspezifischen Apparaten körperlicher Produktion zur Implosion zu bringen. Wodurch ein Apparat der körperlichen Produktion bestimmt ist, lässt sich nicht vorab sagen; erst einmal müssen wir uns auf die immer etwas unübersichtlichen Projekte der Beschreibung, Narration, Intervention, des Bewohnens, miteinander Sprechens, Austauschens, Bauens einlassen. Es kommt darauf an herauszufinden, wie Welten gemacht und rückgängig gemacht werden, damit wir an den Prozessen teilnehmen können, um bestimmte Lebensformen vor anderen zu fördern. Wenn die Technologie, der Sprache vergleichbar, eine Lebensform ist, können wir im Hinblick auf ihre Verfasstheit und Erhaltung keine Neutralität wahren. Es kommt nicht nur darauf an, das Gewebe der Erkenntnisproduktion zu entziffern, sondern neu zu gestalten, was – im Interesse der Neukonstituierung der generativen Kräfte von Verkörperung – als Erkenntnis zählt. Ich nenne diese Praxis *materialisierte Neugestaltung* (*materialized refiguration*); beide Wörter sind wichtig. Kurz gesagt, es kommt darauf an, einen Unterschied zu machen – wie bescheiden, wie partiell, wie wenig narrativ oder wissenschaftlich abgesichert er auch sein mag. In unschuldigeren Zeiten, lang, lang ist's her, wurde ein solches Verlangen nach Weltlichkeit Aktivismus genannt. Ich dagegen werde dieses Verlangen, diese Praktiken bei den Namen der gesamten, offenen Anordnung der feministischen, multikulturellen, antirassistischen Projekte der Technowissenschaft nennen.

Wollen wir ausmalen, was Technowissenschaft ist, so sind optische Metaphern unumgänglich (Haraway 1988). Zentral für die Kritische Theorie war die kritische Sichtweise. Ziel war es, die Lügen der als durchsichtig-normal erscheinenden etablierten Unordnung zu entlarven.[4] Die Kritische Theorie handelt von einer bestimmten »Negativität«, d.h. von der unablässigen Demonstration, dass die etablierte Unordnung nicht notwendig, ja vielleicht nicht einmal »wirklich« ist. Die Welt kann anders sein; davon können die Untersuchungen zur Technowissenschaft handeln. Diese Untersuchungen können die erfrischende Negativität der Kritischen Theorie beerben, ohne ihre marxistisch-humanistischen Ontologien und Teleologien wiederaufleben zu lassen. Wenn das Gift der metaphernfreien Faktizität durch die tropische Materialität weltlichen Engagements – und noch einmal: eines Engagements ohne narrative oder wissenschaftliche Garantien – neutralisiert werden kann, dann haben die Untersuchungen zur Technowissenschaft ihren Zweck erfüllt. Vielleicht bestünde die einschneidendste Theorie, ja sogar die wissenschaftlichste Unternehmung darin, dem Glauben an besser lebbare Welten Möglichkeiten aufzubrechen. Vielleicht wäre dies ein Bestandteil dessen, was Sandra Harding (1992) als »starke Objektivität« bezeichnet! »Hohe« Theorie könnte sich damit befassen, die kritische Negativität zu ihrem Äußersten zu treiben – nämlich zur Hoffnung inmitten einer permanent bedrohlichen Zeit. Dergestalt ist für mich die interessanteste optische Metapher nicht die Reflexion mitsamt ihren Varianten in den verschiedenen Doktrinen der Repräsentation. Kritischer Theorie geht es letzten Endes nicht um Reflexivität, außer wo sie als Mittel eingesetzt werden kann, um die Bomben der etablierten Unordnung und ihrer sich selbst undurchsichtigen Subjekte und Kategorien zu entschärfen. Meine optische Lieblingsmetapher ist die Diffraktion, die Beugung des Lichts – die nicht-unschuldige, vielschichtig-erotische Praxis, die eine Differenz in die Welt einführt, einen Unterschied macht, statt das Selbe lediglich an einen anderen Ort zu verschieben.

---

4 Der für das Verständnis von Technowissenschaft immer noch unabdingbare locus classicus Kritischer Theorie bleibt die *Dialektik der Aufklärung* (Horkheimer und Adorno 1969). Eine starke kritische Argumentation über die Abwesenheit solcher Negativität in meiner Arbeit zur Gestalt des Cyborg findet sich bei Hewitt 1993. Ich teile ihre Interpretation des Cyborg und ihre besondere Auffassung des menschlichen Subjekts nicht, stimme aber mit ihr hinsichtlich der zentralen Bedeutung von Negativität überein. Solche Negativität ist ein Stimulans gegen Zynismus und Lethargie.

Zwei farbige Fasern ziehen sich durch mein Werk:

1. Ich verwende sich überlagernde und oftmals gleichermaßen konstitutive Analysefäden – Cultural Studies, Science Studies und feministische, multikulturelle und antirassistische Theorien und Projekte –, weil jeder dieser Fäden Unverzichtbares leistet, wenn es darum geht, Bereiche der Transformation, heterogene Komplexität und komplexe Objekte auszuloten.

2. In den komplexen oder grenzgängerischen Objekten, an denen ich interessiert bin, implodieren die Dimensionen des Mythischen, Textuellen, Technischen, Politischen, Organischen und Ökonomischen. D.h. sie fallen ineinander und bilden einen Knoten außerordentlicher Dichte, der die Objekte selbst konstituiert. Für mich ist Geschichtenerzählen keine Form »künstlerischer Praxis«, sondern eine Praxis des Verfrachtens, um aus einem Feld voller Knoten oder schwarzer Löcher heraus von Komplexität erzählen zu können. Geschichtenerzählen steht nicht im Gegensatz zur Materialität. Aber diese selbst ist tropisch, reich an Wendungen; sie lässt uns wenden, sie bringt uns zum Stolpern; in ihr verknoten sich das Textuelle, das Technische, das Mythische/Onirische, das Organische, das Politische und das Ökonomische.

Ich befasse mich mit den je verschieden verorteten menschlichen und nichtmenschlichen Akteur*innen und Aktanten, die einander in Interaktionen begegnen, aus denen sich Welten bestimmter Form materialisieren. Ich möchte für eine bestimmte Praxis verorteter Erkenntnisse in den Welten der Technowissenschaft eintreten, Welten, deren Fasern weit und tief in die Gewebe des Planeten hineinreichen. Dies sind die Welten, in denen die Achsen des Technischen, Organischen, Mythischen, Politischen, Ökonomischen und Textuellen sich in optisch und schwerkraftmäßig dichten Knoten treffen, die uns, Wurmlöchern ähnlich, in die turbulenten und noch kaum kartografierten Territorien der Technowissenschaft hinausstoßen.

Wie andere Gelehrte der Science Studies verwende ich die Begriffe *Akteur*innen*, *Agenzien/Tätigkeitsformen* und *Aktanten* in Bezug auf menschliche wie nichtmenschliche Entitäten (vgl. Latour 1987; Callon 1986; Callon und Latour 1992; Haraway 1992). Es sei jedoch daran erinnert, dass das, was als menschlich bzw. nichtmenschlich gilt, nicht per definitionem, sondern nur relational gegeben ist, durch das Engagement in verorteten, innerweltlichen Begegnungen, wo Grenzen sich herausbilden und Kategorien sich sedimentieren. Feministische, antirassistische, multikulturelle Science Studies – von der Technowissenschaft zu schweigen – haben uns zumindest gelehrt, dass nicht von selbst sich versteht noch verstehen sollte, was als »menschlich« gilt. Dies Prinzip sollte auch für Maschinen sowie für nicht-maschinelle, nichtmenschliche Entitäten im Allgemeinen gelten. Technowissenschaft und Technoscience Studies vermitteln Menschen, denen die Lektüre dieses Essays zugetraut werden darf, Menschen, die wie ich lautstark um sich schlagend die typische westliche Gegenposition des Universalismus einnehmen, die Erkenntnis, dass es nichts All-Menschliches, keine All-Maschine, All-Natur, All-Kultur gibt. Die rettende Negativität der Kritischen Theorie lehrt das Gleiche. Es gibt nur spezifische Welten, und diese sind unwiderruflich tropisch und kontingent.

Die Wahl der Bezeichnungen *Akteur*innen*, *Agenzien/Tätigkeitsformen* und *Aktanten* ruft ihre eigenen Schwierigkeiten hervor, umgeht aber hoffentlich schlimmere. Die hervorgerufenen Schwierigkeiten treten offen zutage. Aktoren und Akteur*innen (*actors and agents*) ähneln immens den selbstbewegten Entitäten eines Kosmos, der im dauerhaften Stil des Aristotelismus ausgestattet ist. Sie gleichen jenen präformierten, bausteinartigen Subjekten oder Grundsubstanzen, an denen die Akzidentien hängen. Aktoren und Akteur*innen handeln; sie verursachen Handlungen; alles wirkliche Handeln geht auf sie zurück. Alles andere erleidet geduldig die Be-Handlung, gelegentlich leidenschaftlich. Alles andere ist Boden, Ressource, Matrix, Projektionsfläche, zu enthüllendes Geheimnis, Freiwild für den Helden der Jagd, der, um es bis zum Überdruss zu wiederholen, der Aktor ist. Aktanten sind da ein bisschen besser; denn bei ihnen zumindest handelt es sich um Kollektive für eine semiotische Handlungsfunktion in einer Narration, nicht um bloß fiktional zusammenhängende Akteur*innen, die aus einer einzigen Substanz bestehen. Aktanten sind Bündel von Handlungsfunktionen; keine Akteur*innen und Held*innen. Will man eine Geschichte verstehen, so ist es fast niemals ein Fehler, eine*n Akteur*in zu anthropomorphisieren; einen Aktanten zu anthropomorphisieren kann ein gewaltiger Fehlgriff sein. Es gehört zum Erbe dieses ganzen aristotelischen Mobiliars, dass alles in der Welt, was nicht selbstbewegt ist (und am selbstbewegtesten ist – ihr werdet es kaum erraten – unser alter Freund, der für sich selbst nicht sichtbare Mensch/Mann), sich geduldig in sein Leiden fügen muss. Die nichtmenschliche Natur (zu der die meisten weißen Frauen, Farbige, die Kranken und andere gehören, die, im Vergleich mit dem Einen Wahren Ab- und Ebenbild des Ersten Bewegers[5], über eingeschränkte Kräfte der Selbstbestimmung verfügen) muss dabei besonders viel Geduld aufbringen. (Wie sich zeigt, ist diese kleine Lektion in Sachen Philosophiegeschichte ein bisschen eklektisch. Macht nichts, die kosmischen Innendekorationen in *post-postmodernen* Essays demonstrieren schlechteren Geschmack.)

Ich bestehe darauf, dass sowohl die Menschenwesen, denen die Geschichte der westlichen Philosophie die Kraft zur Selbstbewegung bestreitet, wie auch die ganze nichtmenschliche Natur als lebendig, einflussreich, handlungsfähig, als Akteure und Aktoren – kurz: als Feder- und Regieführende im Spiel der Erkenntnisproduktion angesehen werden müssen; und darum riskiere ich das durch die handlungstheoretische Sprache hervorgerufene metaphysische Syndrom chronischer Erschöpfung. Ich weiß noch nicht, wie ich auf derlei Dingen nachdrücklich genug bestehen kann, ohne den einen Bestandteil einer binären Einheit von zweifelhaftem Ruf hervorzuheben und zugleich mich zu weigern, den anderen, geduldig-leidenden, zu benutzen. Das ist für Feministinnen mit meiner kulturellen Geschichte ein Berufsrisiko. Wir scheinen furchtbare Angst vor der Geduld zu haben; wir verwechseln sie mit Passivität. Kein Wunder. Wie die Charaktere in Marge Piercys *Frau am Abgrund der Zeit* weiß auch ich nicht, wie ich aus meiner Natur-/Kulturgeschichte herausspringen soll, um alles ins Lot zu bringen (vgl. Piercy 1996).

---

5 Im Original ist von der *One True Copy of the Prime Mover* die Rede. Im Ausdruck *copy* sind verschiedene Traditionen und Gedankenstränge gebündelt: die platonisch inspirierte Ideenlehre, der zufolge weltliche Dinge Abbilder von Ideen sind, ferner der englische Empirismus, für den mentale Vorstellungen Abbilder von Sinneseindrücken darstellen, schließlich der technische Bereich mechanischer Reproduktion sowie, enger eingegrenzt, der Buchdruck, in dem es um *copies*, Exemplare, und – wenn ich den Faden aufnehme – in rechtlicher Hinsicht um das *Copyright*, das Urheberrecht an einem bestimmten Werk geht. Das Lehnwort *Kopie* deckt nur den technischen Bereich im engeren Sinne ab (Anm. d. Übers.).

Ich versuche, den mir aus der Sprache erwachsenden Schwierigkeiten zu entrinnen, indem ich betone, dass die Agenzien/Tätigkeitsformen und Akteur*innen *niemals* präformiert, prädiskursiv sind und dergestalt – substanziell, konkret, hübsch eingehegt – darauf warten, dass etwas passiert, dass ein Schleier gehoben und »Land in Sicht!« gerufen wird. *Alle* Entitäten, seien sie menschlich oder nichtmenschlich, nehmen in Begegnungen, in Praxen Form an; und die Akteur*innen und Partner*innen in Begegnungen sind, um das Wenigste zu sagen, nicht alle menschlichen Wesens. Darüber hinaus sind viele dieser nichtmenschlichen Partner und Akteure nicht ausgesprochen natürlich und ganz sicher nicht originär. Und die Menschen sind nicht alle der, die oder das Selbe. Dies ist ein entscheidender Unterschied zu der Weise, wie menschliche Wesen und nichtmenschliche Bestandteile der Erkenntnisproduktion innerhalb des wissenschaftlichen Diskurses im Allgemeinen dargestellt werden. In diesem Diskurs können die Objekte des Entdeckens und Erklärens versteckt sein, doch sie sind, präformiert, bereits vorhanden, warten auf den Überraschungsruf des ersten Entdeckungsreisenden, um danach auf ewig die Rolle des Bauchredners (des Darstellenden) zu spielen, der mitteilt, wie die Welt wirklich beschaffen ist. Und die Subjekte/Akteure, die entdeckerisch tätig sind, können, zumindest idealiter, ausgetauscht werden, sind ein und der/die/das Selbe, sich selbst nicht sichtbare, verlässliche, bescheidene Zeugen – mit einem Wort, für sich selbst unsichtbare, transzendente *Subjekte*, die sich auf einer Nobelreise zwecks Abfassung von Berichten über die verkörperte Natur befinden. Der traditionelle wissenschaftliche Realismus hängt von dieser Art Realität ab, in der Natur und Gesellschaft »wirklich« und grundlegend existent sind. Es ist die real existierende Wirklichkeit, ein bisschen so, wie der real existierende Sozialismus zu sein pflegte – in Wirklichkeit ziemlich totalitär, dem Vernehmen nach aber ganz und gar objektiv, d.h. ganz von Objekten, Gegenständen erfüllt. Ich finde, gegen einen solchen Realismus muss man Widerstand leisten, denn er ist, abgesehen von Tricks, vollständig leer. Um die Bildhaftigkeit, die Metaphorizität aus dem geheiligten Bereich der Faktizität zu entfernen, bedarf es eines Zaubertricks, der die kategorische Reinheit von – menschlicher wie nichtmenschlicher – Natur und Gesellschaft sicherstellt.

Jetzt haben wir alles, was wir für *Abnehmen*, das Fadenspiel, benötigen. Umgeben von Mustern, die mir von ungezählten anderen beigebracht wurden, die in den Welten der Technowissenschaft aktiv sind, möchte ich eine elementare Fadenfigur in Form einer groben Skizze (*cartoon outline*) dreier ineinander verwobener Diskurse entwerfen. Es handelt sich dabei um 1) Cultural Studies; 2) Science Studies; und 3) feministische, multikulturelle, antirassistische Wissenschaftsprojekte. Wie andere weltliche Entitäten existieren diese Diskurse nicht ganz und gar unabhängig voneinander. Es sind keine präformierten, hübsch eingehegten universitären Praktiken oder Doktrinen, die sich in Diskussion oder Austausch begegnen, wenn sie ihre Wortkriege führen oder sich auf den akademischen Märkten bedienen und bestenfalls darauf hoffen, unsichere universitäre oder politische Bündnisse und Geschäfte abzuschließen. Vielmehr sind die drei Namen Platzhalter, Betonungszeichen oder Werkzeugkästen – Knotenpunkte, wenn ihr wollt – in einem per se interaktiven Prozess der Zusammenarbeit, der den Versuch unternimmt, den natürlichen Welten, die wir und die uns bewohnen, d.h. den Welten der Technowissenschaft, einen Sinn abzugewinnen. Ich will hier nicht weiter skizzieren, was mich in die drei miteinander zusammenhängenden Netze zieht. Ich möchte, dass die Leser*innen die Muster aufgreifen, sich daran erinnern, was andere gelernt haben, vielversprechende Knoten erfinden und andere Figuren entwerfen, die uns zeigen, wie wir der etablierten Unordnung toter, erledigter Welten entgehen können.

Cultural Studies: ein Ensemble von Diskursen über den Apparat körperlicher/kultureller Produktion; Betonung der irreduziblen Besonderheit, den der Apparat in Bezug auf jede einzelne Entität besitzt. Kultur meint hier mehr als Symbole und Bedeutungen oder Vergleichende Kulturwissenschaften; Kultur legt Rechenschaft ab über die Agenzien, Hegemonien, Gegen-Hegemonien und unerwarteten Möglichkeiten der körperlichen Konstruktion. Viel verdanken die Cultural Studies dem Marxismus, der Psychoanalyse, Hegemonietheorien, Kommunikationswissenschaften, der Frankfurter Kritischen Theorie, dem politischen und wissenschaftlichen Schmelztiegel/Hexenkessel des *Center for Contemporary Cultural Studies* (CCCS) der Universität Birmingham. Unnachgiebige Aufmerksamkeit gilt den Fesseln der Macht sowie der Verkörperung, der Metaphorizität und Faktizität, der Verortung und Erkenntnis. Behauptungen über unüberwindliche natürliche

Grenzen zwischen hoher und niederer Kultur, Wissenschaft und allem anderen, Wörtern und Dingen, Theorie und Praxis stoßen auf Skepsis.[6]

Feministische, multikulturelle und antirassistische Theorie/Projekte: der Blick, den die markierten Körper in den Geschichten, Diskursen und Praktiken aussenden; markierte Positionen; verortete Erkenntnisse, bei denen die Beschreibung der Situation niemals selbst-verständlich, niemals einfach »konkret«, sondern immer kritisch ist; die Art von Standpunkt, die zeigen will, wie »Geschlecht« (*gender*), »Rasse« oder jede andere strukturierte Ungleichheit in jedem besonderen, mit anderen Fällen zusammenhängenden Fall in die Welt eingebaut werden – die also »Geschlecht« oder »Rasse« nicht als Attribute oder Eigenschaften auffasst, sondern »rassisiertes Geschlecht« als eine Praxis ansieht, die Welten und Objekte auf bestimmte Art und Weise baut, die in Objekte und Praxen eingebaut wird und so und nicht anders existiert. Körper, die entstehen, nicht Körper, die sind. Geschlecht und Rasse sind keine Entitäten mit einem (z.B. familiären) »Ursprung«, der dann in die übrige soziale Welt hinauswandert, von der Natur in die Kultur, von der Familie in die Gesellschaft, von Sklaverei und Eroberung in die Gegenwart. Vielmehr sind Rasse und Geschlecht in die Praxis eingebaut, die das Soziale *ist*, und sie haben keine andere Wirklichkeit, keinen Ursprung, keinen Status als Eigenschaften. Feministische, antirassistische und multikulturelle Ortsbestimmungen formen den Standpunkt, von dem aus das Bedürfnis nach einem Anderswo, einer »Differenz« unleugbar ist. Dies ist die unversöhnte Position, um die Apparate körperlicher Produktion kritisch zu erforschen. Denaturalisierung ohne Entmaterialisierung; die Repräsentation wird obsessiv in Frage gestellt.[7]

---

6 Eine Bibliografie der Cultural Studies lässt sich unmöglich erstellen; einen Überblick über eine ganze Reihe von Schriften, die unter diesem Etikett erschienen sind, bietet jedoch das Werk von Grossberg u.a. (1992). Die hier angeführten Bibliografien führen in die meisten anderen Netze hinein. Meine Auffassung der geschichtsspezifischen, mitbegründenden, dem *Abnehme-Spiel* ähnlichen Machart von Cultural Studies, Science Studies und antirassistischer feministischer Theorie ist Katie Kings Buch *Theory in Its Feminist Travels: Conversations in U.S. Women's Movements* verpflichtet (1994). Eine sehr hilfreiche Argumentation und Genealogie bietet Rouse 1992.

7 Wie kann ich ein solches Gewebe an Dankesschulden in einer Fußnote entflechten? Ich versuche es gar nicht erst, sondern weise nur auf einige neue

Science Studies: Reflexivität, Konstruktivismus, Technowissenschaft statt Wissenschaft und Technologie, Wissenschaft in Aktion, Wissenschaft *im Werden*, nicht Wissenschaft, die *ist*, Akteur*innen und Netzwerke, literarische/soziale/materielle Technologien, die Tatsachen festschreiben, Wissenschaft als Praxis und Kultur, Grenzobjekte, die richtigen Werkzeuge für das, was man macht, Artefakte mit Politik, delegierte Arbeit, tote Arbeit, in Konfrontation mit der Natur, die Kultur keiner Kultur, die Natur keiner Natur, die vollständig operationalisierte Natur, Fluchtgeschwindigkeiten, die pflichtgemäß mit verteilten Durchgangspunkten verglichen werden, repräsentieren und intervenieren/eingreifen, wie Experimente enden, soziale Erkenntnistheorie. Alle Disziplinen der Science Studies: Geschichte, Philosophie, Soziologie, Semiologie und Anthropologie; aber auch die Herausbildung von Science Studies aus der Geschichte radikaler Wissenschaftsbewegungen, Organisationsarbeit, politisch gerichtete Arbeit. Diese Geschichten werden von den hegemonischen Darstellungen der disziplinären und interdisziplinären Entwicklung in der Akademie und den akademischen Berufen regelmäßig unterschlagen.[8]

Werke in diesem Netz hin, die sich auf die Wissenschaft konzentrieren: Keller 1992; Harding 1992; Harding 1993; Star 1991; Martin 1992; Sofia 1992. Eine ehrgeizige, jüngere und bereits überholte Bibliografie feministischer Science Studies-Projekte, ein Dokument mit Hunderten von Einträgen, die Analysen von Aktivistinnen in sozialen Bewegungen ebenso umfasst wie Dutzende von Monografien und ausführliche Literatur zu Fachzeitschriften, ist das Werk von Wylie u.a. 1990. Diese umfangreiche, vielseitige und unvollständige Bibliografie bringt einen ins Grübeln angesichts der kärglichen Angaben zu feministischer Science Studies-Literatur, durch die sich die meisten Anhänger*innen des männerdominierten Haupt- und Mahlstroms der Science Studies auszeichnen.

8 Dieser Abschnitt meiner Fadenfigur besteht größtenteils aus Titeln, die von jüngeren Veröffentlichungen zu Science Studies stibitzt wurden. Wie in der vorigen Anmerkung gibt es auch hier keine Möglichkeit, die Dankesschulden dafür, wie das *Abnehme-Spiel* zu lernen sei, angemessen zu begleichen. Sicher harmonieren nicht alle Werke miteinander, auf die ich mich hier so impressionistisch beziehe, doch liegen sie auch nicht miteinander im Krieg. Sie spielen, wetteifern, verbinden sich (viele andere Verben sind denkbar) zu einem vielschichtigen Forschungsmuster. Erwähnt werden müssen zumindest folgende Werke: Latour 1987; Latour und Woolgar 1979; Rouse 1987; Longino 1990; Gallison 1987; Hacking 1983; Traweek 1988; Pickering 1992; Woolgar 1988; Bijker u.a. 1987; Bloor 1976; Collins 1985; Knorr-Cetina 1981; Keller 1985; Pinch 1986; Haraway 1991; Shapin und Schaffer 1985; Fuller 1988; Clarke und Fujimura 1992; Lynch 1985; Winner 1986; Restivo 1988; Schiebinger 1989; Mol

Ich suche eine verknotete analytische Praxis, eine, die sich in diesen drei innerlich inhomogenen, nicht-ausschließenden, sich oftmals wechselseitig bedingenden, aber auch nicht-isomorphen und bisweilen sich gegenseitig abstoßenden Diskursgeweben verstrickt. Diese Knäuel sind für eine wirkungsvolle kritische Praxis notwendig. Ich möchte diesen Knoten tendenziös und kommalos benennen: antirassistische multikulturelle feministische Forschungen in Sachen Technowissenschaft – d.h. eine Praxis kritischer Theorie als ein Fadenspiel.[9] Es ist ein Spiel, um all die seltsam gestalteten Kategorien zu erforschen, die so ungefüge Namen tragen wie Wissenschaft, Geschlecht, Rasse, Klasse, Nation oder (wissenschaftliche) Disziplin. Es ist ein Spiel, das verschiedenartige Spieler*innen erfordert, die nicht alle einer Kategorie angehören können, wie beweglich und einschließend diese Kategorie denen, die sich in ihr befinden, auch erscheinen mag. Ich möchte die problematische, aber unvermeidliche Welt der antirassistischen feministischen multikulturellen Forschungen in Sachen Technowissenschaft einfach *Abnehme-Spiel* nennen. Das ist ein Spiel für Nominalist*innen wie mich, die nicht begehren können, was zu besitzen uns verwehrt bleibt. In dem Moment, wo begehrliche Besitzergreifung ins Spiel kommt, erstarren die Fadenfiguren zu einem Lügengewebe.

Das *Abnehme-Spiel* dreht sich um Muster und Knoten; es erfordert viel Übung und kann ernsthafte Überraschungen zeitigen. Eine Person allein kann schon mit ihren beiden Händen ein großes Repertoire an Figuren aufbauen; doch können die Figuren auch im Wechselspiel mehrerer Teilnehmer*innen entstehen, die im Prozess der Entstehung komplexer Muster neue Spielzüge hinzufügen. Das *Abnehme-Spiel* stiftet zu kollektiver Arbeit an, zeigt, dass eine Person nicht dazu in der Lage ist, alle Muster herzustellen. Es geht bei diesem Spiel nicht darum, zu »gewinnen«; das Ziel ist interessanter und offener. Es ist nicht immer möglich, interessante Muster zu wiederho-

---

1991; Star und Griesemer 1989; Bowker 1993. Das Ende der Liste ist zufällig, nicht aber ihr charakteristisches Aroma.

9 Vgl. Westerveld 1979. Dank an Rusten Hogness für seinen unveröffentlichten Artikel über *Cat's Cradle*, den er für das *Science Writing Program* an der Universität von Kalifornien (Santa Cruz 1993) verfasst hat. Ihm verdanke ich auch den scherzhaften Vergleich zwischen dem Fadenspiel und der physikalischen Stringtheorie.

len, und es ist eine verkörperte analytische Fertigkeit, herauszufinden, was bei der Entstehung faszinierender Muster geschehen ist. Das Spiel wird in der ganzen Welt gespielt und kann von beträchtlicher kultureller Bedeutung sein. Das *Abnehme-Spiel* ist lokal *und* global, verteilt *und* verknotet.

Wenn wir nicht lernen, dies Spiel gut zu spielen, können wir ein verknäueltes Wirrwarr anrichten. Wenn wir diesem Spiel aber, in wissenschaftlicher wie technowissenschaftlicher Hinsicht, so viel liebende Aufmerksamkeit widmen, wie sie den hochdekorierten Kriegsspielen zuteil wurde, können wir etwas darüber lernen, wie – und für wen – Welten gemacht und vernichtet werden. »Stringtheorie« und »Superstringtheorie« heißen hochrangige Erklärungsmodelle in der Kosmologie und der Physik.[10] Diese Theorien über das Universum werden als TOE, als *Theory of Everything*, Theorie über Alles bezeichnet. TOE ist natürlich ein Scherz,[11] aber er enthüllt sehr viel von den tiefen ideologischen Schwingungen und dem Engagement für eine vereinheitlichte Totalität in den Wissen-ist-Macht-Spielen der »harten« Wissenschaften, wobei Physik und Mathematik die »härtesten« Fälle darstellen.[12] Das *Abnehme-Spiel* gehört nicht zu diesen Spielen; seine Stringtheorien sind keine Theorien über alles. Jedoch ist es ein mathematisches Spiel, das von vielschichtigen, kollaborativen Praktiken des Entstehens und Weitergebens kulturell interessanter Muster handelt. Das *Abnehme-Spiel* gehört niemandem, keiner »einzigen« Kultur, keinem »einzigen« Selbst, keinem erstarrten Ob- oder Subjekt. Es ist ein wunderbares Spiel, um Begrifflichkeiten wie Subjektpositionen und Diskursfelder zu entmystifizieren. Mir gefällt der in diese Stringtheorie eingebettete Tropus. Wer das *Abnehme-Spiel* spielt, dürfte kaum der Ansicht sein, Kriegsspiele seien die besten Beispiele für Erkenntnisgewinnung und die besten Tropen für die eigene Praxis. Narrative Strukturen, die auf das Nachahmen von Mustern dieses

10 *string* = Faden (Anm. d. Übers.).

11 *toe* ist der Zeh (Anm. d. Übers.).

12 Sharon Traweek (1992) hat den Scherzen, die in den Namen von Theorien und Maschinen der Hochenergiephysik Verwendung finden, sehr viel Aufmerksamkeit gewidmet. Auch die Biologie ist voll von solchen Bedeutungsspielen. Eine ernsthafte, kulturspezifische, psychoanalytische Bearbeitung von Scherzbezeichnungen in der Technowissenschaft könnte sich als überaus interessant erweisen.

Spiels setzen, würden nicht noch ein weiteres Heiliges Bild des Selben, des Immergleichen, hervorbringen.

Nicht in den geisttötenden militarisierten Spielen endloser kampfbetonter Begegnungen und Kraftproben, die als kritische Theorie und Technowissenschaft durchgehen, sondern im *Abnehme-Spiel* liegt die Gegenwart, die Bedeutung von Science Studies, Antirassismus, Feminismus und Cultural Studies. Wenn wir – und wir können gar nicht anders – auf fruchtbare Weise, in mimetischer Spirale, die Welt mit dem Tropus und diesen mit unserer eigenen Methode verwechseln, dann dürfte das *Abnehme-Spiel* eine weniger tödliche Version für den Diskurs der Moral, für Erkenntnisansprüche und für kritische Praxis sein als heldenhafte Kraft- und Mutproben. Wenn wir in antirassistischen feministischen multikulturellen Forschungen zur Technowissenschaft Netzwerken nachspüren und Agenzien/Akteur*innen/Aktanten entwerfen, könnten wir zu ganz anderen Orten gelangen als zu jenen, die in einem weiteren Kriegsspiel im Aufspüren von Akteur*innen und Aktanten durch Netzwerke hindurch entdeckt wurden. Für mich ist das *Abnehme-Spiel* eine Aktor-Netzwerk-Theorie. Hier geht es nicht um »bloße« Metaphern und Geschichten; hier geht es um die Semiose der Verkörperung oder, mit Judith Butlers (1993) schönem Wortspiel, um »Körper, die uns angehen«[13].

Übersetzt von Michael Haupt

---

13 Das Buch heißt im Original *Bodies That Matter*. Das Wortspiel mit *to matter* = von Bedeutung sein, und *matter* = Stoff, Materie ist ins Deutsche nicht adäquat übertragbar. Ein ähnliches ist von Bertrand Russell überliefert: »What is matter? Never mind. – What is mind? Doesn't matter.« (Anm. d. Übers.)

Klasse, Rasse, Geschlecht als Objekte der Wissenschaft

Eine marxistisch-feministische Darstellung der sozialen Konstruktion des Begriffs der produktiven Natur und einige politische Konsequenzen

Had we but world enough, and time
This coyness, Lady, were no crime
Andrew Marvell, »To His Coy Mistress«

Sind Geschlecht und Arbeit veraltete Begriffe?

Feminismus und Marxismus scheinen ebenso natürliche Verbündete wie Feinde in fast allen Fragen, die für aktuelle wie auch mehr traditionelle fortschrittliche politische Auseinandersetzungen in den Vereinigten Staaten wichtig gewesen sind. Probleme von Technologie, Wissenschaft und Entwicklung bilden keine Ausnahme. Sozialistisch-feministische Theoretiker haben wiederholt auf die Hassliebe hingewiesen und dafür das Bild einer missglückten Brautwerbung und Ehe benutzt (Weinbaum 1978; Hartmann 1979). Obwohl beide aus historisch besonderen und doch allgemein bedeutsamen gesellschaftlichen Unterdrückungsverhältnissen hervorgegangen sind, haben diese beiden weltpolitischen Bewegungen keinen erfolgreichen Zusammenschluss erreicht und können dies auch nicht angesichts der entscheidenden ungelösten Auseinandersetzungen, die für beide Bewegungen den Kern ihrer Analyse und Praxis bilden.

Im Mittelpunkt der Auseinandersetzung stehen jene zentralen Kategorien mit so unterschiedlicher Bedeutung wie Arbeit und Geschlecht, Produktion und Reproduktion. Streitpunkt zwischen Marxismus und Feminismus ist die Formulierung einer politisch effektiven Analyse zu Entstehen, Bestehen und Verändern des Alltagslebens, seiner Befreiung von Herrschaft durch Geschlecht, Rasse und Klasse. Die Rolle von Wissenschaft und Technologie bei der

Gestaltung des Alltagslebens rückt zunehmend und unausweichlich in den Mittelpunkt.

Angesichts der äußersten Bedrohung durch die Gefahr eines Atomkrieges und andere kaum geringere Bedrohungen der Kämpfe gegen Herrschaft aus so vielen Richtungen argumentieren viele Sozialisten noch immer, dass Feministinnen sich herauszuhalten scheinen, den Ernst der heutigen Krisen in ihrer frauzentrierten Analyse und Politik anscheinend nicht erkennen, politischen Luxus betreiben. Andererseits fühlen Feministinnen weiterhin, dass dieser linke Anspruch eine Verführung aufnötigt und keinen ehrenhaften Heiratsantrag verfolgt. Der Feminismus wird keine Mätresse des Sozialismus sein. Darüber hinaus sind viele Feministinnen der Meinung, dass auch eine Ehe nicht unbedingt ein ehrbarer Zustand ist, sondern ein Besitzverhältnis. Dabei können sie auf Versuche eines Teils der von Männern beherrschten Linken in den Vereinigten Staaten verweisen, mit einer Glorifizierung der traditionellen Familie und gar einem Plädoyer für eine »revolutionäre Kernfamilie« auf die politische Bedrohung zu antworten, die die aufsteigende fast faschistische Rechte mit ihrer familienzentrierten Rhetorik und ihrer offensichtlichen Anziehungskraft auf sehr große Teile der weißen Arbeiter in Nordamerika bildet. Inzwischen dürfen die Feministinnen zusehen, wie ihre Rechte bezüglich der Fortpflanzung ausgehöhlt werden, wie die extreme Armut, besonders für Frauen jeder Hautfarbe, ansteigt, wie sexuelle Gewalt wieder zunimmt, einschließlich körperlicher Angriffe auf Lesben und Schwule, wie Frauen dadurch behindert werden, dass sie von den meisten Quellen der Macht ausgeschlossen werden, ganz sicher da, wo es um technische und wissenschaftliche Zuständigkeit geht.

Aber diese Unterscheidung der Sozialisten von den Feministinnen ist zu scharf. Einerseits koexistieren diese beiden Gesichtspunkte oft in ein und demselben Menschen. Andererseits erkennen wichtige Teile der gemischten Linken in den Vereinigten Staaten zunehmend die Legitimität einer autonomen Frauenbewegung und die Stärke der theoretischen Ansprüche, die die elementare Bedeutung geschlechtsspezifischer Herrschaft und der damit verbundenen Arbeitsteilung bei der Entstehung oder zumindest der Ermöglichung von Klassenherrschaft betreffen. Darüber hinaus entwickelt sich eine vielversprechende sozialistisch-feministische Theorie, welche Schwächen der marxistischen Theorie einschneidend kritisiert, wo sie die fundamentale Rolle der Frau bei der Produktion des Alltagslebens nicht erkennen kann (Hartsock 1983b).

Aber weißen Feministinnen wie Sozialisten wurde vorgeworfen, sie hätten sich der Vernachlässigung der Rassenproblematik in Theorie und Praxis schuldig gemacht. In den Vereinigten Staaten gelingt es weder den feministischen noch den sozialistischen Analysen und Bewegungen, die Masse der Leute zu erreichen, die mit ihnen sympathisieren müssten – Frauen und Arbeiter, wie auch immer definiert.

Schließlich fühlen feministische Aktivistinnen sich oft verunsichert und äußerst frustriert von der außerordentlichen Macht der Gebärmutter-Politik, die die Frauenbewegung seit dem 19. Jahrhundert bestimmt. Wenn sie auch wissen, dass Kernwaffen und Atommacht, grob gesprochen Wissenschaft und Technologie, und die Klassenstrukturen im Allgemeinen Frauenthemen sind, schreiben und arbeiten Feministinnen doch mehr über sehr geschlechtlich bestimmte Themen wie Abtreibung, Pornografie und Vergewaltigung. Einige Gründe liegen auf der Hand: Eine Selbstbestimmung bei der Fortpflanzung gibt es nicht; sie ist aber eine Vorbedingung für vieles andere bei einer nicht-hierarchischen revolutionären Veränderung, und die Männerherrschaft wird innerhalb und außerhalb der Vereinigten Staaten sehr weitgehend durch eine kulturelle und körperlich-sexuelle Schreckensherrschaft aufrechterhalten. Andere Gründe jedoch entgehen uns. Wieso haben Feministinnen nicht mit derselben Überzeugungskraft Analysen wissenschaftlicher und technologischer Entwicklungen hervorgebracht wie solche über Fortpflanzungsrechte?

Wie kommt es, dass solche Analysen schwerlich zu finden sind, obwohl Frauen weltweit die Hauptarbeitskraft in den führenden modernen wissenschaftlichen Industrien wie der Elektronikindustrie stellen? Warum fehlen sie, obwohl etwa achtzig Prozent des Zuwachses der Beschäftigten in den Vereinigten Staaten seit dem Zweiten Weltkrieg aus Frauen und Jugendlichen besteht? Die traditionelle männliche Arbeiterklasse scheint nicht dort beschäftigt, wo viele grundlegende gesellschaftliche Veränderungen stattfinden. Warum wissen wir nicht mehr über die historischen Auswirkungen der heutigen wissenschaftlichen, technologischen und ökonomischen Entwicklungsstrategien weltweit, innerhalb bestehender oder manchmal neu aufgezwungener gesellschaftlicher Verhältnisse einer globalen Männerherrschaft, sowohl in den »kapitalistischen« als auch in den »sozialistischen« Ländern? Feministinnen, besonders sozialistische Feministinnen, sollten eine Menge zu sagen haben, z.B. zum Technologietransfer in patriarchalischen Gesellschaftssystemen. Und logischerweise müssten alle Sozialisten ein großes Interesse haben, etwas über diese Materie zu erfahren.

Wieso scheint der Feminismus so an die Geschlechterfrage als Frage der Biologie gebunden? Anders gefragt: Warum scheint der Sozialismus so mit dem »Arbeiter« als Quelle allen Seins verheiratet zu sein und der Feminismus wie durch eine Nabelschnur mit diesem anderen mythischen produktiven Wesen »Frau« verbunden? Es scheint richtig, die Frage so zu stellen, insbesondere, da weder der Arbeiter als Mann oder Menschheit noch die Frau-als-Mutter heutzutage als sehr produktiv im alten Sinne erscheinen; beide sind nahe daran, mythisch wie tatsächlich den sehr produktiven Führungskontrollsystemen zu erliegen, die mit Automatisierung, Elektronik, Vervielfältigungs-, Kopier- und Kommunikationsindustrien verbunden sind. In manch wesentlicher Hinsicht scheint die arbeitende/gebärende Produktion und Reproduktion des Alltagslebens bedroht durch technologische Veraltung – und damit zugleich die traditionellen Formulierungen von Sozialisten und Feministinnen und ihre Familienzwiste. Vieles wird von diesen Entwicklungen in Frage gestellt, einschließlich unserer analytischen Kategorien: Arbeit und Geschlecht.

Produktive Natur: ein historischer Überblick

Ohne vorzugeben, dass ich all diese Probleme lösen könnte, möchte ich einige Überlegungen vorbringen zu Arbeit und Geschlecht, Arbeitern und Frauen, Klasse und Geschlechterfrage vom Standpunkt sowohl einer sozialistischen Feministin wie zugleich einer Historikerin der Biologie. Insbesondere werde ich eine These aufstellen über die Entstehung von Klasse, Rasse und Geschlecht und andere entscheidende Gegenstände wissenschaftlicher Erkenntnis in den Humanwissenschaften der letzten 200 Jahre – in dem Versuch, die tiefgreifenden Verbindungen zwischen Bedeutungssystemen (wie Kosmologie/Mythos) und Systemen, die Bedeutungen schaffen (wie Technologie/Wissenschaft), zu erforschen. Ich schließe mit einigen politischen

Reflexionen über Teilerfolge und notwendige Schritte für eine sozialistisch-feministische Entwicklung in Wissenschaft und Technologie.

Die von den Humanwissenschaften konstituierten und untersuchten Gegenstände besitzen während der letzten 200 Jahre einige sehr interessante, gemeinsame Eigenschaften: Sie sind fruchtbare Objekte, die durch physiologisch-organische (oder, seit kurzem, technologisch-kybernetische) Prinzipien der funktionalen Arbeitsteilung angeordnet sind. Am wichtigsten dabei ist, dass die Humanwissenschaften generative Körper untersuchen, Körper, die aus eigenem Antrieb wachsen und sich vermehren, reproduzieren, expandieren, diversifizieren, sich aus inneren Beweggründen verzweigen, und Körper, die durch eigene Kontrolllogik regiert werden. Die funktionale Arbeitsteilung, die die Struktur moderner Erkenntnisgegenstände in der Biologie und den Sozialwissenschaften (ob kapitalistisch oder sozialistisch) bestimmt, beruht auf einer Teleologie des Wachstums und eingebauter Kontrollpläne natürlicher Fruchtbarkeit. Diese Kontrollpläne sind eng mit den sich verändernden möglichen historischen Formen und Technologien der Beherrschung fruchtbarer Systeme verflochten. Kurz, Natur wurde besonders in den modernen kapitalistischen Gesellschaften als ein Produktions-Reproduktions-System konstituiert, dessen Hauptbestandteile – Frau, Rasse und Klasse – durch die Gesetze fruchtbarer Arbeit regiert werden. In einem wesentlichen Sinn können Menschen im Westen des 19. und 20. Jahrhunderts nur Gegenstände (rational, wissenschaftlich) *erkennen*, die in diesen sehr spezifischen historischen Formen konstituiert sind; und diese Formen tragen Bedeutungen und Techniken mit sich, die Herrschaft erzwingen und herausfordern.

Ich möchte diese sehr allgemeine Behauptung kurz durch Aspekte aus der Geschichte der Humanwissenschaften veranschaulichen, besonders der Biologie und der Gesellschaftstheorien. Es ist bekannt, dass Biologie und Soziologie funktionalistische Diskurse mit eingebauten (und von Klasseninteressen bestimmten) Theorien über Macht sind. Marx' eigene Kritik dieser Dimension sozialwissenschaftlicher Erkenntnis ist eine der überzeugendsten (Figlio 1978; Harvey 1979; Young 1977; Levidow und Young 1981).

Aber ich möchte zum späten 18. und frühen 19. Jahrhundert zurückgehen, zu Thomas Robert Malthus, Adam Smith, Andrew Ure, Charles Babbage, Henri Milne-Edwards, Charles Darwin und

Herbert Spencer. Betrachten wir die Gesetze des Bevölkerungswachstums, der natürlichen Produktion und der menschlichen Arbeit, wie sie in den Schriften dieser Leute auftreten, um einiges Licht auf den Haupterkenntnisgegenstand der Biologie bis zum Zweiten Weltkrieg zu werfen: den Organismus. Ich will die Konstitution des Organismus zum technischen und wissenschaftlichen Erkenntnisgegenstand (d.h. nicht als ein bloß ideologisches Epiphänomen wahrer Wissenschaft) untersuchen, der zutiefst durch die Praktiken des kapitalistischen Patriarchats strukturiert ist. Zwar sah Marx die Klassengebundenheit der politisch-ökonomischen Erkenntnis, doch die grundlegenden Elemente männlicher Herrschaft, eingebaut in Organismen und ihren Eigenschaften, einschließlich menschlicher Arbeit und menschlicher, biologischer und gesellschaftlicher Reproduktion, konnte er nicht sehen. Er konnte diese Elemente nicht sehen ohne einen materialistischen feministischen Standpunkt, der historisch noch nicht konstituiert war.

Malthus (1789) benutzte Beschreibungen der Gesetze »natürlicher« Produktivität zweier großer Wachstumsquellen (Landwirtschaft und menschliche Bevölkerung), um zwei bedeutungsschwere Forderungen aufzustellen: Er ließ alle Arten gesellschaftlicher Verbesserung zu, solange zwei gesellschaftliche Formen aufrechterhalten würden: erstens Privateigentum an Produktionsmitteln und zweitens männliche Vorherrschaft in der Ehe, verbunden mit männlichem Eigentum an weiblicher Produktivität, besonders an Kindern. Malthus stellt einen frühen und außergewöhnlich einsichtsvollen Versuch dar, Vorgänge in Natur und Gesellschaft in Begriffen von Produktionsgesetzen und nicht von unterstellter Harmonie zu formulieren. Was spätere Theoretiker, die sich beim Verdammen seiner unleugbar von seiner Klassenzugehörigkeit geprägten Wissenschaft gegenseitig überboten, nicht sehen wollten, war seine Erkenntnis der notwendigen Verbindung von männlicher Herrschaft und Kapitalismus, obwohl die Formen männlicher Herrschaft sich von denjenigen in der vorkapitalistischen patriarchalen Familie sehr stark unterschieden. Malthus bestimmte zögernd die Schlüsselelemente Arbeit und Geschlecht in der Gesellschaftsform des Patriarchats.

Bezüglich der Theorien über das wesentliche Strukturprinzip von Produktionssystemen (einschließlich Landwirtschaft, menschlicher Bevölkerungen, Familien, Frauen, Rassen, Fabriken) beziehe ich mich auf Adam Smith, Charles Babbage und Andrew Ure. Dieses Prinzip ist die *hierarchische Arbeitsteilung*, wobei das Problem der Aneignung des Mehrprodukts zugleich gestellt und gelöst wird durch Theorien über organische (soziale und biologische) Kontrollsysteme. Menschliche, pflanzliche und tierische Körper sind ebenso wie Maschinen und soziale Gruppen allesamt Glieder organischer Systeme. Wohl kein Theoretiker der Arbeitsteilung, angefangen bei Smith bis zu den zeitgenössischen post-Taylor'schen kybernetischen Ergonomisten, ignorierte die Frage der Systemkontrolle. Und alle diese Theoretiker versuchten eine Theorie der Arbeitsteilung (von Effizienz und Fortschritt in Produktionssystemen) zu formulieren, die ausschließlich aus *inneren* Kräften (z.B. natürlichen und rationalen) heraus zu wirken schien. Organizistische Theorien wie die der funktionellen Arbeitsteilung verbieten bestimmte Kontrollarten (oder müssen die Arbeitsweise bestimmter Kontrollarten maskieren, weil diese nicht länger als wissenschaftlich anerkannt werden können). Insbesondere verbieten sie Steuerung von außen, die nicht in den Gesetzen effizienter Produktion selbst verankert ist. Sowohl Biologie (natürliche Ökonomie) wie auch Gesellschaftstheorie (politische Ökonomie und Soziologie) suchen im Grunde nach einem Verständnis von Kontrollsystemen (und das bestimmt ihre Erkenntnisgegenstände) in Begriffen von innen her wirkender Prinzipien. Die Effizienz ist ein besonderes Beispiel eines solchen Prinzips. Zielorientierte wechselseitige Abhängigkeit der Systemglieder bei der Formung eines modernen vernünftigen Ganzen (Organismus, Gesellschaft oder andere Objekte wissenschaftlicher Erkenntnis) ist die angegebene Organisationsweise. Diese Prinzipien gelten unabhängig vom Problem der »Reduktion« sozialer auf biologische Gesetze oder dem des angemessenen Verhältnisses von sozialen und biologischen Diskursen.

Als Vertreter für die Überlegungen, die die Biologie des 19. Jahrhunderts strukturierten, sollen der französische Physiologe Henri Milne-Edwards, der englische Naturalist Charles Darwin und der englische Biologe und Sozialtheoretiker Herbert Spencer dienen. Für Milne-Edwards war organische Effizienz eine Funktion der physiologischen Arbeitsteilung, für Darwin und Spencer war sie entscheidendes Prinzip ihres Verständnisses von moderner natürlicher Ökonomie als System ausgedehnter produktiver Macht, das ohne äußere Intervention strukturiert ist und arbeitet.

Der zeitgenössische französische Mikrobiologe und Genetiker François Jacob hat in seinem Werk *Die Logik des Lebenden* überzeugend die absolut zentrale Errungenschaft der Biologie des 19. Jahrhunderts hervorgehoben, ihre Gegenstände (z.B. Populationen, physiologische Systeme, Zellen) so zu formulieren, dass sie keine externen Prinzipien von Harmonie oder Kontrolle benötigten.

Jacob verstand biologische Gegenstände als *arbeitende* Systeme. Aber wie Marx konnte er nicht verstehen, dass biologische Gegenstände als arbeitende Systeme auftauchten, die zuinnerst durch hierarchische geschlechtliche Prinzipien der Effizienz strukturiert sind.

Der Hauptaspekt geschlechtlicher Prinzipien, die organische Systeme strukturieren, betraf die Beziehungen von Fortpflanzung und Kontrollfunktion.

Diese Beziehung wurde am deutlichsten sichtbar in den Verbindungen zwischen reproduktiver und Nervenphysiologie in der Biologie des 19. und 20. Jahrhunderts bis zum Zweiten Weltkrieg. Nicht zufällig förderten Biologen des 19. Jahrhunderts in ganz Europa wie in den Vereinigten Staaten und in Japan ein reiches Wissen über organische Reproduktion, Regeneration, geschlechtliche und ungeschlechtliche Arten organischer Produktion zutage. Es stellte sich heraus, dass die meisten organisch »effizienten« Systeme Säugetiere sind – hauptsächlich natürlich der Mensch mit »seiner« überlegenen körperlichen und gesellschaftlichen Arbeitsteilung, einschließlich Familie, Teilung von Heim, Markt und Arbeitsplatz, und eigenen Bereichen für Männer und Frauen wie für Klassen. Biologien über hierarchische, aber strikt immanente wechselseitige Abhängigkeit von Reproduktions- und Nervensystemen bei der Produktion und den Veränderungen von Organismen finden sich im 19. und frühen 20. Jahrhundert im Überfluss. Diese Denkweise erreichte in der Biologie wohl ihren Höhepunkt in der Synthese von Physiologie, Ethologie und Gesellschaftstheorie in der Psychobiologie der Universitäten von Yale, Chicago und Harvard in den 1920er und 30er Jahren. Diese biologischen Schulen sind eng verbunden mit der Entwicklung antimarxistischer Theorien von Gesellschaftssystemen in den Vereinigten Staaten vor und nach dem Zweiten Weltkrieg.

Geschlecht und Arbeit hatten im organischen Funktionalismus, der sich vom späten 18. Jahrhundert an konstituierte, einen ebenbürtigen organischen Partner: *Rasse* als wissenschaftliches Objekt.

Ebenso wie Klasse und Geschlecht innere Funktionsregeln erforderten, so auch Rasse; und ebenso wie Geschlecht und Arbeit erforderte das Rasse genannte Objekt eine physische, ja sogar physiologische Basis: Rasse erforderte einen Körper, und man gab ihr einen Körper im organischen Plan der Dinge, der gemäß einer immanenten Logik wechselseitiger Kontrolle arbeitete und nicht durch aufgezwungene Steuerung »von außen«. Imperialismus und Sklaverei haben einen bekannten natürlichen Beigeschmack.

Soweit Natur als Erkenntnisobjekt konstituiert war, hatte sie einen Körper, der nach den Prinzipien der Kontrolle über seine Früchte erstellt war. Die schwarzen Sklavinnen in der Neuen Welt erfuhren in der Zwangsfruchtbarkeit und sexuellen Knechtschaft die Logik solcher Kontrollsysteme am schärfsten. Die Geschichte der physischen Anthropologie, Psychologie, Evolutionstheorie und vieler anderer Zweige des organischen Funktionalismus sind voll davon, Rasse als modernen Erkenntnisgegenstand zu konstruieren. Diese Geschichte ist in allzu vieler Hinsicht hässlich, ebenso wie die Geschichte von Geschlecht und Arbeit als wissenschaftlichen Gegenständen.

Aber man kann die vielen Biologien, die rassische Unterlegenheit begründen, nicht als »schlechte Wissenschaft«, als Ideologien beiseiteschieben und die Biologie hinüberretten, die die Aussagen über rassische und geschlechtliche Unterlegenheit verwirft. So leicht entkommt man den Diskursen nicht, die Teil des gesellschaftlichen Wirkens moderner Herrschaftsformen waren. Insbesondere ist es entscheidend zu begreifen, dass das wissenschaftliche Verständnis von produktiven Kontrollsystemen, wie in der Biologie, nicht nur Herrschaftsprinzipien nicht ausschloss; diese waren notwendig oder zumindest logisch eingebaut.

Von biologischen Organismen zu Biobestandteilen

Bevor ich die gesellschaftlichen Kämpfe kommentiere, die diese allzu rasche Skizze der Ideengeschichte durchsetzen, möchte ich meine unverblümte These einen Schritt weitertreiben. Ich möchte behaupten, dass der organische, physiologische Funktionalismus und seine bevorzugten Gegenstände (Organismen, Rassen, Arbeiter, Frauen) in den zwanzig Jahren zwischen 1930 und 1950, besonders während des Zweiten Weltkrieges, eine grundlegende Veränderung durchmachten.

Die gesellschaftliche Praxis der Biologen während des Krieges nimmt einen breiten Raum in dieser komplexen Geschichte ein. Biologie und andere organizistische Diskurse hörten in einer wesentlichen Hinsicht auf zu existieren; sie wurden durch die kybernetische Kommunikationswissenschaft ersetzt, die von Prinzipien des kybernetischen Funktionalismus beherrscht wurde.

Diese Entwicklung brachte das Vermögen, intern regulierte, sich selbst generierende Kontrollsysteme wissenschaftlich zu verstehen, sehr viel weiter. Die Erkenntnisgegenstände machten grundlegende Veränderungen durch; ebenso die Kontrolllogik, und dies ist für Sozialisten und Feministinnen von großer Bedeutung, wenn sie wirksame politische Analysen formulieren wollen. Man kann die Veränderung überall wahrnehmen; z.B. in der Umwandlung der Ökologie organizistischer Gemeinschaftstheorien in die von Ökosystemen; und zweitens in den Verschiebungen im Zentrum der Biologie (und des Erklärungsstandards) von organismischen Untersuchungen der Beziehungen zwischen Kopf (Nerven) und Geschlecht (Hormonen) hin zu Untersuchungen von Kommunikationssystemen, zum Codieren, Kopieren und zur Ausdrucksfunktion. Genetik, Immunologie, Neuroendokrinologie, Ethologie – sie alle weisen diese Veränderung auf. Moderne Biologie dreht sich um Durchflussraten über fließende Grenzen hinweg und um die Kontrolle solcher Raten als Problem des Informationstransfers und der Systemproduktivität. Ein Blick in ein modernes Handbuch der Biologie, z.B. *Life on Earth*, ein Buch, das an den führenden amerikanischen Biologiefachbereichen der großen Universitäten gemeinhin verwendet wird, wird den Skeptiker überzeugen, dass Organismen lediglich interessante und komplexe technologische Vorrichtungen (*device*) moderner Art sind, d.h. Kommunikationsmaschinen, die in einen intensiven kapitalistischen Marktwettbewerb um Verbesserung genetischer Tauglichkeit verstrickt sind. Biologische Objekte wurden im Prozess dieser Umwälzung massiv verkleinert; die kleinsten Wachstums- und Kontrollelemente sind nicht traditionelle Organismen und ihre hierarchischen interdependenten Systeme. Automatisches Kopieren, Vermehren und Transformieren sind die Schlüsselprozesse der Kommunikationswissenschaft dieser Biobestandteile. Biologie ist eine hochmoderne Kommunikationstechnologie. Ihre Gegenstände sind kybernetische Befehls- und Kontrollsysteme.

Kosmologien/Technologien

Es gäbe vieles zu sagen über diese außerordentliche Geschichte. Ich möchte an dieser Stelle das Außerordentliche nicht genauer ergründen, sondern aus der Geschichte Einsichten für die Beziehungen von sozialistischer und feministischer Politik in Wissenschaft und Technologie gewinnen.

Erstens ist es schwierig, eine strikte Trennung zwischen Wissenschaft und Technologie aufrechtzuerhalten. Sie waren von Anfang an produktive technische Systeme, ob man sich nun auf Bevölkerungen, Organismen, Ökosysteme, Zellorganellen oder Genome bezieht. Natürlich haben moderne Instrumente (wie Zentrifugen, Computer, Wärmevorrichtungen usw.) die moderne Biologie ermöglicht. Darüber hinaus aber waren biologische Gegenstände tatsächlich technologische Gegenstände, das heißt Mittel, um in der materiellen Welt Bedeutungen hervorzubringen. Wir sollten auf die gegenwärtigen Entwicklungen der DNA-Technologie und verwandter industrieller Biologie blicken (und haben dies auch getan), die unsere gängige Vorstellung der Trennung zwischen Organischem und Technischem so sehr verwirren und bedrohen. Die Natur ist keine Amme, sondern ein von innen gesteuertes, in hohem Maße militarisiertes, sehr produktives Kommunikationssystem. Diese Feststellung gilt sowohl für die mythische Ebene als auch für die Ebene der heutigen technischen Errungenschaften. Biologische Einheiten sind Organe – das heißt Produktionswerkzeuge.

Zweitens kann man konstatieren, dass die von Sozialisten und Feministinnen so gerühmten Kategorien – Arbeit und Geschlecht – und die Menschen, die diese grundlegenden funktionellen Kräfte verkörpern – Arbeiter und Frauen (Männer hatten nicht in der gleichen Weise ein Geschlecht; sie waren sicherlich nie wie Frauen »das Geschlecht«) –, schon bei ihrem Entstehen nicht unproblematisch waren und einem noch beunruhigenderen möglichen Ende entgegengehen. Scheinbar feststehende ontologische Kategorien erweisen sich als historisch konstituierte Erkenntnisgegenstände in rassistisch-kapitalistisch-patriarchalen Gesellschaftsformen. Historische Materialist*innen wird eine solche Behauptung nicht wirklich erschüttern; sie glauben, dass alles historisch konstituiert ist, auf Basis dessen, wie Erkennende und Handelnde die mannigfaltigen Aspekte der Selbstgestaltung zu verschiedenen Zeiten und an verschiedenen Orten tatsächlich handhaben. Die Konstruktion materialistischer historischer Standpunkte, die ein Verständnis von Arbeit und Geschlecht erbrachten, wurde nach vielschichtigen Kämpfen unter sich weltweit verändernden Bedingungen erreicht. Aber das Ausmaß, in dem Sozialisten und Feministinnen historisch dem Humanismus anhängen, d.h. einem Diskurs, der sich mit der hierarchischen Produktion der Menschen als dem höchsten Produktivkontrollsystem befasst, ist zumindest philosophisch ärgerlich.

Aber jenseits des Unverständnisses können Feministinnen und Sozialisten vielleicht notwendige Einsichten in einige der Ursachen unserer theoretischen Starre gewinnen, unserer anhaltenden Unfähigkeit, eine echte und vollkommene Einheit zu bilden, weil wir uns mit unzulänglichen und vielleicht anachronistischen Kategorien wie Arbeiter und Frauen, Arbeit und Geschlecht verheiratet haben. Zum Beispiel können wir Feministinnen uns klarer werden über unsere Fixiertheit auf Geschlecht und das Geschlechtliche, trotz unseres Wissens, dass die ganze Welt – und nicht nur Mutterschaft und Fortpflanzungsfreiheit – ein feministisches Thema ist. Frauen sind in radikaler Weise historische Produkte; in den letzten Jahrhunderten haben die weiblichen Menschen in der westlichen Welt ihre Konstituierung im sexualisierten funktionalistischen Diskurs nicht vermeiden können. Selbstverständlich fahren wir fort, unsere Politik geschlechtsspezifisch zu betreiben und Arbeit in eher geschlechtsspezifischen Kategorien zu verstehen; und wir betrachten traditionelle Sozialisten wachsam. Feministinnen haben sich schließlich mit dem Thema Sexualität und Geschlecht nicht nur als einem Bedeutungssystem herumgeschlagen, sondern auch als einem hochentwickelten Gesellschaftssystem, das diese Bedeutungen produziert und oktroyiert. Deshalb drehen sich feministische Analysen der reproduktiven Technologie, der Gesundheitssysteme und selbst der Kerntechnologie weiterhin um die Kosmologien/Technologien, die uns immer wieder zu Frauen machen. Ähnliches gilt für das sozialistische Verständnis und die sozialistische Praxis in Bezug auf Arbeit als einem System von Bedeutungen/Technologien, das den Menschen, ja sogar die Menschheit erschafft. Es ist fast unmöglich gewesen, politische Rhetorik ohne diese produktive Logik zu formulieren. Man sollte sich darüber im Klaren sein, dass dieser Umstand auch seine guten Seiten hat. Eine kurze Betrachtung der Dialektik und des befreienden Reichtums an Widersprüchen in diesen modernen sozialen Erkenntnis-/Technologiesystemen, die Arbeiter, Frauen und Farbige als ihre Produkte hervorgebracht haben, erinnert uns daran, dass wir mit ebendiesen Standpunkten und Verfasstheiten in der Welt erfolgreich kämpfen.

Drittens könnte die hier vorgestellte Analyse einige Aspekte der gegenwärtigen Kämpfe und Debatten um Klassenstrukturen erhellen, wie sie in technologisch hochentwickelten Gesellschaften entstehen. Ich bin der Meinung, dass eine Beschäftigung mit den Elektronik- und Kommunikationsindustrien ungemein nützlich ist, voller Widersprüche für Sozialisten und Feministinnen. Auf der Ebene der Bedeutungen/Mythen/Kosmologien (vergessen wir nicht, dass die Grenze zwischen Mythos und Technologie fließend ist) machen diese Industrien ganz andere Bilder von Macht und Kontrolllogiken sichtbar als die vor dem Zweiten Weltkrieg bekannten. Moderne Kontrolle arbeitet mit Hilfe der statistischen Kontrolle kleinster Elemente und nicht mit Hilfe einer Mikrotherapie zusammenhängender Einzelkörper. Bei moderner Kontrolle geht es um die Belastungsanalyse möglicherweise überladener Systeme. Bei moderner Produktivkontrolle geht es um die rasche Zusammensetzung bzw. Trennung und Neuzusammensetzung aller Systembestandteile – biotischer oder anderer. Frauen, Körper und Fabriken sind alle dieser Logik unterworfen. Bei moderner Kontrolle geht es um Raten von Informationsflüssen über Grenzen hinweg; vieles ist innerhalb statistischer, genau abgesteckter Grenzen erlaubt, selbst der Glaube an individuelle Autonomie und Kreativität in Bezug auf Arbeit und Geschlecht und deren Praxis. Es ist alles eine Frage der Raten und ihrer Handhabung. Finanzleute wissen, dass *rating control* mehr als ein Wortspiel ist; ebenso Embryologen und Enzymologen. Auf der Ebene der Technologien und der konkreten gesellschaftlichen Organisation des Alltagslebens (denken wir daran, dass Technologie und Bedeutung buchstäblich zwei Seiten derselben Medaille sind) können wir ansetzen, um die Struktur der internationalen Arbeitsteilung zu verstehen, die abhängt vom Inerscheinungtreten der Frauen auf neue Weise, passend zu einer ausbeuterischen hochentwickelten Technologie (Grossman 1980). Die klassischen Trennungen unter den Frauen nach Klasse und Rasse werden ausgebeutet, um weltweit führende Industrien zu ermöglichen, die für die männlich-dominierte Kriegsvorbereitung und moderne Gesellschaftssysteme im Allgemeinen zentral sind. Zur gleichen Zeit aber sind die Voraussetzungen für den Aufbau neuer Arten bewusster, organisierter Verknüpfungen zwischen Frauen mit weltverändernden Folgen außergewöhnlich und historisch neu. Die Elekronik- und Kommunikationsindustrien machen für Frauen in Sunnyvale (Kalifornien) und Penang (Indonesien) die Verbindungen in ihren Alltagsleben greifbar. Alle diese Frauen wie auch Sozialismus und Feminismus als weltweite Bewegungen müssen diese Verbindungen in befreiende soziale Kräfte verwandeln, damit sie nicht nur neue Methoden sind, um Frauen auszubeuten. Eines ist sicher: Frauen sind keine zweitrangige oder marginale globale Arbeitskraft; sie sind der Schlüssel zu den größten modernen, auf wissenschaftlicher Basis operierenden Industrien der Welt, in Büros, auf Märkten, in Häusern und Fabriken. Wenn Sozialisten, zumindest in den Vereinigten Staaten, die traditionelle männliche Arbeiterklasse weiterhin als einzig konstitutives Element sehen wollen, werden sie verfehlen, wie gearbeitet wird und von wem. Wenn Feministinnen weiterhin alles sexualisieren, wird ihnen entgehen, wie Frauen in dieser modernen Welt miteinander verknüpft werden und wem dies dient.

Für eine sozialistisch-feministische Politik in Wissenschaft und Technologie

Ausgehend von diesen umfassenden und extremen Ansprüchen möchte ich jetzt einige näherliegende Ziele und Bedürfnisse des sozialistischen Feminismus (die politische Position, die wir m.E. alle erringen sollten) in Bezug auf Wissenschaft und Technologie betrachten. Meine geografische und soziale Herkunft beschränkt viele meiner Aussagen auf die Vereinigten Staaten, schlimmer noch, begrenzt sie auf die Perspektive der überwiegend weißen Radikalen.

Als Erstes sollten wir das schreckliche Problem der Klassen- und Rassenteilung unter den Frauen in den Vereinigten Staaten in Bezug auf Wissenschaft und Technologie ins Auge fassen. Bei einer vor kurzem abgehaltenen politisch recht konservativen nationalen Konferenz zum Thema Frauen in Wissenschaft und technischen Berufen, auf der mehr farbige Frauen waren als bei den meisten von Weißen organisierten feministischen Versammlungen, wurde eine klare Tendenz deutlich: Berufliche Möglichkeiten für Frauen in Wissenschaft und Technologie werden in den nächsten zehn Jahren in dem eng mit dem militärischen Sektor verbundenen Bereich von Forschung und Entwicklung liegen. Die meisten Frauen im Arbeitsbereich Wissenschaft und Technologie werden weiterhin die untersten Positionen einnehmen, d.h. als schlecht bezahlte und (was die Einzelnen betrifft) leicht ersetzbare »ungelernte« Arbeitskraft (wir müssen aufpassen, wenn wir den Begriff »ungelernte« Arbeitskraft verwenden; er wird öfter als Synonym für alle Arten von Frauenarbeit verstanden, vor allem, wenn sie kaum bezahlt wird). Des Weiteren werden die Arbeitsplätze im Büro überwiegend weißen Frauen vorbehalten bleiben, während Arbeitsplätze in der Produktion eher für farbige Frauen erreichbar sind. Ferner wird die Sozialpolitik für eine ständige Massenproduktion von vor allem farbigen Jugendlichen sorgen, die kaum lesen und schreiben können, um der Lebensmittelindustrie und anderen automatisierten Produktionszweigen mit hohen Wachstumsraten Personal zu liefern. Das Leben der Frauen wird bis in die Besonderheiten von Körperbewegung und Körperstruktur hinein mit der Maschinerie der entwickelten Technologie verbunden sein, aber wir werden weitgehend unwissend bleiben in der Frage, wie wir und diese Technologie arbeiten, weitgehend machtlos, Technologie zu ändern, und deshalb weitgehend unfähig, die Technologie, die Bedeutungen schafft, zu kontrollieren. D.h., wir werden machtlos bleiben, es sei denn, wir schaffen eine in Theorie und Praxis weitaus wirksamere politische Bewegung, als wir sie jetzt haben. Diese Bewegung muss Möglichkeiten einschließen, feste Verbindungen zu Menschen herzustellen, die, obwohl sie außerhalb der Vereinigten Staaten leben, tief in unser Leben eingebaut sind, gewöhnlich zu unserem ausbeutbaren Vorteil. Wie wird eine in der Forschung beschäftigte schwarze Computeranalytikerin, angestellt bei Intel und die Erste in ihrer Familie mit einer anständigen Ausbildung, es schaffen, wirksame, auf Befreiung gerichtete Verbindungen zu einer Jugendlichen aus Taiwan herzustellen, die am Fließband einer Elektronikfabrik steht? Wie können wir Widerstand erwarten gegen die Beherrschung eines so großen Teils des gesellschaftlichen Lebens durch militärische Technologie, wenn unser Alltagsleben in wachsendem Umfang von Arbeitsplätzen abhängt, die von dieser Technologie geschaffen werden? Weiße Feministinnen haben nicht gelernt, sich hier groß einzumischen, und wir werden es nicht lernen, wenn wir abgesondert bleiben. Ebenso wenig ermutigend ist die Feststellung, dass die Gewerkschaften in den Vereinigten Staaten, die z.B. ohne Erfolg die Belegschaften im »Silicon Valley«, Kalifornien zu organisieren versuchen, selten Frauen und noch weniger farbige Frauen als Organisatorinnen und Planerinnen miteinbeziehen. Die Frauen stellen dort etwa 80 Prozent der industriellen Arbeitskraft. Inzwischen wird die chemische Vergiftung von Arbeiterinnen routinemäßig als Stress diagnostiziert. Wo sind die Chemiker-Toxologen der Arbeit? Und wo ist die politisch zugängliche Kritik an den Stressideologien? Warum sind so viele Linke noch immer auf die männlichen Bergleute, Stahlarbeiter und Arbeiter in der Autoproduktion fixiert?

Wir müssen darauf bestehen, dass entwickelte Technologie der Befreiung von Frauen und anderen dient und so für Frauen für ihre selbstbestimmten Zwecke nutzbar ist. Man sollte diese Forderung im Lichte der Erfahrungen sehen, die bei dem Satellitenprojekt der Nationalen Frauenagenda 1978 gemacht wurden, das technisch kompetente Frauen zu einer per Satellit übertragenen nationalen Frauenkonferenz zu von Frauen bestimmten Themen zusammenbringen sollte. Das Projekt schlug fehl, weil männliche Techniker eine solche Weltraumdiskussion über Abtreibung und Lesben verweigerten (vgl. Zimmermann in: Women's Resource Center 1979). – Der Weltraum sollte für männliche Zwecke rein bleiben. Ein massiveres Beispiel für die Konfrontation zwischen Sexualpolitik und sich als neutral setzender phallischer Technologie lässt sich schwerlich finden.

Feministinnen müssen Methoden für die Analyse und Herstellung von Technologien finden, die zu einem Leben führen, wie wir es alle wollen, ohne Herrschaft vermittels Rasse, Geschlecht und Klasse. Solche Ziele werden manchmal dazu führen, dass wir auf kleine, dezentralisierte, überschaubare Technologien drängen. Derartige Technologien sind nicht synonym mit sanft, weiblich und einfach. Sie erfordern geschultes Wissen und trainierte Fähigkeiten, und sie sind nicht automatisch Ersatz für eine auf größerem Raum operierende Technologie.

Schließlich müssen Feministinnen Wege finden, zusammen mit anderen Sozialist*innen umfassende stabile Organisationen aufzubauen, die einander nicht unterordnen, während wir weiter für die Fruchtbarkeit unserer jeweiligen Einsichten kämpfen, selbst wenn diese einander widersprechen. In diesem sehr skizzenhaften Entwurf habe ich versucht, einige der symbolischen und materiellen Hindernisse auf dem Wege zu einer erhofften Einigung von Marxismus und Feminismus in Bezug auf Wissenschaft und Technologie zu beschreiben. Ich hoffe, wir werden in dem Bewusstsein, dass unsere analytischen Kategorien historische Werkzeuge sind, die zum Teil bestimmen, was wir aufbauen können, unser wissenschaftliches und politisches Handwerk besser erlernen.

Übersetzt von Frigga Haug und Diete Oudesluijs

Menü mit Mensch™

In seiner am 27. April 1990 im Magazin *Science* geschalteten Anzeige für *OncoMouse*™ (Abb. 14) stellte der DuPont-Konzern unter dem Titel »Den Krebs verfolgen« (*Stalking Cancer*) sein erstes durch und durch warenförmiges Nagetier vor: »das erste lebende Modell, das ein aktiviertes Onkogen enthält«, welches eine verlässliche Tumorproduktion zur Folge hat.[1] Als Produkt der Gentechnologie ist diese schöne transgene Maus »für Forscher nur über DuPont erhältlich, wo bessere Dinge für ein besseres Leben entstehen«.[2] Die Maus ist eine Waffe im Krieg gegen den Krebs, einem Konflikt, der ganze Reiche von Technowissenschaft und Biotechnologie am Leben erhält. Im strengstmöglichen Sinne ist *OncoMouse*™ ein technologisches Produkt, dessen natürliche Umgebung und evolutionäre Zukunft gänzlich im weltenerbauenden Raum namens »Laboratorium« liegen. Als Bewohnerin der wunderschönen Gegenden der Untoten (wo bessere Dinge für ein besseres Leben entstehen) ist diese gerissene Bombe in Mäuseform auch, im strengstmöglichen Sinne, ein kultureller Akteur. Als Werkzeugwaffe für die Verfolgung des Krebses ist die biotechnisch produzierte Maus zugleich eine Metapher und eine Technologie. Das gehört zum normalen Status von Entitäten in technowissenschaftlichen Kulturen, und wir selbst können uns da nicht ausschließen. Anhand von Untersuchungen, die im 19. Jahrhundert über Geschlecht (*sex*) und Rasse getätigt wurden, zeigte Nancy

1 Diese kurze Intervention ist die Überarbeitung eines Abschnitts aus einem größeren Aufsatz mit dem Arbeitstitel »Of OncoMouse™ and Man™« für das von Carl Cranor geplante Buch *Genes ›R‹ Us, So Who's That?*. Das Buchprojekt entstand aus einer örtlichen Forschungsgruppe, die vom *University of California Humanities Research Institute* unterstützt wurde (Winter 1990 an der U.C. Irvine). Ich möchte dem UCHRI und allen Teilnehmer*innen der Forschungsgruppe danken.

2 Wer den Kreisläufen der Biotechnologie in Handel und Wandel folgt, wird wissen, dass DuPont kurz nach Erscheinen der »Den Krebs verfolgen«-Anzeigenserie zu DuPont-Merck wurde. Der Slogan »Bessere Dinge für ein besseres Leben« scheint wie vom Erdboden verschluckt. Aber wie bei den Worten aus dem Vorspann von *Star Trek*: »mutig dorthin zu gehen, wo nie ein Mensch zuvor gewesen ist«, werden Millionen von Erdlingen DuPonts Slogan das Kompliment erwiesen haben, ihn in ein höchst widerstandsfähiges Unbewusstes einzuspeichern, wo er den Humus für zukünftige Anzeigen bilden mag.

Stepan (1986), dass eine Metapher zu einem Forschungsprogramm werden kann.

Abbildung 14

»Einige Worte über Reproduktion von einem in diesem Sektor führenden Unternehmen«, lautet der Anzeigenslogan für das Software-Vervielfältigungssystem der Firma Logic General Corporation. (Diese Anzeige erschien am 1. Mai 1983, ebenfalls in *Science*; s. Abb. 1 in diesem Buch, S. 56.) Der unmittelbare Wort- und Bildeindruck dieser Anzeige vermittelt, dass es absurd wäre, die technischen, organischen, mythischen, textuellen und politischen Fäden im semiotischen Gewebe der technowissenschaftlichen Kultur voneinander zu trennen. Unter dem wenig Hoffnung ausstrahlenden, orange- bis gelbfarbenen Regenbogen des Erde-Sonnen-Logos von Logic General wendet uns ein biologisches weißes Kaninchen seinen (ihren? *sex* und *gender* sind ihn diesem Fortpflanzungssystem noch nicht so festgelegt) Rücken zu. Die Pfoten liegen auf einer Tastatur, diesem beharrungsmächtigen, altmodischen Überbleibsel der Schreibmaschine, wodurch unsere Computer uns so natürlich, gewissermaßen benutzerfreundlich vorkommen. Aber die Tastatur ist irreführend: Keine Briefe werden durch die Tastenmechanik auf eine wartende feste Oberfläche übertragen. Die Computer/Benutzer*innen-Schnittstelle arbeitet anders: Selbst wenn sie/es die Implikationen seiner duplizitären Tastatur nicht versteht, befindet sich das weiße Kaninchen, wie ihr Mäusecousin, in ihrer natürlichen Umgebung – es ist durch und durch artefaktisch. Wie bei Fruchtfliegen, Hefepilzen, transgenen Mäusen und dem bescheidenen Fadenwurm, *Caenorhabditis elegans*, ereignet sich die Evolutionsgeschichte dieses Kaninchens im Laboratorium; das Laboratorium ist *seine* Nische, seine wahre Wohnwelt. Diese Art von Kaninchen – zugleich materielles System und Zeichen für messbare Fruchtbarkeit – taucht in keiner anderen Natur als dem Laboratorium auf, dieser hervorragenden Bühne für Vervielfältigungspraktiken in unserer hypermodernen Welt rationalisierter Praktiken des Kopierens. Diese Kaninchen, Würmer, Mäuse und Menschen der Technowissenschaft sind zugleich Forschungsmodelle, kulturelle Metaphern und vielversprechende Witze – Witze, die die Macht besitzen, Welten mitsamt den sie bewohnenden Subjekten nachzuschaffen.

Wie DuPonts *OncoMouse*™, die zu einem blendend hellen, geöffneten Kameraverschluss hinaufklettert, so starrt auch das Kaninchen auf ein leuchtendes Zeichen technowissenschaftlicher Illumination, allerdings sind wir bei Logic General nicht in einem Bio-Laboratorium. Das organische Kaninchen blickt in den Bildschirm einer Computervideoanlage und starrt auf ihr Bild, aber das Bild ist nicht ihr Spiegelbild, nein, *auf keinen Fall* ihr Spiegelbild. Dies ist nicht Lacans Spiegelwelt; hier werden die primäre Identifikation und die zur Reife benötigte metaphorische Substitution mittels anderer Technologien, anderer Schreibtechniken hervorgebracht. Das weiße Kaninchen wird übersetzt, ihre Potenzen und Kompetenzen von Grund auf neu verortet. Die Eingeweide des Computers produzieren eine Art visuelles Produkt, das sich von verzerrten, sich selbst gebärenden Reflexionen unterscheidet. Das simulierte Kaninchen im Bildschirm beäugt uns mit vorgestrecktem Kopf. Es sieht uns in die Augen. Auch sie (oder es) hat die Pfoten auf einem Gitternetz, das allerdings nur noch von ferne an eine Schreibmaschine, dafür aber an ein noch älteres Zeichen der Technowissenschaft erinnert: an das cartesianische Koordinatensystem, das die Welt in den imaginären Räumen von rationaler Moderne und Aufklärung kartografiert.

In ihrer natürlichen elektronischen Umgebung befindet sich das virtuelle Kaninchen auf einem Gitternetz, das die Welt als Spiel auf einem schachähnlichen Brett, bestehend aus einer quadratischen Anordnung von Disketten, darstellt. Das Kaninchen behauptet, dass die wirklich rationalen Akteure sich selbst in einer virtuellen Welt vervielfältigen werden, in der die besten Spieler nicht mehr der Gattung Mensch/Mann angehören, obgleich diese vielleicht fortexistiert wie der Pferdewagen, der seine Form dem Eisenbahnwagen verlieh, oder die Schreibmaschine, die ihre illusionäre Form dem PC vermachte. In diesem System wird der funktional privilegierte Signifikant nicht so leicht mit dem Urinier- und Kopulierorgan eines männlichen Primaten verwechselt werden. Vielmehr werden metaphorische Substitution und andere im materiell-symbolischen Bereich stattfindende Zirkulationen nunmehr von einer kompetenten Maus bewirkt werden. Natürlich bietet die angedeutete Weiblichkeit der beiden Kaninchen keinen Grund zu der Annahme, dass die neuen, von der Gattung Mensch/Mann sich unterscheidenden Spielerinnen Frauen sein werden. Wahrscheinlicher ist, dass das in diesem Nicht-Spiegelstadium, in diesem der Beugung des Lichts unterworfenen Moment der Subjektkonstitution zur Welt (an)gerufene Kaninchen in einer ganz anderen Geschlechtergrammatik lesen und schreiben können wird.

Wie *OncoMouse*™ sind die beiden Kaninchen in der Anzeige von Logic General Cyborgs – Zusammensetzungen aus dem Organischen, Technischen, Mythischen, Textuellen und Politischen – und sie rufen, interpellieren uns in eine/r Welt, in der wir als Subjekte neu herausgebildet werden. Dergestalt in die Matrizen technowissenschaftlicher Karten interpoliert, das heißt, inseriert, eingefügt, können wir uns wünschen oder nicht wünschen, dort Gestalt anzunehmen.[3] Da wir aber in den Lese- und Schreibtechniken, die den technischmythischen Territorien des Laboratoriums eignen, bewandert sind, haben wir kaum eine Wahl. Wir bewohnen diese Narrationen, und sie bewohnen uns. Die Gestalten und Geschichten dieser Anzeigen verfolgen uns auf buchstäblich gespenstische Weise. Bei den reproduktiven Wetteinsätzen in den Texten von DuPont und Logic General – und denen der Einschreibungspraktiken des Laboratoriums überhaupt – geht es um zukünftige Lebensformen und Lebensweisen für menschliche und un-menschliche Wesen.

Wenn dies die Zonen sind, in denen diejenigen, welche dem Ruf von DuPont und Logic General folgen, Form annehmen, dann unterstreicht eine solche Formung unser Bedürfnis nach Geschichten über Wesen, die ihre Gestalt verändern können. Wir brauchen Geschichten, um uns vorzustellen, wie wir in den Zonen und für die Zonen, in denen wir uns befinden, Verantwortung übernehmen können. Die meisten wichtigen Verpflichtungen und Leidenschaften in der Welt werden nicht gewählt; »Wahl« war immer eine verzweifelt unangemessene politische Metapher für den Widerstand gegen Herrschaft und für das Leben in einer bewohnbaren Welt. An-Rufung, Interpellation, hat nichts mit einer Wahl zu tun, sondern mit Insertion, Einfügung. Es ist allerhöchste Zeit, unsere Lesepraktiken in die Tat umzusetzen. Meine in einer Lesart des technowissenschaftlichen Textes in der Welt wurzelnde Frage ist eine politische: Wenn technologische Produkte kulturelle Akteure sind und »wir« – wen immer diese problematische Einladung, einen gemeinsamen Raum zu bewohnen, auch einschließen mag – auf einer weit tieferen Ebene technologische

3 *Interpellate/interpolate*: ein Wortspiel, an dem u.a. die Ideologietheorie Althussers beteiligt ist, die davon ausgeht, dass das Subjekt in der Gesellschaft sich durch die Anrufung (*Interpellation*, zugleich: Verhaftung) konstituiert; indem ich dem an mich ergehenden Ruf folge, weiß ich, wer gemeint ist und dass der Gemeinte (»ich«) sich dem An-Ruf nicht entziehen kann (Anm. d. Übers.).

Produkte sind, als wir bisher begriffen haben, welche Art kulturellen Handelns wird dann die Evolution von *OncoMouse*™ zu *Mensch*™ verhindern? Diese Frage hat eine historische Vorgängerin aus den alten Zeiten der historischen Narration, als die Revolution noch kein schlechter Witz war: Was tun?

Übersetzt von Michael Haupt

Lieber Cyborg als Göttin!

Für eine sozialistisch-feministische Unterwanderung der Gentechnologie[1]

Cyborgs sind kybernetische Organismen, Geschöpfe der Science-Fiction und Geschöpfe der gesellschaftlichen Wirklichkeit. Bis zum Ende des 20. Jahrhunderts sind wir alle Chimären, mythische Zwitterwesen aus Maschine und Organismus, kurz Cyborg. Heute wird in der westlichen Politik und Wissenschaft das Verhältnis von Organismus und Maschine als ein Grenzkrieg definiert. Dieser Aufsatz ist ein Plädoyer dafür, das Durcheinandergeraten aller Grenzen zu genießen und sie verantwortungsbewusst mit abzustecken. Dem Neuentwurf von Cyborgs, d.h. der Gentechnologie (*genetic engineering*), müssen sozialistische Feministinnen besondere Aufmerksamkeit widmen.

Es ist heute kaum mehr möglich, die jeweils eigene Art von Feminismus durch ein einziges Wort zu charakterisieren. Hierarchische Ausgrenzungen in der Benennung von Praxen sind uns bewusster denn je. Die hart erkämpfte Erkenntnis der gesellschaftlichen und historischen Konstituierung von Geschlecht, Rasse und Klasse bietet keine Grundlage mehr für den Glauben an irgendwelche wesensmäßigen Einheiten. Einheiten sind komplizierte historische Errungenschaften, die stets mit ausgrenzenden Praxen belastet sind. Das Konzept Frau ist angesichts der Unmenge von Spaltungen unter Feministinnen (geschweige denn Frauen) illusorisch, ironisch geworden. Identitäten erscheinen als widersprüchlich, partiell und strategisch. Für mich – und ich glaube für viele, die historisch ähnlich verortet sind in einem weißen, weiblichen, abweichenden, gewollt radikalen, nordamerikanischen Körper der akademischen Mittelklasse und mittleren Alters – sind die Gründe der politischen Identitätskrise unzählbar. Zu den wichtigsten gehören 1. die internationalen, in den verschiedenen Kulturen entwickelten Theorien und neuen Interpretationen, d.h. die wachsende Erkenntnis der systematischen Strukturierung des »Ande-

---

1 Vgl. Donna Haraways Aufsatz »Klasse, Rasse, Geschlecht als Objekte der Wissenschaft«, in diesem Buch S. 258–274.

ren« im westlichen Diskurs, und 2. die Entwicklung so vielfältiger, komplexer Befreiungskämpfe auf der ganzen Welt, die mit der Tatsache verbunden sind, dass im Herzen selbst der hoffnungsvollsten und radikalsten Befreiungsbewegung immer wieder Herrschaft reproduziert wird.

Die theoretischen und praktischen Kämpfe gegen eine »Einheit durch Herrschaft« oder »Einheit durch Inkorporation« – d.h. der heißersehnte Sieg über den einen Gott mit seiner treuergebenen oder auch ketzerischen Zivilisation – haben nicht nur die Rechtfertigung von Patriarchat, Kolonialismus, Humanismus, Positivismus, Essenzialismus, Szientismus und andere nicht zu betrauernde -ismen unterminiert, sondern – Ironie der Geschichte – auch die Ansprüche auf einen gemeinsamen Standpunkt und ein gemeinsames Ziel, basierend auf einer gemeinsamen Aktion. In einem qualvollen Prozess sind wir uns bewusst geworden, was es heißt, einen historisch konstituierten Körper zu haben. Doch ohne Unschuld, ohne Ursprung keine Vertreibung aus dem Paradies. Mit dem Verlust naiver Unschuld verliert unsere Politik auch ihren Schuldkomplex. Aber wie könnte eine andere politische Utopie aussehen? Wie unsere Politik, wenn sie die brüchigen, widersprüchlichen, ewig unabgeschlossenen Konstruktionen des individuellen und kollektiven Selbst aufnehmen und dennoch wirksam bleiben will – und sozialistisch-feministisch? Wir können unsere Körper nicht mehr heiligsprechen, aber wir können sie nach wie vor in die Welt einschreiben.

Ich kenne keine Zeit, in der Einigkeit gegen Herrschaft von Rasse, Geschlecht, Staat und Klasse so nötig war, aber auch keine Zeit, in der die Art von Einheit, die wir jetzt aufbauen könnten, möglich gewesen wäre. Keine von »uns« kann »denen« Vorschriften mehr machen. Die alten Konzepte, »sie« zu organisieren, sind angesichts der weltweiten Kämpfe gegen Klassen-, Geschlechts- und Rassenunterdrückung anachronistisch und ineffektiv geworden. Aber im Verschwinden alter Identitäten und Strategien öffnet sich die Möglichkeit, etwas Neues zu weben, etwas anderes als das Leichentuch für die Zeit nach der Apokalypse erfüllter Herrschaft.

Doch mit der Befreiung von alten Doktrinen, der vergnüglichen Erkenntnis unserer fließenden Identitäten und der Möglichkeit, neue politische Realitäten zu bauen – wie im Falle der komplizierten, wunderbaren und widersprüchlichen Praxen der »Grünen« in der BRD, der Frauen von Greenham Common in England und der Livermore Action Group in den USA[2] –, gehen neue, komplexere Probleme einher. Die materiellen Grundlagen unseres zunehmend fließenden Zustandes hängen aufs Engste zusammen mit den Grundlagen für ganz neue Herrschaftsstrukturen in Staat, Militär, Industrie, sexueller und imperialistischer Ordnung. Klasse, Rasse und Geschlecht werden in multinationalen, wissenschaftlich gestützten Ausbeutungsverhältnissen neu entworfen; die Auswirkungen reichen bis in unsere intimsten Lebensbereiche im Alltag und beeinflussen die Worte und Bilder, nach denen wir leben und uns die Welt erklären.

Zwei dieser neuen wissenschaftlich-technologischen Universen sind die Kommunikations- und Biotechnologien. Sie haben ein gemeinsames Merkmal: die Übersetzung der Welt in ein Codierungsproblem, in einer Suche nach einer gemeinsamen Sprache, einem Universalschlüssel, der alles einer instrumentellen Kontrolle unterwirft und durch den alle Heterogenität auseinandergenommen, neu zusammengesetzt, eingeschlossen und ausgetauscht werden kann. Die Logik dieser Art Praxis und Erkenntnis nenne ich die *Informatik der Herrschaft*. Die Welt wird ein Brettspiel: Alles ist nur ein Zug, gewinnen heißt im Spiel bleiben, widerstehen heißt erfolgreich kommunizieren, vorteilhaft reproduzieren, glaubwürdig genug zurückschlagen. Das ist vielleicht nichts Neues, nur die übliche Tendenz zum Reduktionismus, der für die kapitalistische Integration so angenehm ist. Aber Ausmaß und Gewalt sind neu und die Auswirkungen für Frauen enorm.

Kommunikations- und Biotechnologien sind die entscheidenden Werkzeuge zum Umbau unserer Körper. Technologien (und wissenschaftliche Diskurse) können teilweise als Formationen verstanden werden, d.h. als gefrorene Momente einer fließenden sozialen Interaktion, die sie konstituiert. Aber sie sollten auch als Instrumente zur Durchsetzung von Bedeutungen betrachtet werden. Kommunikationswissenschaft und Biologie sind Konstruktionen natürlich-technischer Erkenntnisobjekte, in denen die Unterschiede zwischen Maschine und Organismus durch und durch verwischt sind – Geist, Körper und Werkzeug sind aufs Innigste vereint. Die materielle Organisation von Produktion und Reproduktion des alltäglichen Lebens

---

2 Diese Gruppe führt seit Ende der 1970er Jahre immer wieder gewaltfreie Blockaden der Livermore Laboratories durch, riesiger Forschungsinstitute zum Bau von Atomraketen in der Nähe von San Francisco.

ist davon ebenso betroffen wie die symbolische Organisation von Produktion und Reproduktion des Kulturellen und der Vorstellungswelten. Nie zuvor waren die Bilder von Basis und Überbau, öffentlich und privat oder materiell und ideell so kraftlos. Sie können die Grenzen notwendiger Theorie nicht abstecken.

Ich möchte in diesem Artikel ein Bild von der Reichweite der gesellschaftlichen Veränderungen zeichnen, wie sie mit der Entwicklung der Biotechnologie, insbesondere der Gentechnologie einhergehen. Wenn ich im Folgenden zur Kennzeichnung dieser Beziehungen die merkwürdige Umschreibung »gesellschaftliche Wissenschafts- und Technologieverhältnisse« benutze, dann um klar auszudrücken, dass es mir hier nicht um einen technizistischen Determinismus geht, sondern um ein historisch gewordenes System, das durch die strukturellen Beziehungen der Menschen untereinander bestimmt wird. Außerdem soll diese Formulierung darauf hinweisen, dass Wissenschaft und Technologie neue Machtquellen bilden und dass wir daher selbst aus neuen Quellen theoretischer und politischer Praxis schöpfen müssen.

Gentechnologie – ein Schöpfungsmythos

»Genetic engineering« ist eine seltsame Wortkombination, geladen mit impliziten und expliziten Bedeutungen.[3] Es ist ein Science-Fiction-Ausdruck, der den Triumph phallogozentrischer Begierde suggeriert, den Triumph, die Welt neu zu erschaffen ohne die Vermittlung fleischlicher Frauenkörper. Es deutet auf das Ende zwischenmenschlicher Sexualität, auf die Herrschaft masturbatorischer Rationalität in ihrer entwurzelten, permanent pornografischen Form. »Engineering« ist mit dem Mythos einer Neuschöpfung verbunden, dem Mythos eines radikalen Neuentwurfs und grundsätzlicher Kontrolle. Die Technisierung der Natur ohne jede natürliche oder göttliche Schranke gehört zu den übermächtigen mythologischen Gebilden unserer Geschichtsschreibung über die »wissenschaftlich-technische Revolution«. Populärwissenschaftliche Schriften über Gentechnologie beziehen sich oft und ausdrücklich auf die jüdisch-christlichen Geschichten über den

3 »Genetic engeneering« wird auch im Deutschen allgemein als Fachterminus verwendet und unserer Entsprechung »Gentechnologie« oder gar »Genmanipulation« sogar vorgezogen (Anm. d. Übers.).

Ursprung aller Dinge, den Garten Eden, den Sündenfall, das fleischgewordene Wort – nur dass es diesmal das Wort des Mannes ist. Jungfräuliche Geburt, diesmal ohne Frauen; aus dem griechischen Mythos entstiegene Chimären; Retortenbabys, geklont für eine Technokratie; das Kind als Spezialanfertigung; der achte Schöpfungstag … all diese Bilder werden durch Gentechnik oder Molekularbiologie im Allgemeinen heraufbeschworen. Gentechnologie verheißt das Ende aller Leiden, das Ende von Ursprungs-»Mängeln«, die Geburt ausschließlich fehlerloser Kinder (und ausschließlich fehlerloser Waren) in einer utopischen Welt vollkommener Selbstbeherrschung. Gentechnologie erscheint als die endgültige Kontrolle des »Lebens« durch die technische Meisterung des Ursprungs. Nichts geschieht, was nicht gewollt ward, nichts ist ein Geschenk, alles ist ein Austausch. Darüber hinaus scheint Gentechnologie Megaprofite zu ermöglichen, maßgeschneiderte Stoffe, die sofort vermarktet werden können im Interesse einer endgültigen Akkumulation, einer endgültigen Kapitalisierung. Medizin, Geschlecht und multinationales Kapital verschmelzen zu einem einzigen Albtraum, genannt die Verwirklichung des humanistischen Projekts, die Selbstschöpfung des Menschen in seinem eigenen Körper und der von ihm geschaffenen Welt. Nichts auf der Welt scheint imstande, der Macht der »Technologie« zu widerstehen, und die Technologie selbst erscheint als Verkörperung einer äußersten Macht.

Kein Wunder, dass eine ganz normale politische Diskussion über Gentechnologie nur schwer zu führen ist. Risiko und Nutzen abzuwägen scheint unpassend, der bürokratische Sprachgebrauch von Qualitätskontrolle, Verbraucherschutz und Umweltgefahren blendet einiges aus. Der blasse bioethische Diskurs kann die Natur dieser Macht nicht erfassen. Die Diskussion über Gentechnologie führt in einen Raum, in dem jede Aussage und jedes soziale Verhältnis den tabuisierten, verbotenen, letztendlich ersehnten Traum von Selbstverwirklichung und Selbstbestimmung wachruft. Sich mit Gentechnologie zu befassen ist, als liebte man seinen eigenen Computer, als legte man sein Schicksal in die Hände apokalyptischer Kräfte. Vielleicht überzeichne ich die mythische Furcht, die auf der Gentechnologie lastet, aber es ist, glaube ich, nicht möglich, die politischen Implikationen der »Biotechnologie« zu untersuchen, ohne für diese Echos sensibel zu sein. Gentechnologie produziert nicht nur Körper, sondern zwangsläufig auch Bedeutung. Beide Produktionen sind

Grund genug, unsere eigene biotechnologische Politik zu entwickeln, in sprachlichen und anderen Praxen. Um die Felder dieser Politik genauer bestimmen zu können, werde ich im Folgenden sowohl einige der jüngsten wissenschaftlich-technologischen Entwicklungen als auch einige politische Möglichkeiten skizzieren, die die Gentechnologie im Bereich der menschlichen Reproduktion (Geschlecht), der Landwirtschaft (Nahrung) und der Industrie (Arbeit) eröffnet.

Geschlecht, Reproduktion und Gentechnologie

Noch ist es unmöglich, genetische Missbildungen in menschlichen Embryos dadurch zu korrigieren, dass man neue Gene einpflanzt oder existierende verändert. DNS-Rekombinationstechniken könnten diese Art von Kontrolle im Prinzip ermöglichen. In Mäuseembryos, die in vergleichbaren Stadien wie menschliche Embryos waren, konnten Gene bereits erfolgreich eingesetzt und zur Wirkung gebracht werden. Aber eine verfeinerte genetische Kontrolle menschlicher Entwicklung ist wahrscheinlich völlig illusorisch – und das aufgrund der Weise, wie in der Molekularbiologie und der Entwicklungsbiologie geforscht wird und die geprägt ist durch neue kommerzielle gesellschaftliche Forschungsverhältnisse in den größten biomedizinischen Forschungsinstituten, einschließlich der Universitäten und Medizinfachschulen. Das tatsächliche »Design« eines menschlichen Embryos ist gegenwärtig ein Traum bzw. Albtraum; ihm steht ein wachsendes Forschungssystem entgegen, das auf schnelle Produktentwicklung ausgerichtet ist und das neben der technischen Virtuosität einer jungen Biologengeneration auch deren theoretische Verarmung hervorbringt. Diese Hypothese ist mit Sicherheit umstritten, aber sie gründet sich auf Daten, die die Molekularbiologie selbst produziert hat.

Während der letzten dreißig Jahre, seit Watsons und Cricks berühmter Abhandlung über die DNS-Struktur, ist es gelungen, ein detailliertes Verständnis der Molekularmechanismen genetischer Prozesse in Bakterien zu entwickeln. Forschungen innerhalb desselben Zeitraums haben den Verdacht erhärtet, dass genetische Systeme von Organismen wie den unseren, deren Chromosomen – anders als bei den kernlosen Bakterien – sich um einen Zellkern gruppieren, grundlegend komplexer sind. Isolierte Gene von Säugetieren können mittlerweile zur Produktion in bakteriellen Systemen gebracht werden, wo sie dann ein Produkt wie z.B. Insulin oder Interferon hervorbringen. Der geschätzte Markt für Interferon beläuft sich auf Billionen Dollar, vergleichbar den Industrien für Antibiotika, die nach dem Zweiten Weltkrieg aufgeblüht waren. Der Einsatz ist hoch, und der Konkurrenzdruck des Marktes zwingt dazu, der Erste zu sein, der den größten Teil des Marktes gewinnt und das Feld mit einer erfolgreichen Patentstrategie besetzt. Der Einstieg großer multinationaler Konzerne in die Molekularbiologie wie auch der Aufbau kleinerer hochtechnisierter Firmen haben das alte Verhältnis zwischen sogenannter reiner und angewandter Wissenschaft zerstört, das im Rahmen einer biomedizinischen Forschungsförderung aufgebaut worden war. Die Eile, mit der in Europa, den USA und Japan enge Verbindungen zwischen Industrie, Universität, Staat und Wissenschaftspolitik hergestellt wurden, setzte Laborleiter und Doktoranden stark unter Druck, auf den superschnellen Gleisen der Molekularbiologie mitzufahren. Dass dieser sich durchsetzende Stil biologischer Forschung ein grundlegendes Verständnis der Genetik weitestgehend verhindern wird, ist mehr als wahrscheinlich. Und »Stil« ist hier nur eine milde Umschreibung für nackte Marktgesetze.

Warum aber sollten Feministinnen und die Linke sich darum bekümmern, wenn die sozialen Verhältnisse in den aktuellen molekularbiologischen Praxen die Etablierung der radikalsten Form genetischer Kontrolle verhindern? Sollten wir nicht geradezu erleichtert sein, wenn sich die schnelle und tiefgreifende Kontrolle (im Unterschied zu bloß vereinzelten Gentherapien) menschlicher Reproduktion, die uns die Hightech-Propaganda verspricht, kaum bewahrheiten wird? Mitnichten, denn die Verflachung der biologischen Forschung, ihre linguistische (metaphorische) Verarmung, die Intensivierung ihrer sozialen Hierarchien, die Verengung des Verständnisses von Organismen seitens der Praktiker, die Beseitigung von Freiheiten in einer zentralen gesellschaftlich-institutionalisierten Praxis, die große Bereiche des täglichen Lebens ersinnt und neue Praxen schafft – all das ist kein Anlass zur Freude. Die differenzierte genetische Kenntnis der Entwicklung von Säugetieren ist kein Feind, sondern eine potenzielle Quelle intensiven intellektuellen und ästhetischen Vergnügens und ein mächtiges Instrument, um einige, vielleicht viele Menschen von Leiden zu befreien. Sich an der laufenden Verarmung der Biologie zu ergötzen, während sie in dieser engstirnigen Form an Macht gewinnt, gleicht der Weigerung, den wichtigen Unterschied zwischen einer Reagan- oder Thatcher-Regierung und einer liberalen Regierung unter kapitalistischen Bedingungen anzuerkennen. Es ist immens wichtig, aktiv für Forschungsstrukturen in Industrien, Universitäten, Krankenhäusern und Forschungsinstituten zu streiten, die Puffer gegen den Marktdruck gewährleisten; die begünstigen: eine Vielfalt an »Forschungsstilen«, das Experimentieren mit Sozialbeziehungen in den Laboren selbst, die Verknüpfung mit einer Vielzahl progressiver gesellschaftlicher Organisationen und Personengruppen, die spezifische Sorten wissenschaftlich-technischen Wissens benötigen (Gewerkschaften, Wissenschaftsläden, Arbeitsschutzaktivist*innen, Lehrer*innen, Forschungsgruppen zum Antimilitarismus, Umweltinitiativen), die Erforschung radikal anderer Metapher-Systeme, um die biologische Welt zu denken.

Wir scheinen, wie gesagt, weit entfernt zu sein von echten genetischen Eingriffen in Säugetier-Embryos (mit Ausnahme bestenfalls bescheidener Therapien für vereinzelte Genstörungen). Aber dafür werden andere Formen von Reproduktionstechnologien perfektioniert und in den westlichen Ländern, besonders in England, Australien und den Vereinigten Staaten, breit praktiziert: die künstliche Befruchtung außerhalb des Körpers (In-vitro-Fertilisation – IVF). Die Nachfrage nach IVF-unterstützten Schwangerschaften wird auf potenziell, d.h. ungeachtet der Finanzkraft, 35 000 Babys pro Jahr geschätzt. Zurzeit sind einige hundert solcher Babys unterwegs. Die Reagenzglas-Befruchtung gehört zur Infrastruktur einer jeden künftigen Gentechnologie. Es lohnt sich daher, einige politische Probleme zu studieren, die sich hieraus ergeben, auch um zu sehen, ob feministische Politik sich hier einen Stützpunkt bauen kann. Das Bild ist wenig erfreulich, obwohl IVF-Techniken einem völlig anderen Klassen- und Rassenschema folgen als die berühmt-berüchtigten Techniken der Geburtenkontrolle, bei denen Frauen aus der Unterschicht als Experimentierfelder dienten (z.B. die Anti-Baby-Pillen-Versuche bei Frauen in Puerto Rico). IVF ist teuer und nur über »profitorientierte« medizinische Institutionen zu erhalten. Einer Schätzung zufolge liegt der Preis für eine Einpflanzungsprozedur – angefangen vom Eignungstest bis zur Injektion des frühen Embryos – bei 5000 Dollar. Dieselbe Quelle beziffert die Kosten für die Behandlung, für

Lohnausfall, Wohnen in einem entfernten medizinischen Zentrum etc. auf ungefähr 35 000 Dollar bei einer fünfzigprozentigen Chance auf eine erfolgreiche Schwangerschaft. Die Krankenversicherung zahlt weder für die medizinischen Prozeduren und noch viel weniger für die notwendigen ergänzenden Ausgaben. Der Uterus einer Nachbarin wäre billiger zu mieten, aber wenn das Baby unbedingt eine Kopie von einem selbst sein soll, dann steht IVF zur Verfügung und ist weitgehend sicher. Ein Sieg für die Freiheit der Wahl. Mit IVF lässt sich das Geschlecht leicht auswählen, IVF bietet sich geradezu an, um Embryos für einen zukünftigen Gebrauch einzufrieren, und sie erlaubt – in den Worten eines Experten – »die Wahl des Gens von der Wahl des Gatten getrennt zu treffen« (Grobstein u. a. 1983, 129). Eine berufstätige Frau kann mit Hilfe des Einkommens eines berufstätigen Mannes (die Einkommen zweier berufstätiger Frauen würden wahrscheinlich nicht ausreichen) einen Embryo einfrieren, der aus ihren Eiern gemacht wird, während sie jung ist, um ihn dann später auszutragen. Zwar werden zurzeit einige staatliche Regulierungen von IVF-Praktiken entwickelt, aber grundsätzlich wird das Ganze als Sache einer privaten medizinischen Praxis angesehen, solange es innerhalb eines heterosexuellen und wohlsituierten Rahmens bleibt. Unverbindliche Richtlinien von 1979 des *Ethics Advisory Board* des Ministeriums für Gesundheit, Erziehung und Wohlfahrt in den USA wollen IVF-Praktiken auf verheiratete Paare beschränkt sehen. Das Ausmaß der dafür benötigten Expertise und teuren Maschinerie vereitelt Piraterie, wie sie eine Frauengesundheitsklinik in Oakland betreibt, die Lesben und solche Frauen künstlich befruchtet, die vom heterosexuellen Gesundheitssystem ausgeschlossen sind. Die heutigen IVF-Praktiken lassen Klassencharakter, Heterosexismus und den Warencharakter von Kindern in den sozialen und technischen Einrichtungen, die für die Gentechnologie ausschlaggebend sind, geradezu ins Auge springen.

Noch ein weiterer Bereich von Techniken in der gegenwärtigen Reproduktionstechnologie ist zugleich ein infrastruktureller Bestandteil jedweder gentechnologischen Zukunft: embryonale Diagnostik und Therapie, einschließlich der chirurgischen Behandlung. Auch hier stimmt das Bild, das sich bietet, alles andere als froh. So wird z.B. ein neuer Bluttest, mit dessen Hilfe man im Frühstadium der Schwangerschaft die Wahrscheinlichkeit von Störungen in der Entwicklung des

Nervensystems (sogenannte Neuralrohrdefekte) feststellen kann, in den USA gerade freigegeben, trotz der Einwände der Berufsverbände von Geburtshelfern und Kinderärzten, die befürchten, dass ungelernte Praktiker viele falsch positive Ergebnisse produzieren werden ohne Kenntnis der richtigen Nachfolgetests. Nun haben schwangere Frauen natürlich ein Interesse an möglichst frühzeitiger Diagnose schwerwiegender Missbildungen, zumal die Amniozentese (d.h. die Fruchtwassergewinnung zur Untersuchung der embryonalen Zellen darin), auf die Frauen über 35 jetzt noch angewiesen sind, erst im zweiten Trimenon (4.–6. Schwangerschaftsmonat) durchgeführt werden kann und enorme physische, moralische und emotionale Probleme mit sich bringt. Auch lehrt uns die Vergangenheit, Berufsverbänden zu misstrauen, die im Namen des Schutzes von Frauen ihre Qualifikationen monopolisieren. Aber wir müssen uns aus genauso guten Gründen vor einer kommerzialisierten und ausbeuterischen medizinischen Inkompetenz hüten, schon gar vor Quacksalberei – so gesehen haben medizinische Berufsverbände einen zweischneidigen Effekt. Im Verlauf dieser wichtigen Kontroverse gab es keine systematischen Anstrengungen, organisierte Frauengruppen in die Entscheidungsfindung einzubeziehen. Feministische Interventionen in all diese Entscheidungsprozesse sind absolut notwendig.

Embryonale Diagnostik ist eng verbunden mit embryonaler Therapie. Ähnlich wie Herzoperationen ist sie ein Prestigefeld für medizinische Heldentaten, die dem Arzt eine Menge Ruhm und Vermögen einbringen können. Wenn aber der Fötus operiert wird, wird die Frau logischerweise mitoperiert. Damit wird die Grenzlinie zwischen der Frau und ihrem Baby – die ohnehin reichlich strapaziert und komplex ist – zum Gegenstand des professionellen und kommerziellen Interesses einer machtvollen gesellschaftlichen Berufsgruppe. Wir müssen nicht erst an die Bösartigkeit von Ärzten glauben, um der Entwicklung einer feministisch-sozialistischen Medizinpolitik hier Priorität einzuräumen.

Vielleicht besteht die entscheidende Herausforderung von Gentechnologie und der damit verbundenen Reproduktionstechnologien darin, dass sie unser Vertrauen in die Naturhaftigkeit unserer Körper erschüttern, unsere Vorstellung davon, wo unsere Körper enden und die Umwelt oder andere Menschen beginnen. Die Unterscheidungen zwischen natürlich und künstlich erhalten in den modernen Naturwissenschaften eine vollkommen neue Struktur, und diese Verschiebungen werden sich in den Bereichen Geschlecht und Reproduktion grundlegend auf unsere Vorstellungswelten, auf unser Leben auswirken. Erfindungen auf dem Gebiet von Therapie und Diagnostik und eventuelle Neuentwürfe menschlicher Reproduktion sind allesamt technische Verkörperungen einer grundsätzlichen modernen materiellen Neuanordnung von Grenzen. Laufend machen Maschinen tiefer gelegene Körperräume sichtbar, ohne dass Schneiden oder plumpes Eindringen notwendig wären. Genetisches Material kann in Viren oder andere sub-mikroskopisch kleine Strukturen eingeschleust und tief in uns oder unsere Nachkommen eingesetzt werden. Ein künstlich hergestelltes Gen ist nicht wesentlich anders als ein »natürliches«; die Geschlechtlichkeit ist für die Reproduktion nicht mehr nötig, nicht einmal für Säugetiere; natürliche Einheiten sind nur noch verrückte, mystische Illusionen. Unnötig zu betonen, dass für Frauen bei der Konstruktion von Oberflächen, Grenzlinien und beim Zusammenhang von naturwissenschaftlich-technisch-medizinischen Gegenständen der Erkenntnis und der Praxis viel auf dem Spiel steht. Ich glaube nicht, dass wir Begriffe und Praxen brauchen, die sich auf die Illusion eines natürlichen Körpers beziehen. Ich glaube, dass wir die Vorstellungskraft und reale Macht brauchen, unsere eigenen Grenzlinien in die Welt zu zeichnen.

Natur als Produktionssystem – Gentechnologie bei der Umstrukturierung von Landwirtschaft und Industrie

Aus Platzgründen verbietet sich eine angemessene Auseinandersetzung mit diesen immens großen Bereichen der Gentechnologie; ebenso wie die Elektronik hat die Biotechnologie enorme Folgen für die Art und Weise, in der wir das herstellen, was wir essen, womit wir bauen oder was wir sonst wie zur Gestaltung unseres Lebens brauchen. Organismen sind keine besonderen natürlichen Einheiten, seien es nun Embryos, Pflanzen oder Bakterien. Sie sind je spezifische technologische Lösungen eines Produktionsproblems. Aus dem Studium des Kapitalismus und der industriellen Revolution haben wir gelernt, dass Technologien im Dienste der Verteilung und Konsolidierung von Macht innerhalb der besitzenden Klassen entwickelt wurden – Biotechnologie war und wird keine Ausnahme sein. Um die Bauweise dieser Technologie zu kämpfen heißt daher, um die grundlegenden Produktions- und Reproduktionssysteme des nächsten Jahrhunderts zu kämpfen. Ich werde im Folgenden nur ein paar Dimensionen dieser gerade in Entwicklung befindlichen neuen Technologien nennen.

Die größten Märkte für die Biotechnologien, unter denen die genetische Konstruktion die Startechnik ist, sind im Bereich der Chemie, der Landwirtschaft und der Energie zu erwarten. Die schwerfälligen Methoden der Grünen Revolution, die von Kreuzungen sich langsam geschlechtlich reproduzierender Organismen abhängen, werden den Weg frei machen müssen zugunsten gelenkter Mutationen und minutiöser Designs für die Menge spezifischer Nährstoffe, zum Beispiel einer bestimmten Aminosäure im Mais oder des Gesamteiweißgehalts einer anderen Getreideart. Stickstoffbindungskapazitäten und damit die Fähigkeit, Eiweiße aufzubauen, können prinzipiell einer Reihe von Nutzpflanzen zugesetzt werden, und offensive Forschungen sind hier bereits im Gange. Wenn die molekulare Basis der pflanzlichen Leistungsfähigkeit von der laufenden Forschung entschlüsselt ist, wird man den Wirkungsgrad von Licht- oder Nährstoffnutzung bis ins Feinste regulieren können. Die größten multinationalen Konzerne haben große agro-genetische Programme gestartet und Saatgutgesellschaften aufgekauft (so z.B. Shell, Occidental, Atlantic Richfield, Sandoz, Upjohn, Pfizer, Ciba Geigy, Union Carbide, Purex und ITT). Krankheitsresistenz kann eingebaut werden oder nicht, je nach dem Kosten-Nutzen-Verhältnis der jeweiligen Methode, die Heimtücke von Insekten, Pilzen oder Bakterien zu unterlaufen. Die Technologien der Grünen Revolution haben im Bündnis mit dem Großkapital Millionen von Bauern weltweit verdrängt und weitere Millionen in neue Formen der Abhängigkeit gestürzt. Die gegenwärtigen gesellschaftlichen Arrangements der Biotechnologie werden für Verdrängung und Abhängigkeiten in weit größerem Ausmaß sorgen. Das Ziel heißt Kapitalakkumulation, nicht Nahrung – für Sozialistinnen wohl kaum ein aufsehenerregender Fakt. Und angesichts der Tatsache, dass Frauen weltweit 50 Prozent der Subsistenznahrungsmittel produzieren, aber weder in der dritten noch in einer anderen Welt gleichberechtigt an den landwirtschaftlichen Entwicklungsprojekten beteiligt sind, sollte das Ganze für sozialistische Feministinnen besonders alarmierend sein. Die marktorientierte Landschaft wird beinahe ausschließlich von den Männern der herrschenden Klasse monopolisiert; Geschlecht wie Klasse sind ausschlaggebend.

Neben den Nahrungsmitteln sind noch andere Industrieprodukte in hohem Grad von der Gentechnik betroffen. Eine spezielle Enzymproduktion großen Ausmaßes könnte bei vielen industriellen Verfahren die Arbeitsanforderung radikal verändern, ebenso wie viele Aspekte der gesellschaftlichen Arbeitsteilung. Die Biotechnologie bietet zudem die Möglichkeit, besondere molekulare Werkzeuge für Kleinserienproduktion und -verarbeitung billig herzustellen, womit sich die Kosten so weit senken lassen, dass auch kleine Märkte profitabel beliefert werden können. Enge Bindungen zwischen Regierung, Industrie und Universität werden in der intensiven internationalen Konkurrenz den Ausschlag geben. Nach Ansicht eines Beobachters repräsentiert diese biotechnologische Industriestruktur die zukünftig allgemeingültige Form hochtechnologisierter Industrie (Horwitch 1983).

Der Grundgedanke meiner bisherigen Argumentation war: Die gesellschaftlichen Wissenschafts- und Technologieverhältnisse, wie sie in der Elektronik und Biotechnologie sichtbar werden, sind mächtige Techniken zur Intensivierung des Warencharakters aller Dinge, teilweise durch eine Verschiebung und Neuziehung grundlegender Grenzen, durch die die Gegenstände gesellschaftlich konstituiert werden. Zu diesen Gegenständen gehören wir selbst. Die Naturwissenschaft entwirft die Welt, markiert die Körper, schreibt ihre Wirklichkeiten ein. Dieser Vorgang ist von Anfang an politisch. Feministische Sozialistinnen müssen jetzt mehr denn je Autorinnen sein, nicht nur, indem wir die wichtige, aber beschränkte Rolle von Wissenschaftlerinnen übernehmen, sondern insbesondere dadurch, dass wir für Produktion und Reproduktion umfassende Rahmenbedingungen setzen. Ich denke, wir können nicht länger in einer »natürlichen« Welt leben, und ich denke, dass unsere stärksten sozialen Bewegungen durch die Berufung auf eine solche Welt nicht wachsen werden. Ob die Stärke der Friedensbewegungen bleibt, wird zum Teil davon abhängen, ob es ihnen gelingt, sehr viel detailliertere politisch-technologische Alternativen zu entwickeln, zu denen die massenweise verdrängten Völker der Welt Vertrauen fassen können. Die Berufung auf eine natürliche Welt ist nützlich, um Widerstand zu leisten, um aufzuhalten, um nein zu sagen; aber im späten 20. Jahrhundert kann sich daraus keine grundlegend neue Anordnung der Gegenstände unseres Wissens und unserer Praxis entwickeln. Sei es zum Guten oder zum Schlechten, unsere Form gesellschaftlicher Existenz hat den Dualismus von Natur und Naturwissenschaft, von natürlich und künstlich ständig verschoben.

Ambivalenzen, Politik und die Rekonstruktion von Teilganzen

Die meisten der strukturellen Umordnungen der gesellschaftlichen Wissenschafts- und Technologieverhältnisse sind enorm ambivalent, auch wenn ich in diesem Aufsatz die eher beunruhigenden Dimensionen hervorgehoben habe. Im Grunde fällt es mir schwer, deprimiert zu sein angesichts der Vorstellung einer strukturellen, permanenten und aktiven Beziehung der Frauen zu allen Aspekten von Arbeit, Wissensproduktion, Sexualität und Reproduktion. Ebenso wenig ist der Abbau von Grenzlinien zwischen Natur und Wissenschaft, zwischen dem Natürlichen und dem Künstlichen ein Grund zur Verzweiflung. Wir können vielmehr Hoffnung schöpfen, wenn sich Grundlagen für neue Formen von rasse-, geschlechts- und klassenübergreifender Einheit entwickeln, und zwar in dem Maße, wie diese elementaren Einheiten feministisch-sozialistischer Theorie selbst stets neue Transformationen durchlaufen. Andererseits muss die heute weltweit erfahrene und ständig zunehmende Not, die durch die neuen Wissenschafts- und Technologieverhältnisse hervorgerufen wird, eindeutig im Mittelpunkt stehen. Es ist nützlich, die eigenartige Perspektive im Hinterkopf zu haben, die sich meinem historischen Standpunkt verdankt – ein Doktorgrad in Biologie für ein katholisches Mädchen aus Irland –, der durch die Auswirkungen des *Sputnik* auf die US-amerikanische Bildungspolitik ermöglicht wurde. Mein Körper und meine Gedanken sind mindestens ebenso sehr durch das Wettrüsten nach dem Zweiten Weltkrieg und den Kalten Krieg geformt wie durch die Frauenbewegung. Wenn wir die widersprüchlichen Folgen einer Politik herausarbeiten, deren Ziel es ist, loyale amerikanische Technokraten zu produzieren, die aber auch eine Menge Dissidenten hervorbringt, lässt sich leichter Hoffnung schöpfen, als wenn wir hauptsächlich die Niederlagen einiger unserer feministisch-sozialistischen Visionen betrachten.

Zum Schluss möchte ich zweierlei versuchen: erstens einige Prioritäten genauer zu benennen, die besonders feministische Sozialistinnen setzen sollten, zweitens eine ironische Utopie politischer Identität zu skizzieren, in der die für Feministinnen besonders vielversprechenden Aspekte von Hightech-Visionen und -Verkörperungen gefeiert werden sollen.

Welche Bedeutung Technologie und Wissenschaft für Feministinnen in der Anti-AKW- und Umweltbewegung haben, liegt auf der Hand. Unsere Theorie muss über das gegenwärtig übermäßige Vertrauen auf solche Bilder von Frauen und Natur hinausgehen, die der gelebten Komplexität der damit zusammenhängenden Probleme nicht gerecht werden. Dabei sollten wir uns weniger darauf konzentrieren, Ansichten über Frau und Natur zurückzuweisen, die uns nervös machen, als darauf, unser Wissen über die gesellschaftlichen Neukonstruktionen von beidem, Frauen und Natur, in der hochtechnologischen gesellschaftlichen Ordnung zu vertiefen. Wenn sozialistische Feministinnen sich verstärkt der Analyse und politischen Organisation rund um die gesellschaftlichen Wissenschafts- und Technologieverhältnisse widmeten, würde das die Ideologien und Praxen des Ökofeminismus bereichern. Ich bezweifle, dass die Einsichten, die wir hier brauchen, am reichhaltigsten aus den Vorstellungen und Praxen von Geschlecht und Sexualität, Reproduktion, Mutterschaft und Nähren fließen. Wir müssen unser empirisches und theoretisches Wissen über den Platz der Frauen in der wissenschaftsbasierten Industrie, der Hausarbeitsökonomie, in den gesellschaftlichen Institutionen von Wissenschaft und Technologie vertiefen. Wir müssen genau wissen, wie die Politik des Technologietransfers in Länder der dritten Welt ethnische Gruppen und die Geschlechter unterschiedlich beeinflusst. Diese Politik betrifft besonders die Landwirtschaft. Wir müssen wissen, inwiefern die Aktivitäten der Weltgesundheitsorganisation den Zugang von Frauen zu medizinischen und wissenschaftlichen Kenntnissen und zur Kontrolle über die Grundlagen des öffentlichen Gesundheitssystems prägen. Wir müssen wissen, wie sich Ausbau und Standortverlagerung von wissenschaftsbasierter Industrie und Forschungsinstituten auf die Bildungsmöglichkeiten, das kulturelle Leben und den ökonomischen Status verschiedener Gruppen von Frauen, Kindern und Männern auswirken werden. Wir müssen Bescheid wissen über die komplexe Umverteilung von Wissen und Unwissen, die mit der schnellen Veränderung eines gesellschaftlichen Systems von Wissenschaft und Technologie einhergehen. Nur sehr wenige der Metaphersysteme, die uns für die Diskussion dieser Fragen derzeit zur Verfügung stehen, erlauben uns wahrzunehmen, wie wenig wir wirklich verstehen und wie wenig wir darauf vorbereitet sind, öffentlich wirksam in die Reformierung von Wissenschaft und Technologie einzugreifen.

Eine aktive feministische Neukonstruktion von Wissenschaft und Technologie verlangt, in Formen des Wissens und der Praxis einzutauchen, die für die meisten Frauen unangenehm sind, seien sie Feministinnen oder nicht. Aber ob wir wollen oder nicht, bei der Gestaltung der gesellschaftlichen Wissenschafts- und Technologieverhältnisse sind wir präsent und beteiligt. Im späten 20. Jahrhundert gibt es gar keine andere Wahl. Unsere Politik und unser Leben sind bestimmt durch wissenschaftlich begründete soziale Ordnungen – ob wir nun Büroangestellte in einem Waffenlabor sind, Ingenieurin im MX-Interkontinentalraketen-Projekt, »Hexe« im Santa-Rita-Gefängnis, die ein Waffenlabor blockiert hat, oder Angestellte in einem Lebensmittelgeschäft, die ein automatisiertes Lagersystem benutzt. Aber wir sollten weniger dienlich als vielmehr tonangebend sein bei der Strukturierung der Erkenntnisobjekte und der Formen gesellschaftlich-wissenschaftlicher Praxis. Wir brauchen viel: feministische Ethnografien wissenschaftlicher Praxis, eine Kulturtheorie entwickelter Technologien, Entwürfe möglicher feministischer Wissenschaft, kulturelle Produktionen wie Science-Fiction und feministische Filmerkundung zu Hightech-Phantasien.

Es gilt, starke Bündnisse zu knüpfen mit Gruppen, die bereits in Kämpfe um die gesellschaftlichen Wissenschafts- und Technologieverhältnisse verwickelt sind, so z.B. der Weltkirchenrat, Konversionsprojekte, Gewerkschaften, Arbeitsschutzorganisationen usw. Hightech-Benutzergruppen, einschließlich diverser Gruppen technologisch versierter Frauen, von denen manche sich als Feministinnen fühlen, könnten aussichtsreiche Organisationen sein, mit denen wir Bündnismöglichkeiten erkunden sollten und von denen wir einiges lernen können, was nicht in unsere gegenwärtigen Stereotypen passt. Organisationen, die sich selbst sozialistisch-feministisch nennen, müssen eine kohärente Wissenschafts- und Technologiepolitik entwickeln; feministische und sozialistische Zeitschriften wie bei uns in den USA etwa *Socialist Review*, *Feminist Studies* und *Radical America* müssen ermutigt werden, Theorien über Probleme und Praxen von Wissenschaft und Technologie zu entwickeln. Sozialistische Feministinnen könnten eine Menge dazu beitragen, alternative staatliche Haushaltspläne auszuarbeiten, nationale und internationale Analysen zur gesellschaftlichen Bedeutung von Biotechnologie und Kommunikationswissenschaften zu erstellen wie auch Programme für eine Wissenschafts- und Technologiepolitik, die Rasse-, Geschlechts- und Klassenzusammenhänge berücksichtigt, und eine breite öffentliche Diskussion anstoßen. Wir könnten die wissenschaftlich-technologischen Implikationen und Probleme in verschiedenen Wahlprogrammen und Gesetzesdebatten herausarbeiten. Die Friedensinitiative *Jobs with Peace Campaign* würde enorm bereichert durch ein sorgsam formuliertes Forschungs- und Technologieprogramm. Die Nationale Frauenorganisation könnte eine Taskforce einrichten, um für die Wahlen 1984 eine feministische Wissenschafts- und Technologiepolitik zu entwickeln. Es wäre hochinteressant, zusammen mit feministischen und anderen Organisationen daran zu arbeiten, wissenschaftlich-technologische Themen auf Fragen der Arbeit und Ernährung, Feminisierung der Armut, Gesundheit, Nachbarschaftsstrukturen, Bildung wirtschaftlicher Macht und Rassenhierarchien zu beziehen. Was wäre notwendig, um einige unserer Fragen in die nationale Diskussion über Wissenschaftspolitik einzubringen? Wenn es zutrifft, dass die materielle, symbolische und kulturelle Stellung von Frauen weltweit unseren historischen Moment zu einem Zeitfenster machen, wo wir besonders gute Ansatzpunkte haben könnten, um die gesellschaftlichen Wissenschafts- und Technologieverhältnisse zu verstehen, dann liegt es in unserer Verantwortung, sehr viel mehr zu tun als bisher.

Schließlich möchte ich mit einer Hightech-Utopie über Identität und Grenzlinien enden, die unsere Phantasie beflügeln könnte. Ich bin dabei Schriftsteller*innen wie Joanna Russ, Samuel Delaney, John Varley, James Tiptree, Jr., Octavia Butler, Monique Wittig, Vonda McIntyre und Marge Piercy zu Dank verpflichtet. Sie sind unsere Geschichtenerzähler*innen, die Vorlagen für die Neuerkundung dessen liefern, was es heißt, in Hightech-Welten zu leben. Sie sind die Theoretiker*innen der Cyborgs. Dank der Arbeiten der Anthropologin Mary Douglas (*Natural Symbols* und *Purity and Danger*) ist uns bewusst geworden, wie fundamental Körperbilder Weltsicht und politische Sprache bedingen und wie Konzepte von Körpergrenzen und Gesellschaftsordnung zusammenhängen. Französische Feministinnen wie Luce Irigaray und Monique Wittig wissen – bei aller Differenz –, wie der Körper zu schreiben ist, wie Erotik, Kosmologie und Politik aus Bildern des Körpers zu weben sind und – besonders bei Wittig – aus Bildern fragmentierter und wieder zusammengesetzter Körper. US-amerikanische Radikalfeministinnen wie Susan Griffin, Audre Lorde und Adrienne Rich haben unser aller politische Vorstellungen tief beeinflusst – vielleicht aber auch dazu beigetragen, unsere Vorstellung dessen, was wir als angenehme Körperbilder und politische Sprache akzeptieren, allzu sehr einzuengen. Sie bestehen auf dem Organischen und setzen ihm das Technologische entgegen. Ich vermute, dass im Zusammenbruch der sauberen Trennungen zwischen Organismus und Maschine Möglichkeiten liegen, die uns Feministinnen enorm bereichern könnten, würden wir sie nutzen. Was können wir lernen, wenn Politik und Personen technologisch »verunreinigt« werden?

In der westlichen Tradition haben sich bestimmte Dualismen hartnäckig gehalten; sie stehen alle in einem Systemzusammenhang zur Logik und Praxis der Herrschaft über Frauen, Farbige, Natur, Arbeiter, Tiere, kurz: der Herrschaft über alles Andere. Führend unter diesen Dualismen sind: selbst/andere, Geist/Körper, Kultur/Natur, männlich/weiblich, zivilisiert/primitiv, Wesen/Erscheinung, Ganzes/Teil, Schöpfer/Rohstoff, Macher/Gemachtes, aktiv/passiv, richtig/falsch, Wahrheit/Illusion, Totalität/Partialität, Gott/Mensch. Das Selbst ist das Eine, nicht Beherrschte, es weiß dies, weil das Andere ihm dient; das Andere ist dasjenige, dem die Zukunft gehört, es weiß dies aus der Erfahrung der Unterdrückung, die die Autonomie des Selbst Lügen straft. Eins sein heißt autonom sein, mächtig sein, Gott sein. Aber Eins sein heißt eine Illusion sein und damit in eine dialektische Apokalypse mit dem Anderen verwickelt zu sein. Anders sein heißt dagegen ein Vielfaches sein, ohne klare Grenzen, ausfransend, fadenscheinig, ohne Substanz. Eins ist zu wenig, aber zwei sind zu viel.

Die Hightech-Kultur stellt diese Dualismen auf hinterhältig-faszinierende Weise infrage. In der Beziehung zwischen Mensch und Maschine ist unklar, wer macht und wer gemacht wird. Bei Maschinen, die alles in Codierungspraxen zerlegen, ist unklar, was Körper und was Geist ist. Ich beobachte mit großem Vergnügen, wie traditionelle, weiße, westliche männliche Philosophen sich plötzlich mit dem Körper, dem Animalischen identifizieren, wenn sie ihre menschliche Identität durch die Entscheidungsprozesse eines Computers bedroht sehen. Mensch sein heißt für sie jetzt nicht mehr Geist, sondern Körper zu sein, weil die Maschine im 20. Jahrhundert den Geist in einer Weise zu bedrohen scheint, wie sie im 19. Jahrhundert den Körper bedrohte. Aber ich bleibe dabei: Insoweit wir uns selbst im formalen Diskurs (der Biologie) und in den alltäglichen Praxen wahrnehmen, entdecken wir uns als Cyborgs, Zwitterwesen, Mosaike, Chimären. Weiter oben habe ich argumentiert, dass vom Standpunkt der biologischen Wissenschaften her aus biologischen Organismen technologische biotische Systeme geworden sind. Biotische Systeme sind Kommunikationssysteme wie andere auch. In unserem formalen Wissen über Maschinen und Organismen, über das Technische und das Organische, gibt es keine fundamentale, ontologische Trennung. Eine Folge davon ist, dass unser Empfinden für die Verbindung mit unseren Werkzeugen wächst. Der Trancezustand, wie ihn viele Computerbenutzer*innen erfahren, ist Hauptthema von Science-Fiction-Filmen und Witzen über unsere Kultur geworden. Vielleicht haben Querschnittsgelähmte oder andere schwerbehinderte Menschen die intensivsten Erfahrungen einer Hybridisierung, einer komplexen Verschmelzung mit anderen Kommunikationssystemen. An der Wayne University versucht ein Hightech-Forschungsteam die vermittelnden Kommunikationsverbindungen bei Bewegungsabläufen zu verstehen, um nach einem Wirbelsäulenbruch wieder ein autonomes Laufen zu ermöglichen. Die Aufgabe besteht darin, an einem anderen Ort ein Signalsystem einzusetzen, das die querschnittartige Blockierung im Rückenmark umgeht. Anne McCaffreys Buch *The Ship Who Sang* erforscht das Bewusstsein eines Cyborgs, eines Zwitterwesens, bestehend aus dem Gehirn eines Mädchens und einer komplexen Maschinerie, die nach der Geburt des schwerbehinderten Kindes gebaut wurde. Geschlecht, Sexualität, Körper, Fähigkeiten – sie alle wurden in dieser Erzählung wiederhergestellt. Warum sollten unsere Körper an der Haut enden oder höchstens andere Wesen beinhalten, die ebenfalls in Haut eingeschlossen sind? Vom 17. Jahrhundert an konnten Maschinen zum Leben erweckt werden: Sie erhielten gespenstige Seelen, um sie zum Sprechen und Bewegen zu bringen oder über ihre rechte Entwicklung und geistigen Fähigkeiten Rechenschaft abzulegen. Oder Organismen konnten mechanisiert werden, auf einen Körper reduziert, der als Vehikel des Geistes verstanden wurde. Diese Maschine/Organismus-Beziehungen sind obsolet, unnötig. Für uns, in unserer Phantasie und in anderen Praxen, können Maschinen prothetische Einrichtungen sein, intime Glieder, ein liebevolles Ich. Wir brauchen keine organische Ganzheitslehre, die uns wasserdichte Ganzheit verleiht, die totale Frau und ihre feministischen Varianten (Mutanten?).

Das Bild des Cyborgs nicht länger als ein feindliches zu betrachten, hat einige Folgen. Unsere Körper, unser Leben; Körper sind Landkarten, in die Macht und Identität eingezeichnet sind. Cyborgs sind keine Ausnahmen. Ein Cyborg ist nicht unschuldig, es wurde in keinem Paradies geboren, es strebt keine einheitliche Identität an und bringt somit keine antagonistischen Dualismen ohne Ende (oder bis zum Ende der Welt) hervor; für es ist Ironie selbstverständlich. Eins ist zu wenig und zwei ist nur *eine* Möglichkeit. Die Lust am Können, an Maschinenpotenzen, hört auf, Sünde zu sein, wird ein Aspekt der Verkörperung. Die Maschine ist kein *Es* mehr, das zum Beseelen, Anbeten oder Beherrschen da ist. Die Maschine, das sind wir, unsere Vorgänge, ein Aspekt unserer Verkörperung. Wir können für Maschinen verantwortlich sein: *Sie* bedrohen oder beherrschen uns nicht. Wir sind verantwortlich für Grenzen, wir *sind* sie. Bis jetzt (es war einmal) schien weibliche Körperlichkeit gegeben, organisch, notwendig, und weibliche Körperlichkeit schien die Fähigkeit zur Mutterschaft samt ihren metaphorischen Verlängerungen zu sein. Nur indem wir da waren, wo wir nicht hingehörten, konnten wir intensive Freude am Umgang mit Maschinen erleben und mussten uns damit rechtfertigen, dass dies letztlich doch organische Tätigkeiten waren, angemessen für Frauen. Cyborgs werden die partiellen, fließenden Aspekte des biologischen Geschlechts und der geschlechtlichen Körperlichkeit vielleicht ernsthafter in Betracht ziehen. Gender ist vielleicht doch nicht die letzte Identität.

Die Cyborg-Metapher ermöglicht uns, die ideologisch aufgeladene Frage nach dem, was Alltagspraxis, was Erfahrung ist, neu zu stellen. Feministinnen haben letzthin behauptet, Frauen würden mehr zum Alltäglichen neigen, das tägliche Leben irgendwie mehr als Männer aufrechterhalten und daher eine potenziell privilegierte erkenntnistheoretische Position innehaben. Das ist verführerisch, macht es doch ungeachtete Tätigkeiten der Frauen sichtbar und erhebt sie zur Grundlage des Lebens. Zu *der* Grundlage des Lebens? Was ist mit all der Unwissenheit der Frauen, ihrer Ausschließung von Kenntnissen und Fähigkeiten, ihren entsprechenden Defiziten? Was mit dem Zugriff der Männer auf die Alltagskompetenz, auf das Wissen, wie man Sachen baut, auseinandernimmt, damit spielt? Was ist mit anderen Verkörperungen? Das Cyborg-Geschlecht ist eine lokale Möglichkeit, eine partielle Identität. Nichts treibt die Cyborgs dazu, eine totale Theorie zu entwickeln, aber sie besitzen ein feines Verständnis für Grenzen, ihre Errichtung und ihre Dekonstruktion.

Ein utopisches System harrt darauf, politische Sprache zu werden, um eine bestimmte Art des Blicks auf Wissenschaft und Technologie zu fundieren und die Informatik der Herrschaft infrage zu stellen. Mit Hilfe der Cyborg-Metapher lassen sich zwei zentrale Argumente dieses Aufsatzes ausdrücken:

1. Die Produktion einer universellen, totalisierenden Theorie ist ein Kardinalfehler; sie verfehlt den Großteil der Wirklichkeit, möglicherweise immer, mit Sicherheit jetzt.

2. Verantwortung für die gesellschaftlichen Wissenschafts- und Technologieverhältnisse zu übernehmen bedeutet, sich einer antiwissenschaftlichen Metaphysik, einer Dämonisierung der Technik zu verweigern.

Es bedeutet, die schwierige Aufgabe anzugehen, die Grenzlinien des Alltags neu zu ziehen und dabei mit anderen Teilverbindungen einzugehen, in eine ironische Kommunikation mit all unseren Teilen einzutreten. Es geht nicht nur darum, dass Wissenschaft und Technologie mögliche Mittel zur höchsten menschlichen Befriedigung sind und gleichzeitig eine Matrix komplexer Herrschaftsbeziehungen. Die Cyborg-Metapher kann uns einen Weg aus diesem Irrgarten der Dualismen weisen, mit denen wir uns bisher unsere Werkzeuge erklärt haben. Dies ist ein anderer Traum von einer gemeinsamen Sprache. Er umfasst ebenso das Bauen wie das Zerstören von Maschinen, Identitäten, Kategorien, Beziehungen, Räumen, Geschichten. Ich wäre lieber Cyborg als Göttin.

Übersetzt von Gabi Mischkowski und Nora Räthzel
unter Mitarbeit von Barbara Nemitz

Literaturverzeichnis

al-Hibri, Azizah (Hg.), o.J.: *Technology and Human Affairs*. St Louis Mosby

Ames, Bruce, 1983: »Dietary carcinogens and anticarcinogens«, in: *Science*, 221, S. 1256–1264

Anzaldúa, Gloria, 1987: *Borderlands, La Frontera: The New Mestiza*. San Francisco

Aptheker, Bettina, 1982: *Woman's Legacy: Essays on Race, Sex, and Class in American History*. Amherst

Arditti, Rita, u. a. (Hg.), 1980: *Science and Liberation*. Boston

Arena-De Rosa, James, 1990: »Indigenous leaders host U.S. environmentalists in the Amazon, in: *Oxfam America News*, Summer/Fall, S. 1–2

Barad, Karen, 2007: *Meeting the Universe Halfway*. Durham, NC

Barinaga, Marcia, 1990: »A muted victory for the biotech industry«, in: *Science*, 249 (20. Juli)

Barrett, Michèle, 1980: *Women's Oppression Today*. London (*Das unterstellte Geschlecht*. Berlin/W. 1983)

Barthes, Roland, 1964: *Mythen des Alltags*. Frankfurt/Main

Bear, Laura, Karen Ho, Anna Tsing und Sylvia Yanagisako, 2015: »Gens: a Feminist Manifesto for the Study of Capitalism«. https://culanth.org/fieldsights/652-gens-a-feminist-manifesto-for-the-study-of-capitalism (letzter Abruf 7.6.2017)

Beauvoir, Simone de, 1952: *The Second Sex*. New York (*Das andere Geschlecht*. Reinbek 1951)

Bebel, A., 1990 (1879): *Die Frau und der Sozialismus*. Berlin

Bernal, Martin, 1987: *Black Athena. The Fabrication of Ancient Greece. 1785–1985*, Bd. 1. London

Bethel, Lorraine, und Barbara Smith (Hg.), 1979: *Conditions: Five. »The Black Women's Issue«*, H. 2, Nr. 2, Herbst 1979

Bhavnani, Kum Kum, und Margaret Coulson, 1986: »Transforming socialist feminism: The challenge of racism«, in: *Feminist Review*, 23

Bijker, W.E., T.P. Hughs und T. Pinch (Hg.), 1987: *The Social Construction of Technological Systems: New Directions in the Sociology and History of Technology*. Cambridge, MA

Bird, Elizabeth, 1987: »The social construction of nature: Theoretical approaches to the history of environmental problems«, in: *Environmental Review*, 11(4), S. 255–264

Bleier, Ruth, 1984: *Science and Gender*. New York

Bleier, Ruth (Hg.), 1986: *Feminist Approaches to Science*. New York

Blicksilver, Edith, 1978: *The Ethnic American Woman: Problems, Protests, Lifestyle*. Dubuque, IA

Bloor, David, 1976: *Knowledge and Social Imagery*. London

Bowker, Geof, 1993: »How to be universal: Some cybernetic strategies«, in: *Social Studies of Science,* 23, S. 107–127

Brighton Women in Science Group, 1980: *Alice through the Microscope*. London

Brown, Beverley, und Parveen Adams, 1979: »The feminine body and feminist politics«, in: *m/f*, 3, S. 35–57

Bryan, C., 1987: *The National Geographic Society: 100 Years of Adventure and Discovery*. New York

Bulkin, Elly, Minnie Bruce Pratt und Barbara Smith, 1984: *Yours in Struggle: Three Feminist Perspectives on Racism and Anti-Semitism*. New York

Bunyan, John, 1678: *The Pilgrim's Progress*. o.O. (dt.: *Eines Christen Reise nach der Seeligen Ewigkeit* ..., o.O. 1685)

Butler, Judith, 1993: *Bodies That Matter*. New York (dt. *Körper von Gewicht*, Jena 1995)

Callon, Michel, 1986: »Some elements of a sociology of translation: Domesticating of the scallops and the fishermen of St. Brieuc Bay«, in: Law (Hg.) 1986, S. 196–233

Callon, Michel, und Bruno Latour, 1982: »Unscrewing the Big Leviathan. How do actors macro-structure reality and how do sociologists help them do so?«, in: K. Knorr und A. Cicourel (Hg.), *Advances in Social Theory and Methodology*. London

Callon, Michel, und Bruno Latour, 1992: »Don't throw the baby out with the bath school!«, in: Pickering (Hg.) 1992, S. 343–368

Canguilhem, Georges, 1989: *La connaissance de la vie*. Paris

Carby, Hazel V., 1987: *Reconstructing Womanhood: The Emergence of the Afro-American Woman Novelist*. New York

Card, Orson Scott, 1986: *Speaker for the Dead*. New York

Carter, Harriet, 1889: »Sojourner Truth«, in: *Chautauquan*, 7, Mai

Chodorow, Nancy, 1978: *The Reproduction of Mothering: Psychoanalysis and the Sociology of Gender*. Los Angeles (*Das Erbe der Mütter*. München 1985)

Christian, Barbara, 1985: *Black Feminist Criticism*. New York

Clarke, Adele, und Joan Fujimura (Hg.), 1992: *The Right Tools for the Job*. Princeton, NJ

Clifford, James, 2013: *Returns: Becoming Indigenous in the Twenty-first Century*. Cambridge, MA

Cohn, C., 1987: »Sex and death in the rational world of defense intellectuals«, in: *Signs*, 12(4), S. 687–718

Collins, H.M., 1985: *Changing Order: Replication and Induction in Scientific Practice*. Beverly Hills

Combahee River Collective, 1978: »A black feminist statement«, in: Eisenstein (Hg.) 1978, S. 362–372

Committee for Abortion Rights and Sterilization Abuse, 1979: *Women under Attack: Abortion, Sterilization, and Reproductive Freedom*. New York

Coward, Rosalind, 1983: *Patriarchal Precedents: Sexuality and Social Relations.* London

Crimp, Douglas, 1983: »On the museum's ruins«, in: H. Foster (Hg.), *The Anti-Aesthetic: Essays on Postmodern Culture.* Port Townsend, WA, S. 43–56

Crimp, Douglas, und A. Rolston, 1990: *AIDSDEMOGRAPHICS.* Seattle

Davis, Angela, 1981: *Women, Race, and Class.* New York

Dawkins, Richard, 1978: *Das egoistische Gen.* Berlin/W-Heidelberg-New York (*The Selfish Gene,* New York 1976)

Dawkins, Richard, 1982: *The Extended Phenotype: The Gene as a Unit of Selection.* London

De Lauretis, Teresa, 1984: *Alice Doesn't.* Bloomington, IN

De Lauretis, Teresa, 1985: »The violence of rhetoric: Considerations on representation and gender«, in: *Semiotica,* 54, S. 11–31

De Lauretis, Teresa, 1990: »Eccentric subjects«, in: *Feminist Studies,* 16 (Frühjahr)

Delphy, Christine, 1981: »For a materialist feminism«, in: *Feminist Issues,* 1(2), S. 69–76

Derrida, Jacques, 1983: *Grammatologie.* Frankfurt/Main

Despret, Vinciane, 2013: »Ceux qui insistent«, in: *Faire art comme on fait societé.* Hg. v. Didier Debaise u. a. Paris

Dickinson, David, 1983: »UNIDO hopes for biotechnology center«, in: *Science,* 221, S. 1351–1353

Duchen, Claire, 1986: *Feminism in France from May '68 to Mitterrand.* London

Duden, Barbara, 1991: *Der Frauenleib als öffentlicher Ort. Vom Mißbrauch des Begriffs Leben.* Hamburg u.a.

Easlea, Brian, 1981: *Science and Sexual Oppression: Patriarchy's Confrontation with Woman and Nature.* London

Editors of »Questions Feministes«, 1980: »Variations on some common themes«, in: *Feminist Issues,* 1/1, S. 3–22

Ehrenreich, Barbara, und Deidre English, 1978: *For Her Own Good: 150 Years of the Experts' Advice to Women.* New York

Eimerl, Sarel, und Irven DeVore, 1965: *The Primates* (*Life Nature Library*). New York

Eisenstein, Zillah, 1978: *Capitalist Patriarchy and the Case for Socialist Feminism.* New York

Eisenstein, Zillah, 1981: *The Radical Future of Liberal Feminism.* New York

Enaley, Burt D., u. a. (Hg.), 1983: »Expression of naphthalene oxidation genes in Escherichia coli. Results in the biosynthesis of indigo«, in: *Science,* 222, S. 167–169

Engels, F., 1884: *The Origins of the Family, Private Property and the State* (*Der Ursprung der Familie, des Privateigentums und des Staats,* in: MEW 21)

Epstein, Barbara, 1991: *Political Protest and Cultural Revolution: Nonviolent Direct Action in the Seventies and Eighties*. Berkeley, CA

Escoffier, Jeffrey, 1985: »Sexual revolution and the politics of gay identity«, in: *Socialist Review*, 82/83, S. 119–154

»Fauci gets softer on activists«, 1990, in: *Science*, 249, S. 244

Fausto-Sterling, Anne, 1985: *Myths of Gender: Biological Theories about Women and Men*. New York

Feminist Review 17, 1984: *Many voices, one chant: Black Feminist Perspectives*

Fernandez, Ramona, 1990: »Trickster Literacy: Multiculturalism and the (Re)Invention of Learning«. Qualifying essay, History of Consciousness, University of California at Santa Cruz (UCSC)

Figlio, Karl, 1978: »Chlorosis and chronic disease in 19th-century Britain: The social constitution of a somatic illness in capitalist society«, in: *Social History*, 3(2), S. 167–197

Figlio, Karl, 1979: »Sinister medicine? A critique of left approaches to medicine«, in: *Radical Science Journal*, 9, S. 44–69

Flax, Jane, 1983: »Political philosophy and the patriarchal unconscious: A psychoanalytic perspective on epistemology and metyphysics«, in: Harding und Hintikka (Hg.) 1983, S. 245–282

Flax, Jane, 1987: »Postmodernism and gender relations in feminist theory«, in: *Signs*, 12(4), S. 621–643

Flexner, Eleanor, 1959: *Century of Struggle: The Woman's Rights Movement in the United States*. Cambridge, MA

Foucault, Michel, 1978: *The History of Sexuality*, V. 1, Introduction. New York (*Sexualität und Wahrheit*. Bd. 1. Frankfurt/Main 1983)

Foucault, Michel, 1983: *Sexualität und Wahrheit I: Der Wille zum Wissen*. Frankfurt/Main (*Histoire de la sexualité I*. Paris 1976)

Frankenberg, Ruth, 1987: Growing up white: Feminism, racism, and the social geography of childhood (Manuskript)

Franklin, Sarah, 1993a: »Life Itself«. Paper delivered at the Center for Cultural Values, Lancaster University, June 9

Franklin, Sarah, 1993b: »Essentialism, which essentialism? Some implications of reproductive and genetic technoscience«, in: *Issues in Biological Essentialism Versus Social Constructionism in Gay and Lesbian Identities*. London, S. 27–39

Franklin, Sarah, 1995: »Romancing the helix: Nature and scientific discovery«, in: *Romance Revisited*. London, S. 63–77

Franklin, Sarah, Celia Lurie und Jackie Stacey (Hg.), 2000: *Global Nature, Global Culture*. London

Freud, Sigmund, 1927: »Fetischismus«, in: *Gesammelte Werke* XIV. London 1948, S. 511–517

Fuller, Steve, 1988: *Social Epistemology*. Bloomington, IN

Galdikas, Biruté, 1980: »Living with orangutons«, in: *National Geographic*, 157, 6, S. 830–853

Gallison, Peter, 1987: *How Experiments End*. Chicago

Gallup, Jane, 1982: *Feminism and Psychoanalysis*. New York

Gibson, William, 1986: *Newromancer*. New York

Giddings, Paula, 1984: *When and Where I Enter: The Impact of Black Women on Race and Sex in America*. New York

Gilbert, Olive, 1884: *Narrative of Sojourner Truth, a Northern Slave*. Battle Creek, MI (Neuauflage, New York 1968)

Gilbert, Scott F., und David Epel, 2015: *Ecological Developmental Biology*. Sunderland, MA

Gilligan, Carol, 1982: *In a Different Voice*. Cambridge, MA (*Die andere Stimme*. München, Zürich 1984)

Golub, Edward, 1987: *Immunology: A Synthesis*. Sunderland, MA

Goodall, Jane, 1965: »New discoveries among Africa's chimpanzees«, in: *National Geographic*, 127, S. 802–831

Goodall, Jane, 1971: *In the Shadow ofMan*. Boston, MA (dt.: *Wilde Schimpansen. Verhaltensforschung am Gombestrom*. Reinbek bei Hamburg 1991)

Goodfield, June, 1982: *An Imagined World*. London

Gordon, Linda, 1976: *Women's Body, Women's Right: A Social History of Birth Control in America*. New York

Gray, Chris, 1988: »Postmodern War«. Qualifying exam, History of Consciousness, UCSC

Greimas, A. J., 1966: *Sémantique Structurale*. Paris

Griffin, Susan, 1978: *Woman and Nature: The Roaring Inside Her*. New York (dt.: *Frau und Natur*. Frankfurt/Main 1987)

Grobstein, Clifford, Michael Flower und John Mendeloff, 1983: »External human fertilization: An evaluation of policy«, in: *Science*, 222, S. 127–133

Grossberg, Larry, Cary Nelson und Paula Treichler (Hg.), 1992: *Cultural Studies*. New York

Grossman, Rachel, 1980: »Women's place in the integrated circuit«, in: *Radical America*, 14(1), S. 29–50

Hacker, Sally, 1978: »Farming out the home: Woman and agribusiness«, in: *Science for the People*, 10(2), S. 15–28

Hacker, Sally, 1989: »The eye of the beholder: An essay on technology and eroticism«. Unveröffentlichtes Manuskript

Hacking, Ian, 1983: *Representing and Intervening*. Cambridge

Hafkin, Nancy, und Edna Bay (Hg.), 1976: *Women in Africa: Studies in Social and Economic Change*. Stanford, CA

Hakim, Danny, 2015: »Sex education in Europe turns to urging more births«, www.nytimes.com/2015/04/09/business/international/sex-education-in-europe-turns-to-urging-more-births.html (letzter Abruf 7.6.2017)

Haraway, Donna, 1976: *Crystals, Fabrics, and Fields: Metaphors of Organicism in Twentieth-Century Developmental Biology*. New Haven, CT

Haraway, Donna, 1979: »The biological enterprise: Sex, mind, and profit from human engineering to sociobiology«, in: *Radical History Review*, 20, S. 206–237

Haraway, Donna, 1981/82: »The high cost of information in post-World War II evolutionary biology: Ergonomics, semiotics, and the sociobiology of communications systems«, in: *Philosophical Forum*, XIII, Nr. 2–3, S. 244–278

Haraway, Donna, 1983: »Signs of dominance: From a physiology to a cybernetics of primate society, C.R. Carpenter, 1930–70«, in: *Studies in History of Biology*, 6, S. 129–219

Haraway, Donna, 1984: »Lieber Kyborg als Göttin! Für eine sozialistisch-feministische Unterwanderung der Gentechnologie«, in: B.P. Lange und A.M. Stuby (Hg.), *»1984«*. Berlin/W, S. 66–84 (frühe Fassung von Haraway 1985)

Haraway, Donna, 1985: »Manifesto for cyborgs: Science, technology, and socialist feminism in the 1980s«, in: *Socialist Review*, 80, S. 65–108 (dt.: »Ein Manifest für Cyborgs«, in: Donna Haraway, *Die Neuerfindung der Natur. Primaten, Cyborgs und Frauen*. Frankfurt/Main 1995, S. 33–72)

Haraway, Donna, 1988: »Situated knowledges: The science question in feminism as a site of discourse on the privilege of partial perspective«, in: *Feminist Studies*, 14(3), S. 575–599 (dt.: »Situiertes Wissen«, in: Donna Haraway, *Die Neuerfindung der Natur. Primaten, Cyborgs und Frauen*. Frankfurt/Main 1995, S. 73–97)

Haraway, Donna, 1989a: *Primate Visions: Gender, Race, and Nature in the World of Modern Science*. New York

Haraway, Donna, 1989b: »Technics, erotics, vision, touch: Fantasies of the designer body«. Talk presented at the meetings of the Society for the History of Technology, October 13.

Haraway, Donna, 1991: *Simians, Cyborgs and Women*. New York (dt.: *Die Neuerfindung der Natur. Primaten, Cyborgs und Frauen*. Frankfurt/Main 1995)

Haraway, Donna, 1992: »The Promises of Monsters: A Regenerative Politics for Inappropriate/d Others«, in: Grossberg, Nelson, Treichler (Hg.) 1992, S. 295–337

Harding, Sandra, 1983: »Why has the sex/gender system become visible only now?«, in: Harding und Hintikka (Hg.) 1983, S. 311–324

Harding, Sandra, 1986: *The Science Question in Feminism*. Ithaca, NY

Harding, Sandra, 1992: *Whose Science? Whose Knowledge? Thinking from Women's Lives*. Ithaca, NY (dt.: *Das Geschlecht des Wissens. Frauen denken die Wissenschaft neu*. Frankfurt/Main 1994)

Harding, Sandra (Hg.), 1993: *The ›Racial‹ Economy of Science*. Bloomington, IN

Harding, Sandra, und Merill Hintikka (Hg.), 1983: *Discovering Reality: Feminist Perspectives on Epistemology, Metaphysics, Methodology, and Philosophy of Science*. Dordrecht

Hartmann, Heidi, 1979: »The unhappy marriage of marxism and feminism: Towards a more progressive union«, in: *Capital and Class*, 8, S. 1–33

Hartmann, Heidi, 1981: »The unhappy marriage of marxism and feminism«, in: Sargent (Hg.) 1981, S. 1–42

Hartouni, Valerie, 1991: »Containing women: Reproductive discourse in the 1980s«, in: C. Penley und A. Ross (Hg.), *Technoculture*. Minneapolis, MN, S. 27–56

Hartsock, Nancy, 1983a: »The feminist standpoint: Developing the ground for a specifically feminist historical materialism«, in: Harding und Hintikka (Hg.) 1983, S. 283–310

Hartsock, Nancy, 1983b: *Money, Sex, and Power*. New York

Harvey, David, 1979: » Population, resources, and the ideology of science«, in: *Economic Geography*, 50, S. 256–277

Harvey, David, 1989: *The Condition of Postmodernity: An Enquiry into the Origins of Cultural Change*. Oxford

Haug, Frigga, 1982: »Erfahrung und Theorie«, in: *Das Argument* 136, S. 807–819

Haug, Frigga (Hg.), 1980: *Frauenformen. Alltagsgeschichten und Entwurf einer Theorie weiblicher Sozialisation*. Berlin/W.

Haug, Frigga (Hg.), 1983: *Sexualisierung der Körper. Frauenformen 2*. Berlin/W.

Haug, Frigga (Hg.), 1987: *Female Sexualization: A Collective Work of Memory*. London

Hawkes, Terence, 1977: *Structuralism and Semiotics*. Berkeley, CA

Hawkes, Terence, 1977: *Structuralism and Semiotics*. Berkeley, CA

Hayles, N. Katherine, 1990: *Chaos Bound: Orderly Disorder in Contemporary Literature and Science*. Ithaca, NY, S. 265–295

Hecht, Susanna, und Alexander Cockburn, 1989: *The Fate of the Forest: Developers, Destroyers, and Defenders of the Amazon*. New York

Helmreich, Stefan, 1995: *Anthropology Inside and Outside the Looking-Glass Worlds of Artificial Life*. Ph.D.diss., Stanford, CA

Hewitt, Marsha, 1993: »Cyborgs, drag queens, and goddesses: Emancipatory-regressive paths in feminist theory«, in: *Method and Theory in the Study of Religion*, 5(2), S. 135–154

Hochhauser, Steven J., 1983: »Bringing biotechnology to market«, in: *High Technology*, 3(2), S. 55–60

Holmes, Helen, B. Hoskins und M. Gross (Hg.), 1980: *Birth Control and Controlling Birth: Women-Centered Perspectives*. Clifton, NJ

Holmes, Helen, B. Hoskins und M. Gross (Hg.), 1981: *The Custom-Made Child? Women-Centered Perspectives*. Clifton, NJ

hooks, bell, 1981: *Ain't I a Woman: Black Women and Feminism*. Boston (Vorwort dt. in: *Das Argument*, 134, 1982)

hooks, bell, 1984: *From Margin to Center*. Boston, MA

Horkheimer, Max, und Theodor W. Adorno, 1969: *Dialektik der Aufklärung*. Frankfurt/Main

Horwitch, Mel, 1983: *Shifting Patterns for Corporate Strategy and Technology Management: The Rise of the Semiconductor and Biotechnology Industries*. Mitsubishi Bank Foundation Conference on Business Strategy and Technical Innovations. Ito City

Hubbard, Ruth, 1990: »Prenatal technologies and the experience of childbearing«, in: Ruth Hubbard, *The Politics of Women's Biology*. New Brunswick, NJ, S. 161–178

Hubbard, Ruth, M.S. Henifin und B. Fried (Hg.), 1979: *Women Look at Biology Looking at Women*. Cambridge, MA

Hubbard, Ruth, M.S. Henifin und B. Fried (Hg.), 1982: *Biological Woman: The Convenient Myth*. Cambridge, MA

Hull, Gloria, P.B. Scott und B. Smith (Hg.), 1982: *All the Women Are White, All the Men Are Black, But Some of Us Are Brave*. New York

Hurtado, Aida, 1989: »Relating to privilege: Seduction and rejection in the subordination of white women and women of color«, in: *Signs*, 14(4), S. 833–855

Illich, Ivan, 1982: *Gender*. New York

Irigaray, Luce, 1974: *Speculum: de l'autre femme*. Paris (dt.: *Speculum. Spiegel des anderen Geschlechts*. Frankfurt/Main 1980)

Jacob, François, 1974: *The Logic of Life*. New York

Jacobus, Mary, 1982: »Is there a woman in this text?«, in: *New Literary History*, 14, S. 117–141

Jacobus, M., Evelyn Fox Keller und Sally Suttleworth (Hg.), 1990: *Body/Politics: Women and the Discourse of Science*. New York

Jaggar, Alison, 1983: *Feminist Politics and Human Nature*. New York

Jameson, Fredric, 1972: *The Prison-House of Language: A Critical Account of Structuralism and Russian Formalism*. Princeton, NJ

Jaret, Peter, 1986: »Our immune system: The wars within«, in: *National Geographic*, 169(6), S. 701–735

Jasny, Barbara R., und Daniel Koshland Jr. (Hg.), 1990: *Biological Systems*. Washington D. C.

Jerne, N., 1985: »The generative grammar of the immune system«, in: *Science*, 229, S. 1057–1059

Jordan, June, 1981: *Civil Wars*. Boston, MA

Joseph, Gloria, und Jill Lewis, 1981: *Common Differences: Conflicts in Black and White Feminist Perspectives*. New York

Kaplan, Caren, 1987: *The Poetics of Displacement: Exile, Immigration, and Travel in Contemporary Autobiographical Writing*. Santa Cruz, CA

Karakotsios, Ken, 1992: *SimLife*. Orinda, CA

Keller, Evelyn Fox, 1979: »Gender and science«, in: *Psychoanalysis and Contemporary Thought*, 1, S. 409–433

Keller, Evelyn Fox, 1983: *A Feeling for the Organism*. San Francisco

Keller, Evelyn Fox, 1985: *Reflections on Gender and Science*. New Haven (dt.: *Liebe, Macht und Erkenntnis – Wie männlich ist die Wissenschaft?* München, Wien 1986)

Keller, Evelyn Fox, 1990: »From secrets of life to secrets of death«, in: Jacobus u. a. (Hg.) 1990, S. 177–191

Keller, Evelyn Fox, 1992: *Secrets of Life, Secrets of Death: Essays on Language, Gender and Science*. New York

Kessler, Suzanne, und Wendy McKenna, 1978: *Gender: An Ethnomethodological Approach*. Chicago

King, Katie, 1987: *Canons without Innocence*. Santa Cruz, CA

King, Katie, 1990a: »Bibliography and a feminist apparatus of literary production«, in: *Text*, 5, S. 91–103

King, Katie, 1990b: »Conversations: Some Travels of Theory in U.S. Feminism«. Publikationsvorschlag. Women's Studies, University of Maryland at College Park

King, Katie, 1994: *Theory in Its Feminist Travels: Conversations in U.S. Women's Movements*. Bloomington, IN

Kindel, Stephen, 1981: »Enzymes, the bioindustrial revolution«, in: *Technology*, 11/12, S. 62–74

Kitron, Uriel, und Brian Schultz, 1983: »Alternatives in agriculture. A report for the New World Agriculture Group«, in: *Science for the People*, 1/2, S. 25–30

Knorr-Cetina, Karin, 1981: *The Manufacture of Knowledge: An Essay on the Constructivist and Contextual Nature of Science*. Oxford (dt.: *Die Fabrikation von Erkenntnis*. Frankfurt/Main 1984)

Kollontai, Alexandra, 1977: *Selected Writings*. London

Kuhn, Annette, 1978: »Structures of patriarchy and capital in the family«, in: Kuhn und Wolpe (Hg.) 1978, S. 42–67

Kuhn, Annette, und AnnMarie Wolpe (Hg.), 1978: *Feminism and Materialism: Women and Modes of Production*. London

Langton, Christopher G. (Hg.), 1992: *Artificial Life II*. Proceedings of the Workshop on Artificial Life held February in Santa Fe, NM. Vol. X. Redwood City, CA

Latour, Bruno, 1983: »Give me a laboratory and I will raise the world«, in: Karin Knorr-Cetina und Michael Mulkay (Hg.), *Science Observed: Perspectives on the Social Study of Science*. London und Beverly Hills, S. 141–170

Latour, Bruno, 1987: *Science in Action: How to Follow Scientists and Engineers through Society*. Cambridge, MA

Latour, Bruno, 1990: »Postmodern? No, simply *a*modern! Steps towards an anthropology of science«, in: *Studies in the History and Philosophy of Science*, 21(1), S. 145–171

Latour, Bruno, 1992a: »One more turn after the social turn: Easing science studies into the non-modern world«, in: Ernan McMullin (Hg.), *The Social Dimensions of Science*. Notre Dame, IN, S. 272– 292

Latour, Bruno, 1992b: »Where are the missing masses: Sociology of a few mundane artefacts«, in: Wiebe Bijker und John Law (Hg.), *Shaping Technology – Building Society*. Studies in Sociotechnical Change. Cambridge, MA, S. 225–259

Latour, Bruno, 1998: *Wir sind nie modern gewesen. Versuch einer symmetrischen Anthropologie*. Frankfurt/Main (*Nous n'avons jamais été modernes*. Paris 1991)

Latour, Bruno, 2013: »Facing Gaïa: Six Lectures on the Political Theology of Nature«. Gifford Lectures, 18.–28. Februar 2013

Latour, Bruno, und Steve Woolgar, 1979: *Laboratory Life*. Beverly Hills, CA

Law, John (Hg.), 1986: *Power, Action, and Belief: A New Sociology of Knowledge*. London

Law, John (Hg.), 1991: A *Sociology of Monsters: Power, Technology and the Modern World*. Oxford

LeGuin, Ursula, 1989: »The carrier-bag theory of fiction«, in: D. du Pont (Hg.), *Women of Vision*. New York, S. 1–11

Lerner, Gerda (Hg.), 1973: *Black Women in White America: A Documentary History*. New York

Levidow, Les, und Robert M. Young (Hg.), 1981: *Science, Technology, and the Labour Process*. 2 Bde. London

Lewontin, Richard C., 1982: »Agricultural research and the penetration of capital«, in: *Science for the People*, 1/2, S. 12–17

Lewontin, Richard C., 1992: »The dream of the human genome«, in: *New York Review of Books*, May 28, S. 31–40

Lewontin, R.C., S. Rose und L.J. Kamin, 1984: *Not in Our Genes: Biology, Ideology, and Human Nature*. New York

Lim, Linda Y.C., 1978: *Women Workers in Multinational Corporations: The Case of the Electronics Industry in Malaysia and Singapore*. Michigan Occasional Papers, IX. Ann Arbor, MI

Linden, Robin Ruth, 1981: *The Social Construction of Gender: A Methodological Analysis of the Gender Identity Paradigm*. Santa Cruz, CA

Longino, Helen, 1990: *Science as Social Knowledge*. Princeton, NJ

Lorde, Audre, 1982: *Zami*. New York

Lorde, Audre, 1984: *Sister Outsider*. New York

Lowe, Donald, 1982: *The History of Bourgeois Perception*. Chicago

Lowe, Marian, und Ruth Hubbard (Hg.), 1983: *Woman's Nature: Rationalizations of Inequality*. New York

Lukács, Georg, 1923: *Geschichte und Klassenbewußtsein*. Berlin

Lynch, Michael, 1985: *Art and Artifact in Laboratory Science*. London

MacCormack, Carol, und Marilyn Strathern (Hg.), 1980: *Nature, Culture, Gender*. Cambridge

MacKinnon, Catherine, 1982: »Feminism, marxism, method, and the state: An agenda for theory«, in: *Signs*, 7(3), S. 515–544 (dt.: »Feminismus, Marxismus, Methode und der Staat: Ein Theorieprogramm«, in: Elisabeth List und Herlinde Studer (Hg.), *Denkverhältnisse*. Frankfurt/Main 1989)

Malthus, T.R., 1789: *An Essay on the Principle of Population, as it Affects the Future Improvement of Society*. London (dt.: *Versuch über die Bedingungen und Folgen der Volksvermehrung*, 1789)

Margulis, L., und D. Sagan, 1986: *Origins of Sex: Three Billion Years of Genetic Recombination*. New Haven, CT

Marks, Elaine, und Isabelle De Courtivron (Hg.), 1981: *New French Feminisms: An Anthology*. New York

Martin, Emily, 1992: »The end of the body?«, in: *American Ethnologist*, 19(1), S. 121–140

Marx, Eleanor, und E. Aveling, 1885/86: *The Woman Question*. London

Marx, Karl, 1960: *Der achtzehnte Brumaire des Louis Bonaparte*, MEW 8, S. 111–207

Marx, Karl, 1964: *Capital*, V. 1. New York (*Das Kapital*, Band 1, MEW 23)

Marx, Karl, *Das Kapital*, Erster Band (⁴1890), *Marx-Engels Werke*, Bd. 23. Berlin/DDR 1973 (zit. MEW 23)

Marx, Karl, 1964: *The Economic and Philosophic Manuscripts of 1844*. New York (*Ökonomisch-philosophische Manuskripte aus dem Jahre 1844*, MEW 40, EB 1)

Marx, Karl, 1972: *The Ethnological Notebooks (Studies of Morgan, Phear, Maine, Lubbock)*. Hg. und mit einem Vorwort von L. Krader. Assen

Marx, Karl, und Friedrich Engels, 1970: *The German Ideology*. London (*Die deutsche Ideologie*, MEW 3)

Marxist-Feminist Literature Collective, 1978: »Women's writing: Jane Eyre, Shirley, Villette, Aurora Leigh«, in: *Ideology and Consciousness*, 1(3), S. 27–48

Merchant, Carolyn, 1980: *The Death of Nature: Women, Ecology, and the Scientific Revolution*. New York (dtsch.: *Der Tod der Natur*. München 1987)

Minh-ha, Trinh T., 1986/87: »She, the inappropriate/d other«, in: *Discourse*, 8, S. 1–37

Minh-ha, Trinh T., 1989: *Woman, Native, Other: Writing Postcoloniality, and Feminism*. Bloomington, IN

Mitchell, Juliet, 1966: »Women: the longest revolution«, in: *New Left Review*, 40, S. 11–37

Mitchell, Juliet, 1971: *Women's Estate*. New York

Mitchison, Naomi, 1976 (1962): *Memoirs of a Spacewoman*. London

Mohanty, Chandra Talpade, 1984: »Under western eyes: Feminist scholarship and colonial discourse«, in: *Boundary*, 2(12) und 3(13), S. 333–358

Moi, Toril, 1985: *Sexual/Textual Politics*. London, New York

Moira, Fran, 1986: »New developments in prenatal diagnosis: pros and cons«, in: *Off our Backs, 6*

Mol, Annemarie, 1991: »Wombs, pigmentation, and pyramids. Should antiracists and feminists try to confine ›biology‹ to its proper place?«, in: A. van Lenning und J. Hermsen (Hg.), *Shaping Difference*. London

Money, J., und Anke Ehrhardt, 1974: *Man and Woman, Boy and Girl*. New York

Moore, Jason, 2015: *Capitalism in the Web of Life*. New York

Moore, Jason (Hg.), 2016: *Anthropocene or Capitalocene? Nature, History, and the Crisis of Capitalism*. Oakland, CA

Moore Lappe, Francis, und Joseph Collins, 1979: *Food First*. New York

Mora, Magdalena, und Adelaida R. del Castillo (Hg.), 1980: *Mexican Women in the U.S.: Struggles Past and Present*. Occasional paper Nr. 2 – Chicano Studies Research Center Publications, University of California. Los Angeles

Moraga, Cherrie, 1983: *Loving in the War Years*. Boston

Moraga, Cherrie, und Gloria Anzaldúa (Hg.), 1981: *This Bridge Called My Back: Writings by Radical Women of Color*. Watertown, MA

Morawski, J.G., 1987: »The troubled quest for masculinity, feminity, and androgyny«, in: *Review of Personality and Social Psychology*, 7, S. 44–69

Moskowitz, Milton, Michael Katz und Robert Levering, 1980: *Everybody's Business: The Irreverent Guide to Corporate America*. San Francisco

Mouffe, Chantal, 1983: »The sex-gender system and the discursive construction of women's subordination«, in: Sakari Hänninen, Leena Paldán und István Bessenyei (Hg.), *Rethinking Ideology: A Marxist Debate*. Berlin/W., S. 139–143

Mulvey, Laura, 1993: »Some thoughts on theories of fetishism in the context of contemporary culture«, in: *October*, 65, Summer, S. 3–20

Nash, June, und Helen Safa (Hg.), 1976: *Sex and Class in Latin America*. New York

Nelkin, Dorothy, und M. Susan Lindee, 1995: *The DNA Mystique: The Gene as a Cultural Icon*. New York

Nilsson, Lennart, 1976 (1967): *A Child is Born*. New York (dt.: *Ein Kind entsteht*. Gütersloh 1967)

Nilsson, Lennart, 1987: *Eine Reise in das innere unseres Körpers. Das Abwehrsystem des menschlichen Organismus*. Hamburg (engl. 1987: *The Body Victorious: The Illustrated Story of Our Immune System and Other Defenses of the Human Body*. New York)

Noske, Barbara, 1989: *Humans and other Animals: Beyond the Boundaries of Athropology*. London

O'Brien, Mary, 1981: *The Politics of Reproduction*. New York

Ortner, Sherry B., 1972: »Is female to male as nature is to culture?«, in: *Feminist Studies*, 1, S. 5–31

Ortner, Sherry, und Harriet Whitehead (Hg.), 1981: *Sexual Meanings: The Cultural Construction of Gender and Sexuality*. Cambridge

Oyama, Susan, 1985: *The Ontogeny of Information*. Cambridge

Patterson, Francine, 1978: »Conversations with a gorilla«, in: *National Geographic*, 154(4), S. 438–465

Pauli, Hertha, 1962: *Her Name was Sojourner Truth*. New York

Petchesky, Rosalind, 1987: »Fetal images: The power of visual culture in the politics of reproduction«, in: *Feminist Studies*, 13(2), S. 263–292

Pickering, Andrew (Hg.), 1992: *Science as Practice and Culture*. Chicago

Piercy, Marge, 1993: *Er, Sie und Es*. Dt. v. H. Zerning. Hamburg (*He, She, and It*. New York 1991)

Piercy, Marge, 1996: *Frau am Abgrund der Zeit*. Hamburg (*Woman on the Edge of Time*, New York 1976)

Pinch, Trevor, 1986: *Confronting Nature*. Dordrecht

Plank, William, 1989: »Ape and *Écriture*: The chimpanzee as post-structuralist«. Paper presented at the meetings of the Society forLiterature and Science, Ann Arbor, MI, 21–24 Sept.

Playfair, J., 1984: *Immunology at a Glance*. 3rd ed. Oxford

Pynchon, Thomas, 1973: *Gravity's Rainbow*. New York (dt.: *Die Enden der Parabel*. Üb. v. Elfriede Jelinek und Thomas Piltz, Reinbek 1981)

Rabinow, Paul, 1992: »Artificiality and enlightenment: From sociobiology to biosociality«, in: J. Crary und S. Kwinter (Hg.), *Incorporations*. New York, S. 234–252

Reiter, Rayna Rapp, 1975: *Toward an Anthropology of Women*. New York

Restivo, Sal, 1988: »Modern science as a social problem«, in: *Social Problems*, 35(3), S. 206–225

Revkin, Andrew, 1990: *The Burning Season*. New York

Roberts, Helen, 1981: *Women, Health and Reproduction*. London

Robinson, Kim Stanley, 2012: *2312*. London

Rosaldo, Michelle, 1980: »The use and abuse of anthropology«, in: *Signs*, 5, S. 389–417

Rosaldo, Michelle, und Louise Lamphere (Hg.), 1974: *Woman, Culture, and Society*. Palo Alto, CA

Rose, Hilary, 1983: »Hand, brain, and heart: Towards a feminist epistemology of the natural sciences«, in: *Signs*, 9(1), S. 73–90

Rose, Hilary, 1986: »Women's work: Women's knowledge«, in: Juliet Mitchell und Ann Oakley (Hg.), *What Is Feminism?* New York, S. 161–183

Rose, Hilary, 1990: »Science in three colours: Bernal and gender politics in the social studies of science«. Unveröffentlichtes Manuskript

Rouse, Joseph, 1987: *Knowledge and Power*. Ithaca, NY

Rouse, Joseph, 1992: »What are cultural studies of scientific knowledge?«, in: *Configurations*, 1, S. 1–22

Rubin, Gayle, 1975: »The traffic in women: Notes on the political economy of sex«, in: Reiter (Hg.) 1975, S. 157–210

Rubin, Gayle, 1984: »Thinking sex: Notes for a radical theory of the politics of sexuality«, in: Carol Vance (Hg.), *Pleasure and Danger*. Boston und London, S. 267–319

Said, Edward, 1978: *Orientalism*. New York

Salaff, Janet, 1981: *Working Daughters of Hong Kong*. London

Sandoval, Chela, o.J.: *Women Respond to Racism*. Oakland

Sandoval, Chela, 1990: »Feminism and racism, in: G. Anzaldúa (Hg.), *Making Face, Making Soul: Haciendo Caras*. San Francisco, S. 55–71

Sargent, Lydia (Hg.), 1981: *Women and Revolution: A Discussion of the Unhappy Marriage of Marxism and Feminism*. Boston

Sayers, Janet, o.J.: *Biological Politics: Feminist and Anti-Feminist Perspectives*. London

Sayre, Anne, 1975: *Rosalind Franklin and DNA*. New York

Schiebinger, Londa, 1989: *The Mind Has No Sex?* Cambridge

Shapin, Steve, und Simon Schaffer, 1985: *Leviathan and the Air-Pump*. Princeton, NJ

Skurnick, Lizzie, 2015: *That Should Be a Word*. New York

Smith, Barbara (Hg.), 1983: *Home Girls: A Black Feminist Anthology*. New York

Smith, Dorothy, 1974: »Women's perspective as a radical critique of sociology«, in: *Sociological Inquiry*, 44(1), S. 7–13

Sofia, Zoë, 1984: »Exterminating fetuses: Abortion, disarmament, and the sexo-semiotics of extraterrestrialism«, in: *Diacritics*, 14(2), S. 47–59

Sofia, Zoë, 1992: »Virtual corporeality: A feminist view«, in: *Australian Feminist Studies*, 15, S. 11–24

Sofoulis, Zoë, 1987: *Lacklein* (Manuskript)

Spillers, Hortense, 1987: »Mama's baby, Papa's maybe: An American grammar book«, in: *Diacritics*, 17(2), S. 65–81

Spivak, Gayatri, 1985: »Three women's texts and critique of imperialism«, in: *Critical Inquiry*, 12(1), S. 243–261

Star, Susan Leigh, 1991: »Power, technology, and the phenomenology of conventions: On being allergic to onions«, in: Law (Hg.) 1991, S. 26–56

Star, Susan Leigh, 1994: »Misplaced concretism and concrete situations: Feminism, method and informations technology«. Gender-Nature-Culture Working Paper, Odense/Dänemark

Star, Susan Leigh, und James R. Griesemer, 1989: »Institutional ecology, ›translations‹, and boundary objects«, in: *Social Studies of Science*, 19, S. 387–420

Stark, Evan, 1982: »What is medicine?«, in: *Radical Science Journal*, 12, S. 46–89

Stepan, Nancy, 1986: »Race and gender: The role of analogy and science«, in: *Isis*, 77, S. 261–277

Stoller, Robert, 1968 u. 1976: *Sex and Gender*. Bd. 1 u. 2. New York

Stone, Allucquére R., 1990: »Following Virtual Communities«. Unveröffentlichtes Manuskript, History of Consciousness, UCSC

Strathern, Marilyn, oJ.: »Between Things: A Melanesianist's Comment on Deconstructive Feminism«. Unveröffentlichtes Manuskript

Strathern, Marilyn, 1988: *The Gender of the Gift. Problems with Women and Problems with Society in Melanesia*. Berkeley, CA

Strathern, Marilyn, 1990: *The Gender of the Gift: Problems with Women and Problems with Society in Melanesia*. Oakland, CA

Strathern, Marilyn, 2013: »Shifting Relations«, Aufsatz für den Emerging Worlds Workshop, University of California Santa Cruz, 8. Februar 2013

Strum, Shirley, 1975: »Life with the pumphouse gang. New insights into baboon behavior«, in: *National Geographic*, 147(5), S. 672–691

Strum, Shirley, 1987: *Almost Home: A Journey into the World of Baboons*. New York

Sun, Marjorie, 1983: »FDA draws criticism on prenatal test«, in: *Science*, 221, S. 440–442

Terry, Jennifer, 1989: »The body invaded: medical surveillance of women as reproducers, in: *Socialist Review*, 19(3), S. 13–43

The Woman Question: Selected Writings of Marx, Engels, Lenin and Stalin. New York, 1951

Thorne, Barrie, und N.H. Henley (Hg.), 1975: *Language and Sex: Difference and Dominance*. Rowley, MA

Timmerman, Col. Frederick, 1987: »Future warriors«, in: *Military Review*, Sept., S. 44–55

Traweek, Sharon, 1988: *Beamtimes and Lifetimes: The World of High Energy Physics*. Cambridge

Traweek, Sharon, 1992: »Border crossings: Narrative strategies in science studies and among physicists in Tsukuba Science City, Japan«, in: Pickering (Hg.) 1992, S. 429–465

Treichler, Paula, 1987: »AIDS, homophobia, and biomedical discourse: an epidemic of signification«, in: *Discourse*, 8, S. 3–38

Tsing, Anna, 2015a: »Feral Biologies«, Beitrag für die Konferenz Anthropological Visions of Sustainable Futures, University College London, Februar 2015

Tsing, Anna, 2015b: *The Mushroom at the End of the World: On the Possibility of Life in Capitalist Ruins*. Princeton, NJ

Turner, T., 1990: »Visual media, cultural politics, and anthropological practice: Some implications of recent uses of film and video among the Kaiapo of Brazil«, in: *Commission on Visual Anthropology Review*, Spring

Turshen, Meredith, 1977: »The impact of colonialism on health and health services in Tanzania«, in: *International Journal of Health Services*, 7(1), S. 7–35

van Dooren, Thom, 2014: *Flight Ways: Life and Loss at the Edge of Extinction*. New York

Varley, John, 1986: »Press Enter«, in: John Varley, *Blue Champagne*. New York

Vessels, Jane, 1985: »Koko's kitten«, in: *National Geographic*, 167(1), S. 110–113

Virilio, Paul, und Sylvère Lotringer, 1983: *Pure War*. New York

Walker, Alice, 1983: *In Search of Our Mothers' Gardens*. New York

Walsh, John, 1983: »Bell labs on the brink«, in: *Science*, 221, S. 1267–1269

Ware, Celestine, 1970: *Woman Power*. New York

Watson-Verran, Helen, 2004: »Re-negotiating What's Natural«. Paper presented at the Meeting of the Society for Social Studies of Science, New Orleans, October 12–15, 2004

Weaver, Kenneth, 1961: »Countdown for space«, in: *National Geographic*, 199(5), S. 702–734

Weinbaum, Batya, 1978: *The Curious Courtship ofWomen's Liberation and Socialism*. Boston

Weir, David, und Mark Shapiro, 1981: *Circle of Poison*. San Francisco

Wersky, Gary, 1978: *The Invisible College: The Collective Biography of British Socialist Scientists in the 1930s*. London

West, Candance, und D.H. Zimmermann, 1987: »Doing gender«, in: *Gender and Society*, 1/2, S. 125–151

Westerveld, Bab, 1979: *Cat's Cradle and Other String Figures*. New York

Whitehead, Alfred North., 1979: *Prozess und Realität. Entwurf einer Kosmologie*. Üb. v. H.G. Holl. Frankfurt/Main (*Process and Reality*. New York 1929)

Whitehead, Alfred North, 1984: *Wissenschaft und moderne Welt*. Üb. v. H.G. Holl. Frankfurt/Main (*Science and the Modern World*. New York 1925)

Wilson, Edward O., 1978: *On Human Nature*. Cambridge, MA (dt.: *Biologie als Schicksal,* Frankfurt am Main, Berlin, Wien 1980)

Wilson, Johnny L., 1991: *The SimEarth Bible*. Berkeley, CA

Wilson, Kalpana, 2015: »The ›new‹ global population control policies: Fueling India's sterilization atrocities«, in: *DifferenTakes*, 87, Winter, https://dspace.hampshire.edu/bitstream/10009/940/1/popdev_differentakes_087.pdf (letzter Abruf: 7.6.2017)

Winner, Langdon, 1986: »Do artifacts have politics?«, in: Langdon Winner, *The Whale and the Reactor: A Search for Limits in an Age of High Technology*. Chicago, S. 19–39

Wittig, Monique, 1973: *The Lesbian Body*. New York (dt.: *Aus deinen zehntausend Augen Sappho*. Berlin 1977)

Wittig, Monique, 1981: »One is not born a woman«, in: *Feminist Issues*, 2, S. 47–54

Women and Class Struggle in America, 1977: Sonderheft *Latin American Perspectives*, 4(1/2)

Women and National Development, 1977: Sonderheft *Signs,* 3(1)

Women and Science Collective, 1980: *Alice through the Microscope: The Power over Women's Lives*. London

Women's Resource Center, 1979: »University of Montana, Missoula, MT, Women and Technology: Deciding What's Appropriate«. Conference Proceedings

Woolgar, Steve (Hg.), 1988: *Knowledge and Reflexivity: New Frontiers in the Sociology of Knowledge*. Beverly Hills, CA

Wylie, Alison, Kathleen Okruhlik, Sandra Morton und Leslie Thielen-Wilson, 1990: »Philosophical feminism: A bibliographic guide to critiques of science«, in: *Resources for Feminist Research/Documentation sur la Recherche Féministe,* 19(2), S. 2–36

Wyman, Lillie B., 1901: »Sojourner Truth«, in: *New England Magazine*, März

Yates, Frances, 1964: *Giordano Bruno and the Hermetic Tradition.* London

Young, Iris, 1980: »Socialist feminism and the limits of dual system theory«, in: *Socialist Review,* 50/51, S. 169–188

Young, Iris, 1981: »Beyond the unhappy marriage: A critique of the dual systems theory«, in: Sargent (Hg.) 1981, S. 44–69

Young, Robert M., 1977: »Science is social relations«, in: *Radical Science Journal*, 5, S. 65–131

Young, Robert M., 1985: *Darwins Metaphor: Nature's Place in Victorian Culture.* Cambridge

Yoxen, Edward, 1981: »Life as a productive force: Capitalizing the science and technology of molecular biology«, in: Levidow und Young (Hg.) 1981, S. 66–122

Yoxen, Edward, 1983: *The Gene Business: Who Should Control Biotechnology.* London

Zetkin, Clara, 1928: *Zur Geschichte der proletarischen Frauenbewegung Deutschlands.* Nachdruck 1971, Frankfurt/Main.

Zimmer, Carl, 1990: »Tech in the jungle«, in: *Discover*, August, S. 42

Über die Autorin

Donna Jeanne Haraway, geb. 1944 in Denver, ist Naturwissenschaftshistorikerin, Biologin und Professorin für feministische Theorien und Technoscience. Mit einem Stipendium der Fulbright Foundation studierte sie Evolutionstheorie in Paris und promovierte 1972 an der Biologischen Fakultät der Yale University über die Bedeutung der Metapher in der Forschungsdefinition der Evolutionären Biologie des 20. Jahrhunderts. Donna Haraway hatte die erste explizit Feministischer Theorie gewidmete Professur in den USA inne. Sie lehrte an der University of Hawaii und an der Johns Hopkins University und zuletzt als Distinguished Professor Emerita an den Fachbereichen History of Consciousness und Feminist Studies der University of California in Santa Cruz Feministische Theorie und Technowissenschaften. 2000 erhielt Donna Haraway die höchste Auszeichnung der Society for Social Studies of Science (4S), den J.D. Bernal Award, für ihr Lebenswerk.

Quellennachweise

»Anthropozän, Kapitalozän, Plantagozän, Chthuluzän«: »Anthropocene, Capitalocene, Plantationocene, Chthulucene: Making kin«, erstveröffentlicht in: *Environmental Humanities*, 6, 2015, S. 159–165. Auch als Kapitel 4 in: Donna Haraway, *Staying with the Trouble: Making Kin in the Chthulucene*, Durham, NC , 2016

»Monströse Versprechen«: »The Promises of Monsters: A Regenerative Politics for Inappropriate/d Others«, in: *Cultural Studies*, hg. v. Lawrence Grossberg u.a., New York und London 1992, S. 295–337

»Von Affen und Müttern«: Gekürzte Fassung von »Apes in Eden, Apes in Space«, in: Donna Haraway, *Primate Visions: Gender, Race, and Nature in the World of Modern Science*, New York und London 1989, S. 133–195. Deutsch zuerst erschienen in: *Das Argument*, 172, 1988, S. 803–819

»Andersweltliche Konversationen«: »Otherworldly Conversations; Terran Topics; Local Terms«, in: *Science as Culture*, 14, 1992, S. 64–98

»Genfetischismus«: Auszug aus *Modest_Witness@Second_Millennium.FemaleMan©_Meets_Oncomouse™: Feminism and Technoscience*, New York und London 1997. Zuerst erschienen in: *Das Argument*, 242, 2001, S. 601–614

»Geschlecht, Gender, Genre«: Entstanden im Rahmen der Arbeit am Stichwort »Geschlecht« für das *Historisch-kritische Wörterbuch des Marxismus* (Band 5, Sp. 470–480). Zuerst erschienen in: *Viele Orte. Überall? Feminismus in Bewegung. Festschrift für Frigga Haug*, hg. v. K. Hauser, Hamburg 1987, S. 22–41

»Ecce homo«: »Ecce Homo, Ain't (Ar'n't) I a Woman, and Inappropriate/d Others: The Human in a Post-Humanist Landscape«, in: *Feminists Theorize the Political,* hg. v. Judith Butler u.a., New York und London 1992, S. 86–100

»Das Abnehme-Spiel«: »A Game of Cat's Cradle: Science Studies, Feminist Theory, Cultural Studies«, in: *Configurations: A Journal of Literature and Science*, 1, 1994, S. 59–71

»Klasse, Rasse, Geschlecht als Objekte der Wissenschaft«: Vortrag gehalten auf der Internationalen Sozialismus-Konferenz 1981 (Thema Sozialismus, Wissenschaft, Technologie, Entwicklungsstrategien) in Cavtat, Jugoslawien, September 1981. Deutsch zuerst erschienen in: *Das Argument*, 132, 1982, S. 200–213

»Menü mit Mensch™«: »When Man™ Is on the Menu«, in: *Incorporations*, hg. v. Jonathan Crary u.a., New York 1992, S. 38–43

»Lieber Cyborg als Göttin!«: Aufsatz zu Genetic engineering, der in einer späteren Fassung als »Manifesto for Cyborgs« berühmt wurde. Deutsch zuerst erschienen in: *»1984«* (Gulliver, Deutsch-Englische Jahrbücher, Band 14), hg. v. Bernd-Peter Lange und Anna Marie Stuby, Berlin 1984, S. 66–84

Abbildungsnachweise

S. 92: »HAM in his Space Couch«, © by Henry Burroughs, Wide World Photos, New York

S. 102: »The Body Victorious«, © by Lennart Nilsson

S. 104: »Evolution der Erkennungssysteme«, © by Blackwell Scientific Publications. Das Diagramm »Evolution of Recognition Systems« erschien erstmals in J.H.L. Playfair, *Immunology at a Glance,* Oxford 1984. Abdruck der Übersetzung mit freundlicher Genehmigung des Campus Verlags Frankfurt.

S. 121: »Cyborg«, © by Lynn M. Randolph